AF503397

Le " *LIBER DE EXCOMMUNICACIONE* "

DU CARDINAL BÉRENGER FRÉDOL

PRÉCÉDÉ D'UNE INTRODUCTION HISTORIQUE

SUR L'EXCOMMUNICATION ET L'INTERDIT EN DROIT CANONIQUE

DE GRATIEN A LA FIN DU XIIIᵉ SIÈCLE

PAR

Eugène VERNAY

ÉLÈVE DE L'ÉCOLE PRATIQUE DES HAUTES ÉTUDES
DIRECTEUR DE CONFÉRENCES A LA FACULTÉ DE DROIT DE LYON

PARIS

LIBRAIRIE NOUVELLE DE DROIT ET DE JURISPRUDENCE
ARTHUR ROUSSEAU, ÉDITEUR
14, RUE SOUFFLOT ET RUE TOULLIER, 13

1912

THÈSE

POUR LE DOCTORAT

UNIVERSITÉ DE LYON. — FACULTÉ DE DROIT

Le " LIBER DE EXCOMMUNICACIONE "

DU CARDINAL BÉRENGER FRÉDOL

PRÉCÉDÉ D'UNE INTRODUCTION HISTORIQUE

SUR L'EXCOMMUNICATION ET L'INTERDIT EN DROIT CANONIQUE

DE GRATIEN A LA FIN DU XIIIe SIÈCLE

PAR

Eugène VERNAY

ÉLÈVE DE L'ÉCOLE PRATIQUE DES HAUTES ÉTUDES
DIRECTEUR DE CONFÉRENCES A LA FACULTÉ DE DROIT DE LYON

THÈSE POUR LE DOCTORAT

soutenue le mercredi 28 Février 1912

PARIS

LIBRAIRIE NOUVELLE DE DROIT ET DE JURISPRUDENCE

ARTHUR ROUSSEAU, ÉDITEUR

14, RUE SOUFFLOT ET RUE TOULLIER, 13

1912

Le " *LIBER DE EXCOMMUNICACIONE* "

DU CARDINAL BÉRENGER FRÉDOL

PRÉFACE

Quelque singulière que l'affirmation puisse paraître, l'histoire de l'excommunication reste encore en grande partie mystérieuse. Les historiens signalent son importance dans la vie des époques qu'ils étudient, mais tant par la nature même de leurs travaux que par défaut de préparation juridique, le fonctionnement de cette institution leur échappe. Les canonistes n'abordent l'histoire qu'incidemment. Les historiens du droit semblent reculer devant l'énormité de la tâche à accomplir. Le travail est immense en effet car peu de sujets se ramifient et se prolongent comme celui-ci. Mais s'il ne peut être question encore d'écrire l'histoire définitive de l'excommunication, il reste possible pour pénétrer son développement de recourir à l'effort collectif et aux recherches monographiques. Les diverses époques, les divers côtés du sujet peuvent être abordés séparément. La théorie religieuse, le droit *canonique*, les droits *ecclésiastiques* des divers pays, leur influence sur le droit laïque, la mesure et le mode de leur application peuvent et doivent faire l'objet de travaux distincts, consacrés à des matières, des pays et des époques nettement déterminés, travaux préparatoires à l'œuvre synthétique que l'on espère [1].

C'est pour éclairer l'un de ces points que nous publions l'œuvre, jusqu'ici inédite, de Bérenger Frédol. Elle nous révèle une phase caractéristique de cette évolution, celle où la sentence d'excommunication perd le caractère qu'elle revêtait au haut moyen-âge pour devenir plus interne ; elle appartient encore à la juridiction extérieure de l'église et continue à s'appuyer sur le bras séculier ; mais elle songe déjà à se fonder avant tout sur le scrupule de conscience, le for interne et la discipline confessionnelle, avec le développement des excommunications *latae sentenliae*.

---

1. Une étude absolument complète exigerait de plus, des recherches de droit comparé, car l'excommunication n'est pas réservée à la civilisation chrétienne. Nous la retrouvons dans la plupart des sociétés, sous des formes plus ou moins différentes, tantôt avec un caractère fortement religieux, tantôt au contraire complètement laïcisée. Seule une étude comparative nous permettrait de comprendre pleinement la fonction sociale de l'excommunication, son rôle dans l'his-

L'œuvre est importante par les renseignements qu'elle nous livre. Ce n'est pas là pourtant son intérêt principal : nous pourrions retrouver la plupart d'entre eux chez Hostiensis ou Innocent IV. Les opinions originales de notre auteur sont assez rares. Le livre de Bérenger Frédol prend toute son importance comme signe de cette évolution dont nous parlions plus haut, évolution qui se reflète déjà pour partie dans l'œuvre même et plus encore dans les additions et les remaniements postérieurs. Le succès du *Liber de excommunicacione* en fait un témoin notable de ce mouvement de la discipline pénitentielle. Les usages différents dans lesquels nous le trouvons employé à un siècle d'intervalle marquent de façon irréfutable des points de départ et d'arrivée. Ce point de vue nous imposait donc l'obligation de ne pas nous en tenir à l'œuvre originale de Bérenger Frédol mais d'y ajouter tout au moins les principaux des compléments suscités par elle : remaniements, additions, traductions.

Notre besogne d'éditeur nous était facilitée par les travaux déjà provoqués par notre canoniste. Un grand nombre de notices lui avaient été consacrées, trop courtes en général. Elles sont annulées pour ainsi dire par l'étude que publie M. Paul Viollet[1] dans l'*Histoire littéraire de la France* (t. XXXIV). Ce travail d'un maître nous dispensait de reprendre la biographie de Bérenger Frédol et d'introduire notre texte, comme on le fait d'ordinaire, par le récit de la vie de son auteur et de son activité scientifique. Sur tous ces points nous n'avions guère qu'à renvoyer à l'ouvrage précité. Il nous a semblé par contre que nous pouvions profiter de cette circonstance pour faire précéder l'œuvre que nous publions d'une étude d'histoire qui s'efforcerait de la replacer dans son milieu juridique, dans son atmosphère doctrinale, et qui donnerait ainsi à l'opuscule — ou mieux aux opuscules — de Bérenger Frédol toute leur portée et leur signification. Nous avons donc essayé de décrire l'histoire de l'excommunication et de l'interdit *en droit canonique* de Gratien jusqu'à la fin du XIII° siècle. Mais cette phase de l'évolution eût été inintelligible, pour qui n'eût pas connu sommairement l'évolution de la disci-

---

toire générale de la pénalité, l'importance relative des facteurs qui la modifient. Elle éclairerait en même temps d'un jour nouveau les rapports de la religion et de la société, les causes de la théocratisation ou de la laïcisation d'un groupe donné. Mais le travail reste tout entier à faire. L'ethnologie ne nous livre que des renseignements très fragmentaires, inutilisables dans leur état actuel. La question n'a pas été étudiée dans les sociétés anciennes. L'interdiction de l'eau et du feu à Rome n'a fait l'objet, à notre connaissance, d'aucune monographie sérieuse. Les travaux récents sur l'*atimie* grecque restent beaucoup trop philologiques et ne semblent pas avoir vu le problème dans toute son ampleur. Cf. Usteri, *Aechtung und Verbannung im griechischen Rechte*, 1903 ; Swoboda, *Beiträge zur griechischen Rechtsgeschichte*, I, Z. Sav.-Stift., 1905, pp. 1-42 et le compte rendu d'Huvelin dans l'*Année sociologique*, X, 1905-1906, pp. 452-453.

1. M. Paul Viollet a bien voulu nous en communiquer les bonnes feuilles et nous ouvrir très libéralement son dossier sur Bérenger Frédol. Qu'il nous soit permis de lui en exprimer toute notre gratitude. Nous devons aussi de précieux conseils à M. Paul-Frédéric Girard et à M. Génestal. Ce nous est un devoir de les en remercier ici en même temps que M. Gaillard, bibliothécaire à l'Université de Lyon, dont nous avons souvent mis à profit l'érudition et l'obligeance.

pline pénitentielle. L'excommunication n'est, selon nous, qu'un corrélatif de la pénitence. Il nous a donc fallu débuter par une esquisse très brève et toute provisoire de
l'évolution pénitentielle dans son ensemble [1].

1. Rappelons que le besoin de cette revision se fait d'autant plus sentir que les théories canoniques classiques ont été élaborées par la conciliation de textes d'époques très différentes. L'histoire peut donc encore ici moins que partout ailleurs abstraire un moment de ses antécédents. Ceux-ci résonnent à chaque instant comme un écho de la doctrine principale et lui donnent souvent un ton inattendu, inexplicable par son contenu seul.

INTRODUCTION

L'EXCOMMUNICATION ET L'INTERDIT EN DROIT CANONIQUE, DE GRATIEN
A LA FIN DU XIIIe SIÈCLE.

I

L'excommunication dans l'histoire générale de la discipline pénitentielle.

L'excommunication n'est pas restée identique à elle-même dans tout le cours de l'histoire. — Elle n'est pas une institution isolée s'expliquant suffisamment par soi. — Nécessité de la replacer dans son évolution et dans son cadre, de la rapprocher de l'histoire de la pénitence. — Les travaux d'Hinschius, de Lea, ceux suscités par ce dernier, joints aux ouvrages déjà vieillis, permettent une esquisse provisoire.

Sens originaire de l'excommunication : c'est la perte de la sainteté. — L'excommunication n'est autre chose que l'exclusion du corps mystique de l'Eglise, du royaume de Dieu : le pécheur s'en sépare par sa faute même. — Réadmission sans forme d'abord, puis réglementée : c'est la pénitence. — La pénitence permet au chrétien failli de se racheter une seconde fois après le rachat du baptême. — Différenciation des diverses sanctions disciplinaires issues de ce germe. — Divers degrés d'exclusion. — Plus tard l'excommunication cesse d'être un état dont on peut sortir par la pénitence pour devenir un moyen de contrainte à la pénitence. — Conséquence : l'excommunication est employée comme mesure purement disciplinaire. — Evolution parallèle des formes de l'excommunication : création d'un rituel d'exclusion et de réadmission. — Réconciliation et pénitence. — Transformation correspondante chez les agents de l'excommunication et de la réconciliation : passage de l'Eglise charismatique à l'Eglise hiérarchique et sacerdotale.

Etat de la discipline pénitentielle à la fin du ve siècle. — La pénitence publique tend de plus en plus à se rapprocher de la pénitence de dévotion. — Disparition de la pénitence publique en Grande-Bretagne et apparition de la pénitence tarifée. — Influence de St-Columban et de ses disciples : dualité de la pénitence et transformation de la discipline par l'influence monastique. — Trois emprunts principaux : 1° développement de la monition canonique. — 2° l'*excommunicatio fraterna* et la contagion de l'excommunication. — 3° l'obligation à la confession. — Distinction des deux fors : l'excommunication lie aux deux fors. — Sentence d'excommunication et excommunication tacite. — Sens de l'excommunication *ipso jure*. — Comment la pénitence secrète atténue la portée de l'excommunication *ipso jure* et comment on essaie de remédier à cet affaiblissement (réserves). — Décadence de l'institution.

Comment se situe dans cette évolution l'œuvre de Bérenger Frédol. — Elle est suscitée par le développement des excommunications *latae sententiae*. — Elle provient des inconvénients de leur caractère clandestin et de l'incertitude qui en découlait pour la situation religieuse et juridique de chacun. — Son contenu. — Elle répond à un besoin de publicité universellement ressenti. — Listes des canonistes. — Questions posées par le *Liber de excommunicacione*.

Si l'on s'en tient à une vue superficielle de l'excommunication, elle apparaît comme le moyen de la contrainte ecclésiastique, l'arme dont se sert l'Eglise pour obliger ses membres à l'obéissance. Sous cette forme, elle semble une institution nettement individualisée, sensiblement identique à elle-même dans tout le cours de l'histoire. Mais cette première vue, beaucoup trop simple, se trouve radicalement fausse. Pour bien comprendre sa nature et son fonctionnement, il ne faut pas l'abstraire du système juridique dont elle fait partie, du droit pénal et disciplinaire de l'Eglise. Il faut la replacer dans son cadre, la considérer comme l'une des parties — capitale à la vérité — d'un système plus large. Cette méthode que l'on serait tenté de négliger trop souvent en droit canonique pour s'attacher surtout aux réactions des prescriptions du droit religieux sur le droit civil, cette méthode, dis-je, est la seule qui permette de comprendre le développement de chaque institution, les changements qui ont pu se produire en elle et les causes profondes qui les ont provoqués.

Pour l'excommunication et son histoire, la remarque a une importance capitale. Les modifications de son régime juridique sont étroitement liées à la marche générale de la discipline pénitentielle. Telle réforme du régime de l'excommunication dont nous ne comprenons pas les motifs, s'éclaire dès que nous la rapprochons de l'histoire de la pénitence. Aussi bien devions-nous nous y attendre, s'il est vrai que l'excommunication et les moyens de s'en racheter constituent la seule peine et la seule pénitence à l'origine, la souche commune dont sont sorties ultérieurement les diverses institutions disciplinaires et pénitentielles [1]. Hinschius dans son grand traité de droit canonique a consacré à cette histoire des développements considérables [2]. S'il étudie les institutions de l'extérieur pour ainsi dire, le dépouillement très consciencieux et très vaste qu'il a fait des sources permet tout au moins de saisir l'aspect du droit à chaque époque, de dater telle ou telle forme juridique. Le traité consacré par Lea à l'histoire de la confession auriculaire [3] et l'abondante littérature qu'il a suscitée [4] sur l'évolution de la pénitence, sans parler des nombreux travaux consacrés à des points particuliers de cette histoire [5], élu-

---

1. Hinschius, *Kirchenrecht*, IV, pp. 692-693. M. Boudhinon fait remarquer qu'il ne faut pas confondre la pénitence publique avec l'excommunication. *Rev. d'hist et de litt. relig.*, II, p. 329. La pénitence est en effet un moyen de rentrer progressivement dans l'Eglise : si le pénitent — il s'agit bien entendu de la pénitence originaire — ne communie pas pleinement avec l'Eglise, il n'est plus entièrement étranger à cette communion.

2. Hinschius, *Kirchenrecht* etc., Bd. IV et V, 1888 et 1893.

3. Lea (H.-C.), *A History of auricular confession*, 3 vol. 1896.

4. Etudes de MM. Boudhinon, Vacandard, Batiffol, etc. Pour les références précises, voyez *infra passim*, et l'index bibliographique. On trouvera des références plus nombreuses et un résumé très complet de la controverse chez Batiffol, *Etudes d'histoire et de théologie positive*, 1907, pp. 194-222.

5. Pour la bibliographie de l'histoire de la pénitence, ajouter aux indications données par nous dans le cours du développement et recueillies à l'index bibliographique, celles d'Erwin Preuschen, *Tertullian, De pœnitentia, De pudicitia*, p. VII et celles de Viollet, *Hist. du dr. civil français*, p. 54. Pour l'excommunication et l'interdit, voir Ulysse Chevalier, *Topo-bibliographie*, V^{is} Excommunica-

cident un grand nombre de questions obscures.Ces recherches ajoutées aux études antérieures, bien que vieillies pour la plupart[1], permettent d'esquisser déjà à grandes lignes les transformations de l'excommunication. Elles nous permettent en tous cas de poser les problèmes, de voir les points d'attache possibles des institutions de l'époque que nous avons à étudier et d'éclaircir ainsi l'état du droit que nous livrent les traités de Bérenger Frédol.

Les débuts de l'excommunication sont assez confus. Il ne suffit pas pour expliquer son apparition d'invoquer le droit pour toute association d'exclure de son sein les membres coupables envers elle et la nécessité où elle se trouve d'organiser spontanément une procédure de ce genre. En réalité l'excommunication est quelque chose d'autre et quelque chose de plus que cette expulsion. Elle a un caractère religieux prédominant. Peut-être se rattache-t-elle à l'excommunication juive. En tous cas elle ne consiste pas seulement dans l'exclusion d'un groupe, elle entraîne aussi la perte de ce caractère particulier qui recouvrait tout chrétien : la sainteté. L'Eglise constituait tout autre chose qu'une simple association. C'était un corps mystique, celui du nouveau peuple de Dieu confondu en une seule unité avec le Christ même[2]. L'excommunication empêchait la participation au royaume de Dieu conçu d'abord comme terrestre, puis comme surnaturel. Le pécheur obstiné se sépare lui-même du corps du Christ : il ne peut communier. C'est là, ajoute Sohm[3], le germe de tout le droit pénal ecclésiastique. Les écrits évangéliques ne nous livrent que des renseignements très fragmentaires et très confus sur ce que pouvait être à cette époque reculée la discipline pénitentielle[4]. C'est que l'organisation charismatique de l'église primitive[5] empêchait la fixation d'un système juridique précis. Ceux qu'animait l'Esprit chassaient ou réadmettaient le pécheur suivant le souffle de l'inspiration, entraînant la communauté avec eux. Aussi à l'origine ces actes sont-ils dépourvus de forme[6].

tion, interdit et absolution ; Galante, *Elementi di diritto ecclesiastico*, p. 389, 391, 393 et Frantz Heinemann, *Bibliographie der Schweizerischen Landeskunde*, fasc. V. 5, Vᵗᵉ Excommunication et interdit, et les renvois.

1. Par exemple Morinus, *Commentarius historicus de disciplina in administratione sacramenti poenitentiae*, 1651. Il faut remarquer que le traité de Thomassin que l'on cite souvent en notre matière sur un titre incomplet ne s'y rapporte aucunement. Il concerne l'*Ancienne et nouvelle discipline ecclésiastique « en matière bénéficiale »*.

2. Sohm, *Kirchenrecht*, pp. 16-22. — Cf. Sabatier, *L'apôtre Paul*, 1896, p. 330 et sq.

3. Sohm, *Kirchenrecht*, p. 34.

4. Les catholiques veulent fonder parfois l'excommunication sur une institution du Christ : Matth., 18, 15, 18. —Voy. par exemple Kober, *Der Kirchenbann*, p. 8. Mais d'après Hinschius, *Kirchenrecht*, IV, p. 691, n. 3, nous ne la trouverions de façon certaine que dans les textes suivants : I *Corinth.*, 5 ; II *Corinth.*, 5-11 ; III *Joan.*, 10. — Nous n'aurions pas affaire à l'excommunication dans : II *Thessal.*, III, 14-15. — Interprétation intéressante des textes primitifs chez Alexis Vanbeck, La discipline pénitentielle dans les écrits de St-Paul, *Rev. d'hist. et de lit. relig.*, 1910, p. 241 et sq. ; La pénitence dans les écrits des premières générations chrétiennes, *ibid.*, p. 436.

5. Sohm, *Kirchenrecht*, p. 26.

6. En ce sens : Hinschius, *Kirchenrecht*, IV, p. 692, n. 6. — On a pensé parfois à un emprunt

A mesure que le christianisme se développa, des tendances nouvelles se firent jour. Tout d'abord un rigorisme étroit vint modifier la pratique primitive et tendit à ne plus admettre la possibilité d'une réconciliation après la faute. Le principe même de la pénitence se trouva ainsi en question [1]. Une réaction maintint la possibilité du pardon sous des conditions extrêmement sévères. Voici l'état du droit tel qu'il se fixa alors.

Le baptême enlève au chrétien ses fautes passées et le constitue en état de pureté. Toutefois il peut transgresser encore la loi divine et se mettre ainsi en dehors de l'Eglise. C'est ce qu'on appellera plus tard l'excommunication. L'excommunication n'est pas la création d'un état de droit. C'est la reconnaissance d'un état de fait. Naturellement les fidèles d'abord, l'évêque plus tard [2], lorsque la hiérarchie se sera constituée, ne permettront à l'infidèle de participer ni aux saints mystères, ni à la vie même de la communauté. Mais il y a pour le chrétien une seconde planche de salut après le baptême, c'est la pénitence, l'exomologèse. Celui qui se repentira de sa faute et qui manifestera son repentir à l'Eglise pourra être pardonné, mais une fois seulement. Pour la récidive et pendant un temps [3], pour certains péchés particulièrement graves (en général idolâtrie, homicide, adultère), l'Eglise n'accorde pas le pardon ; elle le réserve à Dieu lui-même [4]. Tel est l'état de la discipline au temps de Tertullien [5]. C'est la transformation de ces principes qui nous donnera l'excommunication du moyen-âge : analysons-en à grands traits, et sans nous arrêter aux détails, les divers aspects [6].

Tout d'abord, de cette peine unique — nous employons ici le mot peine faute d'un autre : notons son insuffisance — vont se détacher toute une série de pénalités moindres. A mesure que l'enthousiasme religieux des périodes primitives diminuera, le puritanisme de la première heure s'atténuera aussi. Les cas réservés à Dieu disparaîtront. Pour les prêtres la déposition remplacera dans certains cas l'excommunication. L'exclusion de l'Eglise sera plus ou moins complète suivant la gravité des fautes [7]. On en arrivera même à avoir des exclusions graduées ; pendant la première période, exclusion

des formes de l'excommunication juive. La persistance de certains vocables comme ceux d' « anathema maranatha » I *Corinth.*, XVI, 22, appuie cette opinion suivie par Morixus, *Commentarius*, etc., lib. IV, ch. XXIII et sq., et encore par Kober, *Der Kirchenbaum*, p. 4 et sq. — Par contre, Loening, *Gesch. des d. Kirchenrechts*, I, p. 254, et Hinschius, *Kirchenrecht*, IV, p. 691, n. 2, écartent toute idée d'emprunt.

1. Batiffol, *op. cit.*, pp. 46-50.

2. Sohm, *Kirchenrecht*, pp. 229-232 ; Ritschl, *Entstehung der altkatolischen Kirche*, p. 369 et sq. ; Loening, *Gesch. der d. Kirchenrechts*, I, p. 254 ; Vollet (E.-H.), *Grande Encyclopédie*, V[is] *Excommunication, Pénitence et Sacrement de Pénitence*.

3. Batiffol, *op. cit.*, pp. 69 et 89-112.

4. *Ibid.*, pp. 79-83 ; Hinschius, *Kirchenrecht*, IV, p. 692, n. 2. — Sur la théorie du pouvoir des clefs, Sohm, *Kirchenrecht*, pp. 37-38.

5. *De Poenitentia ; De Pudicitia.* — Cf. Batiffol, *op. cit.*, pp. 69-79.

6. On trouvera un exposé détaillé des institutions aux diverses époques dans Hinschius, *op. cit.* Pour les époques primitives, on lira avec intérêt, mais avec quelque précaution critique contre son souci apologétique, l'exposé très fouillé de Batiffol, *op. cit.*

7. Effets accessoires de la pénitence relativement au mariage, au genre de vie tout entier : ces effets se prolongent même après la réconciliation avec

totale de l'Eglise, pendant la suivante, de la communion seulement[1]. Parfois la peine imposée commencera directement à la deuxième période. L'Eglise grecque admit même quatre stades à parcourir par le pénitent. L'Eglise d'Occident semble n'avoir jamais eu de discipline aussi réglementée, aussi mécanique[2]. Elle se contenta de proportionner le temps et la sévérité de la pénitence à la gravité de la faute et aux besoins individuels. L'évêque, parfois le prêtre, en surveillait l'accomplissement.

Avec le temps l'exclusion du pécheur soit définitive, soit même jusqu'à son lit de mort, se fait de plus en plus rare. L'exclusion totale de l'Eglise pendant un temps déterminé d'avance finit par disparaître elle aussi. L'excommunication cessa d'être un état dont on pouvait sortir par la pénitence : elle devint un moyen de contrainte à la pénitence. Elle s'éloignait ainsi de son sens primitif. Cette transformation résultait de la généralisation même du christianisme, de sa diffusion plus grande. Elle résultait aussi de la théorie qui voyait dans le baptême un caractère indélébile[3]. On ne comprenait plus que l'Eglise rejetât, pour l'améliorer, un de ses membres en dehors d'elle soit à toujours, soit même pour un temps préfixé[4]. Par l'adoucissement de la pénitence, la possibilité de sa réitération, ainsi que nous le verrons plus loin, l'exomologèse avait perdu sa portée originaire. Ce n'était plus la planche de salut après le naufrage. C'était un remède que le chrétien avait toujours désormais à sa disposition, qu'il pouvait réitérer à chaque péché[5].

En même temps et par contre-coup, l'excommunication punissait souvent des fautes moins graves. L'exaltation religieuse avait fait place au sacerdotalisme : les

l'Eglise et la réadmission définitive à la communion. — Sur la situation du pénitent, voy. Boudhinon, Sur l'histoire de la pénitence, *Rev. d'hist. et de lit. relig.*, 1897, p. 324. — La pénitence est le rachat de la peine encourue. A mesure que le pénitent se libère spirituellement, il se voit réintégré dans sa situation primitive. Il ne la recouvre jamais tout entière cependant.

1. De là ce qui sera plus tard l'excommunication mineure.

2. Cf. Koch (Hugo), *Die Büsserentlassung in der alten abendländischen Kirche, Theologische Quartalschrift*, 1900, p. 481 et sq. — Résumé très complet de Boudhinon, La missa poenitentium dans l'ancienne discipline d'Occident, *Rev. d'hist. et de lit. relig.*, 1902, p. 1 et sq.

3. St Augustin en particulier exprime fortement cette idée. Il en résulte l'impossibilité d'une expulsion totale de l'Eglise. Comme conséquence, l'excommunié reste dès lors membre passif de l'Eglise. Il perd ses droits, garde ses devoirs : Hinschius, *Kirchenrecht*, IV, p. 798-799.

4. Lorsque l'on admit la répression étatique de l'hérésie, remarque Hinschius, *Kirchenrecht*, IV, p. 799, il eut été incohérent de conserver la conception ancienne de l'excommunication.

5. C'est la règle générale, mais il faut tenir compte de certaines réactions rigoristes ou de la discipline propre à certains pays comme l'Espagne qui conserva longtemps une sévérité particulière. Dans ce mouvement on n'a pas assez noté, croyons-nous, le rôle joué par le traitement infligé aux hérétiques. L'anathème leur était très souvent infligé : c'est peut-être en cette matière qu'on en usait le plus. Or si l'hérésie est le plus grand des crimes, celui contre lequel les Pères de l'Eglise montrent le plus d'acharnement, c'était aussi un de ceux où le pardon, une fois l'erreur abjurée s'obtenait le plus facilement, du moins pour les simples sectateurs de l'hérésie. C'est un principe que nous trouvons bien souvent répété dans le droit ecclésiastique que l'on doit user d'indulgence là où les coupables sont multitudo. Voyez par exemple Gratien, C. XXIII, q. IV, c. 28, Pars IV.

statuts conciliaires, les décisions épiscopales réprimaient durement des délits contre la hiérarchie, contre le patrimoine ecclésiastique [1]. Ces délits étaient du point de vue religieux infiniment moindres que les fautes pour lesquelles se trouvait autrefois réservée l'excommunication. L'abus de celle-ci et pour ainsi dire son usage administratif devaient fatalement l'émousser.

L'évolution est parallèle pour les rites de l'excommunication et de la pénitence. A l'exclusion et à la réadmission sans forme du pécheur se substitua avec la création d'une liturgie fixe un cérémonial déterminé. L'évêque déclara solennellement le pécheur retranché de l'Eglise. Celui-ci lorsqu'il veut obtenir sa réconciliation avec elle se présente à la porte du temple nu-pieds, vêtu d'un sac et couvert de cendres. Le clergé l'introduit en le flagellant et l'évêque lui impose les mains pour marquer sa réadmission en priant Dieu de lui accorder son pardon. A quel moment de la pénitence a lieu cette cérémonie? Les uns affirment qu'elle marque la fin de l'excommunication et le début de la pénitence. Les autres soutiennent au contraire qu'elle se place à la fin de la pénitence, au moment de la réconciliation définitive. Nous n'entrerons pas dans l'examen de cette controverse. Qu'il nous suffise d'en signaler la solution probable. Tant que la pénitence resta un moyen exceptionnel, les exercices pénitentiels se divisaient en deux phases. La première était un stade préparatoire, il s'agissait de mériter l'admission à l'exomologèse. Quand l'évêque jugeait suffisant le repentir du pécheur, il le réconciliait mais la pénitence n'était point finie pour cela, souvent même elle se continuait durant toute la vie [2]. Lorsque la discipline s'adoucit, la seconde phase, la pénitence proprement dite s'atténua de plus en plus. Elle devint beaucoup moins rude, quasi secrète, tout au moins privée. La première prit ainsi une importance prépondérante de telle sorte que le moment de la réconciliation parut ainsi se déplacer. La préparation à la pénitence parut la pénitence elle-même et la réconciliation parut la terminer. Les exercices pénitentiels tendirent de plus en plus à se confondre avec les œuvres de dévotion pure et les pratiques de sainteté [3]. Cette confusion était d'autant plus facile que ces actes rachetaient par eux-mêmes les fautes les moins graves. C'est ainsi que nous trouvons le nom de *sacramentum* réservé à la pénitence publique jusqu'au temps de Guillaume Durand [4].

Enfin un troisième aspect de la discipline se modifiait. L'apôtre, le didascale, le « saint » intercédaient auprès de Dieu et préjugeaient sa sentence par l'abcision ou la

---

1. Concile d'Orange (441), C. 6 et 7 ; Concile d'Arles (443 ou 452), c. 33 ; Hinschius, *Kirchenrecht*, IV, p. 752.

2. Boudhinon, Sur l'histoire de la pénitence, *Rev. d'hist. et de lit. relig.*, 1902, p. 6.

3. Boudhinon, Sur l'histoire de la pénitence, *Rev. d'hist. et de lit. rel.*, 1897, p. 342.

4. Guillaume Durand, *Repertorium*, p. 72, col. 2 :

« *Solennis quoque penitentia cum sit sacramentalis, ut jam dictum est, non est reiterabilis, 50 dist. c. quamvis ; de penitentia, dist. 2, c. quamvis.* » C'est d'ailleurs à cette époque une survivance : le caractère sacramentel de la pénitence privée, de la confession, était alors très certainement reconnu. — Cf. Schulte, *Geschichte der Quellen...*, II, p. 515.

réadmission du pécheur. La communauté leur avait succédé quand était venu l'assagissement et que les charismes s'étaient faits plus rares. L'évêque hérita à son tour des pouvoirs de l'assemblée lorsque l'épiscopat monarchique fut constitué et affermi. Il les recueillit seul[1] en règle générale et sauf des souvenirs épars de l'âge héroïque (cas de nécessité, martyrs, moines, etc.)[2]. A mesure que se multiplièrent les fidèles, l'évêque dut déléguer ses fonctions à ses sous-ordres, prêtres et diacres. C'est ainsi que l'on vit des prêtres chargés spécialement d'instruire et de surveiller les cathécumènes[3]. Avec la fréquente pénitence il devint nécessaire, tout au moins dans les diocèses les plus vastes de créer des prêtres chargés spécialement de surveiller les pénitents et de les guider dans l'accomplissement des œuvres satisfactoires qu'ils devaient accomplir. A Rome et pendant un temps, à Constantinople, se constate l'existence de prêtres pénitenciers[4].

La pénitence — nous parlons ici du *sacramentum* et non pas seulement des œuvres pénitentielles de perfection — devenait ainsi beaucoup moins solennelle, presque secrète. Seule la réconciliation qui était réservée à Rome et dans l'Eglise franque au Jeudi Saint[5] restait un acte public. Mais son accomplissement simultané par tous les pécheurs devait lui enlever beaucoup de sa force. De même la préparation, ce que l'on pourrait appeler la prise de pénitence, n'était plus un acte personnel : elle était fixée au jour des Cendres[6]. Elle devait bientôt apparaître comme un simple rite. Même dans la pénitence publique, l'attention se portait de plus en plus sur les œuvres satisfactoires imposées par l'évêque ou le pénitencier. La pénitence publique tendait ainsi à se rapprocher de la pénitence privée, de la pénitence de dévotion déjà issue d'elle par abâtardissement.

Tel est l'état de la discipline pénitentielle à la fin du ve siècle. La pénitence publique se trouve avoir perdu beaucoup de sa rigueur primitive. Elle s'est rapprochée des simples exercices de piété destinés à remettre les péchés véniels, prières, psaumes chantés, jeûnes, aumônes, pèlerinages, confession du péché à un prêtre, à un moine ou même à un simple chrétien. Elle s'en est rapprochée suffisamment pour que le christianisme importé en Grande-Bretagne oublie les solennités qui la revêtaient encore et ignore complètement la pénitence publique.

La pénitence dans ces pays nouvellement convertis se modèle sur le système des

---

1. Comme phase intermédiaire, l'évêque partage son autorité avec son presbytérium. — Cf. *Décret*, C. XV, q. 7, c. 6 (*Statuta ecclesiae antiqua*).

2. Cf. HOLL (K.), *Enthusiasmus und Bussgewalt beim Griechischen Mönchtum*, 1898, et le compte-rendu critique d'ERMONI, La pénitence dans l'histoire, *Rev. des quest. hist.*, 1900, t. XXIII, p. 5 et sq.

3. DUCHESNE, *Origines du culte chrétien*, p. 281.

4. DUCHESNE, *ibid.*, p. 421 ; BATIFFOL, *op. cit.*, pp. 145-194.

5. SIRMOND, cap. IX, col. 502 et sq. ; BOUDHINON, Sur l'histoire de la pénitence, *Rev. d'hist. et de littér. rel.*, 1897, p. 327.

6. Liturgie du mercredi des Cendres, MARTÈNE, t. III, ch. XVII ; Liturgie du Jeudi-Saint, *ibid.*, ch. XXII (§ 2).

compositions : c'est une rançon que l'on paie à Dieu pour se racheter de ses péchés[1]. Pour connaître la pénitence exigée, on s'adresse aux prêtres et aux moines[2], parfois même aux simples laïques[3]. Les moines en particulier jouissaient d'un grand prestige qui en faisait fréquemment comme en Orient[4] un intermédiaire entre le pécheur et Dieu. Lorsque les religieux irlandais se répandirent sur le continent ils généralisèrent ces coutumes par leur influence et la diffusion de leurs tarifs pénitentiels[5]. L'Eglise franque se trouva donc en face d'un double système de pénitence, la pénitence solennelle pour l'excommunication et les crimes notoires, pénitence réservée à l'évêque et considérée dans beaucoup d'Eglises comme non renouvelable, par application des canons anciens — et la pénitence privée, la pénitence tarifée, beaucoup plus largement répandue[6].

On a parfois soulevé des objections contre l'attribution d'une telle influence à St-Columban, ses disciples et ses successeurs. Les évêques francs auraient, dit Mgr Duchesne[7], difficilement laissé St-Columban à qui ils étaient opposés, opérer un tel changement dans la discipline, empiéter sur leur domaine propre et usurper l'administration de la pénitence. D'ailleurs, ajoute-t-il, un état analogue de la discipline se remarque dans des régions où ne pénétra aucunement l'influence des moines de Luxeuil. Mais c'est que toujours il y eut à côté de la réadmission solennelle dans l'Eglise, à côté du *sacramentum* de pénitence tel que nous l'avons défini, administré par l'évêque ou ses délégués, des œuvres volontaires de repentir, des pénitences de dévotion accomplies sur les indications d'un directeur de conscience[8]. C'est dans cette fonction et en l'élargissant que les moines parvinrent à supplanter en partie l'évêque. L'influence irlandaise ne fit que mieux marquer un état préexistant qui, en Orient, s'était développé davantage et plus tôt. La pénitence privée seule connue en Grande-Bretagne va progressivement supplanter en Europe la pénitence publique[9]. L'influence monastique en général va

<hr>

1. Sur la pénitence tarifée, voy. WASSERSCHLE-BEN, *Die Bussordnungen der abendlandischen Kirche*, 1851 ; SCHMITZ, *Das poenitentiale Romanum*, 1875 ; *Die Bussbücher und die Bussdisciplin der Kirche*, 1883 ; *Die Bussbücher und das kanonische Bussverfahren*, 1898 ; FOURNIER (P.), Etudes sur les pénitentiels, *Rev. d'hist. et de litt. relig.*, t. VI, pp. 289 et sq. ; t. VII, pp. 59 et sq., et 121 et sq. ; De l'influence de la collection irlandaise, etc..., *Nouv. rev. hist. de dr. fr. et étrang.*, 1899. — Cf. BOUDINHON, Sur l'histoire de la pénitence, *Rev. d'hist. et de lit. relig.*, 1897, p. 497 et sq.

2. MALNORY, *Quid Luxovienses monachi*, etc..., p. 75.

3. LAURAIN, *De l'intervention des laïques, des diacres et des abbesses*, etc..., 1897 ; St Thomas (*Somme, Sup.*, q. VIII, art. 2, conc.) enseigne encore qu'en cas de nécessité on peut se confesser à tout chrétien.

4. Cf. HOLL (K.), ENMOXI, *op. cit.*, *passim*.

5. Cf. LOENING, *Gesch. d. deutschen Kirchenrechts*, II, pp. 411 et sq. et 468 et sq. qui exagère d'ailleurs la thèse. La théorie qui veut attribuer à l'église irlando-écossaise des caractères nettement différents des autres églises (théorie de la Kuldenkirche) n'est plus défendu aujourd'hui par personne. MALNORY, *op. cit.*, p. 67 ; BOUDINHON, Sur l'histoire de la pénitence, *Rev. d'hist. et de lit. relig.*, 1897, pp. 501-502.

6. Il faut noter la réaction de Charlemagne contre la pénitence tarifée en faveur de la pénitence publique. Cf. HINSCHIUS, *Kirchenrecht*, V, pp. 90-91.

7. *Bulletin critique*, 1883, pp. 366-367.

8. BATIFFOL, *op. cit.*, p. 194.

9. HINSCHIUS, *Kirchenrecht*, V, p. 109.

gravement modifier l'aspect de la discipline. Le droit canonique va emprunter aux prescriptions du cloître bien des principes capitaux de sa constitution.

Dans l'évolution que nous venons de décrire à grands traits, la pénitence n'est d'abord rien d'autre que le moyen de rentrer dans l'Eglise lorsqu'on en a été séparé par le péché ; l'excommunication, rien d'autre que la traduction extérieure de la faute et de ses conséquences. Puis elle change de caractère. L'exclusion de l'Eglise est la peine même de la faute, d'où les excommunications à temps déterminé, Plus tard encore, on y voit surtout un moyen de contrainte, un moyen d'amener à la pénitence. L'excommunication devient médicinale d'où l'impossibilité de la prolonger au delà de la maladie morale du pécheur. Enfin la transformation de la pénitence, la prédominance toujours plus grande de la pénitence privée différencient nettement la simple absolution du péché de la réconciliation après excommunication. L'emprunt aux coutumes monastiques [1] de la monition canonique, celui de l'interdiction de communiquer avec l'excommunié sous peine du même châtiment, l'importance croissante accordée à la confession sous la même influence, la séparation des deux fors qui devait en résulter en même temps que du développement des juridictions ecclésiastiques [2], voilà les éléments qui vont compléter pour l'excommunication la physionomie que lui donne le droit nouveau.

En premier lieu, il faut mentionner le développement de la monition canonique et sa liaison à l'excommunication comme préliminaire nécessaire. On la trouve dès les temps évangéliques et elle fut toujours usitée, semble-t-il, dans l'Eglise [3]. Mais les diverses règles monastiques et les mœurs même du cloître lui donnent un regain de vie [4]. La monition n'est plus seulement destinée à mettre fin à un état coupable [5]. C'est une sommation, soit de cesser le fait délictueux, soit d'accomplir la pénitence due au délit passé, sommation préparatoire à l'emploi des moyens coercitifs.

Second emprunt à la discipline monacale. Depuis le v° siècle, toute relation avec l'excommunié et non plus seulement les rapports religieux se trouvent interdits aux fidèles. Depuis la seconde moitié du ix° siècle, toute communication avec un excommunié entraîne la même peine pour le coupable de cette infraction [6]. Celle-ci est devenue contagieuse pour ainsi dire et s'attache à tous ceux qui la touchent. Mais le système, possible à l'intérieur d'un monastère [7], ne l'était pas dans la vie du siècle. Il ne tarde

1. Les diverses règles monastiques semblent d'ailleurs dériver toutes de celle de St Basile et c'est là qu'il faut chercher les premiers germes des institutions signalées. Cf. Holl, *op. cit.*, p. 262 et sq. — Les Fausses Décrétales paraissent avoir été l'un des principaux agents de cette évolution. Le sujet demanderait une étude particulière.

2. Fournier, *Les officialités*, pp. 6-8.

3. Vollet (E.-H.), *Grande encyclopédie*, V° *Excommunication* et *Constitutions apostoliques*.

4. *Regula Chrodogangi episcopi Mettensis*, cap. XVII in F. Walter, *Fontes juris ecclesiastici*, p. 30. S. *Benedicti An. concordia regularum*, cap. XXX et XXXVII, Migne, Patrologie, t. 103, col. 973 et sq. et 1029 et sq.

5. Hinschius, *Kirchenrecht*, IV, p. 762.

6. Hinschius, *Kirchenrecht*, V, pp. 5-6.

7. L'excommunication monastique ou *excommunicatio fraterna* est une pénitence infligée au moine coupable, pénitence qui consiste en la suppression de tous rapports avec les autres moines pendant un temps déterminé ou jusqu'à ce que le

donc pas à s'atténuer, nous verrons comment lorsque nous étudierons en détail le droit classique [1], si tant est qu'il ait jamais été appliqué pratiquement.

Enfin, nous trouvons encore l'influence monacale sur un troisième point, capital à la vérité, le développement de la confession dans la pénitence. L'aveu de la faute avait toujours été impliqué plus ou moins par la pénitence. La confession publique, — inutile d'ailleurs au cas de notoriété — puis, de très bonne heure, la confession secrète à l'évêque et au pénitencier inauguraient la pénitence publique comme elle était une condition de la pénitence tarifée. Toujours même la confession était apparue comme un acte méritoire en soi, remettant les péchés véniels ainsi que l'aumône, le jeûne, etc. Par la pratique monacale [2] jointe à la diminution constante des œuvres satisfactoires exigées, la confession prit un relief de plus en plus considérable. Lors de la constitution de la théorie sacramentaire par l'école, on en vint, — après quelques doutes et quelques hésitations — à la considérer comme une des parties essentielles de la pénitence [3]. Dès le VIIIe siècle, la règle de St Chrodegang, évêque de Metz, fait une obligation aux clercs qu'elle régit de se confesser plusieurs fois par an [4]. Dans le cours des XIe et XIIe siècles, les décisions synodales se multiplient pour la prescrire à tous, clercs et laïques [5]. Le canon 21 du Concile de Latran *Omnis utriusque sexus* [6] consacre définitivement ce principe (1215), et l'école finit par reconnaître à la confession, à la pénitence privée, le caractère sacramentel qu'elle avait réservé jusque-là à la pénitence solennelle [7].

---

prieur en décide autrement. Elle est accompagnée parfois de la mise en cellule, d'autres fois de la privation de la messe et des sacrements sans qu'elle entraine nécessairement cette conséquence. Cf. *Regula Chrodogangi episcopi Mettensis*, c. XV et sq. in F. WALTER, *Fontes juris ecclesiastici*, p. 29 et sq. — Adde *S. Benedicti abbatis Anianensis concordia regularum*, cap. XXX et sq. ; MIGNE, *Patrol.*, t. 103, col. 974 et sq. Voir en particulier § 14, col. 980-981. — Comparez *Décret*, D. XC, c. 4 et C. XI, q. III, c. 18, parmi de nombreux textes analogues.

1. Cf. *infra*, pp. XL-XLI.

2. MALNORY, *Quid Luxovienses*, p. 68 et suiv.

3. Voy. encore la discussion de GRATIEN, *De penitentia*, Dist. I, *Prima pars* etc. ; PIERRE LOMBARD, *Sent.*, lib. IV, d. 17. — « *Illud autem quaeri consuevit, utrum sola contritio sine confessione peccatum deleat, super quo variae sunt opiniones.* » HOSTIENSIS, lib. V. *De penitencia et remissionibus*, 6, p. 334.

4. *Regula Chrodogangi episcopi Mettensis.* Cap. XIV. *De confessionibus* in F. WALTER, *Fontes juris ecclesiastici*, p. 28. *St Benedicti abbatis Anianensis concordia regularum*, cap. XV et XXXVI ; MIGNE, *Patrol.*, t. 103, col. 845 et sq. et 1025 et

sq. — Cf. VACANDARD, *Les origines de la confession. Etudes de crit. et d'hist. relig.*, 2e série, p. 120-124.

5. HINSCHIUS, *Kirchenrecht*, V, p. 110-111.

6. X (5,38), 12.

7. « *Solennis vero (penitentia), quia sacramentum est, ideo etiam quoad factum non est repetenda licet quarumdam ecclesiarum consuetudine frequentissime reiteretur.* » *Summa* (Pseudo) *Rufini*, éd. Schulte, XXXIII, q. 3, p. 438. Les canonistes postérieurs distinguent trois sortes de pénitence pour concilier tous les textes : la pénitence solennelle qui n'est rien d'autre que l'ancien sacramentum, la pénitence publique qui produit des effets extérieurs tout en se rattachant au for interne (par ex. pèlerinage ou réclusion dans un monastère) et enfin la pénitence privée, secrète en toutes ses parties. *Summa Raymundi*, III, 34, § 3 ; HOSTIENSIS, lib. V de *penitentia*, 53, p. 348, verso. « *Ad cujus rei notitiam, omissis omnibus ambagibus, quae studentium ingenia hebetant, dico quod poenitentia alia solennis, alia publica, alia privata* », GUILLAUME DURAND, *Repertorium*, p. 71. — Cf. SCHULTE, *Geschichte der Quellen*, II, pp. 512-517 et les textes cités.

L'importance plus grande attachée à la confession, et le secret exigé du confesseur, traçaient une ligne de démarcation très nette entre la pénitence libre du pécheur et la peine imposée à lui de l'extérieur par le pouvoir disciplinaire de l'Eglise. Péchés secrets et péchés publics ne relevaient plus nécessairement de la même autorité. Bien plus, la même autorité devait choisir une conduite différente pour la même faute selon la voie par où cette faute était venue à sa connaissance. Pénitence solennelle pour les péchés publics, pénitence privée (secrète ou publique) [1] pour les péchés secrets, tribunal disciplinaire ou tribunal de conscience, for externe et for interne, telle est la distinction qui s'impose maintenant.

L'excommunication appartient au for externe. C'est l'exclusion de l'Eglise du pécheur manifeste et obstiné. Par le développement de la juridiction ecclésiastique [2] et l'emploi de l'excommunication comme moyen procédural, l'excommunié apparaît surtout comme le contumace, celui qui ne veut pas se soumettre au pouvoir ecclésiastique. Mais ce n'est là qu'un des aspects de cette institution. A côté de la sentence individuelle d'excommunication, nous voyons dès l'origine des excommunications générales. L'anathème jeté sur une hérésie atteint l'hérésiarque mais aussi ses sectateurs présents et futurs. De là avec le temps un renversement de point de vue. Au lieu de se demander pour excommunier un pécheur s'il restait membre de l'Eglise au regard de Dieu, on en vint à se demander s'il tombait sous le coup d'un canon ou d'une sentence générale. On en vint à admettre l'existence d'excommunications « tacites » encourues automatiquement par l'accomplissement du fait prohibé. Au premier abord on se demande quel peut être le sens d'une telle excommunication.

Pour Dieu, elle n'ajoute rien à son jugement si l'acte puni d'excommunication se trouve être en lui-même un péché mortel. Dans l'hypothèse contraire, la promulgation d'une excommunication générale constitue une prohibition ecclésiastique ratifiée par l'autorité divine si elle est légitimement portée. L'exclusion du salut serait alors la peine de la transgression d'un ordre de l'Eglise et la désobéissance, le péché mortel sanctionné par Dieu. Encore faudrait-il, à ce qu'il semble, que le pécheur ait connu l'inhibition pour que Dieu lui tienne rigueur de l'infraction commise.

En tous cas, pour l'Eglise l'excommunication *ipso facto* ne vaudra nécessairement que lorsqu'elle saura que les faits prohibés ont été accomplis, en d'autres termes lorsque l'excommunication *ipso jure* se transformera en excommunication expresse. Lors donc que la pénitence secrète se fut généralisée, l'excommunication tacite n'eut qu'une portée très affaiblie. Si elle ne se trouve pas divulguée à un moment donné, tout se passera au for interne ; il suffira que l'excommunié confesse sa désobéissance et s'en fasse absoudre par son confesseur en même temps que des péchés accessoires qu'elle aura pu entraîner (participation aux sacrements, etc.). La facilité et la douceur de ce

---

1. Cf. note précédente.   2. Dans la 1re moitié du xiie siècle ; FOURNIER,
Les officialités, pp. 6-8.

régime amenèrent une réaction. Les évêques se réservèrent l'absolution des péchés les plus graves. Le pape se réserva, lui, l'absolution de certaines excommunications tacites. Elles reprirent alors une importance nouvelle : tout un système doctrinal se forma sur les excommunications *latae sententiae* ; nous aurons à l'examiner plus loin. Il nous suffit ici d'en marquer la place.

Enfin la multiplication même des excommunications *latae sententiae* [1], l'importance plus grande à elles attachée, l'interdiction de communiquer avec ceux qui tombent sous de telles sentences, dès que l'on connaît par information personnelle ou par notoriété le fait qui les entraîne, tous ces facteurs firent sentir de plus en plus vivement les inconvénients d'une telle réglementation, les entraves qu'elle apportait à la vie civile. Il fallut songer à en restreindre les effets. Ce fut l'objet de la bulle de Martin V *Ad evitanda scandala* [2].

Nous ne suivrons pas le droit canonique dans ce dernier état. Le traité ou plutôt les traités de Bérenger Frédol se placent en deçà de ce dernier tournant. Ils sont nés tous deux au moment où le système médiéval de l'excommunication, ayant atteint son apogée, montre pleinement ses dangers et touche au déclin. Ce sont pour la plus grande part les inconvénients mêmes du système qui les suscitèrent.

Le *Liber de excommunicacione* se compose en effet de deux parties distinctes, le *de absolutione ad cautelam* et le *de excommunicacione et interdicto*. Nous les publions ensemble et sous un même titre pour respecter le lien traditionnel créé entre eux par certains manuscrits [3] et le lien logique résultant de la parenté de leurs matières. Tous deux se placent chronologiquement durant son épiscopat de Béziers. Tous deux concernent l'excommunication et les difficultés que soulève la prohibition de communiquer qu'elle entraîne. Tous deux peut-être ont été provoqués par des circonstances accidentelles qui posaient le problème de façon plus instante.

Le *de absolutione ad cautelam*, postérieur au Sexte (1298) [4], suscité peut-être par l'excommunication de Philippe de Nogaret [5], traite de l'absolution à donner à l'excommunié, soit parce qu'on doute de la validité de l'excommunication, soit pour éviter quelque dommage injuste qui en résulterait pour l'excommunié ou pour les tiers. Nous aurons à étudier plus particulièrement son contenu lorsque nous examinerons l'absolution dans le droit des xiie et xiiie siècles.

---

1. 32 cas d'excommunication *latae sententiae* au Sexte, 50 cas dans les Clémentines, d'après la Glose sur *Clem.*, (5, 10) 1.

2. En 1418, WALTER, *Fontes juris ecclesiastici*, p. 95 ; HARDUIN, *Concilia*, t. VII, col. 892 ; HÜBLER, *Die Konstanzer Reformation*, p. 104 ; BÉRAUD-BERCASTEL, *Hist. de l'Église*, VII, p. 546.

3. Cf. *infra*, § VI, p. LXXIV et sq. — Nous empruntons le nom de *Liber de excommunicacione* au ms. 349 de la K.-K. Bibliothek de Vienne.

4. VIOLLET, *Bérenger Frédol, canoniste, Hist. litt. de la France*, t. XXXIV, p. 151.

5. *Ibid.*, pp. 83-85 et 152. — La question de l'absolution *ad cautelam* de Nogaret se pose de 1307 à 1311. Il y aurait donc là un moyen de fixer une date extrême avant laquelle le *De absolutione ad cautelam* aurait été nécessairement écrit. Mais la conjecture, comme le remarque M. Viollet lui-même, n'est rien moins que certaine.

Le *de excommunicacione et interdicto*[1] a pu résulter lui aussi d'un incident relatif au diocèse de Béziers[2]. Mais il a une portée plus générale : c'est une instruction adressée aux clercs et aux laïques du diocèse sur les cas où l'excommunication et l'interdit sont encourus de plein droit. Accessoirement, Bérenger Frédol traite des autorités compétentes pour absoudre des censures encourues. De plus notre évêque prend la précaution de prescrire la publication deux fois par an des cas où les laïques se trouvent excommuniés ou interdits *ipso jure* : il nous donne un modèle de la *denunciatio* qui doit être faite dans tout le diocèse.

Cette publicité répondait à un véritable besoin. Les conciles provinciaux le sentaient et prescrivaient fréquemment la publication annuelle des excommunications *latae sententiae* créées par eux[3]. Pour les cas contenus dans les collections canoniques le même besoin de publicité se faisait ressentir. Mais à défaut de mesure spéciale prescrite par les canons et de liste dressée par eux, ce fut à la doctrine à constituer celle-ci et à la faire connaître. D'abord très maigre avec les premiers glossateurs du Décret, elle prend plus d'importance dans la suite. Un travail d'élaboration se poursuit lentement. En dehors des cas très nets des décrétales de Grégoire IX — la distinction des excommunications *datae sententiae* et *dandae sententiae* était déjà connue lorsque ces dernières ont été rédigées — les canonistes examinent avec attention le décret de Gratien. Ils y recherchent les cas d'excommunication *ipso jure* qui peuvent y être renfermés, tâche délicate puisqu'il s'agit de faire rentrer des textes dans des cadres pour lesquels ils ne sont pas faits. La théorie mal fixée tout d'abord en présence de certains canons anciens se précise peu à peu. Si la liste de Guillaume Durand[4] paraît encore incertaine[5], la liste d'Hostiensis prend peu à peu force de loi. Bérenger Frédol arrive au bon moment pour recueillir les résultats antérieurs, les systématiser et les enrichir des cas nouveaux contenus dans le Sexte[6] à la confection duquel il a collaboré[7]. Bérenger écrivait ainsi un des premiers traités sur l'excommunication. Ceux qui suivront, pendant longtemps ne prendront pas une autre forme que le sien : ils s'attacheront surtout à donner une liste complète des excommunications *latae sententiae* et à faire la casuistique de

1. Sensiblement contemporain du Sexte. Celui-ci est déjà compilé, cf. *infra*, p. 50, l. 19, mais depuis assez peu de temps, cf. *infra*, p. 42, l. 18 (*novissimum jus*). Le Sexte commencé en 1297 a été publié en 1298. — Cf. Viollet, *op. cit.*, p. 148. Le ms 349 de Vienne porte la date 1293 en haut du f° 62 et d'une autre main que le texte, tout à fait arbitrairement semble-t-il. Notons que Bérenger Frédol ne mentionne pas les bulles modificatives de la décrétale *Clericis laicos* parues le 7 février et le 31 juillet 1297. Cf. Raynald, *Annales eccles.*, 29 et 50 (éd. Theiner, T. XXIII).

2. Les consuls de Béziers imposant aux clercs une taille municipale, l'official, le chapitre et tout

le clergé soutinrent que la constitution *clericis laicos* était violée et considérèrent que la ville avait *ipso facto* encouru l'interdit ; Viollet, *op. cit.*, p. 148. Guillaume de Mandagout, canoniste, *ibid.*, p. 71.

3. Hinschius, *Kirchenrecht*, V, p. 140 et les références. Mêmes prescriptions pour les excommunications générales ; cf. *ibid.*, pp. 135-136.

4. Guillaume Durand, *Repertorium* ; *casus in quibus aliquis est ipso jure excommunicatus.*

5. Cf. *infra*, p. XLVI.

6. Et dans un concile de Bourges de l'année 1276 ; cf. *Mansi*, t. XXIV, col. 165 et sq.

7. Viollet, Guillaume de Mandagout, canoniste, *Histoire litt. de la France*, t. XXXIV, p. 56 et sq.

chacune d'elles [1]. D'autre part transportant la question à l'interdit, notre auteur essaie sur ce sujet, très peu connu alors, une théorie d'ensemble qui n'est peut-être pas très heureuse, mais qui a du moins le mérite d'aborder un sujet à peine exploré.

Ce qui montre bien que le travail de Bérenger Frédol répondait à une utilité véritable, c'est la diffusion qu'il prit aussitôt, diffusion dont le nombre des manuscrits existants montre l'étendue ; c'est aussi la quantité d'additions, de mises à jour, les traductions même que l'on en trouve. Mais avant d'étudier ces manuscrits, il nous faut aborder plus en détail l'examen de la sentence d'excommunication, de l'excommunication *latae sententiae*, de l'interdit et de l'absolution à l'époque immédiatement antérieure, dans les sources qui se placent entre le décret de Gratien et la fin du xiii° siècle.

II

La sentence d'excommunication.

Les espèces de l'excommunication. — Confusion du droit résultant de textes contradictoires au début du xii° siècle et tentative de conciliation par Gratien : il énumère, — tout en affirmant n'en reconnaître que deux, — trois catégories d'excommunication : l'excommunication simple, l'anathème et l'*excommunicatio fraterna*. — La doctrine postérieure, en essayant d'accorder les deux opinions de Gratien, fond l'anathème avec l'*excommunicatio fraterna* (Étienne de Tournai) ou bien reconnaît en cette dernière une excommunication spéciale. — Établissement de la doctrine définitive. — L'excommunication mineure et son double rôle. — L'excommunication majeure : elle est la peine de la contumace, *maximum crimen et genus idolatriae*, et cela dans tous les cas.
Quelle est l'autorité compétente pour infliger cette censure : l'évêque est le juge ordinaire. — Concurrence des supérieurs (bulle *Romana*). — Concurrence des inférieurs : tout prélat ayant juridiction, même non ordonné, peut prononcer l'excommunication. — Compétence *ratione personae* et *ratione delicti*.
Formes de l'excommunication. — Elle est soumise aux règles ordinaires de la procédure pénale ecclésiastique (et en plus à la nécessité des monitions). — Innocent IV précise les conditions de forme de la sentence. — Publication. — La sentence peut présenter des degrés variables de sévérité. — Aggravations successives en cas d'inefficacité : pour les clercs, excommunication et déposition ; pour les laïques, la première excommunication peut être aggravée par la publication hebdomadaire, l'excommunication *cum participibus*, l'interdiction de tout secours à l'excommunié, l'excommunication de sa famille. — Confirmation de l'excommunication et anathème.
Effets de l'excommunication mineure. — Effets de l'excommunication majeure. — Suspension de tous droits religieux. — Interdiction de communiquer. — Les exceptions. — L'*excommunicatio forensis* et l'exception d'excommunication. — L'excommunication entraîne-t-elle une incapacité civile géné-

---

1. Voy. parmi les auteurs indiqués par Schulte, *Geschichte der Quellen*, etc..., II, p. 509, IX b, ceux qui ont touché à l'excommunication. — Cf. les traités contenus dans le t. XIV du *Tractatus universi juris*. Aux ouvrages indiqués par Schulte, il faut peut-être ajouter un traité *De excommunicatione* de Johannes de Prato, si nous en croyons le catalogue de la Bibliothèque royale de Bruxelles, ms. 2601 (II, 2419), ff. 23 verso à 65 verso. — Mentionnons également les *Instructions et constitutions de Guillaume Durand*, éd. Berthelé et Valmary, 1900. — Cf. Dubarat, *Les constitutions ecclésiastiques de la province ecclésiastique d'Auch* (1290-1313), 1899.

rale pour l'excommunié. — Thèse affirmative d'Hostiensis : son caractère artificiel. — Thèse contraire d'Innocent IV, de Jacques de Belvisio, de Joannes Andreae. — Effets de la résistance à l'excommunication : prison, confiscation, envoi en possession, peine de l'hérésie.

Lorsque commença l'élaboration systématique du droit canon, — ici comme en d'autres matières, mais plus peut-être qu'ailleurs — la première difficulté fut de concilier des textes de dates diverses et relatifs à des institutions très différentes sous le même nom. Le problème était vraiment délicat, si délicat que Gratien [1] ne parvient pas à le résoudre. Il nous présente en effet deux solutions contradictoires. Dans le *dictum* sur C. XI, q. III, c. 24, il distingue en effet deux sortes d'excommunication. La première prive le délinquant des sacrements de l'Eglise : *aliquando enim arcetur quis a liminibus ecclesiae et a communione corporis et sanguinis Christi.* Elle n'entraîne pas la cessation des rapports avec les fidèles, *qua sententia non separatur quis a consortio fidelium.* Mais il y a une autre forme d'excommunication, l'anathème qui entraîne cette cessation. Gratien ajoute que cette distinction peut se déduire, entre autres, du canon *Engeltrudam* [2]. Reportons-nous à la citation : nous voyons qu'elle s'accorde mal avec l'usage qu'en veut faire l'auteur du Décret. Le texte déclare qu'Engeltruda a été frappée non seulement de l'excommunication *que a fraterna societate separat* mais encore de l'anathème qui retranche le coupable du corps même du Christ, c'est-à-dire de l'Eglise. Et Gratien ajoute dans son dictum : *Unde datur intelligi quod anathematezati intelligendi sunt non simpliciter a fraterna societate omnino separati, sed a corpore Christi (quod est ecclesia).* Le texte s'harmonise mal avec cette idée que l'excommunication *que a fraterna societate separat* constitue une simple exclusion des sacrements, ce qu'on appellera plus tard l'excommunication mineure. Il semble vouloir désigner par elle une interdiction aux fidèles de communiquer entre eux. Aussi bien est-ce le sens de la glose de Paucapalea. Elle commente l'expression *fraterna societate* par ces mots : *ut est ingressus ecclesiae et collocutio fidelium et convictus eorum* [3]. Nous avons ainsi en réalité non pas deux, mais trois catégories d'excommunications. L'une d'elles, l'*excommunicatio fraterna* est une intruse dans le développement normal du droit canonique. Elle n'est autre que l'excommunication monastique et tout l'effort de la doctrine à partir de Gratien va être de la faire rentrer dans l'une des deux formes types, anathème ou exclusion des sacrements.

D'une part, l'*excommunicatio fraterna*, c'est-à-dire l'interdiction de communiquer avec les autres chrétiens va se confondre avec l'anathème. Si Gratien répète que l'anathème emporte séparation de l'Eglise elle-même, du corps du Christ, c'est par survivance de vieilles formules [4]. Cet énoncé ne répond plus à la réalité juridique. L'excommunication n'est plus une peine vindicative, une peine de durée prédéterminée : c'est

---

1. Sur la date du décret de Gratien, voir Fournier (P.), *Rev. d'hist. et de lit. relig.*, III, p. 253-255 et 280.

2. C. III, q. IV, c. 12.
3. Ed. Schulte, p. 65.
4. Hinschius, *Kirchenrecht*, V, p. 10.

une censure destinée à prendre fin avec la résistance du pécheur. Même lorsqu'il ne revient pas à résipiscence, on ne le considère plus comme totalement étranger à l'Eglise. La théorie de St Augustin qui attribue au baptême un effet indélébile, et qui veut voir dans la qualité de chrétien par lui conférée une qualité ineffaçable empêche de considérer l'anathème comme une exclusion totale. C'est plutôt pour le chrétien la perte temporaire de ses droits. Dans Etienne de Tournai, nous voyons apparaître l'expression de cette idée. *Interpretatur autem anathematizatio secundum quosdam separatio, secundum alios suspensio* [1]. Mais dès lors l'anathème ne se distingue plus de l'*excommunicatio fraterna* telle que la concevait Paucapalea ; on réservera son nom simplement pour marquer une différence de forme dans le prononcé de la sentence d'excommunication [2].

D'autres canonistes suivront une autre voie pour expliquer ce qu'est l'*excommunicatio fraterna*. Devant la difficulté d'admettre l'explication de Gratien [3], ils admettront l'existence de trois catégories d'excommunication. Pour certains, il y aura une excommunication qui défend l'entrée de l'Eglise , une autre qui interdit la société des fidèles, une troisième qui sépare de l'Eglise elle-même [4]. D'autres qui ne reconnaissent plus à l'anathème son sens ancien, chercheront à réserver l'*excommunicatio fraterna* à des domaines particuliers. Ils retrouvent dans les textes des excommunications spéciales telles que l'excommunication monastique et l'excommunication d'un évêque par les autres. Celles-ci offraient un caractère très particulier, puisqu'elles n'entraînaient pas nécessairement la perte des sacrements. Nos canonistes y verront — avec raison d'ailleurs — l'explication du texte sur lequel avait échoué Gratien. C'est la solution que donne entre autres Bernard de Pavie [5].

Cette première élaboration va permettre la construction de la théorie définitive. Les canonistes vont remarquer qu'il n'y a pas seulement deux excommunications, ni même trois, que par exemple on trouve encore une excommunication des Juifs quoiqu'ils n'appartiennent pas à l'Eglise [6]. Ils posent donc en principe qu'il y a autant de sortes d'excommunication qu'il y a d'espèces de communion. Ce principe posé, ils distinguent deux de ces excommunications par suite de leur fréquence et de leur importance plus

---

1. *Summa Stephani Tornacensis*, C. III, q. IV, c. 11, éd. Schulte, p. 195.

2. « *Sed et major dicitur duplex, una quae dicitur simpliciter excommunicatio, et intelligitur de majori..., alia quae dicitur anathema quae fit cum majori solennitate...* » Guillaume Durand, *Repertorium*, p. 75, col. 2.

3. Dictum Gratiani sur C. XI, q. III, c. 24, suivi par la glose sur C. III, q. V (IV), c. 11. — Même solution ; Stephanus Tornacensis, *Summa* C. III, q. IV, éd. Schulte, p. 194-195 ; Goffredus de Trano : « *Sed exponenda sunt verba illa scilicet ut intelligamus fraternam societatem quam contrahimus in communione sacramentorum* », Summa. Tit. De cler. ex. min., Ms. Bib. Univ. de Lyon (Mss. et R. 28, f° 116).

4. *Ordo judiciarius* (fin XII° siècle), édité par Kuntsmann, *Kritische Ueberschau, d. d. Gesetzgund R.-w.*, II, p. 26.

5. *Bernardi Papiensis Summa Decretalium* (V. 34), 2, éd. de Lasp. p. 272. Bernard de Pavie renvoie à la D. XC, c. 4 (*Alienus*) pour l'excommunication monastique et la C. VI, q. II, c. 3 (*Placuit*) pour l'excommunication des évêques. On peut ajouter, D. XVIII, c. 14 ; D. XXXIV, c. I ; D. LVIII, c. 2 ; C. XI, q. III, c. 8 (*Episcopi*). Sur cette excommunication des évêques, cf. Hinschius, *Kirchenrecht*, IV, p. 742-743.

6. X (5. 19), 12 ; (5, 6), 13. — Guillaume Durand, *Repertorium*, p. 77, col. 1.

grande, l'une qui écarte des sacrements de l'Eglise et de la communion des fidèles, l'autre qui éloigne des sacrements seulement[1], l'excommunication majeure et l'excommunication mineure, comme on dit dès le dernier tiers du xiiᵉ siècle[2].

Il faut noter d'ailleurs qu'il n'y a pas parallélisme parfait entre les deux catégories de l'excommunication. L'excommunication mineure a une triple fonction[3] : elle peut valoir *nomine paenitentiae, nomine poenae et nomine censurae*. Tantôt elle apparaît comme une pénitence : c'est alors une abstention imposée à titre satisfactoire. Elle mérite la grâce du pénitent qui s'y soumet[4]. Tantôt aussi l'excommunication mineure est l'exclusion des sacrements imposée pendant un certain temps à titre de peine[5]. C'est une forme dérivée de l'excommunication primitive qui se trouve conservée. Dès le ivᵉ siècle en effet, l'anathème ayant paru un châtiment trop grave pour certains cas, on lui avait substitué dans ces hypothèses cette punition amoindrie[6]. Elle gardait néanmoins le même caractère de peine vindicative et on la retrouve sous cette forme jusque

1. L'excommunication simple, celle que Gratien oppose à l'anathème, interdisait l'entrée de l'Eglise elle-même. Elle se rapprochait ainsi de l'interdit personnel. : « *Simplex excommunicatio dicitur quando alicui interdicitur introitus ecclesiae et sacramenta ecclesiastica ; consortium autem fidelium et mensa non negatur ; taliter excommunicati in quibusdam provinciis dicuntur vetiti, in aliis interdicti.*» *Summa Stephani Tornacensis*, C. III, q. 4, c. 11, éd. Schulte, p. 195. — Mais au xiiiᵉ siècle, l'excommunication mineure ne comprend plus que l'exclusion des sacrements. Cf. Hinschius, *Kirchenrecht*, V, pp. 18-19. Cf. *infra*, p. XLI.

2. *Summa Raymundi*, liv. III, tit. XXXIII, § 6. — Cf. Hostiensis, *Summa*, lib. V, *De sent. excom.*, 1 et 2. Premier emploi de l'expression *excom. major* : *Const. Willelmi arch. Eborac.* 1153, Mansi, 21,769 ; *excom. minor* : *Coelestinus* III,1196, Mansi, 22, 617.

3. « *Minor autem excommunicatio potest imponi pro contumacia... Potest etiam imponi pro aliis culpis : et hoc duobus modis scilicet nomine poenae in judicio a judice infligendae ad tempus... et nomine poenitentiae infligendae a sacerdote...* » *Summa Raymundi*, lib. III, tit. XXXIII, § VII (ou II), p. 392. — Hostiensis, *Summa*, lib. V, *De sent. excom.*, 7, p. 362 verso. C'est la distinction de l'excommunication pénitence et de l'excommunication censure que nous retrouvons sous la forme suivante : « *Item cum notatur sententia ecclesiastica, aliquando notatur sententia purgatoria, aliquando*

interemtoria ». *Summa Rufini*, éd. Singer, C. XI, q. 3, p. 314 ; *Summa (Pseudo) Rufini*, C. XI, q. 3, éd. Schulte, pp. 278-279. — De même s'explique la distinction de l'excommunication *mortalis* et de l'excommunication *medicinalis* que l'on relève surtout à l'époque franque. On a parfois interprété cette dernière opposition comme celle de l'excommunication mineure et de l'excommunication majeure. Welzer et Welte, *Kirchenlexicon*, 1882, Vᵒ Bann, pp. 600-607. C'est une erreur, selon nous, que de vouloir faire coïncider deux terminologies qui ne s'appliquent pas aux mêmes époques et ne concernent pas exactement les mêmes objets. Sur le sens de ces expressions *excom. mortalis* et *excom. medicinalis* dans Saint Augustin (Homélie 50), voyez Hinschius, *Kirchenrecht*, p. 705, n. 4.

4. *Dictum Gratiani*, § 1 sur C. XI, q. III, c. 24.

5. C. V, q. IV, c. 3.

6. Hinschius, *Kirchenrecht*, IV, p. 72. — D'après Viollet, *Hist. des Inst.*, I, p. 405, n. 4, c'est vers le milieu du ixᵉ siècle que l'on verrait poindre la distinction. Les deux thèses ne sont pas si différentes qu'il paraît au premier abord si l'on se rappelle que la défense de communiquer à l'excommunié sous peine d'excommunication, date du ixᵉ siècle, — Cf. Hinschius, V, pp. 3 et 4, — et que, par suite, c'est à cette époque que la différence entre les deux formes d'excommunication devient considérable, d'assez faible qu'elle était.

dans le droit des décrétales. Enfin à côté de ces deux premières formes de l'excommunication mineure, nous la voyons usitée comme un moyen de contrainte. Elle doit alors être précédée de monitions canoniques comme l'excommunication majeure elle-même [1].

L'excommunication majeure au contraire reste à notre époque toujours identique à elle-même. Elle sanctionne la contumace et elle seulement. C'est une censure et non pas une peine. Elle doit toujours être précédée de monitions destinées à marquer le commencement de la résistance du pécheur aux ordres de l'Eglise. Dès que cet avertissement est donné, dès que la menace de l'excommunication est faite, il importe peu que ce soit à l'occasion d'un péché petit ou grand. Car c'est la désobéissance même qui maintenant est la plus grave. *Quandocunque ergo aliquis fuerit vocatus vel admonitus tribus edictis, vel uno peremptorio pro omnibus, potest si contumax fuerit excommunicari, non distincto atrum pro modica vel magna causa fiat citatio vel admonitio; quia semper est ibi contumacia quae est maximum crimen et genus idolatriae* [2].

La théorie se heurtait cependant à une objection. Elle avait à tenir compte de nombreux textes anciens qui infligeaient l'excommunication comme peine de crimes commis et en dehors de toute contumace. Il semblait donc y avoir une excommunication *pro crimine* ou *pro offensa manifesta* a côté de l'excommunication *pro contumacia*. Cependant le principe qui faisait de l'excommunication la peine de la rébellion était si fort qu'on ne tarda pas à faire rentrer cette exception dans la règle générale. L'excommunication n'a lieu *pro crimine* ou *pro offensa* que lorsque le coupable refuse de s'amender et de satisfaire tant envers l'Eglise qu'envers l'individu lésé. Ce n'est donc qu'un cas particulier de contumace et la doctrine retrouve ainsi sa cohérence et son unité [3]. L'excommunication majeure *ab homine* suppose nécessairement la contumace : seule l'excommunication majeure *a jure*, — qui a un tout autre caractère comme nous le verrons, — peut être encourue *pro crimine* [4].

---

1. C. V, q. III, c. 2.

2. *Summa Raymundi*, lib. III, tit. XXXIII, § 7 (ou 2), p. 392.

3. « *Tertia (excommunicatio, scilicet anathematizatio) de nullo unquam crimine est facienda nisi ex contumacia satisfacere voluerit qui crimen commisit* ». *Summa Rufini*, c. XI, q. 3, éd. Singer, p. 315 ; *Summa (Pseudo) Rufini, ibid.*, éd Schulte, p. 279.

4. « *Ad hoc dicunt quidam quod ab homine non sit aliquis excommunicandus nisi pro contumacia sed a canone bene, ut XVII, q. IV, c. si quis suadente. Hoc non est : quia quandoque excommunicatur aliquis pro contumacia, quandoque pro crimine ut extra, de verborum significatione, c. ex parte* (X. 5, 40,23) Joan. Teut. *Sed certe illa decr. dicit quod pro offensa sit aliquis excommunicandus cum non vult satisfacere et ita procontumacia quare alia distinctio est melior.* Bar. Brix. » Glose sur C. XI, q. III, c. 8. — Hostiensis, *Summa*, lib. V, *De sent. exc.*, 7, p. 362. — Définition de la contumace : « *... alia est in non veniendo in judicium sive quia peremptoria citatione recepta venire contemnit, sive quia malitiose se ipsum occultavit, sive quia impedit ne possit ad eum citatio pervenire. Alia, quando citatus venit ad judicium, sed non vult stare juri, vel ante finitam causae examinationem contumaciter et illicentiatus recedit. Alia quando offensa ejus est manifesta et jussus a judice non vult emendare.* » *Summa Raymundi*, lib. III, tit. XXXIII, § VII (II), p. 391.

L'excommunication ainsi définie, la question se pose de savoir par qui et comment elle peut être infligée. Pour l'excommunication mineure, il n'y a aucun doute. Peuvent l'imposer au pécheur tous les prêtres se trouvant à la tête d'une église, ou même plus généralement tous ceux qui possèdent la juridiction du for interne[1]. Il en va tout autrement pour l'excommunication majeure. La question soulève des difficultés nombreuses et ce n'est qu'après de longues discussions que le droit est parvenu à se fixer. Le titulaire normal du droit d'excommunier est l'évêque : aussi bien est-ce à lui qu'appartient dans son essence l'exercice de la juridiction[2]. Mais à côté de lui d'autres personnes se trouvent munies parfois du même droit et leur détermination est délicate. Il n'y a pas de difficulté pour le pape qui est juge ordinaire de toute la chrétienté ; le métropolitain voit par contre sa juridiction supérieure en conflit avec celle de ses suffragants. Il peut parfois exercer les mêmes droits qu'eux dans le ressort de leur diocèse : il suffit pour cela qu'ils négligent d'y maintenir une exacte discipline et s'abstiennent sciemment ou non, de réprimer les délits commis[3]. Mais ce principe en pratique était fréquemment violé. Le métropolitain et ses officiaux désireux d'accroître les revenus du fisc archiépiscopal s'efforçaient d'étendre leur compétence par tous les moyens: multiplication des excommunications générales, excommunications conditionnelles, prévention[4]. On pourrait étudier en détail les moyens utilisés grâce aux prescriptions destinées à y porter remède. En effet la bulle *Romana* (1245)[5] suscitée par les abus de l'officialité de Reims édicte des dispositions précises pour faire rentrer la juridiction de l'archevêque dans ses limites. La bulle *Ceterum* (1254)[6] que nous retrouverons poursuit une fin analogue pour les absolutions.

A l'inverse les degrés inférieurs de la hiérarchie prétendent fréquemment aux mêmes droits que l'épiscopat. Les curés veulent souvent exercer la juridiction pénale et le droit d'excommunication dans leur paroisse, de même les abbés dans leur monastère et ses dépendances[7]. La doctrine est hésitante tout d'abord. Elle s'accorde à réserver à l'évêque le droit de prononcer l'excommunication solennelle, l'anathème. Pour l'excommunication majeure simple, les divergences sont nombreuses. Huguccio veut la réserver à l'évêque[8], Bernard de Pavie par contre l'accorde à tout prêtre. Il reconnaît d'ailleurs que ce n'est pas l'usage de toutes les Eglises[9]. Enfin la coutume se fixe peu à peu. Le droit d'excommunication majeure est reconnu à tout prélat ayant juridiction, c'est-à-dire en dehors de l'évêque, à l'archidiacre, au doyen du chapitre cathédral, à

---

1. Hostiensis, *Summa*, lib. V. *De sent. exc.*, 5 p. 361.

2. C. XVI. q. II, c. 1 : « *Exc. est mucro episcopi* ». Les canonistes du XIIIe siècle reprennent volontiers la formule.

3. *Dictum Gratiani* sur C. IX, q. III, c. 21.

4. Fournier, *Officialités*, p. 218.

5. VI (5, 11), 5. — Cf. le commentaire d'Hostiensis, *Summa*, lib. V, *De sent. exc.*, 6, p. 361 verso.

6. VI (5, 11), 7.

7. Hinschius, *Kirchenrecht*, V. p. 291.

8. Cité par Raymond de Peñafort, *Summa*, lib. III, tit. XXXIII, § VII (ou II), p. 390.

9. *Bernardi Papiensis Summa decretalium*, lib. V, tit. 34, §§ 3 et 4, éd. de Lasp., p. 272.

l'archiprêtre, aux abbés [1]. Puis cette première limitation devient plus étroite encore. L'archidiacre se voit dépouillé de sa situation antérieure [2]. De même la juridiction des curés va toujours s'atténuant. Raymond de Peñafort leur dénie le droit d'excommunication majeure tout en réservant la possibilité d'une coutume contraire [3]. Hostiensis leur reconnaît encore certains droits. Ils peuvent excommunier et absoudre au tribunal de la pénitence, dit-il, ils jouissent du pouvoir des clefs et de son exercice. Il en déduit pour eux le droit d'excommunier après monition pour les cas notoires et *in omnibus de his quae sine libelli oblatione expediri possunt*. Ce dernier droit semble plutôt être d'une part celui de proclamer l'excommunication *ipso jure* que de fulminer une excommunication *ferendae sententiae* et d'autre part celui de prononcer l'excommunication mineure qui n'est point en question ici [4].

D'ailleurs il n'est pas besoin d'être prêtre pour excommunier. Par suite de la séparation des deux fors, le droit d'excommunication des personnes que nous venons d'énumérer peut être délégué à des laïques. L'abbé qui n'a pas encore reçu les ordres peut néanmoins excommunier [5]. Mais ce droit ne fut jamais reconnu aux abbesses [6].

Enfin chaque juge spirituel ne peut exercer son pouvoir que sur les fidèles à lui confiés et les ecclésiastiques subordonnés à son autorité. Mais le diocésain ou le paroissien d'autrui qui commet un délit dans son ressort lui est soumis par là-même. Il est donc compétent tantôt *ratione personae* et tantôt *ratione delicti* [7].

La réglementation des formes de l'excommunication découle des mêmes principes que l'organisation de la compétence. L'excommunication est un acte de juridiction externe. Elle sera donc soumise aux règles générales de la procédure pénale ecclésiastique [8] en dehors des particularités acquises par elle dans son développement historique. Elle commencera, nous l'avons vu déjà, par la monition canonique [9]. Celle-ci sera trois

---

1. *Summa Raymundi*, lib. III, tit. XXXIII, § VII (II), 390

2. X (1,23), 5.

3. *Summa Raymundi*, lib. III, tit. XXXIII, § VII (II), p. 390.

4. *Summa Hostiensis*, lib. V, *De sent. exc.*, 5, p. 361. La possibilité d'une coutume contraire, reste naturellement réservée et la fréquence de cette dérogation est très grande en pratique. — Cf. Heber, *Gutachten und Reformvorschläge für das Vienner Generalconcil* (1311-1312), 1896, pp. 37 et 38.

5. *Summa Raymundi*, lib. III, tit. XXXIV, § 4 (Postillator). p. 421 ; *Summa Hostiensis, loc. cit., supra*, n. 4. — *Contra* Guillaume Durand, *Speculum*, I, *De recus.*, § 5, nº 23, p. 157.

6. X (1,33), 12.

7. *Bernardi Papiensis Summa decretalium*, lib. V, tit. 34, §§ 3 et 4 ; *Summa Raymundi*, lib. III, tit. XXXIII, § VII (II), p. 391. — Glose sur C. XI, q. III, c. 11 (Excommunication des empereurs : compétence). Cf. D. X, c. 1, 6 et 9 ; D. XCVI, c. 10 ; X (1, 33), 6, § 6 et les commentaires sur ces textes. *Adde* : Guillaume Durand, *Repertorium*, p. 73, col. 2 *in fine* et 76, col. 2.

8. Guillaume Durand, *Repertorium*, p. 74, col. 2.

9. Cf. *supra*, p.XIII. — Gratien pose l'existence de monitions comme préliminaire de nécessité absolue avant l'excommunication : *Dictum Gratiani*, sur C. II, q. 1, c. 20. — Les dispositions fragmentaires des canons antérieurs se trouvent ainsi renforcées. Cf. Hinschius, *Kirchenrecht*, V, p. 12. La monition devient alors un des éléments juridiques de l'excommunication. — Cf. Glose sur

fois répétée ou bien dès la première, le délinquant sera prévenu qu'il est averti une fois pour toute (*monitio peremptoria*). Le juge doit se munir de témoins pour pouvoir prouver ensuite son accomplissement [1]. Les délais entre les diverses monitions, conformément aux règles ordinaires du droit canon, sont arbitraires et laissés à la prudence du juge [2]. Après le délai imparti par la troisième monition, le juge passe à la sentence. Il doit pour cela être assis à son tribunal [3] comme dans tous les actes de juridiction contentieuse. Puis il prononce la sentence pour laquelle il n'y a pas de formule solennelle ni d'expression sacramentelle [4]. Il la fait rédiger par écrit [5], insérer sur les registres de sa juridiction [6], puis notifier aux curés des paroisses de sa circonscription. Au besoin si l'excommunié peut avoir des relations avec les circonscriptions voisines, on leur notifiera aussi l'excommunication [7]. Innocent IV au Concile de Lyon (1245) précise encore les conditions de formes auxquelles doit obéir l'excommunication. La cause de l'excommunication devra se trouver inscrite dans le texte de la sentence. Une expédition de cette sentence devra être délivrée dans le mois à l'excommunié, s'il la requiert. Cette réquisition elle-même devra être faite par acte public ou par acte authentique [8]. La sentence ainsi prononcée est notifiée dans les diverses paroisses par les soins du curé [9].

La sentence peut être plus ou moins sévère. L'excommunication majeure, que nous avons regardée jusqu'ici comme unique présente des degrés. D'autre part, si l'excommunication est inopérante et ne parvient pas à briser la rébellion du coupable, on lui substituera une autre peine. Normalement la procédure d'excommunication n'est pas une procédure simple : c'est une procédure à échelons où la peine s'aggrave à mesure que se prolonge la résistance. Si la première peine infligée est inefficace, elle peut parfois être remplacée par une autre et présenter ainsi un caractère simplement comminatoire [10],

---

C. XII, q. II, c. 21. Le 3ᵉ Concile de Latran (1179) sanctionne législativement ce droit X (2, 28), 6 et 26. Adde : Lateran. IV, 1215, X, (5, 39), 4 et (2, 28), 61. — Pour plus de détails (sur la *monitio generalis*, etc.), lire MENDELSSOHN, *De monitione canonica*, Heidelberg, 1860.

1. X (5, 39), 48.

2. FOURNIER, *Officialités*, p. 151.

3. GUILLAUME DURAND, *Speculum*, I, *De legato*, § 7, 10, p. 51.

4. *Summa Hostiensis*, lib. V, *De sent. ex.*, 8, p. 362 verso et 363 recto. — En sens contraire : Gaufredus de Trano, dont l'opinion est combattue par Hostiensis, *ibid.* — La sentence doit pourtant être impérative ou indicative. Cf. *infra*, pp. LXVI-LXVII.

5. C. II, q. I, c. 9. — « *Nec credo esse de substantia quod dicatur in sententia : in his scriptis excommunico ; consulo tamen quod dicatur* ». GUILLAUME DURAND, *Speculum*, II, *De sententia*, § 6, 30, p. 431.

6. Il existe un *registrator* spécialement chargé de tenir ce livre au courant. FOURNIER, *Officialités*, p. 28.

7. « *Si quis autem treugas frangere praesumpserit, post tertiam admonitionem si non satisfecerit, suus episcopus sententiam excommunicationis dictet in eum et scriptam vicinis episcopis annunciet, quorum nullus excommunicatum in communione recipiat, immo scriptam sententiam quisque confirmet* ». X (1, 34), 1.

8. VI (5, 11), 1.

9. C. XI, q. III, c. 20 ; C. VI, q. III, c. 5. — Autres textes chez HINSCHIUS, *Kirchenrecht*, V, p. 13, nn. 1, 2 et 3. — Cf. FOURNIER, *Officialités*, p. 28.

10. « *Judex enim majorem poenam comminando vel exigendo videtur recedere a minori... Sed quid si iste paruit ultimo banno et juravit. Respondeo [dicendum] quod in nullo punietur, quia cum ultima*

4

parfois aussi être accrue de pénalités nouvelles. C'est ainsi que pour les clercs, l'excommunication et la déposition sont employées réciproquement pour punir le clerc déposé ou le clerc excommunié qui ne tiennent pas compte des censures déjà encourues [1]. Raymond de Péñafort nous décrit les diverses gradations possibles. Lorsqu'un clerc est coupable de contumace, on doit commencer par lui infliger l'excommunication mineure, puis sa rébellion se prolongeant, prononcer l'anathème, enfin le déposer. Si par contre il est coupable d'un crime et que la grandeur du forfait le demande, on doit le déposer tout d'abord et rien de plus s'il est corrigible. Sinon, après la déposition, on doit recourir à l'excommunication mineure, puis si sa résistance continue passer à l'anathème. Si cela ne suffit pas, on fera appel au bras séculier qui prononcera l'exil ou toute autre peine légitime [2].

Pour les laïques, les *ordines judiciarii* du milieu du xiiiᵉ siècle [3] nous montrent en détail et de façon très précise quelle est la progression des degrés de l'excommunication en cas de contumace obstinée. Le caractère même de ces documents nous indique qu'il ne s'agit pas là de contrainte à la pénitence, mais bien de la contumace proprement dite, c'est-à-dire de la désobéissance à la citation d'un juge ecclésiastique. Mais l'échelle des censures devait être sensiblement la même dans les deux cas. On devait simplement user, semble-t-il, de l'excommunication mineure comme premier moyen de contrainte à la pénitence alors que la procédure contre le contumace proprement dit débute avec l'excommunication majeure [4].

Après le premier défaut [5], le juge rendait une sentence par laquelle il excommuniait le défaillant conditionnellement s'il ne satisfaisait pas dans les huit jours le juge *de contemptu* et l'adversaire *de expensis*. Parfois l'excommunication était immédiate et conditionnelle seulement dans la forme : elle était subordonnée au fait que la citation ait bien touché le cité. Si la sentence restait sans effet, le demandeur pouvait solliciter une aggravation de la sentence [6] et le juge souvent y pourvoyait d'office après un certain délai, 40 jours par exemple. Il mandait alors aux curés de publier l'excommunication

---

poena debeatur, ut supra, et in illa non sit contumax, de aliis videtur cum eo transactum esse. » GUILLAUME DURAND, *Speculum*, II, *De contumacia*, § 4, 8. — Cf. la procédure moderne des astreintes.

1. Cf. X (5, 27), c. 1 : « *Clericus depositus celebrans excommunicatur* », et *ibid.*, c. 3 : « *Interdictus et excommunicatus celebrans, monitus non desistens, deponitur.* »

2. *Summa Raymundi*, lib. III, tit. XXXII, § 6. — Cf. X (2, 1), 10.

3. *Summa minorum* et *Curialis*, éd. L. WAHRMUND, *Quellen zur G. des r.-k. processes*, 1 Bd., Doppelhelft II et III, Innsbruck, 1905. — Pour la date de la *Summa minorum* (1250-1254), cf. p. XIV, Heft II, et pour celle du *Curialis* (1251-1270),

pp. VIII et IX, Heft III.

4. La *Summa minorum* appelle bien l'une de ses formules *excommunicatio minor*. Formule VIII, p. 10. Il faut, croyons-nous, traduire par : *excommunication moindre* et non pas par excommunication mineure : La fin de la formule *a nobis publice denuntietis excommunicatum* semble plutôt devoir s'entendre de l'excommunication majeure.

5. Nous établissons cette gradation d'après la *Summa minorum*, VIII, V, VI, IX, X, pp. 9-11 et le *Curialis*, XI-XVII, pp. 7-9, cf., *ibid.*, XC-XCIII, pp. 28-29.

6. GUILLAUME DURAND, *Speculum*, IV, *De sent. exc.*, 1, p. 507.

tous les dimanches, cierges allumés, au son des cloches, et d'ajouter défense expresse sous peine d'excommunication de communiquer avec l'excommunié. Cette mesure avait pour effet de renforcer beaucoup les effets de la sentence. C'était non plus l'excommunication mineure, mais bien l'excommunication majeure qu'entraînait la non-cessation des rapports avec le délinquant [1].

Cette aggravation était donc particulièrement redoutable pour les tiers. Aussi Innocent IV (1254) et Grégroire X (1274) [2] interdirent-ils toute excommunication de ce genre si les participants n'avaient pas reçu une monition nominative d'avoir à cesser tout rapport avec l'excommunié. L'excommunication *cum participibus* perdait ainsi beaucoup de sa portée.

Si l'excommunié persévère dans sa malice, la sentence pourra être encore « réaggravée ». Le juge n'y ajoutera pas seulement la prohibition de participer avec le contumace sous peine d'excommunication. On interdira avec lui toute communauté *potu, cibo, furno, molendino, seu quocumque alio alterius generis mercimonio.* De plus, on excommuniera sa femme, sa famille et tous ceux de ses parents qui communiqueront avec lui. L'interdiction de vendre quoi que ce soit, de permettre l'usage du four et du moulin étaient un moyen de contrainte commode, tellement commode que parfois les puissances séculières s'en servaient contre les ecclésiastiques [3]. L'excommunication de toute la famille pour le péché de son chef pouvait aussi être efficace, mais il n'était pas sans soulever des scrupules [4]. Gratien [5] déjà se pose la question de savoir si l'on peut excommunier toute la famille pour le péché d'un seul et la résout négativement. Paucapalea [6] suit la même doctrine en faisant cette réserve *nisi evidenter faveant excommunicato,* ce qui ne peut s'entendre, semble-t-il, de la simple communication avec lui, mais bien de la communication *in crimine* [7]. Enfin Rufinus déclare *Luce clarius constat quia pro peccato alicujus tota familia excommunicanda non est* [8]. Ce mouvement doctrinal de plus en plus fort ne devait pas tarder à se faire reconnaître législativement. Innocent IV [9] au Concile de Lyon (1254), proclame que l'on doit ne jamais excommunier

---

1. Cf., *infra*, p. XLI.

2. VI (5.11), 3 et 9. — « *Quandoque etiam sententia excommunicationis aggravatur, ut omnes participantes ei in eandem sententiam incurrant ut extra, de sent exc.,c. quod in dubiis, ad finem et de privileg.,c. quanto. Hodie tamen hoc non debet fieri, nec sententia tenet nisi prius et ipsi participantes moniti fuerint...* » ; Guillaume Durand, *Speculum*, II, *De sententia*, § 6, nº 32, p. 432.

3. Cf. Bérenger Frédol, *infra*, *De excom.*, § III, 14ᵉ cas ; Fournier, *Officialités*, p. 109.

4. Voyez en dehors des textes cités de la *Summa minorum* et du *Curialis*, *Raymundi Summa*, lib. III, tit. XXXII, § 5.

5. *Dictum Gratiani*, Pars I et Pars II, sur

C. XXIV, q. III, c. I.

6. *Summa Paucapaleae*, C. XXIV, q. III, éd. Schulte, p. 105.

7. Cf. C. XI, q. III, c. 3 ; X (5,39), 29.

8. *Summa (Pseudo) Rufini*, C. XXIV, q. III, éd. Schulte, p. 374.

9. VI (5,11), 5. — Innocent III [X (5,39), 31, *in fine*] réserve encore la question *pro enormi delicto.* Cf. C. XI, q. III, c. 104 ; Guillaume Durand, *Speculum*, IV, *De sent. exc.*. 9, p. 507 : « *Item nota quod nec ordinarius, nec delegatus, nec quivis alius judex debet proferre excommunicationem in collegium, vel universitatem, ut extra* [lege : lib. VIº (5,11), 5],*eod. tit, c.Romana, § fin. Et est ratio : quia universitas non habet animam, quae speciali-*

un collège ou une *universitas* pour le délit d'un de ses membres, mais punir seulement les individus qui ont commis la faute [1].

En dehors des modes d'aggravation que nous révèlent les traités de procédure, d'autres encore étaient en usage. L'un des plus fréquents consistait à faire confirmer par d'autres personnes — quelquefois par le pape — l'excommunication portée par le juge compétent ou, s'ils étaient plusieurs, par le premier saisi [2]. La difficulté de l'absolution se trouvait ainsi augmentée de beaucoup puisqu'il fallait le concours des diverses autorités excommunicatrices pour obtenir une absolution valable. Parfois la sentence d'excommunication se trouvait aggravée par la solennité plus grande avec laquelle elle était prononcée. Certains juges ordonnaient au curé de l'excommunié de se rendre à la demeure de celui-ci et de jeter trois pierres sur la porte ou sur le toit. Mais c'est là, nous dit Guillaume Durand, un rite tout à fait ridicule [3]. Au contraire, le prononcé de l'excommunication en forme solennelle, en forme d'anathème ne soulève aucune objection en face d'un crime énorme, par exemple en face de *tyrannos claves ecclesiae contemnentes*. La sentence était fulminée par l'évêque, suivant des rites consacrés. L'évêque prononce l'excommunication à l'église, entouré de douze prêtres. Ceux-ci tiennent des cierges ou des flambeaux à la main. Après le prononcé de la formule, ils les projettent à terre et les foulent aux pieds ou bien encore les plongent dans l'eau en disant : *Sicut candelae hae extinguuntur, sic ejus opera coram Deo sint extincta, donec sufficiente satisfactione praemissa ad sinum sanctae matris ecclesiae revertetur.* Puis on procède comme pour l'excommunication ordinaire aux mesures de publications [4]. D'ailleurs par mesure

---

ter per excommunicationem ligatur... Unde nec delinquit, nec punitur..... Unde lata non tenet prout notatur in preallegato capitulo Romana. Alia vero ratio redditur § finali ». La raison donnée par Innocent IV est : « *Quum nonnunquam contingeret innoxios hujusmodi sententia irretiri* ». Cf. GIERKE, *Deutsche Genossenschaftrecht*, III, p. 342. — En opposition avec la théorie de GUILLAUME DURAND, excommunication des morts ; Ivo. *Panor.*, V, 115-123 ; *Dictum Gratiani*, Pars I, sur C. XXIV, q. II, c. I ; X (5, 7), 5 ; MORINUS. lib. X, cap. IX. De même excommunication des animaux, *Summa Raymundi*, lib. III, tit. XXXII, § V. Cf. D'ARBOIS DE JUBAINVILLE, *Rev. des quest. hist.*, V, p. 275 et sq ; KERDANIEL, *Les animaux en justice, procédures en excommunications*, 1908, p. 44 ; cf. Avignon, ms. 3, II.

1. *Summa Hostiensis*, lib. V, *De cler. exc. minist.*, 1, p. 319 ; *Advisam styli curie Brioren.* Biblioth. nat. Ms. lat. 1458, f. 121, cité par

FOURNIER, *Officialités*, p. 229 : « *Primo in minoribus causis ut dicitur post octo dies, in aliis vero post lapsum quindecim moneatur infra octo dies ; et si non paruerit, excommunicetur, et si per decem dies steterit post publicationem, aggravetur, et deinde post lapsum aliorum decem dierum reaggravetur. Et si per alios decem dies post publicacionem excommunicationis, aggravacionis et reaggravacionis sustinuerint, interdicantur uxor familia et homines.* »

2. X (1, 34), 1 ; cf. *infra*, p. LXVIII, n. 1.

3. GUILLAUME DURAND, *Speculum*, II. De sent., § 6, 32, p. 432.

4. GUILLAUME DURAND, *Speculum*, II, *De sent.*, § 6, 29, p. 431 — Autres formules : pour le très ancien droit : MORINUS, lib. VIII, cap. XXI et XXII ; REGINON, II, 408-413 ; BURCHARD, XI, 2-7. — Notes de Baluze sur *Reginon*, XV, MIGNE, *Patrologie*, 132, col. 473 ; *Ordo excommunicationis*. MIGNE, *Patrol.*, 138, col. 1123 et sq. ; MARTÈNE, lib. IV, cap. IV,

de prudence, si l'anathème était un personnage puissant, capable de soulever la foule contre les clercs, ces solennités avaient lieu à huis clos [1].

L'excommunication produit des effets multiples : religieux, judiciaires, civils et même politiques. L'excommunication mineure interdit l'approche des sacrements. L'excommunié *minori* peut entrer dans l'église, mais il est plus probable qu'il ne puisse pas entendre la messe. Le clerc qui a encouru cette censure peut dire ses heures dans l'église, mais il doit s'abstenir de célébrer le saint sacrifice. S'il le fait, il pèche gravement, sans néanmoins encourir l'irrégularité. D'ailleurs il ne perd l'exercice ni de son droit d'élection, ni de sa juridiction. Par contre, il est inéligible [2], et s'il a été élu sciemment, son élection doit être invalidée.

L'excommunié *majori* se voit suspendu de tous ses droits religieux. Il ne peut bien entendu recevoir les sacrements. Il ne peut même pas entrer dans l'église. S'il le fait, les clercs doivent l'exhorter à en sortir. Sur son refus, eux et les fidèles s'éloigneront du moins si le canon de la messe n'est pas commencé. On pourra même recourir à la force pour l'éloigner si le prélat possède la juridiction séculière ou encore si l'on peut recourir au bras séculier. L'excommunié est exclu des prières des fidèles : s'il est permis de prier pour les excommuniés en général, on ne le peut pour tel excommunié en particulier. La sépulture ecclésiastique lui est refusée [3] ainsi que les oblations que l'on pourrait faire à son intention, après sa mort. Ces dernières ne seraient reçues que s'il était absous *post mortem*. Lui-même de son vivant ne peut en offrir.

Le clerc excommunié se trouve dans la même situation, mais ses droits religieux étant plus grands, la perte pour lui est plus considérable. Il peut bien encore — et il le doit — lire ses heures canoniques, mais en dehors de l'Eglise, seul, par manière de simple oraison. Il lui est interdit de célébrer sous peine d'encourir l'irrégularité dont seul le pape pourra le relever, sous peine aussi de suspension et même de déposition. Il perd également tous ses droits de juridiction. Il ne peut donc plus absoudre puisque le sacrement de pénitence contrairement aux autres exige la juridiction pour sa validité. Enfin le clerc excommunié perd la jouissance de son bénéfice (sauf dispense) et n'en gagne pas les fruits intérimaires par l'absolution [4].

Si l'excommunication mineure se borne à produire des effets religieux, il n'en est

t. II, col. 904-911 ; *Décret de Gratien*, C. XI, q. III, c. 106. — Voyez les autres textes indiqués par Hinschius, *Kirchenrecht*, V, p. 7, n. 6 et p. 8, surtout n. 2.

1. *Rhetorica ecclesiastica* (1160-1180), éd. L. Wahrmund, *Quellen*, etc., Bd. I, Heft IV, p. 57.

2. *Summa Hostiensis, De sent. ex.*, 17, p. 371 ; *Summa Raymundi*, lib. III, tit. XXXIII, § IX, p. 411.

3. Sur la sépulture ecclésiastique, cf. Martène,

lib. III. cap. XIV-XVI. Sévérité particulière en matière d'hérésie : celui qui ensevelit sciemment un hérétique est excommunié et il ne sera pas absous avant d'avoir exhumé le corps de ses propres mains. Cf. VI (5, 2), 2.

4. Nous tirons cette description des effets de l'excommunication de la *Summa Hostiensis*, lib. V, *de clerico excommunicato, deposito vel interdicto ministrante*, et *de sententia excommunicationis*, *passim*.

pas de même de l'excommunication majeure. Celle-ci entraîne une autre conséquence importante en elle-même, importante aussi par les conséquences juridiques que l'on en a déduites, je veux dire la prohibition de toute communication avec l'excommunié. Elle se présente sous la forme d'une double interdiction : défense à l'excommunié de communiquer avec les autres fidèles, défense à ceux-ci de communiquer avec celui qui a été ainsi censuré [1]. On donne d'ordinaire deux motifs à cette prohibition, le désir d'améliorer le coupable, — ceci est commun à toutes les censures — et celui de protéger les chrétiens contre la contagion du péché [2]. Cette vue peut être exacte pour la prohibition de communiquer avec les hérétiques que nous constatons de très bonne heure. Mais la forme sous laquelle nous la trouvons à notre époque, tout en utilisant les textes anciens relatifs à cette question, se rattache bien plutôt à la pénitence monastique. C'est avant tout une peine, un moyen de contrainte. C'est ce point de vue qui explique l'obligation pour l'excommunié de s'abstenir lui-même de tout rapport avec les autres fidèles sous peine, s'il est clerc, d'être déposé, s'il est laïque de retarder son absolution et d'aggraver les satisfactions demandées [3]. Les tiers qui communiquent contractent de plein droit à partir du viiie siècle la même peine que l'excommunié, plus tard l'excommunication mineure seulement. Nous ne nous occuperons pas de cette sanction pour le moment. Nous aurons à l'étudier en détail lorsque nous aborderons l'excommunication *latae sententiae*. Ce qu'il nous faut examiner maintenant, c'est la mesure de la prohibition et ses conséquences.

Si l'on s'en tient aux canons anciens qui prononcent l'excommunication majeure *ipso jure* pour ceux qui enfreignent la prohibition de communiquer, celle-ci semble avoir été absolue lors de l'apparition du principe nouveau. Mais ce système ne fut peut-être pas aussi vite et aussi largement généralisé, aussi complètement appliqué dans la pratique [4] que pourraient le faire croire les vieilles collections canoniques. Sous Grégoire VII, le moine Bernaldus traite le problème comme une question difficile et bien loin d'être soustraite à toute controverse [5]. La communication était avant tout un péché dont l'absolution était accordée plus ou moins facilement suivant que la communication avait lieu volontairement, par ignorance, par nécessité, etc. [6]. Les dispositions de certains synodes provinciaux atténuaient parfois sensiblement la rigueur de la doctrine pure [7]. Aussi Grégoire VII, dans sa bulle *Quoniam multos* (1084) [8] ne réforme-t-il pas le droit aussi profondément qu'il paraît tout d'abord. La mesure qu'il décrète est d'ailleurs provisoire. Mais elle est renouvelée par Urbain II (1088-1091) [9] et définitivement con-

---

1. *Bernardi Papiensis Summa decretalium,*lib.V, tit. XXXIV, § VII, éd. de Lasp., p. 274.

2. Eichmann, *Acht und Bann...*, p. 65.

3. *Summa Raymundi,* lib. III, t. XXXIII, § IV, p. 396.

4. Voy. cependant Abbo, *Apologeticus,* éd. Pithou, 1687, p. 401 et c. 36, dans Mabillon, *Vetera Analecta*, p. 143.

5. Bernaldus, *De vitanda excommunicatorum communione,* Migne, *Patrol.*, 148, col. 1182-1183.

6. C. XI, q. III, c. 102 : *Nicolaus Igmaro, Remorum Archiepiscopo,* 864-867.

7. Hinschius, *Kirchenrecht,* V, p. 4, n. 4.

8. C. XI, q. III, c. 103.

9. C. XI, q. III, c. 110.

firmée par Innocent III (1200)[1]. Les personnes unies à l'excommunié par un lien de famille, sa femme, ses enfants, ses serviteurs peuvent désormais communiquer avec lui sans péril aucun pourvu qu'ils ne participent pas au délit qui a motivé l'excommunication. De même l'ignorance, la nécessité, la crainte épargnent l'excommunication *ipso jure*. Il est permis même de donner à l'excommunié quelques aumônes. Ajoutons qu'on put toujours s'adresser à lui *ad correctionem*. La doctrine du xiie siècle résume le droit nouveau dans la formule : *Utile, lex, humile, res ignorata, necesse,* || *haec anathema quidem faciunt ne possit obesse.*

Cette même doctrine précise la portée de l'interdiction par le distique : *Si pro delictis anathema quis efficiatur,* || *os, orare, vale, communio, mensa negatur.* C'est l'expression du système sous sa forme primitive. Mais dès le milieu du xiie siècle, il dépasse nettement l'état juridique ainsi défini. Avec le développement des officialités et de la juridiction ecclésiastique, l'excommunication prend au point de vue procédural une importance considérable. Gratien renouvelle la théorie romaine de l'infamie[2] en s'inspirant des Fausses décrétales[3]. Tous les infâmes parmi lesquels se trouvent les *anathematizati* se trouvent écartés du droit de porter une accusation, puis plus généralement d'intenter une action. D'un autre côté le juge ecclésiastique ne doit admettre aucune participation avec l'excommunié. Ainsi s'établit le principe : *Excommunicatus non habet personam standi in judicio*[4], principe qui écarte de toute procédure l'excommunié. Celui-ci ne peut être ni juge, ni officier public, ni témoin[5]. On lui permet pourtant, dans l'intérêt du demandeur, de défendre à l'action intentée[6]. D'après certains auteurs, il devra alors constituer un mandataire et se défendre par son intermédiaire[7], mais même en ce cas il ne peut intenter une demande reconventionnelle[8]. On lui permettra encore de se présenter en justice au cas où il prétend son excommunication injuste[9], s'il veut poursuivre une accusation *in causis propriis*[10] ou bien dans les cas exceptés[11]. Cette incapacité d'ester en justice constitue l'*excommunicatio forensis*. Appliquée d'abord devant les cours d'Eglise et devant elles seulement, elle se développa au point de deve-

1. X (5, 39), c. 31.

2. C. XI, q. III, c. 18 ; X (5, 39), c. 18. — *Summa Hostiensis, De sent. exc.*, 15, p. 369 verso.

3. Hinschius, *Kirchenrecht*, V, p. 41.

4. Voy. Eichmann, *Acht und Bann....* p. 92 et les références.

5. Eichmann, *Acht und Bann...*, pp. 91-100. — Dans certaines Eglises l'incapacité se réalise non pas immédiatement après la sentence, mais après un certain délai, *ibid.*, p. 71.

6. X (2, 1), 7. — *Bernardi Papiensis Summa Decretalium*, 5, 34, § 9, éd. de Lasp., pp. 275-276.

7. *Summa Hostiensis, De procuratoribus*, 5, p. 75.

8. X (2, 25), 5.

9. *Summa Bernardi Papiensis, ibid.*

10. C. IV, q. VI (VII), c. 2 ; glose sur X (2, 25), 2. — Néanmoins le meurtre d'un excommunié est puni d'une moindre pénitence : C. XXIII, q. V, c. 77 (Urbain II, 1088-95).

11. *Tancredi ordo judiciarius*, II, 7, § 6, éd. Bergmann, p. 159 ; Guillaume Durand, *Speculum*, I, *De accusatore*, 21 et 37. — L'excommunié est repoussé de même de la *denunciato*, condition et début de la procédure inquisitoire, *Tancredi ord. jud.*, II, 7, § 2, p. 153. — Mais le droit postérieur admet que toute la procédure dépend du juge et du juge seulement et que l'*inquisitio* peut être faite d'office. — V. un cas particulier dans Guillaume Durand, *Speculum*, I, *De actore*, § 1, 13.

nir un principe de droit commun invoqué devant les justices séculières. Le Sexte décide que l'on devra contraindre au moyen des censures ecclésiastiques les juges séculiers à la faire observer devant eux (Bulle *Quia nonnulli* d'Alexandre IV, 1257)[1]. Les moyens de cette *excommunicatio forensis*, c'étaient l'exception d'excommunication et la nullité. La sentence rendue par un juge excommunié, celle qui était rendue en faveur d'un excommunié étaient nulles de plein droit[2]. Si l'adversaire le préférait, il pouvait opposer l'exception d'excommunication au début du procès et le faire ainsi ajourner[3]. « A raison de la légèreté avec laquelle les défendeurs cités devant un juge d'Eglise opposaient l'exception d'excommunication, une constitution d'Innocent IV rendue au concile de Lyon (1245) en restreignit l'usage[4]. » D'après cette décrétale, l'exception d'excommunication peut être opposée en tout état de cause. Elle arrête le procès et repousse le demandeur. Pour éviter les abus qui en ont été faits jusqu'ici, le défendeur devra exprimer l'espèce de l'excommunication, le nom de l'excommunicateur et en apporter la preuve dans les huit jours. Si cette preuve n'est pas faite, le juge poursuivra en condamnant le défendeur aux frais de l'incident. Mais l'exception ne pourra pas être opposée plus de deux fois à moins d'excommunication nouvelle, ou encore à moins qu'une *evidens et prompta probatio supervenerit de antiqua*. L'exception soulevée après le jugement empêchera l'exécution, mais la sentence n'en restera pas moins valable. D'ailleurs le juge pourra toujours repousser d'office l'excommunié public.

Les canonistes vont plus loin encore. De la prohibition de communiquer, ils vont tirer un système d'incapacité générale de l'excommunié. Mais il ne faudrait pas se méprendre sur la portée de cette doctrine. Tandis que l'*excommunicatio forensis* est un produit de la pratique, la théorie de l'incapacité civile de l'excommunié est une élaboration des théoriciens, le clivage forcé d'une institution vivante sur les schèmes techniques du droit romain. Le manque d'unanimité dans sa réception[5], l'usage d'*aggravationes* spéciales pour interdire à l'excommunié certains actes de la vie civile[6], son échec final[7] nous montrent qu'elle ne dut jamais pénétrer très profondément dans la pratique. C'est donc une erreur, à notre avis, que d'y voir comme M. Eichmann[8] un système

---

1. VI (5, 11), 8 ; cf. VI (3, 23), 1. — Voyez comme terme de comparaison Viollet, *Etablissements de St Louis*, I, p. 31. — Mais déjà la glose sur notre texte nous apprend que *judex secularis non curat de ista exceptione*.

2. *Tancredi ordo judiciarius*, IV, 2, §§ 1 et 2, éd. Bergmann, p. 277. Eichmann, *Acht und Bann*, p. 88.

3. *Tancredi ordo judiciarius*, II, 5, § 1, pp. 140-141. Gratia, *De jud. ordine*, I, 9, § 2, éd. Bergmann, p. 351, ne semble pas distinguer entre les deux moyens. A l'exception d'excommunication, certains plaideurs répondaient par la réplique de communauté d'excommunication, *Bernardi Papiensis summa decretalium*, V, 34, § 9, éd. de Laspeyre, p. 276, qui s'appuie sur C. II, q. VII, c. 26. Le droit postérieur ne semble pas avoir admis ce moyen. — Cf. pour une hypothèse voisine, X (2, 25), 2.

4. VI (2, 12), 1. — Fournier, *Officialités*, p. 164.

5. *Infra*, p. XXXIV.

6. *Supra*, p. XXVII.

7. *Infra*, p. XXXIV, in fine.

8. Eichmann, *Acht und Bann*, pp. 65-67 et 74-75. — Que l'ancien droit canonique ait admis la validité des contrats conclus par l'excommunié

cohérent résultant logiquement de l'excommunication, d'une mort civile corrélative à la mort religieuse qu'elle impliquait. Nous sommes là en face d'un enjolivement doctrinal, d'une construction abstraite de jurisconsultes tout fiers de leur science encore jeune, tout imbus d'un droit romain parfois mal digéré [1].

La question qui se posait en face d'un acte juridique accompli par l'excommunié était une question de casuistique morale. Le chrétien qui avait contracté avec l'excommunié avait commis une faute : quel était le degré de cette faute ? N'avait-elle pas une excuse ? Tel devoir à accomplir luttait contre le devoir d'abstention. Si par exemple le fils était tenu de communiquer avec son père excommunié, le père au contraire devait s'abstenir [2]. Le mari excommunié pouvait exiger le *debitum uxoris* : il devait se refuser à toute communication si c'était la femme qui se trouvait sous le coup de cette censure [3]. Le débiteur qui trouvait à l'échéance son créancier excommunié devait-il payer ? D'un côté il y avait intérêt à aggraver les conséquences de l'excommunication pour la rendre plus redoutable, mais d'un autre, il paraissait peu conforme à l'honnêteté de saisir un tel prétexte pour s'abstenir du paiement [4]. Si l'excommunié a fait un bénéfice grâce aux contrats passés en violation de la prohibition ecclésiastique, il devra le restituer avant l'absolution [5]. D'une façon générale l'excommunié devra réparer pour se faire absoudre, agir de telle sorte que les actes passés soient comme s'ils n'avaient pas été. Pour les actes non encore exécutés, cela revient à les considérer comme nuls [6]. Si on appliquait

(Hinschius, V, p. 503), cela résulte du fait que la question *ne se posait pas*, bien plus, que des quelques textes où l'on peut voir admise la validité de certains contrats spéciaux (mariage, donations). Il est contradictoire avec le développement même du droit canonique, de transporter les doctrines romanisées des canonistes avant le décret de Gratien, les Décrétales et leur élaboration. M. Eichmann, *op. cit.*, p. 69, invoque à l'appui de sa thèse qui veut assimiler l'excommunication à la mort civile et faire de ses conséquences un système complet et bien lié, le c. 3 du 4ᵉ concile œcuménique de Latran (1215), X (5, 7), 13. Mais comme l'a très justement remarqué KOBER, *Kirchenbann*, pp. 427-429, il ne s'agit pas de l'excommunié, mais seulement de l'hérétique. Que le texte du concile mentionne des incapacités déjà encourues par suite de l'excommunication, cela ne prouve nullement qu'il s'agisse simplement de l'excommunication. La rédaction d'un canon même conciliaire n'a pas toujours la précision d'un *responsum* de Prudent romain. Au reste, l'hypothèse où se place le canon exclut l'opinion de M. Eichmann, puisque le texte prévoit l'hypothèse où les fauteurs de l'hérésie seront restés pendant un an

sous le coup de l'excommunication, puisqu'il prononce des déchéances définitives et non pas seulement provisoires comme dans le cas d'une censure.

1. Exemple frappant d'adaptation maladroite d'un principe juridique romain : l'excommunié peut être constitué mandataire et ne peut pas en constituer un, *Summa Hostiensis, De sent exc.*, 11, p. 364. La formule inverse serait beaucoup plus vraie. Cf. *supra*, p. XXXI.

2. *Summa Hostiensis, De sent. excom.*, 15, p. 369 verso ; *Summa Raymundi*, lib. III, t. XXXIII, § V, p. 396-397.

3. *Summa Hostiensis, De sent. exc.*, 15, p. 369 verso ; GUILLAUME DURAND, *Repertorium*, p. 73, col. 2, *in fine*.

4. *Summa Hostiensis, De sent. exc.*, 16, p. 370 verso ; *Summa Raymundi*, lib. III, XXXII, *Varii casus*, p. 404 et § V (Postillator), p. 398.

5. Il s'agit bien entendu des contrats postérieurs à l'excommunication. Pour ceux qui auraient été conclus avant le prononcé de la sentence, voyez X (5, 39), 34 ; Innocent III, 1198-1216.

6. On voit de façon particulièrement nette le passage de la casuistique à la théorie de la nul-

cette conclusion à la rigueur, l'excommunié ne pourrait ni vendre, ni acheter, ni contracter aucune obligation. Mais le système sous cette forme eût été intenable et les frais en eussent été faits par les tiers. Aussi fut-on amené à lui donner cette autre forme. Tous les *actus legitimi* [1], c'est-à-dire tous les actes juridiques, sont interdits à l'excommunié : néanmoins il s'oblige valablement envers les tiers, et ceux-ci s'obligent *naturaliter tantum* envers l'excommunié. Sa situation est dès lors inverse de celle du mineur en droit romain ; il peut faire sa condition pire, mais il ne peut pas la faire meilleure [2]. En réalité la doctrine n'ajoutait pas beaucoup à l'*excommunicatio forensis*. Elle aggravait celle-ci pour le testament [3] qui n'avait qu'un domaine restreint et pour les obligations à terme ou continues. Aussi la théorie d'Innocent IV nous semble bien supérieure, beaucoup plus près de la vie réelle et du droit qu'elle avait à exprimer. Il distingue les actes accomplis *ex officio publico* et les autres [4]. Les premiers sont nuls s'ils sont accomplis pendant l'excommunication ; nous restons ainsi tout près de l'*excommunicatio forensis. Si autem sint talia quae non aguntur ex officio publico, ut emptio, contractus et hujusmodi, illa valent etiam si publice et solenniter sit excommunicatus* [5]. Jacobus de Belvisio [6] et Johannes Andreae [7] arriveront à un résultat analogue en assimilant l'excommunié au *relegatus* ou *deportatus* romain [8].

---

lité chez Hostiensis, *Summa*, V, *De penitent.*, 61, p. 356. Le principe de la nullité se trouve dans l'adage *qui contractus initi contra mandatum legis vel principis non valent* ainsi que le remarque Innocent IV en combattant cette doctrine [*Apparatus* sur X (5,39), 34]. — *Adde* : Hostiensis, *Lectura in quinque lib. decr.* sur ce même texte. — *Summa, De sent. exc.*, 11, p. 364 et 15-16, pp. 369-370.— *Commentarius ad c. solet.* — Comparez également dans le même sens, Glose sur C. XV, q. VI, c. 4, et sur X (5,7), 13.

1. Il ne nous semble pas douteux qu'il faille traduire ici *actus legitimi* par actes juridiques ; cependant certaines allusions des canonistes aux *actus legitimi quae conditionem non recipiunt* du droit romain et l'embarras qui en résulte pour eux dans l'usage de cette formule, ont amené des divergences d'interprétation. Le lecteur curieux de ces discussions les trouvera chez Eichmann, *Acht und Bann*, pp. 66-69.

2. *Summa Hostiensis, De penitent.*, 61, p. 356 : *conditionem igitur suam deteriorem potest facere, sed meliorem nunquam.* — Guillaume Durand, *Speculum*, I, *De procuratore*, § 5, 5 : *Alii obligari sed non alius sibi.*

3. Eichmann, *Acht und Bann*, p. 70 et p. 79.

4. *Apparatus*, ad X (1, 4), 8.

5. *Apparatus*, ad X (2, 25), 10.

6. Jacobus de Belvisio, *Tractatus de excommunicatione, Tract. univ. juris*, t. XIV, p. 387-388. — Ce petit traité est en réalité une *quaestio* : l'excommunié peut-il tester. Après avoir examiné les arguments dans les deux sens, il conclut à l'affirmative. La nature même de cette œuvre nous empêche de la résumer ici, mais elle est particulièrement significative lorsque l'on veut voir le sens et la portée des théories juridiques sur la situation de l'excommunié.

7. Johannes Andreae, *Novella in Sextum*, V, *De sent. excom.*, c. *decernimus*, n. 5. — Textes postérieurs chez Eichmann, *Acht und Bann*, p. 78.

8. Pour le droit féodal, on trouve une doctrine analogue à celle qui s'applique en droit privé, plus nettement formulée cependant par suite de l'usage dans certains cas, comme peine canonique indépendante, de la commise du fief (pour les princes et les rois, exposition de leur domaine au premier occupant). Cf. Hinschius, *Kirchenrecht*, V, pp. 43-48. — L'excommunication n'entraîne pas de plein droit cette déchéance. Le fief peut simplement être retiré jusqu'à absolution. A l'inverse, le vassal peut et doit refuser ses services au seigneur excommunié ; C. XV, q. VI, c. 3, 4 et 5 ; glose sur C. XI, q. III, c. 95 ; *Summa Hostiensis,*

Enfin la résistance à l'excommunication amènera d'autres conséquences encore. La contrainte pécuniaire et la violence matérielle pourront intervenir dans la mesure où les législations civiles prêtent leur appui à la juridiction ecclésiastique et sanctionnent l'excommunication, De droit commun, suivant la doctrine élaborée par les canonistes, la mise sous séquestre des biens du rebelle suivie, au bout de quelque temps de leur confiscation, ou bien encore, dans un procès privé, l'envoi en possession des biens du défaillant se joignent à l'excommunication si elle reste tout d'abord inefficace et en apparaissent alors comme une conséquence. C'était en réalité la simple survivance de la procédure usitée pendant la période franque contre le *bannitus*[1], procédure qui s'accordait d'ailleurs très bien avec celles des textes romains[2]. La mise sous séquestre s'accompagnait parfois de l'incarcération de l'excommunié[3].

Enfin si sa résistance n'avait pu être vaincue, il était comme dernière sanction assimilé à l'hérétique : « *Tanquam haereticus haereticorum supplicio condemnetur, cumde sua malitia commodum non valeat nec debeat ille nec aliquis alius reportare*[4]. »

De sententia excom., 16, p. 370 verso. On admet en outre que l'excommunication empêche de conférer un fief, plus généralement la création de droits féodaux nouveaux. — Cf. Eichmann, *Acht und Bann*, p. 80.

1. Eichmann, *Acht und Bann*, pp. 17 et 23.

2. *Dig.* (48, 17) ; *Cod.* (9,40). — *Missio in possessionem* : X (2, 6), 3. La mise sous séquestre et la confiscation s'appliquent dans les causes criminelles, la théorie de la *missio in possessionem* (à titre provisoire pendant un an, à titre définitif ensuite) dans les causes privées. — Cf. Gratia, *De jud.ord.*, I, VII, § 4, éd. Bergmann, pp. 342-344 ; Tancrède, *Ord. jud.*, II, IV, § 1 et n. 5, p. 136. D'ailleurs la *missio in possessionem* peut précéder l'excommunication, et même suivant certains auteurs celle-ci n'a lieu en première ligne que si le défaillant n'a pas de biens ou si la *missio* est impossible ; Tancrède, *Ord. jud.*, II, IV, § 1, éd. Bergmann, p. 138 ; Guillaume Durand, *Speculum*, II, *De coutumacia*, § 3, 7-10, pp. 103-104 ; Hostiensis, *De officio delegati*, 9, p. 58 verso.

3. *Curialis*, XCIII, éd. Wahrmund, p. 29.

4. *Curialis*, XI, éd. Wahrmund, p. 7 ; cf. X (5,7), 13, § 2 (mais ce texte vise uniquement la suspic. d'hérésie). — *Adde* : *Ordo judiciarius*, éd. Kuntsmann, Krit.Uberschau d. d. Gesetzg. und Rw. II, p. 26 ; Gilbert de Brême, *Ordo jud.*, éd. Wahrmund, pp. 9-10. — La rigueur de ce moyen et la supériorité des juridictions ecclésiastiques amènent

l'usage fréquent de stipuler l'excommunication dans un contrat pour le cas où les co-contractants ne rempliraient pas leurs obligations (obligation de *nisi*). Parfois un juge ecclésiastique intervenait à l'acte et excommuniait conditionnellement les parties ou s'engageait à les excommunier. On avait ainsi une voie d'exécution parée : Cf.D'Achery,*Spicilegium*,III, 559 (*Pactum matrimonii*, 1197).La simple convention par laquelle le débiteur se soumettait à l'excommunication ne pouvait valoir voie parée surtout lorsqu'elle était contenue dans un acte purement privé. Cf. Viollet, *Hist. des Inst.*, II, p. 295. Mais cette clause était attributive de juridiction et les parties devaient porter leurs litiges devant la juridiction d'Eglise. Si le défendeur ne comparaissait pas, il était contumace et encourait la sentence. Grégoire IX n'admet plus l'excommunication pour dettes que dans trois cas : dol, fraude et contumace, X (3,23), 3 ; mais par le détour que nous venons de dire, on pouvait très facilement s'y soumettre. — Sur l'excommunication pour dettes, v. Viollet, *Etablissements de St-Louis*, I, p. 258, II, p. 295 ; IV, p. 50, 120, 317 et les références ; Esmein, *Débiteurs privés de sépulture*, Mélanges d'histoire du droit, Droit romain,p. 245 ; Brissaud, *Cours élémentaire*, p. 1463, et les références de droit comparé. — *Adde*: pour une époque très postérieure et à titre de comparaison, Febvre, L'application du concile de Trente et l'excommunication pour dettes en Franche-Comté. *Rev. hist.*,

III

Les excommunications « latae sententiae ».

L'excommunication *latae sententiae*. — Ses origines. — Bien loin de concerner seulement la communauté chrétienne (Loening), elle consiste en une sorte de traduction terrestre du jugement divin. — Le canon infligeant une peine *latae sententiae* est plutôt une définition qu'une prescription. — Distinction doctrinale des deux catégories au XIIᵉ siècle.

L'hérésie cause d'excommunication *ipso jure* dès les origines. — Absence de distinction verbale jusqu'au VIIIᵉ siècle. — Les expressions nouvelles qui apparaissent alors marquent non pas l'apparition d'une institution nouvelle, mais bien le changement des conceptions théoriques générales. — La multiplication des excommunications *ipso jure* pour des motifs peu graves, — pour communication avec un excommunié — en avilissent la signification primitive. — Atténuations de la pratique. — Gratien considère comme excommunication mineure toute excommunication ne résultant pas d'une sentence nominative. — Affaiblissement de l'excommunication mineure elle-même. — Cas particuliers d'excommunication majeure pour participation.

Formation des cas d'excommunication majeure *latae sententiae*, pour les délits particuliers. — Excommunication générale et excommunication *latae sententiae*. — La réaction contre l'affaiblissement de la discipline amène le système des réserves épiscopales et papales. — Le canon *Si quis suadente*, premier cas de réserve papale. — Assimilation des excommuniés d'une excommunication *ipso jure* réservée au pape aux excommuniés *nominatim*. — Autre cause d'assimilation : la bulle *In coena domini* et ses excommunications générales. — Phases successives de la terminologie doctrinale : excommunications *nominatim* et *ipso facto*, *datae* et *dandae*, *sententiae*, *ab homine* et *a jure* : leur signification. — Développement ultérieur de l'excommunication *a jure*.

Nous venons d'examiner les espèces de la sentence d'excommunication, sa nature, ses formes et ses effets. Nous avons volontairement passé sous silence jusqu'ici un des aspects les plus curieux de l'excommunication, l'excommunication *latae sententiae* ou *ipso jure*, celle qui est encourue par suite de l'accomplissement même du fait délictueux sans que l'autorité ecclésiastique ait besoin d'intervenir, sans qu'il y ait besoin d'aucun jugement. Il nous faut maintenant réparer cette lacune, voir quelle est l'origine et la portée de cette excommunication. Sa matière a d'autant plus d'importance pour nous que c'est à elle surtout que se rattache le traité de Bérenger Frédol. Si les effets des deux catégories d'excommunication, excommunication *ipso jure* et excommunication *per sententiam*, sont identiques, elles n'ont ni la même histoire, ni la même signification. Dans l'évolution générale de cette institution, la censure *latae sententiae* prend de plus en plus la place de l'excommunication peine de la contumace disciplinaire ou judiciaire, comme celle-ci avait remplacé progressivement l'excommunication primitive, c'est-à-dire l'exclusion de l'Eglise spirituelle et la perte de la qualité de chrétien.

1900, t. CIII, p. 255 et sq. — Sur l'emploi de la contrainte civile pour amener l'excommunié à résipiscence, voy. VIOLLET, *Hist. des Inst.*, II, p. 297 ; *Etablissements de St-Louis*, I, p. 256-258 ; EICHMANN, *Acht und Bann*, Kap. IV; HINSCHIUS, *Kirchenrecht*, V, pp. 391-398.

Si l'on en croyait une opinion très répandue, l'excommunication et plus généralement les censures *latae sententiae* seraient une institution relativement récente du droit canonique[1]. L'ancienne Eglise, celle de l'empire romain, l'Eglise franque elle-même pour la plus grande part l'auraient ignorée. D'après Loening[2], l'excommunication n'aurait d'abord concerné que la communauté des chrétiens, ainsi que la réconciliation. Plus tard seulement, on aurait admis que les deux actes se rapportaient aussi à la communauté avec Dieu. Pour nous, c'est commettre un contre-sens complet sur l'excommunication originaire. Les Pères de l'Eglise, il est vrai, n'admettent pas que l'excommunication et la réconciliation lient la divinité. Mais le droit et la théologie postérieurs n'attribuent à aucun degré eux non plus, un tel effet à ces actes, une sorte d'action mécanique. Dieu peut toujours réviser les jugements faillibles de ses ministres. La vérité nous semble bien plutôt dans la thèse inverse. L'Eglise primitive prononce l'exclusion ou la réadmission de l'un de ses membres lorsqu'elle a des raisons de croire qu'il a perdu ou regagné la grâce divine. Son jugement est pour employer l'expression de Tertullien un *praejudicium*[3]. Ce qui est vrai, c'est qu'alors on ne se représente pas le jugement de l'Eglise triomphante comme calqué sur celui de l'Eglise militante et que l'on ne songe pas encore à transporter une terminologie juridique dans le domaine proprement moral. proprement religieux, dans le domaine réservé à Dieu. Et si ce point de vue fut un peu modifié dans le cours de l'histoire, il ne le fut pas tant qu'il le paraît.

Le pouvoir des clefs reste toujours subordonné à son usage légitime. L'excommunication et l'absolution injustes ne produisent pas d'effet surnaturel. L'excommunication justifiée elle-même peut se trouver levée à l'égard de Dieu sans absolution correspondante, par le simple repentir, par la contrition parfaite, c'est-à-dire accompagnée du désir de la pénitence. La seule obligation qu'impose l'excommunication en dehors du péché qui la motive, c'est celle d'obéissance à l'Eglise, c'est d'entraîner le risque des peines attachées à cette désobéissance, par exemple l'irrégularité pour le clerc qui célébrerait quoique lié d'excommunication majeure.

L'apparition des peines *latae sententiae* eut donc pour effet principal de préciser la situation du délinquant à ses yeux et au regard de l'Eglise. C'est une « définition » et non pas une prescription. Le clerc qui a commis tel crime se trouve suspendu pendant un certain temps. Le canon exprime et réglemente simplement l'état dans lequel il se trouve, il ne le crée pas. En dehors de tout canon, il se serait trouvé suspendu envers Dieu pour ainsi dire, et c'eût été pour lui aggraver son péché que de continuer à célébrer les offices et la messe comme auparavant, tant qu'il ne serait pas justifié, délivré par la pénitence. Prononcer l'excommunication *ipso jure*, c'est proclamer la nécessité de la

---

1. Hinschius, *Kirchenrecht*, IV, p. 761 ; V, pp. 130-134 ; *Loening*, I, p. 172.
2. *Loening*, I, pp. 254-255.

3. *De pudicitia*, 11, 1, éd. Preuschen, 2, p. 40, l. 13.

pénitence dans un cas donné, préciser les formes dans lesquelles l'Eglise prononcera le pardon et les conditions auxquelles elle l'accordera : ce n'est rien de plus [1].

Aussi bien presque dès les origines, retrouvons-nous des témoignages relatifs à l'existence de l'excommunication *ipso jure*, sans son nom qui ne date guère que du xii° siècle [2]. Lorsqu'un hérésiarque et l'erreur enseignée par lui se trouvent condamnés, il n'y aura pas besoin d'une sentence nouvelle pour quiconque embrassera sa doctrine ; il sera condamné par la sentence originaire [3]. Et ce n'est pas là une innovation : c'est le résultat nécessaire de la conception qu'on se faisait alors de l'excommunication. On n'était pas excommunié, on s'excommuniait soi-même chaque fois que l'on commettait une faute suffisamment grave. La première condamnation était nécessaire pour fixer le contenu de la foi. Une sentence postérieure n'était que la reconnaissance officielle d'un fait accompli [4]. L'horreur de l'hérésie, la crainte que l'on avait de sa diffusion amènent même à considérer comme enveloppés dans la même peine ceux qui communiquaient avec l'hérésiarque sans pourtant donner leur assentiment à sa doctrine [5].

Les canons conciliaires ne distinguent aucunement entre sentence *latae sententiae* et sentence *ferendae sententiae* jusqu'au viii° siècle au plus tôt, car les différences de terminologie n'ont pas dès le début l'importance qu'on leur attribua dans la suite lorsque la théorie fut formée. Quand les textes déclarent *anathema sit*, ou bien encore *ejiciatur* ou *ejicietur*, etc., cela ne veut pas dire que le coupable est libre de toute peine jusqu'au prononcé de la sentence. Il est lié envers Dieu par le péché commis, péché déclaré mortel par les canons, et le devoir de ses supérieurs est de le dénoncer comme excommunié. Lorsqu'au viii° siècle le vocabulaire change et que l'on voit apparaître certaines expressions telles que *sciat se communioni alienum*, *noverit se excommunicatum*, cette modification ne signifie pas non plus une transformation du droit. Elle reflète simplement la déformation que nous signalions tout à l'heure [6]. Au lieu de regarder l'excommunication comme la traduction du jugement divin dans les relations humaines, le clergé s'habitue, par suite des transformations qu'elle a subies, à la regarder comme un acte spécial, un lien particulier qui s'attacherait au coupable. Par suite, il exprime l'effet produit à l'égard de Dieu par la faute commise en termes de canoniste [7]. Il ne serait

1. Cf. *supra*, p. XV.
2. Hinschius, *Kirchenrecht*, V, pp. 130-134.
3. Gélase I, 492-496 ; Thiel, I, 335, 341, 392, 414 et 422. — Cf. Jaffé, n°s 622, 623, 664 et 665 — Nous retrouvons les mêmes textes cités par un moine contemporain de Grégoire VII dans le petit traité, particulièrement intéressant pour la doctrine de l'excommunication et l'histoire de sa formation avant Gratien, de Bernaldus, *De vitanda excommunicatorum communione*, Migne. *Patrol.*, 148, col. 1182-1183.
4. L'hérétique est ainsi naturellement dans la situation d'un excommunié, et c'est ce que nous dit encore Raymond de Peñafort, *Summa*, I, V, § 1. Le droit postérieur croit ajouter quelque chose en prononçant une sentence d'excommunication *ipso jure*, X (5,7), 9 ; *Summa Raymundi, ibid.*, § 2.
5. Félix III (484), Thiel, I, p. 247. — Cf. Jaffé, n° 600 ; Bernaldus, *op. cit.*, col. 1183 et 1184. — Cf. Hinschius, *Kirchenrecht*, IV, p. 704, n. 8.
6. Cf. *supra*, p. XXXVII.
7. Cf. *Summa Stephani Tornacensis*, sur C. III, q. IV, c. 11, éd. Schulte, pp. 194 195 : « *Excommunicatio multis modis dicitur. Est autem ex-*

pas loin parfois de considérer Dieu comme occupé à exécuter ses sentences, au lieu de voir dans l'exercice de sa juridiction le simple instrument de la juridiction divine [1].Plus tard, au lieu de dire *abjiciatur* ou *sciat se excommunicatam* la formule sera : *illum excommunicamus* [2]. Parallèlement à l'évolution de ces formules, l'excommunication *latae sententiae* cessant d'être seulement la perte de la grâce divine, deviendra une peine ecclésiastique qui produira les mêmes effets qu'une excommunication ordinaire, nous allons voir par quel processus.

A partir du viiie siècle, en effet, l'excommunication va jouer un rôle tout nouveau. Dans les premiers siècles du christianisme, il était interdit aux clercs seulement de communiquer avec les excommuniés. Au début de la période mérovingienne, la prohibition s'étend aux laïques. A la fin de la période franque, elle se renforce encore en empruntant au droit monastique l'une de ses règles; la communication avec un excommunié entraîne non plus seulement une pénitence, mais bien l'excommunication elle-même. Le principe nouveau pouvait d'ailleurs trouver appui dans quelques textes anciens relatifs à la communication avec les hérétiques [3]. Le système nouveau multipliait les excommunications à l'infini et pour des faits bien peu graves [4]. On comprend dès lors les protestations — d'ailleurs intéressées — d'Abbon [5], qui voit dans la multiplication des excommunications un véritable fléau. Malgré ces plaintes, le système se prolongea jusqu'à Grégoire VII qui, dans sa bulle *Quoniam multos*, destinée à atténuer les rigueurs des prohibitions en vigueur, déclare expressément : « *Ab anathematis vinculo nos subtrahimus... sive illos qui communicant cum eis qui excommunicatis communiquant* [6].

Comment se réalisait cette excommunication ? Le chrétien qui communiquait avec l'excommunié commettait une faute qui l'engageait immédiatement envers la divinité. Il devait donc s'abstenir des sacrements dont on ne peut approcher qu'en état de grâce. S'il contrevenait à cette règle, il aggravait son péché premier [7]. Mais pour que les fidè-

---

communicatio extra communionem ecclesiae depultio, vel a perceptione corporis et sanguinis domini prohibitio. Excommunicatur autem quis apud deum et ecclesiam, alius apud deum et non apud ecclesiam, alius apud ecclesiam et non apud deum. Apud deum et ecclesiam, qui propter sua scelera juste per sententiam ab ecclesia separatus est ; qui autem criminaliter delinquit, statim apud deum pro excommunicato habetur, quoniam, quantum ad ipsum, non est membrum corporis sui, quod est ecclesia, quamvis per sententiam ecclesiae non est separatus ab ea ; apud ecclesiam et non apud deum excommunicatus est qui non juste, nulla causa subsistente, sententiam excommunicationis accipit. »

1. Voyez comme indice de cette représentation populaire qui existe de très bonne heure, — et pour l'absolution peut-être plus encore que pour l'excommunication, — la légende édifiante contée par

J. Diaconus, *Vita S. Gregorii*, lib. II, cap. 45, Migne, *Patrologie*, t. LXXV, col. 106.

2. Pour ces diverses expressions, voir les dépouillements d'Hinschius, *Kirchenrecht*, IV, pp. 706-709, 797 et V, pp. 1-3, 131-132.

3. Cf. C. XI, q. III, c. 16, 17. Ces canons montrent l'influence pseudo-isidorienne signalée supra, p. XIII, n. 2.

4. L'excommunié pour cause de communication avec un excommunié devenait « contagieux » à son tour. — Cf. Bernaldus, *Apologeticus super excommunicationem Gregorii VII*, dans Migne, *Patrol.*, 148, col. 1076.

5. *Apologeticus*, Migne, *Patrol.*, 139, col. 470 ; c. 36, dans Mabillon, *Vetera analecta*, 1723, p. 143.

6. C. XI, q. III, c. 103.

7. Cf. les textes cités par Hinschius, *Kirchenrecht*, V, p. 5.

les puissent tenir compte de cette excommunication, il fallait qu'ils la connaissent, que les autorités ecclésiastiques aient dénoncé, comme elles en avaient le devoir [1], l'excommunication encourue par le pécheur. Ce devoir de dénonciation avait lieu tant que le délinquant ne s'était pas fait absoudre, ce qui lui était facile depuis que la transformation du système pénitentiel, l'apparition de la pénitence confessionnelle avaient adouci les voies de la réconciliation et permettaient de l'obtenir d'un simple prêtre [2].

C'est ce système que nous trouvons encore chez Gratien. Il distingue deux aspects de l'excommunication. Nous encourrons cette peine, dit-il, d'une part *dum realum incurrimus*, d'autre part *dum sentenlia notamur* [3]. Si nous sommes excommuniés *solo realu*, si c'est seulement notre conscience qui témoigne à nous-même de notre culpabilité et nous empêche d'approcher des sacrements, d'entrer dans l'Eglise, les fidèles ne sont pas tenus de nous éviter et ne craignent aucun dommage en nous abordant. Au contraire, s'il y a eu une sentence d'excommunication [4], si par suite le coupable est excommunié *nominatim* [5], la prohibition de communiquer s'appliquera dans toute sa rigueur. Les tiers seront tenus de s'abstenir de tout commerce avec lui sous peine d'une excommunication qui obéira aux mêmes principes, qui le liera en conscieuce jusqu'à la dénonciation, qui après la dénonciation obligera les fidèles à l'éviter. Ce principe posé, Gratien va l'appliquer non seulement à l'excommunication *ipso jure* résultant de rapports avec un excommunié, mais encore à celle du canon *Si quis suadente* [6], canon qui introduit une nouvelle excommunication en dehors de toute sentence et qui en réserve l'absolution au pape. Le péché produit donc dans ce cas un effet particulier : il lie le délinquant non pas seulement envers Dieu, mais encore envers le pape. La faute avait ainsi en elle-même des conséquences qui dépassaient le domaine de la conscience et de la pénitence privée. Gratien cependant considère, malgré l'expression *anathematis*

---

1. Si la désobéissance était dictée par une intention mauvaise, elle constituait un péché mais ne produisait pas de conséquence extérieure tant qu'une sanction ecclésiastique n'était pas intervenue. — Le fidèle qui connaissait l'excommunication avant toute dénonciation avait le devoir de s'abstenir lui-même. Mais s'il n'était pas dénoncé comme excommunié pour avoir communiqué, il commettait néanmoins un simple péché réparable par la pénitence privée. Le système dépendait donc de l'appréciation disciplinaire du juge, appréciation « paternelle » et arbitraire.

2. X (5, 39), 29 (1199).

3. C. XI, q. III, cc. 20, 21 et 24, et les *dicta Gratiani* sur ces textes. — *Adde* : la *Summa (Pseudo) Rufini* sur C. XI, q. III, éd. Schulte, pp. 278-279 : « *Ille qui excommunicatur aliquando notatur sua*

propria sententia, aliquando sententia ecclesiastica... Notatur autem quis propria sententia, quando alicujus conscientia peccati criminalis remordetur et non praesumit sacramentis dominicis communicare.»

4. Nous voulons parler de l'excommunication majeure, de l'anathème (*lato sensu*). Une sentence ecclésiastique nominative pourrait très bien imposer simplement la privation des sacrements et de l'entrée de l'Eglise. — Cf. *Dictum Gratiani* sur C. XI, q. III, c. 24.

5. *Dictum Gratiani* sur C. XI, q. III, c. 26.

6. C. XVII, q. IV, c. 29. — Le *dictum Gratiani* sur ce canon semble ne pas s'apercevoir que nous sommes en face de ce que l'on appellera plus tard une excommunication *latae sententiae*. C'est ailleurs que Gratien remarque son caractère particulier ; cf. note suivante.

vinculo subjaceat, qu'il s'agit uniquement de l'interdiction des sacrements et de l'entrée dans l'Eglise et que le mot *anathema* doit s'interpréter ici de façon particulière [1].

Cette doctrine était simple et répondait à un besoin réel : celui d'imposer un régime différent aux excommunications suivant leur caractère expresse ou occulte. Aussi la doctrine immédiatement postérieure adopte-t-elle les mêmes vues [2]. Peu à peu cependant, elle va se compléter. Gratien avait posé en principe que la communication avec un excommunié entraîne l'exclusion des sacrements et de l'entrée dans l'Eglise. D'une part cette forme de l'excommunication, qui n'est autre chose que l'excommunication mineure, se trouve, par le développement des cours d'Eglise et de l'excommunication majeure dont celles-ci se servent presque exclusivement, toujours de plus en plus reléguée dans son rôle de pénalité pour la participation avec un excommunié : elle se confine presque entièrement dans sa fonction de censure tacite [3]. Par contre-coup elle perd de sa rigueur primitive et se borne à interdire l'usage des sacrements, parfois aussi l'audition de la messe : elle ne défend plus l'entrée de l'Eglise, car la conscience du pécheur se trouve naturellement moins sévère que le juge ecclésiastique lorsqu'il imposait l'excommunication mineure à titre de peine [4]. D'autre part les praticiens en créant diverses aggravations de l'excommunication, les commentateurs en essayant de concilier des textes divergents, en vinrent à déterminer plusieurs degrés dans la prohibition de communiquer. En principe toute participation consciente avec un excommunié entraîne l'excommunication mineure et elle seulement. Celle-ci n'entraîne à son tour aucun obstacle au commerce avec les autres chrétiens, *non transit in tertiam personam* [5]. Dans certains cas pourtant la participation entraînera l'excommunication majeure pour le participant, excommunication qui obligera les tiers, sous peine d'excommunication mineure, à la cessation de toutes relations avec lui. Ce sera tout d'abord la participation *in crimine*, puis la participation ordinaire quand l'excommunication a eu lieu *cum participibus* ou *cum participibus et fautoribus*, enfin la participation *in sacris* [6].

---

1. C. XI, q. III, c. 24, § 3, et glose *Ab ingressu*. — Par une conséquence naturelle de la distinction, il se trouve que les deux catégories d'excommunication ainsi déterminées rempliront deux fonctions différentes. Tandis que l'excommunication encourue *solo reatu* résultera du crime lui-même, l'excommunication nominative ne pourra provenir que d'une sentence précédée elle-même d'admonition à partir de l'époque où celle-ci est exigée ; la première aura lieu *pro crimine*, la seconde *pro contumacia*.

2. Cf. *supra*, p. XL, n. 3.

3. Liste des cas d'excommunication mineure *ipso jure* : GUILLAUME DURAND, *Repertorium*, p.76,col. 1.

4. Voy. déjà C. XI, q. III, c. 38 (*Paucapalea*).

5. *Summa Hostiensis, De sent. exc.*, 15, p. 369 verso.

6. *Participatio in sacris* : C. XI, q. III, c. 29 ; X (5, 39), c. 15. — En général : gloses sur C. XI, q. III, cc. 25 et 26 ; *Summa Raymundi*, III, XXXIII, § V, pp. 396-397 ; *Summa Hostiensis, de sent. exc.*, 15, p. 369 (recto et verso) ; *Summa Gofredi de Trano, de sent. exc.*, § *Restat videre de pena illorum qui part. exc.* (Bib. Univ. de Lyon, Ms et R. 28), p. 124 verso (a). — Cf. Bérenger Frédol, *infra*, p.28, l. 22.

Nous avons vu plus haut [1] que le droit des décrétales restreignit dans une forte mesure la portée de l'excommunication *cum participibus et fautoribus*. Celui qui ne rompt pas tout rapport avec l'excommunié peut d'ailleurs être frappé d'excommunication majeure après avertissement s'il s'obstine dans sa désobéissance et méprise la sentence de l'Eglise [2].

Ce ne sont là que des modifications de détail à la théorie de Gratien. Des transformations beaucoup plus importantes vont y être apportées par la formation du système doctrinal relatif aux excommunications *latae sententiae* et par la création des cas réservés. Par ce développement les excommunications *latae sententiae* seront considérées en général — sauf texte contraire [3] et sauf celle encourue pour communication avec l'excommunié, — comme excommunications majeures entraînant la prohibition de toute participation.

Dans le système de Gratien, l'excommunié *ipso facto* du canon *Si quis suadente* était assimilé à celui qui avait communiqué avec un excommunié. Il n'était pas question du traitement à appliquer aux excommuniés *in genere*, qu'il s'agisse d'une excommunication générale [4] proprement dite ou d'une excommunication statutaire, — jusqu'au milieu du XIIIe siècle les deux catégories d'excommuniés *in genere* ne se distinguent pas [5]. Rufinus est le premier, à notre connaissance du moins, qui pose la question. Les canons sont muets sur le point de savoir comment doit être traité celui qui a été excommunié *generaliter* : ils ne nous apprennent pas comment on devra traiter ceux qui ont communiqué avec lui. Voici la solution qu'il propose. Comme dans les canons nous ne trouvons pas d'excommunication contre de tels participants, il faudra les punir par voie extraordinaire. On leur imposera une pénitence à déterminer dans chaque cas suivant la gravité de la faute [6]. Bernard de Pavie, par contre, assimile les excommuniés *generaliter* aux excommuniés *nominatim* [7]. C'est que, dans la dernière moitié du XIIIe siècle, la doctrine a été amenée à préciser le problème par suite de l'évolution générale de la discipline. Le développement de la confession [8] a complètement bouleversé l'ancien système pénitentiel : il a amené un relâchement considérable. Au lieu de la pénitence publique, tout se passe maintenant entre le prêtre et le pécheur. Si celui-ci a commis

---

1. *Supra*, p. XXVII.

2. X (5, 39), 30. — *Summa Hostiensis, De sent. exc.*, 15, p. 370 ; Guillaume Durand, *Speculum, De sent.*, § 6, 33, p. 432.

3. X (5, 39), 59.

4. L'excommunication générale consiste à censurer un groupe de personnes, secte d'hérétiques, groupe de rebelles, catégorie de délinquants, pour un délit passé ou conditionnellement pour un délit futur. La différence entre l'excommunication statutaire et l'excommunication générale résidera donc surtout dans l'intention de son auteur lorsque celui-ci possédera le pouvoir de fonder le droit, la compétence statutaire.

5. C. III, q. IV, cc. 6 et 7.

6. *Summa Rufini*, C. XI, q. III, éd. Singer, p. 315 ; *Summa (Pseudo)-Rufini*, C. XI, q. III, éd. Schulte, p. 280.

7. *Bernardi Papiensis summa decretalium*, V, 34, § 7, éd. de Laspeyres, p. 274.

8. Cf. *supra*, p. XIV.

une faute très grave, il n'a qu'à aller trouver son *proprius sacerdos* [1], qui devra tenir secrète l'excommunication si c'est par la confession qu'il la connaît, qui pourra l'en absoudre moyennant quelques œuvres satisfactoires. Il lui aurait fallu auparavant aller trouver l'évêque et montrer publiquement son repentir. A côté des souvenirs anciens le système nouveau montrait un affaiblissement trop grand contre lequel il fallait réagir.

C'est alors qu'apparut la réserve à l'évêque et au pape de certains cas d'absolution. L'évêque tout d'abord, par la généralisation absolue du régime confessionnel et de la compétence du curé pour l'absolution de toutes les fautes, se serait vu dépouillé de son rôle dans l'administration de la pénitence. La pénitence solennelle, qui était restée en usage pour les délits particulièrement odieux, n'aurait plus été appliquée qu'à titre tout à fait exceptionnel. L'absence de tout contrôle d'autre part, n'eût pas manqué d'énerver la sévérité des clercs inférieurs. Dès lors, si l'autorité épiscopale voulait surveiller de près la discipline du diocèse, si elle avait à craindre l'ignorance ou les excès d'indulgence du clergé inférieur, si même elle voulait simplement frapper certains péchés plus lourdement, elle retenait par devers elle le droit d'absoudre de ces péchés, la juridiction des autorités ecclésiastiques inférieures étant soumise à l'autorisation et à l'approbation de l'évêque [2].

De même pour les crimes énormes, l'habitude était prise depuis longtemps d'envoyer le pécheur se faire absoudre à Rome. C'était une aggravation de pénitence imposée par l'évêque [3]. On reconnaissait aussi au pape une juridiction générale sur toute la chrétienté : le pécheur préférait souvent s'adresser directement au pape dans l'espérance de trouver chez lui plus d'indulgence que chez son ordinaire [4]. L'idée vint donc tout naturellement de faire un droit de ce qui n'était qu'une habitude. Le pape décida que lui seul pourrait absoudre de certaines fautes. L'excommunication *quoad Deum* provoquée par la faute elle-même ne lierait plus envers Dieu seulement ou plutôt elle lierait envers Dieu tant que le pape lui-même n'aurait pas délié le criminel. La première décision que nous trouvions en ce sens [5] concerne la violence contre les

1. X (5, 39), 29. — Cf. *infra*, p. LXVII.

2. Premier exemple de réserve épiscopale, concile de Londres, 1102, c. 28, Mansi, 20, 1152. Sur les cas épiscopaux et leur date d'apparition, voyez Lea, *A history of auricular confession*, 1, pp. 312 et sq. — Hinschius, *Kirchenrecht*, V, pp. 366-368. — Il ne faudrait pas croire d'ailleurs qu'il n'y avait pas de cas réservés avant ces dispositions. On peut dire qu'originairement, comme nous l'avons vu, tous les cas appartiennent à l'évêque. Il conserve les cas de pénitence solennelle lorsque les curés sont devenus les ministres ordinaires de la pénitence tarifée. La réserve est le moyen par lequel les évêques évitent d'être complètement dépouillés. C'est pourquoi les canonistes considè-

rent que certains cas sont réservés de droit commun ou par la coutume en dehors de tout statut. Voyez par exemple, *Summa Raymundi*, III, XXXIV, § 4, p. 425. Autres listes : *Summa Hostiensis*, V, *de penit.*, 55, p. 348 verso et le renvoi ; Guillaume Durand, *Repertorium*, p. 71 ; *infra*, App. III. En dehors de toute prescription les curés envoyaient fréquemment à l'évêque les cas extraordinaires ou difficiles. Chouet, *La sacrée pénitencerie apostolique*, p. 15.

3. Chouet, *op. cit.*, pp. 17-19.

4. X (1, 30), 1 ; (2, 28), 56. Hinschius, *Kirchenrecht*, V, p. 370.

5. Cf. cependant C. XVI, q. I, c. 52 (Grégoire le Grand, 592). Mais ce n'est pas une réserve à

clercs [1]. Elle ne fait probablement que confirmer une coutume à peu près générale. En tous cas deux hypothèses très voisines et reconnues presque en même temps semblent bien n'avoir été introduites que par la coutume : il s'agit de l'incendie et de l'effraction d'une église. Une particularité nous le montre. Ce n'est que lorsque la dénonciation de l'excommunication aura été faite et qu'elle sera devenue publique que le cas sera réservé. C'est exactement ce qui se passerait s'il n'y avait pas eu de texte prononçant excommunication tacite et réserve, mais que notre cas provînt de la simple habitude d'envoyer de tels pécheurs au Saint-Siège. De fait nous ne retrouvons pas les textes originaires : nous ne rencontrons jamais qu'allusions et confirmations [2].

Enfin le désir de renforcer toujours l'excommunication *ipso facto* amena à édicter défense de communiquer avec celui qui a encouru une telle excommunication. C'est par exemple ce qui a lieu en 1153 pour les moines curieux de physique et de droit romain [3]. L'assimilation aux excommuniés *nominatim* était ainsi expressément réalisé pour ce cas : il devait naturellement servir d'indication pour les autres [4].

Le rapprochement de l'excommunication *ipso facto* et de l'excommunication nominative était facilité par ailleurs encore [5]. Dès le début du xiie siècle, nous voyons à Rome l'usage de dénoncer solennellement certains excommuniés le Jeudi Saint (*Bulle In Coena Domini*). A côté d'excommunications individuelles, celle-ci comprenait parfois l'excommunication de tout un groupe, par exemple de tous les partisans de l'empereur. On alla plus loin encore et le pape prononca une excommunication générale contre tous ceux qui commettraient certains délits déterminés. Le prononcé de la sentence

proprement parler, puisqu'il s'agit d'une excommunication individuelle portée par le pape lui-même. C'est la première ébauche de ce qui sera plus tard le principe en matière de compétence pour l'absolution. En sens contraire Chouet, *op. cit.*, p. 16.

1. C. XVII, q. IV, c. 29 (1139).

2. X (5, 39), 19 et 22. — *Summa Raymundi :* « *Incendiarii autem aliorum locorum non sunt ipso jure excommunicati sed excommunicandi*, C. XXIII, q. ult., cc. Si quis membrorum et Pessimam. *Tamen omnes habentur excommunicati in quibusdam partibus ut in Theutonia, ratione consuetudinis quam Papa scit et tolerat. Utrum autem sola consuetudo absque sententia vel constitutione possit facere, quod aliquis revera sit excommunicatus, disputationi relinquo* », lib. II, tit. V, § 6. — *Adde : Summa Hostiensis*, V, *De incend.*, 10, p. 304. Joannes Faventinus paraît avoir voulu appliquer le même système au cas du canon *Si quis suadente* : Glose *Ab ingressu* sur C. XI, q. III, c. 24. Ce canon était d'ailleurs très certainement à l'origine un

canon *ferendae sententiae*. Cela résulte : 1° du *dictum Gratiani* sur C. XVII, q. IV, c 29 ; 2° du synode de Clermont (1130), c. 10, et du concile de Londres (1138), c. 10, Mansi 21, 439 et 512, qui sont les prototypes de notre disposition. — Cf. Hinschius, *Kirchenrecht*, V, p. 121, n. 7.

3. X (3, 50), 3.

4. Raymond de Peñafort connaît six cas réservés : violence contre un clerc, incendie et effraction d'église, faux et usage de faux en matière d'actes pontificaux, participation *in divinis* et *in crimine criminoso* avec un excommunié. *Summa*, III, XXXIII, § 3. Hostiensis y ajoute un septième cas [X (4,21), 1], mais qui vise la suspense et non l'excommunication. *Summa*, V, *De sent. exc.*, 11, p. 365 (366). — Pour l'histoire détaillée des cas réservés, v. Hinschius, *Kirchenrecht*, V, pp. 363-368 ; Haussmann, *Geschichte der päpstichen Reservatfälle*, 1868.

5. Elle est réalisée dès la fin du xiie siècle : X (5, 39), 14 (1187-1191).

embrassait ainsi des excommuniés *nominatim* et des excommuniés *in genere*. A quelle date remonte cette innovation, il est difficile de le dire. La première bulle de ce genre (*In Coena domini*) connue de nous et comprenant ainsi des dispositions abstraites, remonte à Grégoire IX [1], mais il se pourrait que l'usage fût sensiblement antérieur. Ces excommunications avaient d'ailleurs souvent été promulguées en dehors de la bulle *In Coena domini*, et nous les retrouvons dans les collections de décrétales [2]. Mais de leur publication sous cette forme plusieurs conséquences résultaient : d'une part l'absolution de l'excommunication comprise dans cette sentence collective se trouvait par là même réservée au pape [3], dans la pure théorie canonique tout au moins : c'est, nous le verrons, un principe que l'excommunication générale ne peut être remise que par celui qui l'a portée [4]. D'autre part, le rapprochement dans le prononcé solennel de la censure d'excommunications tout à fait générales et abstraites, d'excommunications collectives et enfin d'excommunications individuelles devait amener à les considérer toutes comme produisant sensiblement les mêmes effets. L'excommunication tacite étant ainsi rapprochée de l'excommunication nominative, la doctrine n'aura plus qu'à classer scolastiquement les éléments qu'elle trouvait devant elle.

Tandis qu'au temps de Gratien et avant lui on distingue l'excommunication *quoad Deum*, ou *solo reatu*, ou encore en empruntant la terminologie des romanistes, *ipso facto*, *ipso jure* et l'excommunication nominative ou *per sententiam* [5], tandis que la doctrine immédiatement postérieure au décret oppose plutôt l'excommunication *datae* ou *latae sententiae* à l'excommunication *ferendae* ou *dandae sententiae* [6], le XIIIe siècle divisera les excommunications en deux grandes catégories, celles qui proviennent *ab homine* et celles qui résultent *a jure* [7]. La première distinction s'appuyait sur une simple diffé-

---

1. AUVRAY, *Les registres de Grégoire IX*, I, 203, n° 332 : « *Excommunicamus et anathematizamus ex parte Dei omnipotentis, Patris et Filii et Spiritus Sancti, auctoritate quoque beatorum apostolorum Petri et Pauli ac nostra, omnes hereticos : Catharos, Paterinos, Pauperes de Lugduno, Arnaldistas, Speronistas et Passaginos et omnes alios, quocumque nomine censeantur et omnes fautores, receptatores et defensores.*

Item excommunicamus et anathematizamus omnes falsarios bulle nostre.

Item excommunicamus et anathematizamus omnes illos, qui in terris suis nova pedagia imponunt.

Item excommunicamus et anathematizamus omnes illos, qui ad apostolicam sedem euntes et redeuntes capiunt, spoliant vel detinere presumunt.

Item excommunicamus et anathematizamus omnes illos, qui equos arma ferrum vel ligomina deferunt Sarracenis quibus Christianos impugnant... » La bulle continue par toute une série d'excommunications particulières. Le même « *processus* » se retrouve chez Boniface VIII en 1294, beaucoup, plus détaillé, mais sans ajouter de cas nouveaux : cf. GÖLLER, *Die päpstliche pönitentiarie*, I, Bd 1 Th., pp. 250-253. Sur l'histoire de la Bulle *In Coena Domini*. Cf. GÖLLER, *ibid.*, pp. 242-277 ; CHOUET, *La sacrée pénitencerie apostolique*, pp. 23-31. — Bibliographie dans GALANTE, *Fontes juris canonici selecti*, p. 232 ; *Elementi di dir. eccles.*, p. 164. — *Adde* : TOREILLE, *La publication de la Bulle in Coena Domini*, *Mélanges* Léonce Couture, 1902, p. 289 et sq.

2. Cf. X (3,49), 4 et 7 ; (5,6), 6 et 17 ; (5,20),7 ; GÖLLER, *op. cit.*, pp. 254-258.

3. La recension de Boniface VIII énonce expressément cette réserve ; GÖLLER, *op. cit.*, pp. 252-253.

4. *Infra*, p. LXVII.

5. Cf. *supra*, p. XL. — HINSCHIUS, *Kirchenrecht*, V, p. 131, n. 6 et sq.

6. HINSCHIUS, *Kirchenrecht*, V, p. 132, n. 4 et 5.

7. HINSCHIUS, *Kirchenrecht*, V, p. 132, n. 6. —

rence formelle, et elle coïncide pour partie dans la doctrine de Gratien avec celle des excommunications majeures et mineures. La seconde s'accorde avec la préoccupation des canonistes de déterminer parmi les cas anciens le caractère de l'excommunication infligée par tel canon : le coupable est-il *excommunicatus* ou *excommunicandus*. Une fois, en effet, les deux catégories nettement opposées, le problème naissait de savoir sous quelle catégorie se rangeaient les textes antérieurs. Si ceux-ci emploient le présent ou des formules telles que *sciat se excommunicatum, se noverit excommunicatum*, nous nous trouverons en face d'une excommunication *datae sententiae*. Si le canon emploie le futur, ou s'il prescrit de fulminer l'excommunication, c'est en face d'une sentence à porter que nous nous trouverons[1]. La distinction des excommunications *a jure* et *ab homine*, elle, est plus complexe et supporte un grand nombre de sous-distinctions. Elle se combine d'un côté avec celle de l'excommunication majeure[2] et de l'excommunication mineure[3], ce qui nous donne quatre variétés différentes. D'un autre

Ajouter aux textes indiqués par cet auteur, RAYMOND DE PEÑAFORT, *Summa*, lib. III, tit. XXXIII, § VII qui oppose dogmatiquement les deux formes.

1. La distinction des *verba praeteriti vel praesentis temporis* et des *verba futuri temporis* a d'ailleurs une portée beaucoup plus large : elle s'applique non seulement à l'excommunication, mais encore aux diverses autres pénalités et aux nullités. Par suite, elle n'appartient pas en propre aux canonistes : les civilistes peuvent revendiquer une part au moins égale dans sa construction. Les cas sont classés d'abord de façon empirique sans que l'on formule de règle abstraite pour permettre de les reconnaitre. La distinction des formules indicatives et des formules impératives [cf. *Summa (Pseudo) Rufini*, C. III, q. IV, cc. 6 et 7, éd. Schulte, pp. 233-234] amène la terminologie : *exc. datae* et *exc. dandae sententiae*. Celle-ci reste dans l'ensemble étrangère aux romanistes plutôt attachés à la distinction des *verba praeteriti* et des *verba futuri temporis* qui apparait timidement dans les gloses d'Accurse et de Bernard de Parme (*Addo* : GUILLAUME DURAND, *Repertorium*, pp. 74-76)]. C'est seulement au début du XIVe siècle que la théorie des *verba praeteriti vel praesentis* et des *verba futuri temporis* s'énonce entièrement et dans sa portée générale. Nous résumons ici les conclusions d'un travail minutieux de M. Fliniaux pour le séminaire d'histoire du droit canon de M. Esmein, travail qui nous a été très obligeamment communiqué par son auteur et où nous avons

rencontré plusieurs fois l'indication de textes intéressants utilisés par nous dans ce chapitre. — Notons d'ailleurs qu'au point de vue de l'excommunication *latae sententiae*, la doctrine perdait de son intérêt à mesure que se développait le droit des décrétales. Les textes nouveaux qui partaient d'une distinction courante et qui ne souffraient pas de discussion recouvraient pour ainsi dire les anciens, et pour les cas du décret il s'était formé une tradition qui, pratiquement, à partir d'Hostiensis, ne fut plus guère discutée.

2. Listes doctrinales d'excommunication majeure *a jure* : Bernard de Pavie énumère 4 cas (l'un d'eux, celui de *sagittarii et ballistarii* est en désuétude ; par contre Bernard de Pavie ajoute ailleurs l'hérésie définie, *Summa decretalium*, lib. V, tit. XXXIV, § 6, éd. de Laspeyres, p. 273). Raymond de Peñafort relève 17 cas, Gaufredus de Trano 18. Hostiensis, par une analyse plus minutieuse et par quelques additions, arrive à 33, *Summa*, lib. V, *De sent. exc.*, 3, pp. 359, verso et 360. C'est la source principale de Bérenger Frédol, Guillaume Durand, qui recherche une documentation plus large et qui ne s'attache pas aussi étroitement qu'Hostiensis au droit des décrétales, établit une liste beaucoup plus considérable : il ne compte pas moins de 47 cas (dont certains plus ou moins discutés), *Repertorium*, pp. 75 et 76, et la liste qu'il donne n'est d'ailleurs pas limitative dans son esprit.

3. Ces listes d'excommunications mineures constituent un peu de fausses fenêtres pour la symé-

côté, l'excommunication *ab homine* pourra être soit individuelle, soit collective.

Dans cette dernière hypothèse, nous aurons l'excommunication générale. Celle-ci se distingue de l'excommunication *a jure* par plusieurs caractères. Un caractère formel tout d'abord : l'excommunication *a jure* est prononcée *in perpetuum* en forme de loi. L'excommunication générale, au contraire, est restreinte à un groupe, caduque en tous cas par la perte de juridiction de l'organe émetteur [1]. En outre la compétence en matière d'absolution appartenait à l'ordinaire pour l'excommunication *a jure*, à l'excommunicateur pour l'excommunication générale [2]. Par contre sur d'autres points, les deux sont traitées de la même façon. Pour l'une et pour l'autre — en principe tout au moins, mais il y a des exceptions [3] — la monition préalable ne sera pas nécessaire. L'une et l'autre entraînent les mêmes conséquences que l'excommunication *ab homine*, mais il faut pour cela qu'elles soient connues. Si les actes qui les motivent ne sont pas publics et notoires, les fidèles en général ne seront pas tenus d'éviter le coupable. Celui qui connaîtra le fait personnellement devra s'éloigner de l'excommunié pour son propre compte, *privatim*, tant que l'Eglise le tolérera [4]. D'ailleurs, s'il y avait un intérêt sérieux, si, par exemple, il était appelé en justice par l'excommunié, il pourrait demander que l'excommunication occulte soit dénoncée et confirmée par sentence [5].

La théorie de l'excommunication *latae sententiae* est ainsi complètement achevée au milieu du xiiie siècle [6]. Dès lors c'est cette forme de l'excommunication qui va tenir

tri. En effet tout péché mortel entraine l'excommunication mineure *quoad Deum*. Dès que le délit est connu de l'Eglise, le coupable doit être repoussé des sacrements, à moins qu'il ne fasse pénitence. La violation de l'excommunication mineure *a jure* constitue un péché de plus. Mais de même celui qui est excommunié *minori quoad Deum « Eucharistiam ... recepit ad damnationem non ad salutem ».* Cf. *Summa Raymundi*, lib. III, tit. XXXIII, § VII, [II], p. 389 ; Guillaume-Durand, *Speculum*, I, *De disp.*, § 4, n° 22, p. 61 ; *Repertorium*, p. 76, col. 1. Ce qui permet de distinguer l'excommunication majeure *a jure* de l'effet produit à l'égard de Dieu par le péché mortel, c'est qu'elle entraine certaines conséquences juridiques (irrégularité en cas de célébration, réserve, obligation d'éviter le coupable, etc...Cf. *supra*, pp XXIX-XXXII). Aucun effet de ce genre n'est produit par la violation de l'excommunication mineure d'après la doctrine générale tout au moins. Certains canonistes imaginent cependant une excommunication mineure réservée, cf. *Summa Raymundi*, lib. II, tit. V, § 6 (pour l'incendiaire).

1. X (5,39), 21 ; Hinschius, *Kirchenrecht*, V, p. 139.

2. *Hostiensis Summa, De sent. exc.*, 6, p. 361 verso. Cf. *infra*, p. LXVIII et Hinschius, *Kirchenrecht*, V, 135-140. — Autre différence : la censure *latae sententiae* ne s'applique aux évêques que lorsqu'ils y sont expressément compris, VI (5,11), 4 ; (1,6), 37 ; ces textes parlent d'ailleurs seulement de la suspense et de l'interdit et peut-être ne peut-on pas les étendre à l'excommunication.

3. Innocent IV, *Apparatus ad c. exstirpandae*, X (3, 5), 30, exige la monition chaque fois que l'excommunication *latae sententiae* est prononcée sous une condition négative. *Adde*, X (3,39), 10 ; *Clem*. (3,10), 1.

4. X (5,39), 14 ; *Summa Raymundi*, III, XXXIII, *Var. ques.*, pp. 406-407 ; *Summa Hostiensis, De sent. exc.*, 17 et 18, p. 371.

5. Guillaume Durand, *Speculum*, IV, *De sent. exc.*, 4, p. 507.

6. « *Ego credo, duobus modis sententiam latam esse a jure ; uno modo, quando jus aliquod statutum est, per quod adaequantur in poena aliqui criminosi aliis, quale est illud :* consentientes et facientes

une place prépondérante dans les préoccupations de la doctrine. Les canonistes vont s'attacher à la casuistique de l'excommunication *a jure* sous ses diverses formes (exc. majeure, mineure, réservée). L'étude de certaines hypothèses, comme celle du canon *Si quis suadente* [1] entraînera tout un développement particulier. C'est qu'aussi bien avec l'affaiblissement de la théocratie médiévale, avec la disparition progressive de la subordination de l'Etat à l'Eglise, avec la restriction de la compétence des juridictions ecclésiastiques, le pouvoir spirituel est obligé de concentrer ses efforts sur la conscience des fidèles. Les moyens matériels de contrainte se font plus rares et deviennent plus difficiles à mettre en mouvement: l'Eglise se tourne alors vers le for interne et recourt au scrupule, à la crainte de la damnation éternelle comme moyen de domination.

IV

L'interdit.

Origines de l'interdit; il sort de l'excommunication. — Il s'en détache au début du xiᵉ siècle. — Etendue arbitraire de l'interdit primitif. — Usages généralement suivis. — Atténuations successives : leurs causes. — Aux atténuations par privilèges particuliers, Innocent III substitue une réglementation générale. — Nouveaux privilèges et nouvelle réglementation de Boniface VIII.
Elaboration de la théorie de l'interdit. — Ses difficultés. — Nos sources : traité anonyme de 1270 et Bérenger Frédol. — Définition de l'interdit. — Principes généraux. — Examen des diverses catégories d'interdit. — Suspension du service divin (*pollutio*). — *Cessatio a divinis*. — Interdit *stricto sensu*. — Subdivisions de ce dernier : *a*) interdit *a jure* et *ab homine*. — *b*) Interdit particulier et interdit général. — *c*) Interdit personnel, interdit réel et interdit mixte. — Effets de l'interdit. — Principe : tout ce qui est d'*ordre* est défendu ; ce qui est d'*office* ou de *juridiction* reste permis. — Conséquences de la violation de l'interdit.

Tandis que l'excommunication évoluait ainsi vers un rôle plus interne, une autre institution, l'interdit, naissait et se détachait d'elle pour former une censure particulière

par poena constringit ; *ex quo sequitur, quod qui cum excommunicato propter crimen aliquod communicat in crimine illo, eadem sententia involvitur ut extra, eod. c. Nuper et* c.etsi concubinae. *Alio modo dicitur sententia ferri a jure cum ab eo qui potest constitutionem vel canonem facere,vel generalem ut papa, vel particularem ut legatus in provincia legationis suae vel archiepiscopus vel episcopus in diocesi sua vel concilium provinciale in provincia sua, animo juris constituendi statuitur aliquid in perpetuum, et generaliter in omnes subditos suos ; et statutum illud roboratur per sententiam excommunicationis, vel aliam in futuros transgressores...., Si autem dicatur* Excommunicamus omnes qui usque ad hoc vel illud tempus ibunt ultra mare, vel torneabunt, vel guerram facient, *ita quod non sit statutum perpetuum ; vel si dicantur :* Excommunicamus omnes qui interpellabunt istas vel illas monales de turpitudine, vel eos qui participabunt cum isto, vel illo excommunicato, *et similia ; ita quod in favorem vel odium alicujus singularis personae vel personarum proferatur ; hujus modi sententia dicenda est esse non juris sed hominis. Sententia autem dicitur esse judicis vel hominis quae fertur pro contumacia vel offensa praeterita, vel etiam futura.* » *Summa Raymundi*, III, XXXIII, § VII (*Postillatoris quaesitum*).

1. *Summa Raymundi*, III, XXXIII, pp. 407-408 : *Varii casus circa percussionem clerici ;Summa Hostiensis, De sent. exc* , 4, p. 360 verso (*duae regulae*). Cf. *infra*, Append. IV et V.

avec sa fonction et ses effets propres. L'excommunication du ixe siècle, se répandant sur tous ceux qui touchaient l'excommunié, avait habitué à ne plus voir en elle une peine frappant le coupable et le coupable seulement. L'usage fréquent des excommunications collectives, celui des aggravations diverses qu'on pouvait y ajouter (excommunication expresse des participants, de la famille, etc.), devaient acheminer à un nouveau progrès en ce sens, l'excommunication de tous les sujets d'un seigneur, de tous les habitants de sa terre. La cessation du service divin par le clergé lorsqu'il se trouvait molesté était un moyen d'action sur les fidèles qui avait été usité parfois [1]. Toujours un fort mouvement de protestation s'était fait sentir contre ces procédés, cessation du service divin, excommunication pour la punition d'un tiers de personnes non ou peu coupables [2]. Cependant les conjectures historiques se trouvèrent favorables à un moment donné à l'admission de censures de ce genre par le droit canonique [3]. A la fin du xe siècle et au commencement du xie, l'anarchie générale, l'abus des luttes privées amena l'Eglise à chercher tous les moyens pour contraindre à respecter la paix qu'elle imposait. La faiblesse du pouvoir laïque l'obligeait à recourir au bras ecclésiastique pour faire respecter les trèves décrétées ou plutôt négociées par lui [4]. L'excommunication du coupable, de sa famille, des gens de ses terres était l'arme la plus redoutable dont l'Eglise pût se servir, et elle ne s'en fit point faute [5]. Mais les protestations contre les excommunications collectives et leur injustice amenèrent un changement de la discipline. L'incertitude des coupables empêchait de les excommunier. La peine principale disparaissait ainsi : on en conserva les conséquences et on les groupa en un moyen nouveau, l'interdit, c'est-à-dire la cessation de tout service divin dans un district déterminé. Usité d'abord en France [6], l'interdit ne tarde pas à se répandre. La papauté en fait usage dès

---

1. Cf. Hinschius, *Kirchenrecht*, IV, pp. 805-806.

2. Voyez par exemple, *Toledo*, XIII, c. 7, Mansi, XI, 1069.

3. Kluckhohn, *Gottesfrieden*, pp. 1-21 et partic. p. 29 ; Huberti, *Gottesfrieden und Landfrieden*, I, 1892, pp. 215-217 et 291 ; Hinschius, *Kirchenrecht*, V, p. 23 et nn. 1 et 2. — *Adde* dans la littérature ancienne [Ellies Dupin], *De l'origine et des progrès de l'interdit en l'Eglise*, dans le *Traité de l'excommunication*, II, p. 419 et sq. — Bibliographie : Galante, *Elementi di diritto ecclesiastico*, p. 393 auquel il faut ajouter Krehbiel, *The interdict*, etc. Cf. Compte rendu par P. Fournier, *Rev. d'hist. ecclés.*, 15 octobre 1910, p. 779.

4. « *Sic recurrere debet brachium saeculare ad ecclesiasticum.* » *Summa Hostiensis, De Treuga et pace*, 6, *in fine*.

5. Hinschius, *Kirchenrecht*, V, p. 20.

6. Chronique d'Adhémar de Limoges († 1029),

Migne, *Patrol.*, 141, col. 52, *in fine*, sur l'année 994 : « *Saepe idem Alduinus* (évêque de Limoges) *pro rapina militum et pauperum novam observantiam constituit scilicet ecclesias et monasteria cessare a divino cultu et sancto sacrificio et populum quasi paganum a divinis laudibus cessare et hanc observantiam excommunicationem censebat* ». — Cf. Concile de Limoges, 1031, Mansi, XIX, 541. « *Nisi de pace acquieverint, ligate omnem terram Lemovicensem* publica *excommunicatione, ut nemo nisi clericus aut peregrinus adveniens aut infans a bimatu et infra in toto Lemovicino sepeliatur nec in alium episcopatum ad sepeliendum portetur. Divinum officium per omnes ecclesias latenter agatur et baptismus tribuatur. Circa horam tertiam signa sonent in ecclesiis omnibus et omnes proni in faciem preces pro tribulatione et pace fundant. Poenitentia et viaticum in exitu mortis tribuatur. Altaria per omnes ecclesias sicut in parasceve nudentur et cruces*

7

le milieu du xiᵉ siècle [1]. A partir de cette époque, les bulles papales vont se multiplier à son sujet : décisions d'espèces, privilèges, adoucissements vont se succéder jusqu'à Boniface VIII. Mais malgré l'abondance relative des textes, et par suite de leur caractère particulier, occasionnel, le droit de l'interdit se fixe très lentement et très mal. Les décrétales de Grégoire IX ne livrent que peu de renseignements sur son compte, et ce n'est guère qu'à la fin du xiiiᵉ siècle et au commencement du xivᵉ que le sujet commence à s'éclairer pour les canonistes. Le Sexte fait une part plus large à l'interdit que le précédent recueil : cette censure malgré ce qu'elle peut avoir de singulier s'est définitivement fait recevoir. Nous allons retracer brièvement les étapes de la formation du droit tel qu'il nous apparaît au temps de Bérenger Frédol en nous plaçant successivement à deux points de vue, celui de la législation et celui de la doctrine.

A l'origine la portée de l'interdit dépend de la sentence même de l'évêque qui l'a promulgué. Il peut interdire tout ou partie du service religieux. Si d'abord et lorsqu'il était encore tout voisin de l'excommunication générale, l'interdit tendait à entraîner la cessation complète du culte, il ne manquait pas d'admettre des atténuations [2] qui allèrent toujours croissant. Tantôt les églises restent complètement muettes, tantôt au contraire il est permis aux clercs de célébrer les offices toutes portes closes, les cloches silencieuses, et à voix basse. Tantôt les sacrements et la sépulture ecclésiastique sont défendus, tantôt le baptême et, pour les mourants, le viatique précédé de la pénitence se trouvent autorisés. Jusqu'au milieu du xiiᵉ siècle l'interdit ne présente pas un contenu définitivement fixé. Des privilèges particuliers à certaines Eglises ou à certains cloîtres leur permettait de célébrer les offices à huis clos en temps d'interdit général [3].

Les inconvénients de l'interdit, les représailles qu'il attirait contre les autorités qui

---

et ornamenta abscondantur, quia signum luctus et tristitiae omnibus est. Ad missas tantum quas unusquisque sacerdotum januis obseratis fecerit, altaria niduantur et iterum post missas nudentur. Nemo in ipsa excommunicatione uxorem ducat. Nemo altari osculum det. Nemo clericorum aut laicorum vel habitantium vel transeuntium in toto Lemovicino carnem comedat, neque alios cibos quam illos quibus in XLma vesci licitum est. Nemo laicorum vel clericorum tondeatur neque radatur, quousque districti principes, capita populorum, per omnia s. obediant concilio. » — Autres textes et discussion chez Hinschius, *Kirchenrecht*, V, pp. 20-21. —Raymond de Peñafort note encore l'emploi du mot excommunication pour désigner l'interdit : « *Interdum tamen ponitur unum pro alio ; quia et persona dicitur interdicta et civitas excommunicata...* » *Summa*, III, XXXIII, c. IX, p. 409.

1. Alexandre II (1065), J. L., n. 4573, 4574 ;

Grégoire VII (1074), ép. II, 5, Jaffé, *Mon. greg.*, p. 116. — Cf. déjà Gerbert (Silvestre II) (993), Bouquet, X, p 420, lit. XCIII. Par contre, en 998, Robert le Pieux est excommunié et il n'y a pas d'interdit sur le royaume, contrairement à l'opinion généralement répandue. Pfister, *Etudes sur le règne de Robert le Pieux*, p. 57.

2. Déjà le concile de Limoges apporte de nombreuses exceptions à la prohibition du service divin, cf. *supra*, p. XLIX, n. 6.

3. Hinschius, *Kirchenrecht*, V, pp. 24-25. Une histoire détaillée de l'interdit ne pourrait plus se contenter des dépouillements d'Hinschius. Les Registres des papes publiés par l'Ecole de Rome ont apporté des documents nouveaux dont il faudra tenir compte désormais, mais que nous ne pouvons aborder dans cette courte étude. Cf. P. Fournier, *Rev. d'hist. ecclés.*, 1910, p. 780.

l'avaient prononcé et celles qui l'appliquaient, l'impiété qu'il suscitait parfois, le dommage religieux qu'il causait aux clercs eux-mêmes, enfin son usage fréquent pour des fins purement séculières[1] devaient nécessairement amener à restreindre ses rigueurs. Innocent III permet de prêcher devant l'église une fois par semaine[2], de baptiser les enfants, de donner le viatique aux mourants, de confirmer, de recevoir au sacrement de pénitence les croisés et les pèlerins. Les clercs sont admis à réciter, mais non à chanter leurs heures dans l'église fermée[3]. Les évêques, depuis le IVe concile de Latran (1215) jouissent de plein droit du privilège qui était accordé jusqu'ici à certaines églises et à certains ordres seulement, celui de pouvoir célébrer le service divin silencieusement et à huis clos en temps d'interdit général[4]. Les prêtres pourront célébrer la messe une fois par semaine, le vendredi, pour consacrer les espèces nécessaires à la communion des mourants[5]. Les clercs pourront être enterrés au cimetière sans solennité. Enfin quelques ordres religieux obtiennent un privilège particulier : ceux de ses membres délégués à la collecte pouvaient ouvrir une église et célébrer publiquement le culte une fois par an à l'endroit où ils se trouveraient[6].

Ces diverses dispositions recueillies dans les décrétales de Grégoire IX constituent le droit commun, le droit général de toute l'Eglise. Mais cette première codification n'arrêta pas le mouvement qui avait déjà transformé l'interdit. De nouveaux privilèges furent concédés : celui de célébrer publiquement aux jours de fête, celui pour les exempts d'amener avec eux au service divin leur famille et leurs serviteurs, celui d'accorder le sacrement de pénitence et d'extrême-onction en dehors des cas généralement permis etc. Le privilège, par sa généralisation, tend à devenir le droit commun[7]. Boniface VIII tient compte de l'évolution accomplie et la confirme législativement. Le sacrement de pénitence n'est plus réservé aux mourants pendant le temps de l'interdit. Dans les églises

<hr>

1. VI (5, 11), 24, et glose *ibid.* ; *Extravag. com.* (5, 10), 2, 1302.

2. X (5, 39), 43.

3. X (3, 38), 11.

4. X (5, 33), 25.

5. X (5, 39), 57.

6. X (5, 33), 3 et 24. — Cf. la formule d'interdit lancée en 1199 par Innocent III sur le royaume de France : « *Omnes ecclesiae sint clausae nec aliquis admittatur in eis nisi ad parvulos baptizandos nec aliquotenus nisi pro luminaribus accendendis vel quando sacerdos accipiat eucharistiam et aquam benedictam ad opus infirmorum, Sustinemus missam semel in hebdomade celebrari in die Veneris summo mane pro eucharistia ad opus infirmorum, admisso uno clerico qui sacerdoti ministrat. Praedicent sacerdotes diebus dominicis in atriis et loco missae disseminent verbum dei. Horas canonicas dicant extra ecclesias, non audientibus laicis ; si dicant epistolam vel evangelium, caveant ne audiantur a laicis nec in cimiterio supra terram vel infra permittant corpus sepeliri. Dicant praeterea laicis quod ipsi graviter peccant et excedunt tumulando corpora in terris etiam non benedicta, alienum sibi officium in hac parte usurpando. Prohibeant parochianis suis intrare ecclesias apertas in terra domini regis, non benedicant peras perigrinorum nisi extra ecclesiam. In septimana poenosa non celebrent..., nec communicet aliquis etiam in pascha, nisi infirmus in periculo mortis... Omni petenti dent poenitentias in porticu ecclesiae.... Non ponantur extra ecclesiam vasa cum aqua benedicta nec clerici ferant aquam benedictam, cum omnia sacramenta ecclesiastica praeter ista duo quae excepta sunt, constet esse prohibitum. Extremam unctionem quae maximum est sacramentum non licet dare* ». Mansi, XXII, 710.

7. Hinschius, *Kirchenrecht*, V, pp. 27-29.

et dans les cloîtres, la messe et le service divin peuvent être célébrés chaque jour à huis clos. Aux jours de fête, Noël, Pâques, Pentecôte, Assomption, le peuple y est admis au son des cloches et toutes portes ouvertes. Les excommuniés et les interdits *nominatim* [1], c'est-à-dire ceux qui sont expressément visés dans la sentence — et plus généralement ceux qui l'ont provoquée — ne peuvent pas néanmoins jouir des faveurs ainsi faites à la masse des fidèles, à moins qu'ils ne soient venus à résipiscence [2].

Le contenu de l'interdit était ainsi précisé par la législation. Mais il restait beaucoup à faire à la doctrine et la tâche était difficile. Il n'y avait point de traditions sur lesquelles la théorie pût s'édifier. D'autre part des institutions très voisines de l'interdit proprement dit, de celui que nous venons de voir, se mêlaient à lui. Aussi voyons-nous les canonistes de la fin du XIIIe siècle et du commencement du XIVe se plaindre de l'incertitude du droit [3]. Les sommes et les lectures sur les décrétales ont à peine effleuré le sujet : elles n'ont pas eu l'occasion de le traiter dogmatiquement. La première monographie que nous trouvions sur l'interdit date de 1270. Elle a été parfois attribuée à Johannes Andreae, mais certainement par erreur. Ce n'est guère qu'un dépouillement de l'*Apparatus* d'Innocent IV sur les décrétales, mais leur rapprochement même les éclairait les unes par les autres [4]. Ce petit ouvrage nous intéresse donc particulièrement par sa date et on le trouve souvent réuni dans les manuscrits [5] au

1. Raymond de Peñafort soutient que tous les actes légitimes sont défendus à l'interdit *nominatim* comme à l'excommunié. *Summa*, III, XXXIII, § IX. pp. 410-411. — En général, on ne rapproche plus autant à cette époque les deux situations.

2. X (5, 33), 3, § 1 ; VI (5, 11), 11 et 24. — Parallèle du droit ancien et du droit nouveau, tel qu'il résulte de la publication du Sexte, par Bérenger Frédol, *infra*, *De exc. et int.*, in fine. Notons que Bérenger Frédol nie la possibilité de la collation des ordres et de la solennité du mariage en temps d'interdit. Le traité anonyme que nous signalons plus bas admet au temps d'Innocent IV la possibilité de conférer les ordres aux clercs tout au moins et de contracter mariage. L'anonyme remarque, en effet, que le mariage a lieu même chez les infidèles. Mais peut-être la divergence sur ce dernier point vient-elle seulement de ce que l'anonyme considère la bénédiction du mariage comme non nécessaire à sa validité. *De Interdictis*, § 34, *Tr. univ. jur.*, t. XIV, p. 345.

3. (ANONYME), *De interdictis*, in principio, *Tract. univ. juris*, t. XIV, p. 345 (cf. *infra*, n. 4) ; CALDERINI, *De interdicto ecclesiastico*, in principio, *Tract. univ. juris*, t. XIV, p. 325.

4. On trouvera ce petit traité imprimé dans le tome XIV du *Tractatus universi juris*, p. 345.

L'impossibilité de son attribution à Johannes Andreae résulte de la date même qu'il porte : 1270, et qui se trouve, en dehors du texte imprimé, dans la plupart des mss. par exemple : Basel, C, V, 35 et C, V, 43. D'autres mss. par exemple, Clermont, 100, ne sont pas datés ; mais l'exactitude du chiffre ne paraît pas douteuse. Or en 1270, Johannes Andreae n'était pas né ou venait de naître. L'ouvrage est bien fait en principe avec les *lecturae* d'Innocent IV, comme le dit le prologue, et il décrit un droit manifestement antérieur à Boniface VIII, car les réformes de celui-ci sont encore ignorées. L'œuvre originale va jusqu'au § 84. Des additions très postérieures (mentions de Johannes Andreae au § 135, de Johannes Andreae et de Johannes Calderini au § 146) se trouvent dans le texte de Ziletti et dans quelques mss. : il importe de les distinguer soigneusement de l'œuvre originale. Celle-ci, d'après un ms. appartenant aux Dominicains, serait due à Herman de Minden, DENIFLE (H.), *Quellen zur Gelehrtengeschichte des Predigerordens*, Arch. für Litter. und Kirchengeschichte, II, p. 232. Mais les mss. vus par nous ne donnent aucune indication de ce genre.

5. Basel, C, V, 35 ; Clermont-Ferrand, 100 ; Reims, 744.

traité de Bérenger Frédol Joint à la deuxième partie du *Liber de excommunicacione*, il nous permet de voir d'une façon suffisamment précise les grandes lignes de la théorie de l'interdit.

L'*Interdictum*, nous dit l'anonyme, « *est censura ecclesiastica in poenam contumaciae vel offensae lata, arcens praecipue populum non communicari sacris* ». Elle diffère de l'excommunication majeure en ce qu'elle ne sépare pas de la communion des fidèles. Elle se rapproche de l'excommunication mineure en ce qu'elle éloigne seulement des sacrements [1]. Faisons quelques réserves sur ce dernier développement. Il semble bien forcé de rapprocher l'interdit de l'excommunication : pour le for interne tout au moins et à l'égard de Dieu, l'interdit n'a nullement les mêmes conséquences. Quant à la mesure de l'interdit, elle est déterminée par les textes, et nous avons vu plus haut, comment l'ont successivement fixée les décrétales papales. Mais le droit ainsi établi est un droit facultatif [2]. Le porteur de la sentence peut toujours augmenter ou diminuer sa rigueur : atténuations et aggravations vaudront également. Les règles de procédure applicables à cette censure seront les mêmes que celles de l'excommunication majeure. Même compétence sauf une exception [3]. Elle devra comme elle obéir aux formes de la juridiction pénale ecclésiastique. De même la sentence devra être couchée par écrit et transmise aux intéressés dans le mois s'ils le réclament [4]. Mais la monition canonique ne sera pas exigée en principe [5]. La définition que nous venons de voir a soin de placer l'*offensa* à côté de la contumace comme occasion d'interdit. L'interdit vaut donc d'une part comme censure, comme moyen de contrainte pour obliger au respect de la discipline ecclésiastique, de l'autre, mais plus rarement et le plus souvent alors sous la forme *latae sententiae*, comme peine d'un délit entièrement consommé [6].

Ces principes généraux posés, il nous faut entrer dans le détail et voir les diverses institutions que groupent les canonistes sous ce nom. Interdit proprement dit, *cessatio a divinis*, suspension du service divin, telles sont les trois catégories que distingue l'anonyme [7].

La suspension du service divin a pour cause la pollution de l'Eglise par suite d'un meurtre ou d'un *adulterium* (*effusio sanguinis vel seminis*) ; elle se distingue nettement de

---

1. *De interdictis*, §§ 1-4 ; *Tract. univ. jur.*, t. XIV, p. 365.

2. *Ibid.*, § 29.

3. L'exception est relative aux chanoines « *qui non habent jurisdictionem ab episcopis sed a collegiis et si non possunt excommunicare, tamen possunt interdicere, ut notat Inno., X, de officio archidiac., c. archidiaconis* ». *De interdictis*, § 15. De plus les chapitres revendiquaient un droit de contrôle sur le prononcé de l'interdit chaque fois qu'il n'y avait pas de procédure contradictoire, *ibid.*, § 17. —Enfin la coutume reconnaît juridiction à chaque chanoine sur sa prébende : il pourra donc l'interdire, *ibid.*, § 20.

4. VI (5,11), 1. *De interdictis*, §§ 24-26.

5. Exception : VI (5,11), 13. L'interdit prononcé contre les participants ne vaut que *monitione interposita*.

6. « *Quam ob causam possit poni interdictum non esset facile perstringere, cum hoc sit de arbitrio judicis, cujus officium latissimum est.* » *De interdictis*, § 11.

7. *Ibid*, § 6.

l'interdit proprement dit. C'est plutôt une abstention rituelle qu'une censure pénale [1]. Le droit ancien exigeait la reconsécration de l'Eglise dans ce cas comme dans celui de destruction, d'incendie, etc. Le droit du XIIIᵉ siècle se montre moins exigeant : il se contente d'une réconciliation par l'eau bénite, le sel et la cendre [2]. Par contre il ajoute deux cas aux deux hypothèses déjà connues. A la *sanguinis et seminis effusio*, se trouvent assimilées l'hypothèse de l'ensevelissement dans l'église ou dans le cimetière adjacent d'un excommunié et celle de la consécration de l'église ou du cimetière par un évêque excommunié [3].

La *cessatio a divinis* est l'arrêt du service divin dans une église sans que pourtant la cité soit interdite. C'était l'arme favorite des chanoines, l'arme qui leur appartenait même lorsqu'on ne leur reconnaissait pas de juridiction. Dès qu'ils avaient à se plaindre de quoi que ce soit, ils interrompaient le service de la cathédrale et interdisaient aux membres du chapitre et à tout clerc d'y célébrer. La prohibition n'avait pas la même portée pour ces deux groupes de personnes. Les chanoines qui célébraient malgré la *cessatio a divinis* encourraient l'irrégularité. Tout autre clerc devait être puni, mais sa faute moins grave n'entraînait pas d'aussi lourdes conséquences [4]. Dans les interminables querelles entre chapitres et évêques qui marquent le XIIᵉ et le XIIIᵉ siècles, le moyen fut souvent employé contre ces derniers ; mais pour remédier à cet abus, Innocent III décida que l'interdit mis par les chanoines sur la cathédrale n'empêcherait pas l'évêque d'y célébrer (1215) [5]. La mesure dut enlever beaucoup de son importance à la *cessatio a divinis* puisque nous voyons Bérenger Frédol la passer sous silence [6].

---

1. « *Tunc enim non dicitur proprie interdicta (ecclesia), sed dicuntur in illa organa esse suspensa* ». Guillaume-Durand, *Speculum*, I, § 4, n° 26. — Berenger Frédol,*infra*,p. 46, l. 11.— Cf. X (3, 40),10.

2. Droit ancien : *Dist.*, I, c. 19, *De consecratione* : « *Ignis,adulterium,destructio, mensa remota, Mors, dubium faciunt iterato Templa sacrari* ». Modifications de la formule au XIIIᵉ siècle dans la *Summa Hostiensis, De consecratione*, 5 et 6. Textes intermédiaires *Summa Stephani Tornacensis*, D. I, c. 20, *De consec.*, éd. Schulte, p. 266. — *Summa Raymundi*, lib. III, tit. XXXIV, § 6, pp. 307-309, qui au début nous indique la cause de la transformation, à savoir l'application de la théorie sacramentaire à la consécration : « *Nam et ipsa (consecratio) dicitur Sacramentum, et ejus iteratio est prohibita.* »

3. X (3, 40), 7. — Hostiensis, *Commentaria super decretales, De consecra. ecclec., consuluisti*.

4. *De interdictis*, §§ 7 et 8. Autre différence : tandis que l'on ne peut prononcer l'interdit *propter pensionem non solutam vel delictum unius clerici, ibid.*, § 12, la *cessatio a divinis* a lieu *propter injuriam alicui de ecclesia factam vel pensionem non solutam, ibid.*, § 6. — On a comparé l'interdit à une grève du clergé. En réalité, et dans la mesure où il est permis de se servir de telles assimilations, c'est la *cessatio a divinis* qui se rapprocherait le plus de la grève et qui constituerait une grève de chanoines, alors que l'interdit *stricto sensu* serait plutôt le lock-out du peuple par le clergé.

5. X (1,31),13, (*Irrefragabili*).— La glose sur ce canon soulève une objection : peut-on s'interdire soi-même et n'est-ce pas ce à quoi revient la *cessatio a divinis* ? La solution de la difficulté se trouve précisément dans la distinction de l'interdit *stricto sensu* et de la *cessatio*. Les chanoines suspendent tout office, mais ils ne sont pas interdits et peuvent célébrer ailleurs.

6. Il est vrai que Bérenger Frédol ne traite que des interdits *ipso jure*, ce qui enlève une partie de sa portée au silence signalé. D'autre part, Bérenger, évêque, défendait vigoureusement le

Enfin l'interdit proprement dit est celui que nous avons défini plus haut dans sa généralité, mais il renferme plusieurs sous-divisions.

a) Il peut provenir, comme l'excommunication, tantôt *a jure* et tantôt *ab homine*. L'interdit *a jure* comprend tout d'abord les divers cas de pollution, de suspension rituelle que nous avons vu plus haut. Guillaume Durand semble même leur réserver le nom d'interdit *a jure* [1]. Bérenger Frédol énumère d'autres cas à côté de ceux ci. L'interdit *a jure* remplace parfois l'excommunication *latae sententiae* lorsque l'on a affaire à une *universitas* au lieu d'un individu. Les décrétales ont souvent prévu l'interdit de plein droit comme censure d'une faute collective ou des chefs de la collectivité [2]. Le Sexte crée enfin plusieurs cas nouveaux d'interdits *ipso jure* destinés à renforcer la portée de la sentence d'interdit [3]. Si Bérenger Frédol mêle ces diverses hypothèses, il sait bien cependant qu'il faut les distinguer et qu'elles n'entraînent pas les mêmes conséquences. Le clerc qui célèbre dans une église polluée pèche gravement et doit être sévèrement puni, mais celui qui viole l'interdit *stricto sensu*, soit qu'il provienne du droit, soit qu'il provienne du juge, encourt la suspense et l'irrégularité [4]. L'intérêt de cette distinction des interdits *a jure* et *ab homine* réside dans la différence de compétence pour la relaxation, suivant l'hypothèse dans laquelle on se trouve ; nous reviendrons plus tard sur ce point [5].

b) Une seconde distinction nous est donnée avec celle des interdits particuliers et des interdits généraux. L'interdit général est celui qui place tout un territoire sous la censure. L'interdit particulier prohibe le service divin dans une ou dans quelques églises d'une circonscription donnée [6]. On se rend compte immédiatement que l'effet ne sera point du tout le même : les paroissiens et les diocésains souffriront peu de l'interdit particulier d'une ou de quelques églises de leur paroisse ou de leur diocèse, puisque les autres leur seront ouvertes. L'interdit général, au contraire, sera beaucoup plus grave, même s'il n'y a qu'une seule église dans la circonscription interdite, car les fidèles pourront alors se voir défendre, de la façon que nous verrons tout à l'heure, l'usage des églises voisines. Par contre le privilège valable contre l'interdit général n'aura aucune valeur contre l'interdit particulier, car celui-ci est nécessité par la situation même de l'église qu'il frappe [7].

---

pouvoir épiscopal (Cf. *infra*, p. LXIX), et ne tenait peut-être pas à insister sur les pouvoirs propres du chapitre dans une instruction pastorale au clergé de son diocèse. Les Clémentines mentionnent encore la *cessatio a divinis* (5, 10), 1.

1. « *Ubi generaliter nota quod celebrans in ecclesia a jure interdicta, nec suspensus nec irregularis est ; quia interdictum nomen juris est et plus importat quam verbi proprietas sonet. Idem etiam puto, si episcopus propter patronorum discordiam clauserit ecclesiam et inde reliquias apportaverit, praecipiens ne ibi missarum solemnia celebrantur.* » *Speculum*, I, *De dispen.*, § 4, 26 et 29.

2. *Infra*, pp. 43-45.

3. VI (5, 11), 17.

4. *Infra*, p. 46, l. 13 à l. 18.

5. *Infra*, p. LXXIII.

6. « ...*Generale vocatur juris interpretatione, non solum quando regnum, vel terra vel provincia interdicitur, sed etiam quando villa vel civitas interdicitur ut X, de verb. signif., c. cum in partibus. Speciale est cum inter plures ecclesias, paucae vel una interdicitur.* » *De interdictis*, §§ 10 et 11.

7. X (5, 40), 17.

c) Enfin nous avons une troisième division, extrêmement importante, celle de l'interdit personnel et de l'interdit réel. L'interdit personnel remonte à une haute antiquité : il n'est autre chose qu'une peine ecclésiastique individuelle suspendant le fidèle coupable de ses droits religieux, très voisine par conséquent de l'excommunication mineure[1]. Nous le trouvons encore sous cette forme à notre époque, et le *Liber de excommunicacione* nous donne même une liste des cas peu nombreux où il est encouru de plein droit. Lorsqu'apparut l'interdit réel, l'interdit d'un territoire, il tendit à se confondre avec lui. La confusion apparaissait même comme nécessaire dans une certaine mesure. Les canonistes remarquaient en effet que l'interdit réel portait toujours en dernier ressort sur des personnes et qu'il ne pouvait y avoir de censures contre les choses[2]. L'interdit réel se pénétra donc plus ou moins d'interdit personnel pour le traitement imposé aux personnes à lui soumises. Suivant que l'interdit réel était plus ou moins pénétré de personnalité, on admettait qu'il suivait ou non en dehors du territoire interdit les fidèles qu'il frappait[3]. Si par exemple une cité est interdite sans qu'il y ait faute de ses membres, ceux-ci pourront participer au service divin en dehors de ses murs[4], ils pourront aussi se faire enterrer religieusement en dehors du territoire condamné[5]. Si au contraire le peuple de la cité est interdit pour ses propres excès, ou encore si la censure est infligée pour mieux punir son seigneur, il devra partout être privé des secours divins. Certains groupes peuvent ainsi, par suite du caractère moitié réel, moitié personnel de l'interdit, y être soumis tandis que d'autres y échappent : l'interdit du clergé en particulier pourra être indépendant de celui du peuple et réciproquement[6]. Avec l'interdit ambulatoire ou mixte, le mélange de personnalité et de réalité se renverse et va plus loin encore. Se trouve soumis à l'interdit tout territoire

---

1. « *Simplex excommunicatio dicitur quando alicui interdicitur introitus ecclesiae et sacramenta ecclesiastica, consortium autem fidelium et mensa non negatur : taliter excommunicati in quibusdam provinciis dicuntur vetiti, in aliis interdicti.* » *Summa Stephani Tornacensis,* C. III, q. IV, c. 11, éd. Schulte, p. 195. — Plus tard, lorsque l'excommunication mineure se fut définitivement fixée, elle se distingue de l'interdit personnel par la permission à l'excommunié *minori* d'entrer dans l'Eglise. Hinschius. *Kirchenrecht,* V, p. 31, note la tendance postérieure à développer de plus en plus l'interdit personnel et à remplacer par lui l'excommunication majeure : on évitait ainsi les inconvénients pour les tiers de cette dernière censure.

2. *De interdictis,* §§ 72-73.

3. *Ibid.,* §§ 77 et 78.

4. *Ibid.,* § 76.

5. *Ibid.,* § 45.

6. VI (5, 11), 16 : « *Si igitur sententia interdicti proferatur in clerum : non intelligitur nisi aliud sit expressum in ea, interdictus populus, nec etiam e converso. Unde uno interdicto, ipsorum alius licite admittitur ad divina. Ceterum quum propter delictum domini vel rectoris est civitas interdicta, cives ejusdem, qui culpabiles non exsistunt (dummodo et ipsi propter dominum vel rectorem puniendum in eis non fuerint interdicti), possunt extra ipsam licite interesse divinis. Quum vero alicujus terrae populus interdicto notatur : singulares ex eo personae, quas interdictas esse constat, ne sententia effectu careat, quum divinorum auditio et sacramentorum perceptio populo ut universis non competant, non debent alicubi (casibus expressis a jure dumtaxat exceptis), audire divina vel ecclesiastica recipere sacramenta.* » Boniface VIII (1294-1303).

dans lequel se trouve le coupable ou le corps du délit. Le coupable ou l'objet du crime entraînent l'interdit avec eux sur les territoires où ils passent[1]. Cette forme d'interdit n'est d'ailleurs en général qu'une peine accessoire jointe à l'excommunication du délinquant et destinée à la renforcer[2].

Ces distinctions posées, nous pouvons rechercher quels sont les effets de l'interdit ainsi défini et sans plus tenir compte des institutions exceptionnelles que nous venons de signaler. Le problème qui se pose est le suivant. Le droit des décrétales permet un certain nombre d'actes en temps d'interdit, en défend un certain nombre d'autres. Quelle conduite tenir à l'égard de ceux dont il n'est rien dit? Dès le milieu du xiiie siècle nous voyons les canonistes formuler le principe que tout ce qui est de l'*ordre* est défendu, qu'au contraire ce qui est office ou juridiction reste permis[3]. C'est ainsi que le *magister scolaris*, que l'official pourront continuer l'exercice de leurs fonctions. On pourra excommunier et absoudre de l'excommunication au for externe[4]. On ne pourra pas, par contre, avant Boniface VIII, donner l'absolution sacramentelle ni accomplir aucune cérémonie du culte si ce n'est dans les cas exceptés[5]. Ces actes se trouveront défendus pour tout le monde sur le territoire interdit, et de plus partout ailleurs pour les personnes interdites[6]. Quiconque entreprendra de violer la prohibition ecclésiastique encourra les peines fixées par le droit, et chacun pourra exercer l'action *interdicti violati* qui est, d'après l'expression empruntée par les canonistes au droit romain, une action populaire[7]. Les laïques ne pourront pas être punis dans leur situation religieuse, mais on aura recours au bras séculier et on leur fera infliger l'exil si on le peut[8]. Les moines se verront imposer une dure pénitence[9]. Les clercs séculiers qui tomberont dans ce cas se verront inéligibles et perdront leur droit de nomination. Ils encourront de plus la suspense *ipso jure*, suspense entraînant, si elle était violée, une irrégularité dont le pape seul pourra dispenser[10]. Dans les cas particulièrement graves d'insoumission, l'autorité ecclésiastique recourra à la privation du bénéfice et aux autres peines qu'elle possède, en particulier la déposition[11].

1. X (4, 1), 11. « *Item si interdicitur terra alicujus et ipse post latam sententiam exeat ad unam aliam non interdictam, illa non sortitur conditionem interdicti, nisi lator sententiae voluerit intelligere tam de ea, quam habuit, quam de ea quam habiturus esset.* » De interdictis, § 83.

2. Hinschius, *Kirchenrecht*, V, pp. 31-32 et les textes cités.

3. *De interdictis*, §§ 53-54. Guillaume Durand, *Speculum*, I, *De dispen.*, § 4, 30-33.

4. Glose sur le c. *Tanta* [X (5, 31), 18]. Hostiensis, *Comment. sup. decretales*, ibid., 3, p. 77. — Cf. cependant *infra*, p. LX, n. 5.

5 *De interdictis*, § 54.

6. Guillaume Durand, *Speculum*, I, *De dispensat.*, § 4, 29, p. 62.

7. *De interdictis*, § 69.

8. *Ibid.*, § 62.

9. X (5, 27), 7.

10. X (5, 31), 18. — *Adde* : la glose sur ce canon, et Hostiensis, *Comment. super decretales, de exces. prelat.*, c. *tanta*, 6-9, p. 77. — Cf. *De interdictis*, §§ 55 et 56. — Au cas où la violation de l'interdit consiste dans le fait de célébrer dans un endroit soumis à cette censure, l'irrégularité est encourue immédiatement. Boniface VIII prononce la suspense de plein droit pour les autres violations de l'interdit, VI (5, 7), 8, et c'est seulement s'il n'est pas tenu compte de cette peine qu'intervient l'irrégularité, VI (5, 11), 1, 18 et 20. — Cf. Bérenger Frédol, *infra*, *De exc. et int.*, in fine.

11. X (5, 27), 4.

V

L'absolution.

L'excommunication et l'interdit, une fois prononcés, dureront jusqu'à ce qu'un nouvel acte de juridiction vienne délier ceux qu'il avait liés. Lorsqu'une excommunication aura été prononcée contre quelqu'un, il sera toujours présumé désormais être sous le coup de cette censure à moins qu'il ne prouve avoir été absous[1]. Les canons présument d'ailleurs l'excommunication en cas de doute. De droit commun au contraire, les présomptions sont en faveur du condamné[2].Cette solution dérive du caractère médi-

---

1. X (5,39), 39 ; Guillaume Durand, *Speculum*, II, *De sententia*, § 6. — Les effets intérimaires de l'excommunication, tels que la perte des fruits du bénéfice subsistent néanmoins, sauf en cas d'excommunication injuste ; *Summa Raymundi*, III, tit. XXXIII, § 9.

2. Hostiensis, *Summa, De sent. excom.*, 8, p. 363 recto, 1re col.

cinal de la peine, du risque qu'il y a, à l'égard de l'Eglise triomphante, à ne pas tenir compte d'une excommunication encourue. Même l'excommunication injuste demande à être effacée par l'absolution, comme nous le verrons. Seule l'excommunication nulle peut, à la rigueur, être considérée dès l'origine comme non avenue. C'est par l'examen des hypothèses de ce genre, sentences injustes et nullités, que nous allons commencer cette partie de notre étude. Nous verrons ensuite l'absolution en elle-même, ses formes, ses conditions, ses effets et ses espèces anormales.

La conduite à tenir envers l'excommunication injuste ou irrégulière en la forme posait un problème délicat. Le désir d'éviter les abus de l'excommunication se heurtait à celui de respecter le principe hiérarchique si fort dans l'Eglise. Permettre de négliger l'excommunication injuste, c'était permettre à chaque excommunié de se faire le juge en dernier ressort de sa propre cause. Obliger, d'autre part, à respecter l'excommunication dans tous les cas était impossible ; une sentence manifestement contraire à la volonté de Dieu ne pouvait obliger, car il vaut mieux obéir à Dieu qu'aux hommes. Le droit canonique va trouver avec Gratien et la doctrine postérieure une solution heureuse de ces antinomies et des textes contradictoires qu'elles avaient suscités[1]. Elle va distinguer, comme nous dirions aujourd'hui, la nullité et l'annulabilité[2], la première propre aux sentences irrégulières ou tout au moins à certaines d'entre elles, la seconde réservée aux sentences injustes.

Gratien pose le principe qu'on doit toujours obéir à une excommunication injuste, et voici les motifs qu'il donne de sa solution. Une sentence peut être injuste *ex causa* — quand elle se trompe sur la personne du coupable, la gravité, la nature ou la réalité du crime, — *ex ordine* — quand les formes procédurales n'ont pas été respectées, — *ex animo* — quand le juge poursuit le coupable non pas par désir de justice mais par vengeance et par haine. Or dans ces deux derniers cas, injustice *ex animo* et *ex ordine*, le condamné n'en est pas moins réellement coupable. Si le juge est punissable, l'excommunié mérite cependant d'être puni. Dans l'hypothèse de l'injustice *ex causa*, la thèse de Gratien semble plus difficile à soutenir. Il se tire de cette difficulté en remarquant que cette excommunication ne lie pas envers Dieu tant qu'on la respecte. Mais si on n'en tient pas compte, si on méprise l'autorité qui l'a prononcée et qui vient de Dieu lui-même, on commet un grave péché et on justifie par là l'excommunication qui jusqu'alors était injustifiée, on se lie à l'égard de Dieu même. Ce n'est, d'après Gratien, que lorsque l'excommunication aura été prononcée pour contraindre au mal que l'on n'aura pas à en tenir compte[3].

1. Voir, par exemple, Yves de Chartres, *Panormie*, V, 78-79, 83, 124-136 et *Decreti pars decima quarta* : *De excommunicatione justa vel injusta et quibus de causis et quo ordine facienda sit* (126 canons).

2. Guillaume Durand emploie déjà expressément cette terminologie, *Speculum*, *De sententia* § 8, n. 1. V. à titre de comparaison Georges Renard, *L'idée d'annulabilité chez les interprètes du droit romain au Moyen-Age*, Nouvelle Rev. hist. de dr. fr. et étrang., 1903, pp. 214-249 et 325-364.

3. *Dicta Gratiani* sur C.XI, q. III, c. 40, 43, 64, 65, 77, 90, 101. Cf. Hostiensis, *Summa*, *De sent.*

Ce cas de nullité, nous le retrouverons dans la doctrine postérieure sous le nom d'erreur intolérable [1]. D'autres cas vinrent peu à peu s'y ajouter dès que la doctrine fit la casuistique détaillée des irrégularités possibles. Le défaut de juridiction chez le juge, par exemple, fut très vite considéré comme entraînant la nullité de la sentence [2]. Un troisième cas nous est donné sans que nous sachions si cette nullité fut introduite par un développement doctrinal ou par une décision positive : il s'agit de l'excommunication prononcée après un appel préventif [3]. Ce sont les trois cas que mentionne Raymond de Péñafort [4]. L'élaboration théorique se continua et parvint encore à allonger la liste, plutôt d'ailleurs dans la forme que dans le fond. Hostiensis [5] nous donne une liste de sept cas tous plus ou moins dérivés par analyse des cas précédents : incompétence du juge, juge compétent mais excommunié, excommunication par un délégué en dehors de ses pouvoirs, erreur intolérable, prononciation après appel légitime, absence de titre ou suspense du juge, violation d'une sentence d'interdit. Guillaume Durand essaie à son tour, dans son *Speculum* [6] une théorie générale de la nullité des sentences et énumère ainsi les diverses sources d'où elle peut provenir : *ratione judicis, ratione jurisdictionis, ratione litigatorum, ratione loci, ratione temporis, ratione causae, ratione quantitatis, ratione moderatione processus, ratione manifestae aequitatis.* Mais cette théorie générale, il semble ne pas l'appliquer à l'excommunication qui reste ainsi une matière assujettie à ses principes propres définis antérieurement par le décret, exorbitante du droit commun.

Les moyens employés pour faire valoir la nullité et l'annulabilité seront nettement différents. En principe la nullité vaut par elle-même : elle n'a pas besoin de s'affirmer par une action quelle qu'elle soit. Elle fournira une exception à l'encontre des actions fondées sur une violation de l'excommunication ou de l'interdit. Prétend-on que tel clerc est irrégulier pour avoir violé telle excommunication? Ce clerc répondra que l'excommunication en question était nulle et que par conséquent il pouvait continuer à agir comme auparavant sans s'en préoccuper. Les exemples, sur ce modèle, pourraient être multipliés. Mais parfois celui qui est l'objet d'une excommunication nulle peut avoir

---

exc., 11, p. 364 verso. — La doctrine de Gratien sur l'excommunication injuste n'est d'ailleurs pas parfaitement cohérente et trahit son embarras ; comparez les *dicta* sur les canons 64 et 65, au *dictum* sur le canon 77.

1. *Summa Raymundi*, III, tit. XXXIII, 8, p. 402 ; GUILLAUME DURAND, *Speculum*, IV, *De sent. excom.*, 12.

2. *Dictum Gratiani* sur C. XXIV, q. I, c. 4 ; *Summa (Pseudo)-Rufini, ibid.*, éd. Schulte, p. 370.

3. X (2, 28), 40, Célestin III, 1193 ; X (2,28), 55, Innocent III, 1207 ; X (5,1), 36 ; Grégoire IX, 1227-1234 ; VI, (5, 11), 7, §§ 2 et 3. — Cf. GUILLAUME DURAND, *Speculum*, II, *De appellationibus*, §§ 6 et 10, pp. 486-497.

4. *Summa Raymundi*, III, tit. XXXIII, § 7, pp. 401-402. La glose sur C. XI, q. III, c. 1 ajoute un cas admis de quelques-uns par application de la décrétale *Cum ad quorundam*, X (5, 31), 7, Célestin III, 1191-1198 : *Excommunicatio lata contra subditum quia non paret contra privilegium sibi a superiori concessum, non tenet.*

5. *Summa Hostiensis, De cler. exc. min.*, 4, p. 319. Le 7ᵉ cas vise probablement l'interdit personnel.

6. Lib. II, *De sententia*, § 8, n° 1 et sq., p. 435.

intérêt à détruire l'apparence qui se dresse contre lui. C'est une nécessité que nous éprouvons tous les jours que de faire proclamer, pour ne pas nous heurter aux craintes des tiers, la nullité préexistante d'un acte. L'excommunié injustement intentera alors une action devant le juge même qui a prononcé l'excommunication s'il est soumis à sa juridiction ; devant celui qui possède réellement la juridiction usurpée, en cas d'incompétence ; devant le supérieur immédiat ou devant le pape qui est toujours juge ordinaire, au cas où les juges précédents auraient disparu ou bien opposeraient à la demande une fin de non-recevoir[1]. L'excommunié sera forcé d'exercer cette action chaque fois qu'on lui objectera l'existence d'une excommunication qu'il croit nulle. Si même l'autorité ecclésiastique considère l'excommunication comme valable, elle pourra lui refuser tous autres droits judiciaires que celui de poursuivre la nullité, mais elle devra toujours lui reconnaître celui-ci[2]. Pratiquement, on en arrive ainsi à un système voisin de l'annulabilité. Quelques différences subsistent néanmoins : l'excommunication nulle n'est pas contagieuse et elle ne peut entraîner l'irrégularité pour celui qui célèbre ; en d'autres termes elle ne produit aucun des effets entraînés de plein droit par l'excommunication valable[3].

L'excommunication annulable, au contraire, subsiste entièrement jusqu'à ce qu'un acte de juridiction vienne l'anéantir. La sentence pourra parfois être révoquée par le juge même qui l'a portée. Le principe général est bien que nulle sentence ne peut être réformée par son auteur ; mais précisément sont exceptées les sentences qui touchent au spirituel ou aux matières criminelles. Le juge qui s'apercevra de l'injustice ou de l'irrégularité de l'excommunication ou de l'interdit qu'il a fulminés, pourra donc les réformer lui-même[4]. Plus généralement, ce sera par l'appel que l'on arrivera à faire tomber la sentence injuste. Lors donc que l'excommunié croira devoir se plaindre de la censure qui le frappe, il en appellera devant le supérieur compétent. Ici, et contrairement aux principes ordinaires, cet appel ne sera pas suspensif. L'appel interjeté postérieurement à l'interdit ou à l'excommunication les laisse subsister tout entiers[5]. Les canonistes ont donné plusieurs motifs de cette règle[6]. C'est, disent les uns, à propos de l'excommunication que le Christ lui-même lie l'excommunié et qu'on ne peut pas appeler de sa sentence. C'est, disent les autres, que l'excommunication frappe toujours un contumace et que l'on ne reçoit pas l'appel d'un contumace. C'est encore, dit-on,

1. Guillaume-Durand, *Speculum*, IV, *De sententia excom.*, 4, p. 507.

2. *Ibid.*, 13, p. 508.

3. Hostiensis, *Summa, De sententia excommunicationis*, 18, p. 371 ; *Commentaria in libros decretalium* sur les chapitres *per tuas*, 3, et *solet*, pr.

4. *Summa* (Pseudo)-*Ruffini*, C. XI, q. III, éd. Schulte, pp. 277-278 ; Hostiensis, *Summa, De sententia excommunicationis*, 6, p. 362 ; 14, pp. 368 verso-369.

5. X (2,28), 37 et 53, § 1. — Il faut excepter le cas où l'excommunication et l'interdit seraient conditionnels. L'appel intervenant avant la condition empêcherait l'application de la censure ; *Summa Raymundi*, III, tit. XXXIII, 9, p. 409.

6. *Summa Raymundi*, lib. III, tit. XXXIII, 9, p. 409 ; glose sur C. XI, q. III, c. 30 (*Nemo*) et sur le chapitre *Dilectis*, X (2, 28) 55.

pour l'excommunication et l'interdit que la sentence entraîne par elle-même son exécution et ne s'en distingue pas. Mais certains objectent à cet argument que l'appel a parfois lieu pour les mesures d'exécution. En réalité, la différence de traitement relevé entre l'effet de l'appel sur les matières ordinaires et sur l'excommunication s'expliquent — et c'est ce que veulent dire au fond la première et la troisième des raisons invoquées, — par le caractère spirituel de la peine. L'excommunié ne peut pas, par un acte juridique venant de lui-même, modifier son propre état religieux, et le tutiorisme, que nous avons déjà rencontré en notre matière, impose toujours le devoir de regarder comme valide et confirmée d'en haut l'excommunication prononcée. L'interdit emprunte le même régime par suite de sa parenté [1].

L'excommunication et l'interdit tiendront donc malgré l'appel. Mais pour l'excommunication une difficulté va s'élever. Si on considère, que l'excommunication subsiste, l'excommunié ne peut faire valablement aucun acte juridique, en particulier il ne peut intenter une action comme demandeur. Au xiiᵉ siècle, on tranche le problème en lui permettant par exception d'agir pour se plaindre d'une excommunication injuste [2]. Le juge de l'appel examinera l'affaire : il renverra l'excommunié absous s'il trouve sa plainte fondée [3]. Il le déboutera de sa demande si celle-ci est injustifiée soit par suite de la validité de l'excommunication, soit par suite de sa nullité *ab initio* [4]. Mais à la fin du xiiᵉ siècle et au commencement du xiiiᵉ, on suit une autre voie. L'appelant jure et parfois donne caution d'obéir à la justice ecclésiastique et il est absous immédiatement selon les formes ordinaires [5]. L'examen de l'affaire vient ensuite : la caution assure l'exécution des réparations et des satisfactions imposées par le juge d'appel au cas de confirmation. Si l'excommunication est reconnue injuste, l'appelant sera restitué dans sa situation antérieure [6]. Au cas où l'erreur du juge ne présente pas d'excuse sérieuse, l'excommunié pourra alors se retourner contre lui et demander des dommages et intérêts par l'*actio injuriarum*, et le montant des frais, sans préjudice des peines canoniques dont il peut être passible (interdit personnel d'un mois en cas de faute de procédure, peine du sacrilège, peines disciplinaires du supérieur) [7].

Le souci de pourvoir au salut des âmes que nous trouvons ici et que nous retrouverons plus loin dans l'absolution de toute excommunication pourvu qu'elle n'ait pas

---

1. Traité anonyme de 1270, *De interdictis*, 55-56.

2. Bernardus Papiensis, *Summa* (5, 34), 9, éd. de Laspeyres, pp. 275-276 ; Hostiensis, *Summa, De sentent. excom.*, 14, p. 368.

3. VI (5, 11), 1.

4. Guillaume Durand, *Speculum*, II, *De sententia*, § 6, nᵒ 25, p. 430. — La nullité et l'appel ne se poursuivent pas devant le même juge. Le juge de l'appel pourra cependant, s'il le veut, prononcer la nullité, *ibid.*, § 8, nᵒ 29, p. 441.

5. X (2, 28), 25.

6. *Summa Raymundi*, lib. III, tit. XXXIII, § 9, pp. 410-411.

7. *Ibid.*, § 8, pp. 402-403 ; *Summa Hostiensis*, V, *De sententia excom.*, 11, p. 364 verso ; Guillaume Durand, *Speculum*, IV, *De sententia excommunicationis*, nᵒ 3.

été provoquée par un délit manifeste[1], nous le rencontrons dans une institution qui rapproche le traitement de l'excommunication nulle de celui de l'excommunication injuste, l'absolution *ad cautelam*. C'est, comme le nom l'indique, une absolution donnée pour plus de sûreté dans un cas où il y a doute, où l'on ne sait pas si l'excommunication portée tient ou ne tient pas. Elle fut introduite au XIIe siècle par le Saint-Siège. Plusieurs textes nous la signalent, comme un usage à lui particulier pour le cas d'excommunication après appel et d'erreur intolérable[2]. On comprend en effet qu'il puisse y avoir doute, de la meilleure foi du monde sur la date respective des actes, sur la portée de l'erreur de droit contenue dans la sentence. Elle fut introduite dans l'intérêt de l'excommunié pour lui permettre de pourvoir au salut de son âme sans paraître avouer la validité de l'excommunication fulminée contre lui, sans créer contre lui un *praejudicium*, si par exemple il a célébré depuis la sentence[3]. Plus tard son emploi se généralisa beaucoup et ses conditions d'abord imprécises se figèrent en règles strictes.

Bérenger Frédol, qui nous en donne la codification, énonce dès le début de son opuscule qu'elle peut avoir lieu dans l'intérêt des tiers aussi bien que dans celui de l'excommunié[4]. Nous la voyons même apparaître sous des formes où elle paraît ne plus tant avoir un intérêt religieux qu'un intérêt judiciaire : c'est un moyen de couper court aux interminables procédures soulevées par l'exception d'excommunication[5]. L'absolution *ad cautelam* ne doit d'ailleurs pas supplanter l'absolution ordinaire. Elle ne peut avoir lieu que dans les cas douteux. Si l'adversaire prouve qu'il y a bien excommunication et excommunication valable, on devra lui refuser cette absolution.

L'adversaire aura huit jours pour faire cette preuve ; l'impétrant, de son côté, aura le même laps de temps pour la combattre[6]. L'instance s'engage devant le supérieur immédiat de l'excommunicateur[7]. C'est, au fond, l'appel pour cause de nullité au

---

1. Cf. *infra*, pp. 7 et 15.

2. X (5, 39), 15, Clément III, 1187-1191 ; X (5, 39), 40, Innocent III, 1203 : « *Nos igitur credimus distinguendum utrum quis proponat, se post appellationem legitimam interpositam excommunicatione fuisse notatum, vel in forma excommunicationis intolerabilem errorem fuisse patenter expressum ; in quibus casibus ad probationem eo rum, etiamsi absolutionem non petat, debet admitti ; sed donec de ipsis constiterit, in aliis evitari debet, quanquam apostolica sedes etiam tales consueverit absolvere ad cautelam.* » *Summa Raymundi*, III, tit. XXXIII, § 8, pp. 401-402. — Cf. pénitence *ad cautelam*, X (5, 12), 2 et 18. D'après Kober, *Kirchenbann*, p. 543, on trouverait un premier cas d'absolution *ad cautelam* chez Grégoire VII (1077), Jaffé, *Monumenta Gregor.*, p. 268 ; mais il s'agit simplement d'une grâce permettant de communiquer pendant un temps avec les fidèles. — En ce sens, Hinschius, *Kirchenrecht*, V, p. 149, n. 4.

3. X (2, 28), 16, Alexandre III, 1173-1181. — Les canonistes du XIIIe siècle se demandent s'il est nécessaire de faire ses réserves, de protester qu'on n'admet pas par là la validité de l'excommunication lorsque l'on implore l'absolution *ad cautelam*. Mais solliciter l'absolution *ad cautelam*, c'est précisément demander l'absolution en affirmant que l'on doute de sa nécessité. — Cf. *infra*, p. 3.

4. Cf. *infra*, p. 2.

5. X (1, 29), 21, § 2 ; X (2, 20), 38 ; X (5, 39), 15 ; cf. *infra*, pp. 2 et 3.

6. X (1, 29), 21, § 2 ; VI (5, 11), 2 ; (2, 12), 1.

7. C'est du moins la solution de Bérenger Frédol, cf. *infra*, p. 9 ; mais d'autres avaient été proposées auparavant, d'une part réservation au pape de l'absolution *ad cautelam*, — solution rapportée

lieu d'être l'appel pour cause d'annulabilité. Si après audition des parties et examen sommaire de l'affaire, le juge estime possible l'absolution *ad cautelam*, il pourra l'accorder, mais il n'y sera pas tenu, car c'est une grâce qu'il accorde et les voies de droit restent toujours ouvertes. S'il le fait, il demandera à l'impétrant un serment d'obéissance, lui ordonnera de fournir les cautions nécessaires et lui accordera l'absolution dans la forme ordinaire, telle qu'il nous la faut voir maintenant.

L'absolution de l'excommunication, qu'elle intervienne sur l'appel ou directement sur le repentir du coupable, présente un caractère complexe. Elle est, comme l'excommunication, un acte de juridiction externe ; mais, comme elle aussi, elle produit des effets moraux et engage le domaine spirituel.

De ce point de vue, elle a même une importance plus grande que l'excommunication. Celle-ci est toujours plus ou moins la reconnaissance d'un fait, la traduction pour l'Eglise militante de ce qui s'est passé à l'égard de Dieu. L'absolution avec le développement de la théorie sacramentelle voit son rôle s'agrandir. Elle n'est plus seulement la réintégration dans l'Eglise, signe de la réconciliation avec la divinité, elle ne reflète pas seulement le jugement céleste ; elle est aussi un moyen de salut efficace par soi. Raymond de Peñafort nous la décrit comme un drame religieux en trois actes. Dieu tout d'abord juge le coupable et permet qu'il se repente, il l'induit à la contrition. Le prêtre vient ensuite qui pose les conditions du rachat et qui délie le pécheur moyennant les pénitences imposées. Le tribunal céleste enfin ratifie le jugement du prêtre et entérine pour ainsi dire la sentence de l'Eglise militante [1]. Et certes, le pouvoir des clefs attribué à la hiérarchie ecclésiastique n'est pas plus nécessaire ici que dans l'excommunication. Le chrétien peut être sauvé sans lui par la contrition parfaite comme il pouvait être damné sans l'intervention d'une sentence ecclésiastique. Mais, par l'élaboration de la doctrine qui fait de l'absolution la forme d'un des sept sacrements, du sacrement de pénitence, cet acte prend une importance primordiale [2]. C'est, disent les scholastiques, en empruntant le langage aristotélicien [3], la forme nécessaire de la rédemption pénitentielle. S'ils sont obligés d'admettre la tradition d'après laquelle la contrition parfaite suffit au salut [4], ils en font un pis-aller valable pour le cas de nécessité, mais ils considèrent que la contrition ne peut être parfaite que si elle implique la reconnaissance de l'autorité ecclésiastique et le désir de recourir à ses moyens de salut, le désir de la pénitence sacramentelle.

Les canonistes vont tirer de ces principes des conséquences juridiques intéressan-

---

par Guillaume Durand, *Speculum*, IV, *De sententia exc.*, nᵒˢ 7 et 8, et d'ailleurs combattue par lui ; — d'autre part, extension à tous les juges de ce droit, solution de Bernard de Compostelle, *infra*, p. 8.

1. *Summa Raymundi*, III, tit. XXXIV, § 5, pp. 430-451.

2. Cf. Thomas d'Aquin, *De forma absolutionis*, *Opuscula*, éd. de 1634, p. 375 (opusc. 22).

3. Boudhinon, *Rev. d'hist. et de litt. relig.*, III, p. 319. — Cf. Pourrat, *La théologie sacramentaire*, p. 66 et sq.

4. *Dictum Gratiani* sur D. I, c. 87, *de penitentia* ; Hostiensis, *Summa*, V, *De sent. exc.*, 14.

-tes. Lorsqu'avec le développement des officialités, l'excommunication se vulgarisa et se sécularisa, pour ainsi dire, l'excommunication et son absolution furent regardées comme des actes de juridiction relevant seulement du for externe [1]. On considéra dès lors que tous deux pouvaient être accomplis par des juges non revêtus de la prêtrise, Mais après que la doctrine théologique se fût précisée, on ne put admettre qu'une absolution irrégulière opérât en matière spirituelle de la même façon qu'un sacrement, et dès lors l'absolution se dédoubla [2]. Il y eut une absolution au for interne, une autre au for externe. Le plus souvent confondues, leur existence distincte se révèle parfois. La compétence pour les deux peut ne pas être la même. L'excommunicateur non revêtu de la prêtrise peut délier de l'excommunication et non du péché. L'excommunié, pour être libéré devant Dieu et devant les hommes, devra se faire octroyer successivement les deux [3]. De même une absolution irrégulière dans la forme ne peut effacer complètement qu'une excommunication injuste, inopérante au ciel. Chaque fois, au contraire, que le pécheur aura été lié devant le tribunal divin, il faudra une absolution sacramentelle pour le délivrer de ses liens [4]. Et cette absolution sacramentelle doit avoir un contenu rigoureux [5]. Elle est la forme d'un sacrement, c'est-à-dire d'un acte religieux par

---

1. Comme conséquence de cette transformation, on voit apparaître vers 1100 des formules d'absolution où il n'est plus fait mention de la remise des péchés. — Cf. MORINUS, *Commentarius historicus de penitentia*, p. 22. — L'absolution de l'excommunication se sépare ainsi de la réconciliation du pénitent avec l'Eglise alors que jusque-là elle s'était confondue avec elle.

2. « *Duplex est absolutio, una pertinens ad forum contentiosum que potest committi Diacono, et inferioribus clericis et etiam secundum Hugotium Papa potest tam excommunicacionem quam absolutionem laicis delegare et haec absolutio est potius jurisdictionis quam ordinis ; alia est quae pertinet ad forum paenitentiale,quae sit cum Psalmo et oratione...et cum pertineat ad ordinem non debet nec potest committi, nisi sacerdotibus, sicut nec absolutio de peccatis in foro penitentiali ; quando autem judex excommunicavit aliquem , potest absolvere illum et restituere communioni ecclesiae per seipsum, licet non sit sacerdos: illam autem absolutionem, quae pertinet ad forum paenitentiale et sit cum Psalmo et oratione, ut dictum est non debet nec potest committere, nisi sacerdoti, nec illam debet dare per se, si non est sacerdos ; et sic potest committere quod non potest facere.* » *Summa Raymundi*, III, tit. XXXIV, § 4, *de conf.*, Postillator, p. 421.

3. Ajouter au texte précédent GUILLAUME DURAND, *Speculum*, II, *De sententia*, § 6, n° 36, p. 433 qui remarque d'ailleurs que cette règle n'est pas universellement respectée. — Cf. *Litterae, ut contumax absolvatur recepta cautione, etc.* « *Officialis curiae Belvacensis tali presbytero salutem in domino. Vobis mandamus, quatinus talem cum participantibus ab excommunicatione lata in ipsum a nobis pro defectu unius diei occasione querelae talis D. in forma ecclesiae absolvatis, recepto prius juramento de stando juri coram nobis et de certificando parti adversae diem tempestive, quam assignamus ad crastinum Beati Pauli sibi et parti adversae ; injungatis etiam eidem condignam penitentiam secundum contumaciae qualitatem. Datum etc.* » *Curialis*, XX, éd. WAHRMUND, *Quellen...* Bd I, Heft III, p. 10.

4. « *Ideo, si omnes magistri contrarium tenerent, hanc sententiam defende, quod licet quoad Deum valeat absolutio, quantumcumque simplex, quia sola contritio sufficit, tamen quoad ecclesiam militantem a sententia justa, nunquam potest absolvi aliquis, nisi forma servetur ; in injusta autem, locum habet quod dixi.* » HOSTIENSIS, *Summa*, V, *De sent. exc.*, 14.

5. Le pape cependant, qui est dispensé de toute forme, n'a pas besoin d'émettre une sentence d'absolution. Il peut absoudre par la simple expression

lequel le prêtre usant de pouvoirs à lui particuliers juge le coupable qui revient à l'Eglise et lui accorde ou lui refuse la grâce divine à certaines conditions. Elle ne peut donc se présenter comme une simple prière à la divinité. Elle devra constituer une sentence indicative, impérative, fixant de manière certaine le sort du pécheur [1]. C'est dans ce texte précis que se trouvera la forme nécessaire à la matière du sacrement, puisqu'aussi bien l'Ecole a assujetti la grâce aux catégories péripatéticiennes. Le plus souvent d'ailleurs les deux absolutions se trouveront réunies dans un même acte. La réconciliation solennelle conserve naturellement son caractère sacramentel [2] comme la pénitence publique dont elle se distingue à peine [3]. Il en sera de même de la sentence d'absolution prononcée *nudo verbo*. Il faudra des circonstances spéciales pour arriver

de sa volonté. Il suffit qu'il salue volontairement un excommunié pour que celui-ci soit absous. Mais on ne présume pas cette volonté, X (5,39), 41.

1. La réconciliation du pénitent comme d'ailleurs l'excommunication du pécheur est exprimée dans le droit ancien par des formules déprécatives. Raymond de Peñafort, Hostiensis, Guillaume Durand proclament la nécessité de formules indicatives et impératives. Le passage des unes aux autres s'explique, dit-on, par l'évolution de la discipline pénitentielle. Aux xie et xiie siècles, les théologiens maintiennent en droit le système des pénitences exactement proportionnées mitigé par des rédemptions de plus en plus nombreuses. A partir du xiie siècle, au lieu de prier Dieu d'absoudre, le prêtre absout lui-même : il dit, *Absolvo te*, mais il ajoute *ab omnibus judiciis quibus te ligavi*. Il absout des pénitences qu'il a imposées, d'après le tarif, au cours de la confession et qu'il va remplacer en bloc par une pénitence plus douce. Voyez la dessus ANDRÉ LAGARDE, *Le manuel du confesseur au* xie *siècle*, *Revue d'hist. et de littér. relig.*, 1910, p. 542.

2. Formules de réconciliation. Formules anciennes, BURCHARD, XI, c. 8 ; RÉGINON, II, c. 414 ; C. XI, q. III, c. 108. — Cf. MORINUS, *Commentarius*, lib. VIII, cap. VII et sq ; LEA, *History*, t. I, p. 481 et sq. — Formule d'HOSTIENSIS, *Summa*, V, *De sent. exc.*, 14, p. 368 : « *Spoliabitur excommunicatus et ponet se ante januam ecclesiae prostratus, vel flexis genibus, coram illo qui ipsum absolvere debet, qui tenebit virgas vel corrigias in manibus et dicendo :* « Miserere mei, Deus », *verberabit eum percutiendo semel in quolibet versu, vel majus vel minus, levius, vel acrius, secundum quod causa contumaciae major vel minor requirit : et post psalmum dicit : Gloria*

patri, etc., Kyrie eleison, *etc.*, *etc.*... *Deus cui proprium est miseri semper et parcere, suscipe deprecationem nostram et hunc famulum tuum quem excommunicationis catena constringit, miseratio tuae pietatis absolvat ; postea dicat :* « Authoritate Dei Omnipotentis et Beatorum Apostolorum, Petri et Pauli et Ecclesiae suae, et nostra, absolvimus te a tali sententia et restituimus te communioni et participationi ecclesiae et omnium fidelium et ecclesiasticis sacramentis.... Nec est approbanda consuetudo, imo potius abusio quorundam simplicium sacerdotum dicentium : « Absolutionem et remissionem excommunicationum et omnium peccatorum, etc. » et non dicunt : « Absolvimus » sicut et similiter ex eadem abusione denunciant aliquem excommunicatum licet nulla verba apta ad sententiam praecesserint : talis enim sententia non videtur valere. » *Même formule et mêmes développements chez* GUILLAUME DURAND, *Speculum*, II, *De sententia*, § 6, n° 35. p. 433. Autres formules : MIGNE, *Patrologie*, t. 132, col. 482-484 (Note de Baluze sur Reginon), et t. 138, col. 1125 ; MARTÈNE, *De ritibus*, etc., lib. III, cap. V, t. II, col. 912-916.

3. La réconciliation solennelle est de plus en plus rarement employée au xiiie siècle. Si en principe elle doit être encore appliquée par un évêque en cas d'anathème par suite du principe de corrélation des formes, la doctrine admet que même dans ce cas l'absolution *nudo verbo* sera valable ; HOSTIENSIS, *ibid.* — C'est à cette même absolution simplifiée qu'auront recours le plus souvent les juges ecclésiastiques : « *Verumtamen judices non sequntur hodie hanc formam sed recepto juramento dicunt :* « Ego absolvo te auctoritate Dei omnipotentis et sanctorum Petri et Pauli Apostolo-

à distinguer les deux absolutions [1]. De là, dans les textes, des contradictions apparentes qui se résolvent à l'analyse ; de là aussi l'exigence de formules impératives pour l'absolution du for externe et même pour l'excommunication [2].

La compétence pour l'absolution des péchés appartient au propre curé du pécheur ou à ceux qui sont autorisés à le remplacer dans les divers cas prévus par le droit canonique, cas que nous n'avons pas à énumérer ici [3]. Si son action était restreinte autrefois aux fautes les moins graves, la généralisation de la pénitence confessionnelle lui a donné les pouvoirs les plus étendus. L'obligation à la confession proclamée par la bulle *Unius utriusque sexus* couronne l'évolution qui diminuait peu à peu le nombre des péchés soumis à la pénitence publique dispensée par l'évêque. Il faut maintenant renforcer les réserves coutumières par des réserves expresses pour limiter les pouvoirs du simple curé [4]. L'absolution de l'excommunication mineure *a jure* suit les mêmes règles. Celle de l'excommunication mineure *ab homine* obéit au contraire aux principes régissant l'excommunication majeure de même ordre [5].

Pour l'absolution de l'excommunication majeure, nous devons distinguer plusieurs hypothèses. En cas d'excommunication injuste, le juge pourra lui-même relaxer de sa sentence, et cela sans forme sacramentelle, s'il reconnaît qu'il s'est trompé. S'il y a appel ou même simple plainte au supérieur, celui devant qui il est appelé pourra à son choix absoudre lui-même, ou par déférence renvoyer l'excommunié se faire absoudre par l'auteur de la sentence [6]. Si l'excommunication est conforme à la justice et au droit, l'absolution ne pourra être obtenue que de l'auteur de la sentence [7]. C'était

---

rum et auctoritate mihi commissa, a tali excommunicatione. » *Et certe talis absolutio valet et tenet et hac utimur. Nam et si simpliciter dixero :* « *Noveris te excommunicatum* », *excommunicatus es ; et si simpliciter dixero :* « *Te noveris absolutum* », *absolutus es ;.....* » On peut en rapprocher la formule de l'absolution au tribunal de la pénitence, absolution prononcée par le simple confesseur pour les excommunications qui se trouvent de sa compétence (exc. mineures, exc. majeures *latae sententiae* à certaines époques) : « *Absolvimus te a vinculo excommunicationis hujus quam confessus es et ab alia, si teneris, in quantum possumus et debemus ; restituimus te ecclesiasticis sacramentis.* » Elle forme une clause de l'absolution pénitentielle ; Hostiensis, *Summa, De sent. exc.*, 14, p. 367.

1. Cf. *supra*, p. LXV.

2. « *Unde non approbo consuetudinem quorumdam simplicium sacerdotum dicentium : denunciamus talem excommunicatum ; tamen non excommunicaverunt eum unquam prius, nec illa verba sunt apta*

ad excommunicationem. Similiter dicunt in absolutione : Absolutionem et remissionem excommunicationis et omnium peccatorum tribuat vobis omnipotens Deus, vel similia verba que potius sunt forma orationis, ut Dominus absolvat ab excommunicatione, qua erat ligatus quoad ipsum, quam excommunicatione, qua erat ligatus a judice, vel a jure quoad Ecclesiam militantem. » *Summa Raymundi*, III, tit. XXXIII, § 3, p. 395.

3. *Summa Raymundi*, III, lib. XXXIV, § 4, *De confessione*, p. 421.

4. Cf. *supra*, p. XLIII.

5. Hostiensis, *Summa*, V, *De sent. exc.*, 11, p. 364 verso et 365 (366).

6. Hostiensis, *Summa*, V, *De sent. exc.*, 11 et 12, p. 366. — Cf. *supra*, p. XLI.

7. L'évêque ne doit pas absoudre des sentences fulminées par ses inférieurs sur les fidèles à eux confiés, X (1, 31), 3. — Néanmoins l'absolution donnée par lui est valable. Au contraire, l'absolution donnée par le métropolitain en dehors de

une nécessité si l'on voulait conserver quelque efficacité à l'excommunication de ne permettre le pardon qu'au juge qui avait connu du crime. Sans cette précaution, il eût été trop facile de trouver des juges complaisants qui auraient entièrement énervé la discipline ecclésiastique. Aussi trouvons-nous le principe énoncé de très bonne heure dans l'Eglise[1].

Pour les excommunications générales, le même principe s'applique[2], et il n'y a pas de difficulté puisqu'une telle sentence ne lie que les personnes soumises à l'autorité qui les promulgue. Une excommunication générale de l'archevêque lie seulement les membres de son diocèse propre et non pas ceux des diocèses de ses suffragants[3]. Pour le pape, il en est autrement. Sa juridiction concurrente à celle des évêques sur toute l'Eglise, amène à considérer l'excommunication générale émanant de lui comme liant tout chrétien et comme susceptible d'absolution par lui seulement[4].

L'excommunication *latae sententiae*, par contre, suivra des principes différents. Ici, le pape parle comme législateur et non plus comme juge. Lorsque cette forme se fut distinguée de l'excommunication générale, lorsque la doctrine eût séparé nettement les deux catégories il fallut, en l'absence de toute réserve, déterminer une autorité compétente pour absoudre les pécheurs qui auront pu l'encourir. Le problème ne se posait pas avant que les excommunications *latae sententiae* eussent pris le développement qu'elles montrent à la fin du xıı⁰ siècle. Le juge compétent pour absoudre de l'excommunication majeure principale était compétent pour absoudre de l'excommunication majeure accessoire quand la première en entraînait. Mais lorsqu'apparurent les excommunications *latae sententiae* des décrétales, le simple curé avait pris une compétence générale pour l'absolution de tous les péchés en l'absence de toute réserve expresse ou coutumière. D'autre part, l'excommunication *ipso jure* non réservée était considérée tout d'abord comme très voisine de l'excommunication mineure[5]. Faute d'une autorité spécialement désignée, ce fut lui qui recueillit la charge d'absoudre des excommunications *latae sententiae*[6]. Mais le mouvement de réaction contre l'affaiblissement de la discipline péniten-

tout appel ou de plainte portée devant lui n'a aucune valeur : Hostiensis, *ibid.* ; *Summa Raymundi*, III, tit. XXXIII, § 3, p. 394.

1. Réginon, II, 400 ; Burchard, XI, 37. — Il nous faut dire un mot d'une complication possible. Plusieurs excommunications peuvent se trouver réunies sur la même tête, X (1, 34), 1, § 2 ; X (5, 39), 42 et 27. — Il faut, pour que l'absolution soit valable, l'obtenir pour tous les chefs d'excommunication et de tous les excommunicateurs. Ceux-ci délégueront leur pouvoir à l'un d'eux ou bien l'un d'eux donnera l'absolution après caution suffisante d'obéir aux autres ; Hostiensis, *Summa, De sent. ex.*, 14, p. 369. — Pour les controverses suscitées par la multiplicité des excommunications sur une seule tête et la casuistique compliquée qu'elle soulève, ajoutez à Hostiensis, *loc. cit.*, *Summa Raymundi*, III, tit. XXXIII, § 7, pp. 400-401.

2. *Summa Raymundi*, III, tit. XXXIII, § 7 (*Postillatoris quaesitum*).

3 X (5, 39), 21. — Cf. *supra*, p. XXIII.

4. C. XI, q. III, c. 10 et 11 ; cf. Hinschius, *Kirchenrecht*, V, p. 370, n. 1.

5. Cf. *supra*, p. XLI.

6. X (5, 39), 29, *Summa Raymundi*, III, tit. XXXIII, § 3, p. 393 ; Hostiensis, *Summa, V, De sent. exc.*, 11, p. 364 verso et p. 365 (366). — Casuistique compliquée sur l'absolution des réguliers atteints d'une excommunication *ipso jure* : Hostiensis, *ibid.* ; *Summa Raymundi*, III, tit. XXXIII, § 7

tielle qui amena par ailleurs le système des réserves, se fit sentir aussi dans notre domaine, et nous voyons Bérenger Fredol revendiquer pour l'évêque le droit exclusif à cette absolution [1].

Nous connaissons ainsi la forme de l'absolution et l'autorité capable de l'accorder. Mais elle ne constitue pas une grâce : elle n'est pas accordée gratuitement. Sa dispensation est soumise à des conditions précises. Elle est le pardon de la faute qui a motivé l'excommunication, mais elle est aussi un jugement. C'est la remise de la condamnation éternelle au pécheur repentant comme prix de son repentir et des gages qu'il en donne, à savoir : soumission, satisfaction, pénitence [2].

L'excommunié peut toujours venir à résipiscence, c'est-à-dire reconnaître son crime et en demander le pardon. L'Eglise ne se ferme à personne. Pourtant certains canons déclarent qu'au bout d'un an de résistance, on refusera d'écouter l'excommunié s'il se présente. Mais c'est là une survivance du très ancien droit, de l'époque où l'on voyait encore le rejet à vie du sein de l'Eglise [3]. La doctrine du xiiie siècle l'interprète en ce sens qu'au bout d'un an, le contumace ne pourra plus discuter la sentence qui l'a frappé ni recouvrer ses biens confisqués. Son silence prolongé est tenu pour un aveu. Il pourra toujours néanmoins rentrer parmi les fidèles et se faire restituer dans ceux de ses droits religieux qui ne lui sont pas enlevés par une sentence autre que l'excommunication, la déposition par exemple [4].

L'excommunié repentant doit accomplir une formalité qui ne s'impose point au simple pécheur, pas même à l'excommunié d'excommunication mineure [5], et qui marque sa soumission comme la monition avait marqué sa résistance. Il doit jurer d'obéir aux ordres du juge. Cette promesse apparaît au xiie siècle : c'est une élaboration coutumière. Clément III (1187-1189) nous signale qu'on n'y est pas tenu *de rigore canonum* et que c'est un simple usage [6]. Bernard de Pavie et Hostiensis en retour la regardent déjà comme un élément nécessaire de l'absolution [7]. L'excommunié jure d'obéir aux ordres

(ou 2), p. 388 ; Guillaume Durand, *Speculum*, II, *De sententia*, § 6, n° 43, p. 433.

1. Cf. *infra, De exc. et int.*, passim.

2. La confession n'est pas nécessaire pour l'absolution de l'excommunication, lorsque celle-ci est nominative, ou plutôt la confession se trouve dans ce cas naturellement impliquée dans la demande de pardon.

3. C. XI, q. III, c. 36 et 37, V[e] conc. de Carthage, 401 et Gélase, 429. Cf. *Rhetorica ecclesiastica*, de L. Wahrmund, *Quellen*... Bd I, Heft IV, p. 58 ; *Tancredi ordo judiciarius*, P. II, tit. IV, § 1, éd. Bergmann, p. 136.

4. *Summa (Pseudo) Rufini*, éd. Schulte, p. 282 : *Summa Hostiensis, De off. del.*, 9, p. 58 ; Guillaume Durand, *Speculum*, III, p. I, *De accusatione*, § 6.

5. Bernardus Papiensis, *Summa Decretalium* 5, 34), § 7, *in fine*, éd. de Laspeyres, p. 275.

6. X (5.39), 15 : « ... *quod cum cautio juratoria, quam hodie qui excommunicati sunt praestant, potius ad cautelam ex consuetudine ecclesiae quam ex rigore canonum sit inducta, neque momenti tam validi reputetur quod, nisi absolutionis beneficium subsequatur, ille qui excommunicatur, debeat communioni aliorum restitui...* » *Adde*, X (5,39), 30, Innocent III, 1198. L'usage remonte très haut d'ailleurs : cf. C. XI, q. III, c. 108, mais il semble au début n'avoir compris que le serment de ne pas recommencer.

7. Bernardus Papiensis, *Summa decretalium* (5,34), § 8, éd. de Laspeyres, p. 275 ; Hostiensis, *Summa, De sent. exc.*, 14, p. 367 et verso.

de l'Eglise. Celle-ci lui commandera d'une façon générale de respecter le droit et en particulier de ne pas récidiver, de réparer ses torts envers autrui, de satisfaire à Dieu, au besoin de donner les cautions nécessaires à la procédure d'absolution.

Le besoin de cautions se fera souvent sentir. Si,doctrinalement,l'excommunication est toujours considérée par les canonistes comme la peine de la contumace, ceux-ci sont obligés en pratique de distinguer entre la contumace proprement dite, c'est-à-dire la contumace judiciaire, et les délits pour lesquels le coupable refuse de satisfaire,de réparer, entre la *contumacia* et les *offensa* [1]. Si en effet l'excommunication a été provoquée par un délit manifeste (*offensa manifesta*) que le pécheur n'aura pas voulu amender après que l'autorité ecclésiastique l'en ait sommé, le juge ne devra prester l'absolution qu'après l'accomplissement des réparations et des restitutions arbitrées par lui, par le juge laïque ou convenues avec les intéressés [2]. Mais si l'excommunication a eu lieu par suite de la contumace judiciaire ou d'un délit sur lequel plane encore quelque doute (*offensa dubia*), nous devrons recourir à des procédés analogues à ceux employés à l'égard d'une excommunication injuste ou nulle. Nous sommes en face d'un système tout voisin de l'absolution *ad cautelam*, de formation sensiblement contemporaine, destiné à répondre à des besoins analogues et qui dans les cas-limites finira par l'absorber, Le juge ecclésiastique ne peut pas ordonner dès l'abord des réparations pour un délit dont l'existence est douteuse, prononcer une sentence sur laquelle il n'y a pas encore eu de débats. Il y a, d'autre part, péril en la demeure et, pour l'âme de l'excommunié, il importe de prononcer l'absolution le plus tôt possible. Le juge ordonne alors à l'excommunié de fournir caution, de se présenter en justice et d'obéir à la sentence qu'il prononcera [3]. La caution ne porte pas d'ailleurs sur l'objet même du litige qui reste réservé. Les frais résultant de la contumace sont payés immédiatement à moins que celle-ci ne soit douteuse, auquel cas ils se trouvent compris dans l'engagement cautionné [4].

Dans d'autres hypothèses encore, nous trouverons l'obligation de fournir caution imposée à l'excommunié. Même en cas d'offense manifeste, s'il ne peut satisfaire de suite, le juge se contentera de l'engagement, garanti par une sûreté suffisante, d'ac-

---

1. X (2,28), 25, 1174-1181 ; X (5,40), 23, 1205, *Summa Raymundi*, III, tit. XXXIII, § 3, pp. 394-395 ; *Summa Hostiensis, De sent. exc.*, 14, p. 367 et verso ; Guillaume Durand, *Speculum*, II, *De contumacia*, § 4, n° 13, p. 106 ; Bérenger Frédol, *infra*, pp. 15 et 16. Quand Dieu seulement a été offensé, l'absolution a toujours lieu avant l'accomplissement de la pénitence, Hostiensis, *ibid*.

2. *Summa Hostiensis, De penitentia*, 61, p. 352 verso : *De sent. exc.*, 14, p. 367.

3. Gratia, *De judiciario ordine*, P. I, tit. VII, § 4, éd. Bergmann, p. 345 ; Traité anonyme *De in-

terdictis, §§ 63-64.

4. Guillaume Durand, *Speculum*, II, *De contumacia*, § 4, n° 9, pp. 105-106. *Litterae judicum remissivae*... « *Quare vestrae providentiae mandamus, quatinus talem absolvatis recipientes ab ipso prius de stando juri coram nobis ad diem sufficientem cautionem, nihilominus citantes ipsum ad talem diem coram nobis de contemptu fere clavium ecclesiae et parti adversae de expensis rationabiliter aestimatis competenter satisfacturum.* » *Curialis*, XCVI, dans Wahrmund, *Quellen*... Bd I, Heft IV, p. 30

complir les réparations et les restitutions ordonnées. Au cas de dénuement total, il se bornera même à exiger la seule caution que l'excommunié puisse offrir alors, sa caution juratoire accompagnée, s'il s'agit d'excommunication pour dettes, de la cession de biens[1].

L'adversaire de l'excommunié devra d'ailleurs être appelé à la procédure d'absolution chaque fois que l'excommunication aura eu lieu à l'instigation d'une personne autre que le juge[2]. Mais il devra se contenter de la caution ordonnée par celui-ci sans pouvoir interjeter appel en vue d'empêcher l'absolution[3] ; les intérêts spirituels l'emportent sur les intérêts matériels[4].

Ces divers points réglés, le juge pourra absoudre. Mais il aura encore une fonction spirituelle à exercer, corrélative au prononcé de la sentence[5]. Il doit imposer une pénitence au coupable, pénitence graduée suivant la gravité de la faute, pèlerinages, jeûnes, aumônes, prières, pénitence qui satisfera à la justice divine, qui rachètera par le mérite du sacrement la peine éternelle encourue. Ce rachat ne sera pas complet. Suivant l'efficacité plus ou moins grande du repentir du pécheur, le degré de grâce méritée par lui, il aura encore à payer envers Dieu, dans les limbes du purgatoire, une peine plus ou moins lourde ; mais ce sera une peine temporaire au lieu de la peine éternelle qu'il avait méritée[6].

---

1. *Summa Raymundi*, III, tit. XXXIII, § 5 *in fine*, p. 399, *Summa Hostiensis, De sent. exc.*, 14, p. 368.

2. Hostiensis, *Commentaria* etc... sur le chapitre *Per tuas* (n° 6), *De sent. exc.*

3. X (2,28), 25.

4. Tancredus, *Ordines judiciarii*, P. IV, tit. V, *De appellationibus*, § 14, éd. Bergmann, p. 305.

5. A l'origine la réconciliation n'a lieu qu'après l'accomplissement intégral de la pénitence. Puis on se contenta de la promesse de cet accomplissement. Par suite de l'évolution retracée plus haut, *supra*, p. LXVI n. 1, on s'habitua même à regarder l'imposition de la pénitence comme possible après l'absolution. Aussi, si nous trouvons encore au xiie siècle la fixation de la pénitence antérieure à la réconciliation solennelle, *Rhetorica ecclesiastica*, dans Wahrmund, *Quellen...*, Bd. I, Heft IV, p. 58, nous voyons par contre Hostiensis énumérer dans l'ordre suivant les phases de l'absolution : 1° serment d'obéir aux ordres de l'Eglise, 2° réparation. 3° prononcé de l'absolution ; 4° « mandata » justes et raisonnables imposés à l'excommunié après l'absolution, par exemple voyage à Rome dès que le pourra celui qui a violé le privilège du canon. — Cf. C. XXIII, q. VIII, c. 32. Le serment d'obéissance aux ordres de l'Eglise garantissait l'exécution des obligations ainsi imposées. Au cas de négligence ou de refus, le juge ramenait le coupable sous la sentence dont il l'avait délivré : *Summa Hostiensis, De sent. exc.*, 14, p. 368 et verso. — Celui qui avait donné la sépulture religieuse à un hérétique cependant, ne devait pas être absous avant d'avoir exhumé le corps de ses propres mains : VI (5,2), 2. Alexandre III, 1254-1261. Mais c'est plutôt là une réparation qu'une pénitence.

6. Boudinhon, *Rev. d'hist. et de lit. relig.*, t. II, p. 520 ; t. III, pp. 445 et 451. — La validité de l'absolution est indépendante de l'accomplissement de la pénitence ainsi que de tout événement futur. Si la pénitence n'est pas exécutée, à l'égard de l'Eglise militante, le rebelle restera absous, mais pourra être contraint à la remplir par les censures ecclésiastiques et en particulier le renouvellement de l'excommunication ; à l'égard de Dieu, il restera plus lourdement débiteur de la *peine* en admettant qu'il ait été dans des dispositions religieuses suffisantes lors de l'absolution pour que la *coulpe* ait été effacée. — De même l'absolution injuste vaut à l'égard de l'Eglise comme vaut l'ex-

Telle est la marche régulière de la procédure d'absolution. Certaines hypothèses la modifient plus ou moins. Lorsque le pape absout un pécheur, qu'il s'agisse d'un cas réservé ou d'un recours volontaire à l'autorité pontificale, il arrive souvent que le St-Siège exige de l'excommunié la promesse d'obéir à son propre évêque ou à tel autre juge, voire même à telle personne privée qu'il désigne. Ce sera à celui-ci d'arbitrer les réparations et les satisfactions convenables [1]. L'absolution présente ainsi un caractère incomplet. Ne disons pas qu'elle est conditionnelle [2] : les canonistes sont empêchés d'employer cette formule par le caractère sacramentel de l'acte. Néanmoins l'inexécution voulue de l'obligation imposée constituera une faute nouvelle, qui devra être punie de la même peine que celle dont il venait d'être délivré. De même, au péril de mort, tout prêtre peut absoudre l'excommunié, eût-il encouru une excommunication réservée [3]. Mais le malade doit promettre de faire ratifier, pour ainsi dire, son absolution par le juge compétent et d'accomplir toutes les obligations que lui imposera celui ci, s'il revient à meilleure santé. S'il ne le fait pas, il pèche mortellement et l'autorité ecclésiastique le ramènera à sa condition antérieure par une nouvelle sentence. Boniface VIII décide même qu'il retombera de plein droit dans l'excommunication antérieure [4]. Il confirme ainsi une doctrine discutée parmi les canonistes et que rejetaient encore Raymond de Peñafort et Hostiensis [5]. Le droit postérieur donnera un nom particulier à cette forme d'absolution : il l'appellera l'absolution *ad reincidentiam* [6]. On peut en rapprocher extérieurement l'absolution *ad tempus* [7] en remarquant toutefois qu'elle n'est pas en réalité une absolution, mais simplement la suspension temporaire d'un des effets de l'excommunication.

A ces formes anormales d'absolution, il nous faut encore ajouter l'absolution *post mortem*, symétrique à l'excommunication des morts. A vrai dire, il ne s'agit pas, là non

communication injuste. A l'égard de Dieu elle restera sans effet. L'assimilation de l'absolution injuste a cependant été parfois contestée. — Cf. sur cette question, *Summa Hostiensis, De sent exc.*, 11, p. 364, verso et 14, p. 368 ; Guillaume Durand, *Speculum*, II. *De sententia*, § 6, n° 35, p. 433.

1. *Summa Hostiensis, De sent. exc.*, 14, p. 367. Parfois l'archevêque emploiera le même procédé ; cf. Guillaume Durand, *Repertorium*, p. 76, 2ᵉ col.

2. *Summa Raymundi*, III, tit. XXXIII, § 3 (Postillator), p. 394.

3. *Summa Raymundi*, III, tit. XXXIII, § 9, p. 411 : Guillaume Durand, *Speculum*, II, *De sententia*, § 6, n° 40, p. 433.

4. VI (5, 11), 22.

5. *Summa Raymundi*, III, tit. XXXIII, § 7, *Summa Hostiensis, De sent. exc.*, 14, p. 368 et verso. Il faut noter que Boniface VIII semble limiter sa solution aux deux hypothèses prévues au texte. La question tranchée par Raymond de Peñafort et par Hostiensis était plus large : il s'agissait de savoir si l'inexécution des ordres donnés par le juge après l'absolution entraînait dans tous les cas et de plein droit la renaissance de l'excommunication. Mais nos deux canonistes se prononcent pour la négative sans distinction.

6. Ce nom semble tiré du texte même du Sexte (5,11), 22. C'est en tous cas de lui que date la reconnaissance nette de l'institution, et le ton qu'il emploie ferait presque croire à une innovation. En réalité on en trouve des exemples dans des cas particuliers, dès la fin du xiᵉ siècle, Hinschius, *Kirchenrecht*, V, p. 148, n. 8.

7. Cf. *infra*, pp. 10 et 11.

plus d'absolution[1]. L'Eglise montre plutôt, en restituant à l'excommunié mort ses prières et la sépulture religieuse, qu'on le croit non lié par une excommunication injuste ou absous par la contrition[2]. Dans ce cas, l'héritier ou quelqu'un des parents du *de cujus* devra accomplir les formalités nécessaires à l'absolution. Il devra prêter le serment d'obéissance à l'Eglise. Au cas où l'excommunié aura été lié solennellement par l'anathème, il devra subir lui-même les formalités de l'absolution solennelle *cum virgis et paenitentiali psalmo*[3]. Parfois ce sera le cadavre lui-même qui sera fouetté. L'héritier devra aussi exécuter les réparations qui conditionnent l'absolution[4] : l'excommunication pour dettes l'amenait ainsi à faire tous ses efforts pour éteindre le passif de son auteur, éviter l'opprobre de le voir écarté de la sépulture et des prières ecclésiastiques.

Quant à l'absolution de l'interdit, elle suit les mêmes principes que celle de l'ex. communication majeure, sauf sur un point. Comme il ne lie pas les âmes, sa relaxation par l'autorité ecclésiastique n'a en aucune manière le caractère d'un sacrement. Elle ne sera donc soumise à aucune forme spéciale[5]. Ce sera un acte de juridiction disciplinaire ordinaire. Pour le reste, les règles exposées plus haut s'appliquent point par point. Même compétence, même formalité préliminaire du serment[6], mêmes conditions de satisfaction et de réparation[7]. Lorsque nous aurons affaire à un interdit à temps déterminé, valant comme peine vindicative et non pas comme censure, — de tels interdits seront surtout des interdits personnels, — il n'y aura besoin de nul acte particulier de relaxation ; le simple laps de temps suffira. Notons d'ailleurs que les personnes obligées à demander la cessation de l'interdit sont uniquement les interdits *nominatim*, ceux qui ont provoqué l'interdit. Les autres n'ayant commis aucun délit, montré aucune résistance, n'ont ni à promettre obéissance, ni à amender leurs torts. La relaxation comme la fulmination de l'interdit ne les touche que par contre-coup[8].

VI

Les manuscrits du « Liber de excommunicacione ».

Examen successif de chacune de ses parties (œuvre originale et additions).
Le *De absolucione ad cautelam*. — Trois groupes de mss. — Notre édition (Cf. le tableau, *infra*, p. LXXXVII). Le *De excommunicacione et interdicto*. — Deux groupes. — *Premier groupe* : 1° le ms. 1308 de la Mazarine. — 2° Le ms. 1271 de Königsberg. — 3° Les mss. du *Liber de excommunicacione* et les deux familles dérivées : formulaires de la pénitencerie papale, manuels de confesseur. — *Deuxième groupe* : Abrégés. — Notre édition (Cf. le tableau, *infra*, p. LXXXVII).

<table>
<tr><td>1. X (5,39),28 et 38.</td><td>5. Summa Hostiensis, De sent. exc., 14, p. 368.</td></tr>
<tr><td>2. Summa Hostiensis, De Sent. exc., 9, p. 363 verso et 14, p. 368.</td><td>6. Toutefois l'absolution ad cautelam n'a pas lieu pour l'interdit, VI (5,11), 10.</td></tr>
<tr><td>3. Ibid., p. 367.</td><td>7. VI (5,11), 24.</td></tr>
<tr><td>4. X (3,28), 14 ; (5,17), 5.</td><td>8. Traité anonyme De interdictis, 65.</td></tr>
</table>

Cas d'excommunication postérieurs. — Additions d'auteurs anonymes. — 1° *Casus extravagantium decretalium Bonifacii VIII* (Königsberg, 79 [1271]). — 2° et 3° *Casus novarum constitutionum* (Vatican, lat. 3994 et Angers, 403 [390]) et *Casus clementinarum* (Berlin, 190 et Vatican, lat. 3994). — 4° *Casus constitutionum domini Clementis* (Clermont, 100). — 5° *Casus septimi libri* (Orléans, 219 [191]). — 6° *Casus extracti de novis constitutionibus* (Arsenal, 458). — 7° *Casus juris novi* (Reims, 755).
Les remaniements bénédictins : *Casus juris veteris* et *Casus novellarum constitutionum* (Reims, 291 [c. 178] et Angers, 403 [390]).
Appendices. — *Casus spectantes ad curiam Romanam* et *De forma degradationis*, traités faussement attribués à Bérenger. — 1° *Casus reservati* (Breslau, II, Fol 116). — 2° *Forma degradandi* (VI, [5,9] 2). 3° *Casus episcopales* (Reims, 755). — 4° *Regulae de casibus canonis Si quis suadente* (Clermont, 100). — 5° *De exceptionibus duarum regularum* (Vatican, 3994). — 6° *Casus excommunicucionis secundum statutum concilii Viennensis* (Troyes, 1718, et Arch. de l'Aube, G. 2334).

Le milieu juridique et doctrinal ainsi défini, il nous reste, avant d'aborder notre texte même, à donner quelques explications sur la façon dont nous sont parvenus notre ouvrage et ses compléments, les manuscrits que nous en possédons [1], la manière dont nous les avons utilisés. Pour ce faire nous allons examiner chacune des parties dont il se compose et présenter nos observations successivement pour chacune d'elles.

De absolucione ad cautelam. Ce petit traité d'allure dogmatique a été composé, comme nous l'avons vu, après 1298 et après le *De excommunicacione et interdicto*. Il nous est parvenu sous trois formes différentes. Tantôt il est réuni à celui-ci et se place soit avant, soit après lui. C'est cet ensemble que nous avons appelé le *Liber de excommunicacione*. Tantôt, au contraire, il nous est donné à part. Parfois encore, il apparaît comme un complément à l'*apparatus* du Sexte, comme une glose développée du chapitre *solet* [VI, (5, 11) 2].

Le premier groupe comprend les *manuscrits* suivants : Vienne, 349 ; British Museum, Cotton, Julius, D, XI ; Paris N^le, lat. 15415 et 4108 ; Reims 744. Nous les mentionnons simplement ici, car nous les retrouverons tout à l'heure [2] et nous les examinerons alors en détail. Signalons toutefois comme se rattachant à cette même famille le *manuscrit* 764 (G. 511) de la bibliothèque municipale de Reims [3]. Il contient aux ff^os 355-356 le *De absolucione ad cautelam*, placé sans nom d'auteur [4] à la suite du *Compendium juris canonici* de Pierre de Braco et d'une petite composition anonyme sans intérêt [5]. Il est vraisemblablement apparenté, bien qu'isolé, au manuscrit 744 de la même bibliothèque si l'on en croit, outre la similitude des variantes qu'ils offrent, la communauté de leur origine. Tous deux, en effet, ont été exécutés pour l'archevêque Guy de Roye [6].

1. Nous ne donnerons pas en général la description des mss. Nous nous contenterons, pour éviter une transcription inutile, de renvoyer aux catalogues imprimés qui les signalent et les analysent de façon suffisante et de corriger les erreurs commises.
2. *Infra*, p. LXXVII.
3. *Catalogue gén. des mss. des départements*, 8°,

t. 39, Reims, II, 1re partie, p. 103.
4. Incipit : *Sequitur quidam purvus tractatus de absolucione ad cautelam. Ad evidenciam....*
5. *Sequitur repudium ambicionis contra miseros cardinalium servitores.*
6. *Catal. gén. des mss. des dép.*, 8°, ibidem, pp. 86 et 103.

Le *De absolucione ad cautelam* a pu être copié sur le 744 pour compléter le *Compendium* de Pierre de Braco. Peut-être aussi tous deux remontent ils à une origine commune, car le *Compendium* de Pierre de Braco se retrouve à Angers [1] qui, nous le verrons [2], fut un centre important de diffusion pour le *Liber de excommunicacione*.

Le second groupe est représenté par les manuscrits Paris N[le] lat., 3990 c. et 4558 [3]. Leurs *incipit* les présentent comme des commentaires du chapitre *solet* [4]. Le *manuscrit* 4558 a soin de résumer chaque paragraphe du *De absolucione ad cautelam* dans un sommaire placé après chacun d'eux. Il contient de plus un appendice résumant la doctrine de Richard de Sienne, — cardinal diacre de St Eustache et collaborateur de Bérenger Frédol dans la confection du Sexte [5] — sur les règles de la preuve de l'absolution *ad cautelam*.

Quoique nous ne trouvions rien de pareil dans le 3990 c, la parenté des deux *manuscrits* n'est pas douteuse. Elle résulte — en dehors du parallélisme des variantes — d'une même mention que nous trouvons sur l'un et sur l'autre. Le 3990 c porte au dernier folio (283 [b]) la formule *Innocens fo de la Galiacza* et le 4558 au folio 103 [b] : *Liber de piu tratate de lega Galsacza*. Quelle est la signification précise de ces mots, il nous a été impossible de le découvrir. Mais leur présence sous une forme plus ou moins différente (*Galiacza* ou *Galicza*) sur une quarantaine de manuscrits de la Bibliothèque N[le] issus d'un fonds commun [6] nous permet d'assigner la même origine à nos deux volumes. Ils proviennent de la bibliothèque des princes de Milan rapportée en France par Louis XII [7].

Enfin le troisième groupe, celui qui nous donne le *De absolucione ad cautelam* comme un petit traité indépendant, comprend, si nous en exceptons le manuscrit 764 de Reims pour les raisons que nous avons dites, deux *manuscrits* d'assez faible valeur, le Paris N[le], lat. 12467 [8] et le *manuscrit* 89 de Königsberg [9]. Le 12467 est un recueil de traités canoniques. Il nous offre le *De absolucione ad cautelam* aux ff[os] 15-17 entre le traité de l'interdit de Jean Calderinus et le *De bello* de Jean de Lignano dans un texte

---

1 Cf. le ms. 331 d'Angers. Cf. *Catalogue gén. des mss. des dép.*, 8°, ibidem, p. 102.

2. *Infra*, pp. LXXVII, LXXXII et LXXXIV.

3. 3990 c., ff° 278[b] - 279[a] ; 4558, ff° 41-44. Cf. *Catal. cod. mss. bib. regiae*, Paris, 1744, t. III, pp. 535 et 606.

4. 3990 c. : *Materia super absolucione ad cautelam que tractatur in capitulo* solet, de sentencia excommunicacionis, *libro*, VI° ; 4558 : *Iste tractatus de absolucione ad cautelam factus per cardinalem Biterrensem ponitur in capitulo* solet, de sentencia excommunicacionis, *libro*, VI°. C'est probablement la forme originaire du *De absolucione ad cautelam*, si l'on tire argument des mots : *infra, in ea glosa* que l'on trouve dans le texte.

5. Cf. Schulte, *Quellen*, II, p. 35 ; *Corpus juris can.*, éd. Friedberg, II, p. 934.

6. Delisle, *Cabinet des mss.*, t. I, p. 128 (Cf. t. III, p. 361).

7. Nous ne connaissons que ces deux exemplaires se rattachant à cette famille. Il est vraisemblable qu'il y en a d'autres qu'on trouverait insérés dans les divers *apparatus ad Sextum*. Toutefois les quelques recherches faites par nous en ce sens ne nous ont pas donné de résultat et l'insuffisance des catalogues ne permet pas un examen méthodique.

8. Cf. Delisle, *Inventaire des mss. latins conservés à la Bib. N[le]*, ss. les n°s 11504-14231 (St-Germain-des-Prés.). Ext. de la Bib. de l'Ecole des Chartes, 6° série, t. I, III, IV, au n° 12467.

9. Königsberg, Kön. und Univ.-Bib. 89 (82), ff° 112-113 (papier, 210 × 410 mm.) parmi des traités variés de droit canonique.

déparé par de trop nombreuses lacunes. Le *manuscrit* de Königsberg est d'époque tardive, de la fin du xiv⁰ siècle ou du commencement du xv⁰. Il est assez souvent résumé, parfois enrichi de quelques renvois à des auteurs postérieurs à Bérenger Frédol. C'est ainsi qu'on y cite Jean d'André et Jean de Lignano. Il se continue par une courte dissertation anonyme portant sur la question de savoir si l'on peut demander l'absolution *ad cautelam* pour une excommunication *a jure lata* et que nous donnons plus bas [1] comme deuxième addition à notre traité.

De ces divers manuscrits, aucun ne nous offre un texte absolument satisfaisant, te qu'il nous dispense de recourir aux autres. Aussi dans l'établissement du texte, après avoir pris pour base le *manuscrit* 349 de Vienne, n'avons-nous pas hésité à le corriger par des leçons tirées principalement de Paris Nˡᵉ, lat. 15415 et de Reims 744. Pour avertir le lecteur, nous les avons placées entre crochets. Au reste, nous avons donné en notes les variantes de tous les *manuscrits* sauf deux, sauf d'une part celles du British Museum, Cotton, Julius D XI, très étroitement apparenté au *manuscrit* de Vienne et que nous ne connaissions que par extraits, sauf aussi d'autre part celles du *manuscrit* de Königsberg, trop nombreuses et qui auraient surchargé inutilement notre appareil critique. Nous nous sommes contentés d'en noter les variantes caractéristiques. Enfin nous avons ajouté au texte les deux additions des *manuscrits*, Paris Nˡᵉ, lat. 4558 et Königsberg, 89 [2].

De excommunicacione et interdicto. La seconde partie du *Liber de excommunicacione* a dû être extrêmement répandue. Les *manuscrits* que nous possédons ne doivent constituer qu'une faible partie de ceux qui circulèrent. Comme mandement de l'évêque de Béziers, il a dû déjà recevoir une assez grande diffusion. Nous avons recherché en vain l'un de ces quasi-originaux. Les archives méridionales non classées en feront peut-être un jour ressortir quelque exemplaire. Peut-être aussi le *manuscrit* 1308 de la Mazarine et le 79 de Königsberg en sont-ils des copies directes. Mais nous n'en avons pas d'indices sûrs.

Parmi les *manuscrits* qui subsistent, il nous faut distinguer deux grands groupes. Le second sera formé des abrégés du *De excommunicacione et interdicto*. Dans ces *manuscrits*, le copiste s'est moins préoccupé de transcrire l'œuvre de Bérenger Frédol que d'aller chercher chez lui une liste de cas d'excommunication plus complète et plus commode que les listes antérieures. Le premier est constitué par les *manuscrits* qui nous transmettent fidèlement dans l'ensemble l'œuvre originale de notre auteur. Ils ne sont d'ailleurs pas tous également complets. Sans parler de ceux qui la résument plus ou moins, la plupart présentent une lacune. Dans son mandement, Bérenger Frédol prescrivait aux prêtres de son diocèse la dénonciation publique des cas d'excommunication in-

---

1. *Infra*, pp. 21-23.

2. Désignation des *mss* : Vienne, 349, = A. Brit. Mus. Cot. Julius, D. XI, = A'. Paris Nˡᵉ, lat. 15415, = B. Reims, 744, = C. Reims, 764, = D. Paris, Nˡᵉ, lat. 4108 = E. Paris, Nˡᵉ, lat. 12416 = F. Paris, Nˡᵉ, lat. 3990, c, = G. Paris, Nˡᵉ, lat. 4558, = H.

téressant ses diocésains [1]. Dans ce dessein, il avait ajouté à la partie doctrinale de son travail une sorte de résumé dépourvu d'appareil juridique et dans lequel il reprenait les cas principaux d'excommunication et d'interdit. Cette *Denunciatio* qui reproduisait ainsi en partie le traité même de Bérenger Frédol fut le plus souvent jugée inutile et supprimée.

Premier groupe. — Il nous faut mentionner tout d'abord les *manuscrits* 1308 (1196) de la Mazarine [2] et 79 de Königsberg [3]. Tous deux du commencement du xive siècle font partie de recueils factices et paraissent nous donner des versions indépendantes directement relevées sur des exemplaires primitifs du mandement de Bérenger Frédol. Le *manuscrit* de la Mazarine contenait la *Denunciatio* ; deux feuillets manquants l'interrompent maintenant et n'en laissent subsister que le début. Le *manuscrit* de Königsberg au contraire n'en contient plus trace.

A côté de ces deux textes de sources originales, nous trouvons de nombreux *manuscrits* apparentés, semble-t-il. Cette série serait issue d'un manuscrit type comprenant originairement le *De absolucione ad cautelam* et le *De excommunicacione et interdicto* avec la *Denunciatio*, c'est-à-dire le *Liber de excommunicacione* ainsi que l'appelle le manuscrit 349 de Vienne. De cette source serait dérivé le plus grand nombre des versions que nous possédons plus ou moins altérées.

Une première famille resterait tout proche de ce manuscrit type. Elle comprendrait :

1° Vienne, K.-K.-Bib. 349. Le *manuscrit* qui a appartenu au fonds *Hohendorf* [4] et qui est signalé sous le nom d'*Hohendorfianus* par Fabricius [5], contient notre œuvre aux ff[os] 62-72. Celle-ci fait suite à une chronique de Bernard Guidonis et comprend le *De excommunicacione et interdicto* avec la *Denunciatio*, puis le *De absolucione ad cautelam*. Le *Liber de excommunicacione* est suivi du traité *De dispensacionibus* de Bonaguida. Le manuscrit est de date assez tardive. Il a été achevé à Angers, le 4 décembre 1421 [6]. Il nous offre néanmoins un texte intéressant, copié sur un bon prototype et où les fautes, provenant généralement de l'ignorance par le copiste d'un système d'abréviation plus ancien, sont facilement visibles.

2° Tout voisin de ce texte est celui du British Museum, Cotton, Julius, D. XI [7], ff[os] 60-84. Son contenu est le même et comme lui, il est suivi du traité de Bonaguida. Il est d'ailleurs, d'après l'écriture, d'une date antérieure et paraît se rattacher au milieu du xive siècle. A en juger par les extraits photographiques que nous en possédons, il donne une bonne version du texte moins déparée que la précédente par lés fautes de lecture du copiste.

1. Cf. *infra*, p.. 25.

2. *Catalogue des mss de la Bib. Mazarine*, t. II, pp. 63-64.

3. Königsberg. *Kön.und-Univ.* Bib. 79 (1271), ff[os] 25a-36b, recueil factice, parchemin et papier, 195 mm. × 295 mm.

4. *Tab. cod. mss. praeter graecos et orientales in biblioth. palat. Vindobonensi asservat.*, 1864, t. I, p. 49.

5. Fabricius, *Bib. med. et inf. Lat.*, 1734, t. I, p. 578.

6. *Archiv* (*Pertz*), X, p. 485.

7. *A catalogue of the mss. in the cottonian library deposited in the British Museum*, 1802, p. 16.

de Clermont, comme celui de Reims, se continue par le traité anonyme *De interdictis* de 1270, les cas réservés aux pénitenciers et ceux réservés aux cardinaux. La parenté des *manuscrit* 100 de Clermont et 770 des N^{elles} Acq. lat., Paris N^{le} est plus étroite encore. Tous deux, d'un contenu assez voisin, nous présentent le *De excommunicacione et interdicto* sous le même *incipit* modifié [1]. Tous deux comportent également un développement intercalaire sur les exceptions au canon *Si quis suadente*. Leur texte est d'ailleurs assez médiocre et les développements de Bérenger Frédol sont parfois résumés, surtout vers la fin du 770.

11° à 16° A cette même famille se rattachent d'assez nombreux *manuscrits* étroitement apparentés sous de sensibles divergences extérieures. Leur lien avec le prototype du *manuscrit* de Reims 744 paraît résulter de quelques similitudes de variantes. Leur parenté entre eux est établie péremptoirement par l'existence chez chacun de lacunes caractéristiques. Deux développements de Bérenger Frédol ont été pris pour des glossèmes [2] et le texte en a été amputé. Le *manuscrit* de Bâle C, V, 35 qui provient de la bibliothèque des frères prêcheurs nous présente le *De excommunicacione et interdicto* à côté de petits traités sur les censures ecclésiastiques [3], en particulier le traité anonyme *De interdictis* de 1270. Il contient la *Denunciatio*. Le *manuscrit* 3968 lat. Paris N^{le} [4] en est au contraire dépourvu ainsi que le manuscrit M.p. th. f. 55 de Würzburg [5]. Les *manuscrits* 119 de Lille [6] et 458 de l'Arsenal [7] sont plus proches voisins encore. Tous deux sont précédés de la *Summa confessorum* de Raymond de Peñafort. Toutefois il faut noter que si le *manuscrit* 458 de l'Arsenal présente la première des lacunes caractéristiques de cette série de *manuscrits*, la seconde apparaît sous une forme un peu différente. Il est de plus assez fortement résumé par endroits [8]. Le *manuscrit* 190 de Berlin [9], assez mauvais, présente des interversions et des suppressions nombreuses en sa deuxième partie.

---

1. Incipit: *Berengarius minister humilis ecclesie Bituricensis [Biterrensis] ad communem omnium tam laycorum quam clericorum nostrorum precipue subditorum utilitatem, ut excommunicacionis et interdicti laqueos valeant evitare...*

2. Première lacune : *Ex textu autem illius decretalis colligitur... papam vidimus et audivimus sencientem* ; cf. *infra*, p. 39, l. 7 à l. 15. Deuxième lacune : *Et sunt quatuor casus... qui sanctus sacerdos.* Cf. *infra*, p. 45, l. 21 à l. 28.

3. Bâle, C. V, 35, XIIIe siècle, parchemin, 153 × 212 mm. ; ff^{os} 64^b-69^b : *De interdictis* ; ff^{os} 70^a-80^b : *De excommunicacione et interdicto*. L'origine germanique du *ms.* nous est prouvée par la fréquente confusion des dentales par le copiste.

4. Cf. *Cat. cod. mss. lib. regiae*, 1744, t. III, p. 533.

5. Würzburg, M. p. th., f. 55, ff^{os} 98-102 (il faut lire, par suite d'interversions, les feuillets dans l'ordre suivant : 101, 100, 99, 98, 102), XIVe siècle, parchemin, 195 × 296 mm. Dans le même *ms.*, nous trouvons le *De electionibus* de Mandagout et le *De dispensationibus* de Bonaguida.

6. F^{os} 323^a - 330^a. Cf. *Catal. gén. des mss. des dép.*, Lille, t. 26, p. 87. On peut noter au f° 325 une remarque de copiste en langue allemande. — Rappelons que Raymond de Peñafort appartenait à l'ordre des Prêcheurs ou Dominicains.

7. Arsenal. 458 (578, T. L.). Cf. *Cat. des mss. de la Bib. de l'Arsenal*, 1885, t. I, p. 306.

8. Les développements tirés du concile de Bourges sont en particulier supprimés de façon systématique.

9. Berlin, K.-K.-Bib., quart. 190, parchemin 198 × 158 mm., 1er tiers du XIVe siècle, ff^o 66^b-80^a, après un texte des Clémentines La *Denunciatio* y est annoncée mais s'arrête dès le début.

17° Mentionnons enfin le *manuscrit* 219 d'Orléans [1] qui présente un texte correct, mais avec un prologue très résumé [2]. Il se rattache vraisemblablement au groupe des manuels de confesseur ainsi que le suggèrent les autres ouvrages contenus dans le *manuscrit* : *Constituciones ordinis S_{ti} Benedicti et Summa* de Raymond de Péñafort [3].

Deuxième groupe. Ce deuxième groupe comprend les abrégés du *De excommunicacione et interdicto*. Leur existence s'explique très facilement. Bérenger Frédol offrait une liste commode des cas d'excommunication, et c'était cela surtout qu'on demandait à son travail. A mesure que l'excommunication perdait de son importance extérieure et devenait tout d'abord une affaire de conscience relevant du tribunal de la pénitence, le besoin de telles listes se faisait sentir de plus en plus. De là la diffusion de notre traité, en particulier dans les formulaires de la pénitencerie papale et les manuels de confesseur. En même temps les dissertations accessoires de Bérenger Frédol paraissaient inutiles, d'autant plus que ses solutions étaient loin d'être universellement admises. L'absolution de l'excommunication *latae sententiae*, qu'il voulait réserver à l'évêque, restait en général au *proprius sacerdos* du pénitent. Cette solution est affirmée par exemple dans le 5° de nos abrégés, celui du British Museum, Old Royal, 8, A, IX, f° XXXVIII^b. (Cf, fac-similé VI).

Ces abrégés sont dans l'ordre de leur brièveté croissante et en dehors du manuscrit de l'Arsenal cité plus haut [4].

1° Breslau, II, Fol. 116, ff°^s 42-48 [5]. Le *De excommunicacione et interdicto* nous est donné dans un très mauvais texte jusqu'au XVIIe cas du paragraphe IIII. Il se continue par une liste des cas réservés au pape tant dans les décrétales de Grégoire IX que dans le Sexte et dans les Clémentines.

---

1. Orléans, 219 (191), pp. 365-377. Cf. *Catal. gén. des mss des départ.*, t. 12, p. 114.

2 *Incipit compilatio domini Berengarii, Bitterrensis episcopi,de casibus tocius juris in quibus,* etc.

Quoniam excommunicatos non vitare tam communicantibus quam excommunicatis periculosum existit.... idcirco casus tocius juris huic operi inserui in quibus....

3. Il nous faut mentionner d'autres mss. que nous n'avons pu retrouver ou consulter. Citons tout d'abord le ms. 333 du Corpus Christi College à Cambridge : *Incipit summa domini Berengarii cardinalis magni penitenciarii domini pape de ommibus casibus juris in quibus quis est excommunicatus ipso facto.*

Quoniam excommunicatos non vitare... D'après les renseignements que nous possédons sur ce *ms.*, — M. Paul Viollet a bien voulu nous communiquer ceux que lui avaient transmis M. Montague Rhodes

James,—nous aurions là une version assez médiocre du *De excommunicacione et interdicto*. Nous aurons d'ailleurs à revenir sur ce ms. à propos des *Casus spectantes ad curiam romanam.*Cf. *infra*, p. LXXXV. Ajoutons encore les mss : 127 de la Bibliothèque de l'Eglise cathédrale de Worcester (peut-être apparenté au précédent), *Cat. lib. mss. Angliae et Hiberniae*, 1697, T. II,p.19 ; 452 de la Bibliothèque de Norfolk, *ibidem*, p. 83 ; 339 de la Bibliothèque « Jacobea » (?), *ibidem*, p. 242. Il nous a été impossible de retrouver le *ms.* Vatic. signalé par Schulte (*Quellen*, II, 181, n. 5) sous le n° 1295. D'après la communication qu'a bien voulu nous faire le P. Ehrle, Préfet de la Bibliothèque Vaticane, le Vatic. lat. 1295 ne contient qu'un commentaire aux XII prophètes.

4. Cf. *supra*, p. LXXX.

5. Papier, 220 $\times$ 292 mm, xve siècle.

2° Angers 403 (390), ff°ˢ 39-42 [1]. Ce *manuscrit* contient, résumés et expurgés des emprunts faits au concile de Bourges, les quatre paragraphes de Bérenger Frédol relatifs aux cas d'excommunication.

3° Chartres 299 (316), ff°ˢ 84-86 [2]. Le *De excommunicacione et interdicto* commence par un texte assez correct. Après le XXI° cas du paragraphe III, il se poursuit par la partie de la *Denunciacio* correspondant aux paragraphes III et IV du *De excommunicacione et interdicto*.

4° Reims 755 (g. 530), ff°ˢ 197ᵇ-198ᵇ [4]. C'est une liste des cas d'excommunication sans nom d'auteur. Elle est faussement attribuée par le catalogue à Jean d'André, mais le plan qui subsiste malgré les déformations du texte nous révèle un abrégé du traité de Bérenger Frédol. Quelques citations s'y ajoutent tirées de Guillaume Durand et de Jean d'André. L'œuvre se poursuit par une liste des cas du droit postérieur que nous retrouverons plus loin [5],

5° British Museum, Old Royal, 8, A, IX, f° XXXVIII ª ᵉᵗ ᵇ [6]. Cet extrait, très court, contient vingt-sept cas pris dans l'énumération de Bérenger Frédol. Il fait suite à un abrégé de la *Summa confessorum* de Raymond de Péñafort et se continue par une liste des cas d'excommunication mineure *ipso jure* sous un titre inexact, par une autre des cas réservés au pape, accompagnée de règles relatives à la compétence pour l'absolution, puis par des listes de cas épiscopaux, de canons pénitentiels, etc.

6° Vatic., Ottobonianus 333, ff°ˢ 101ᵇ-103 [7]. Ce *manuscrit* contient une liste de cas d'excommunication d'après Guillaume Durand et Hostiensis. Bérenger Frédol y est simplement utilisé et cité pour les cas du Sexte.

7° Enfin Bruxelles, 2574 (7494-95), f° 254 [8], contient seulement le prologue, la division des paragraphes et les sept premiers cas d'excommunication. Il s'interrompt pour faire place à une *quaestio* disputée à Toulouse en 1316 par maître Armand.

Ce second groupe de *manuscrits* nous était, bien entendu — sauf une exception — de nul secours pour l'établissement de notre texte. Bien plus, il était inutile, étant donné les rapports de parenté des *manuscrits* du premier groupe, de surcharger notre appareil critique et de reproduire les variantes de tous les textes. Pour alléger notre édition, après avoir pris le *manuscrit* 1308 de la Mazarine comme type, nous nous sommes contentés de donner les variantes du manuscrit 79 de Königsberg, de source indépendante et celles des *manuscrits* Vienne 349, Paris Nˡᵉ, lat. 15415, Reims 744, pour représenter la souche du *Liber de excommunicacione*. Pour la *Denunciacio*, nous ne pou-

---

1. Cf. *Cat. gén. des mss. des départ.*, t. 31, pp. 331-332.

2. Cf. *Ibid.*, t. 11, p. 147.

4. Cf. *Cat. gén. des mss. des dép.*, t. 39, Reims II, 1ʳᵉ partie, p. 96.

5. Cf. *infra*, p. LXXXIY.

6. Casley, *British Museum Old Royal*, pet. in-4°,

p. 140. Le catologue est très insuffisant : surtout à partir du f° XXXVIII, le ms. demanderait à être analysé page par page.

7. Cf. Göller, *Die päpstliche Pönitentiarie*, Bd. I, Th. I, pp. 65-66.

8. Van den Gheyn, *Cat. des mss. de la Bib. royale de Bruxelles*, t. IV, p. 48.

vions conserver le même système. Nous avons donné les variantes de tous les *manuscrits* qui la contenaient, sauf celui du British Museum, Cotton, Julius, D. XI [1] et en ayant soin d'y comprendre celles de Chartres 299 qui nous en donne intégralement la fin [2].

Additions postérieures. L'œuvre de Bérenger Frédol devait cesser rapidement d'être au courant. Parue immédiatement après le Sexte, à la fin de 1298 ou au début de 1299, elle omet par exemple la novelle *Detestandae feritatis* de 1299 rapportée aux Extravagantes communes [3]. D'autre part, les Clémentines publiées en 1313 et envoyées aux Universités le 25 octobre 1317 contenaient des cas nouveaux dont il fallait tenir compte. Aussi les exemplaires du *De excommunicacione et interdicto* se trouvent-ils souvent accompagnés d'additions énumérant les cas nouveaux apparus depuis lui. Parmi ces divers compléments du *Liber de excommunicacione*, aucun ne peut être attribué pour des raisons valables à notre cardinal. L'absence d'ordre systématique dans ces compilations paraît même écarter positivement cette hypothèse.

1° *Casus extravagantium decretalium Bonifacii VIII.* Il nous faut mentionner tout d'abord le manuscrit 79 de Königsberg [4] qui ajoute au *De excommunicacione et interdicto* un court appendice sur les cas d'excommunication issus des novelles de Boniface VIII, *Detestandae feritatis* et *Excommunicamus*, novelles rapportées parmi les Extravagantes communes [5].

2° et 3° Les cas des Clémentines ont provoqué deux listes, très souvent données ensemble et d'assez large diffusion. Ce sont, et de beaucoup, celles des additions les plus répandues. Elles ont passé en particulier dans les formulaires de la pénitencerie apostolique.

La première, *Casus novarum constitucionum* nous donne une énumération de 60 cas, où l'excommunication, l'interdit, la suspense, etc. se trouvent encourus de plein droit. Nous la trouvons isolée dans le manuscrit 403 (390) d'Angers, f°s 42-43[b] [6]. Mais elle se trouve réunie au *Casus Clementinarum* dans les divers formulaires de la pénitencerie papale qui contiennent ceux-ci [7]. Tous les exemplaires que nous en connaissons, y compris celui d'Angers, renvoient d'ailleurs aux *Casus Clementinarum.* Nous donnons le texte du Vatican, lat. 3994, et nous y ajoutons en note les variantes d'Angers [8].

La seconde de ces listes, que nous imprimons ci-dessous sous le nom de *Casus Clementinarum*, nous rapporte dans l'ordre de la compilation et en dix-huit paragraphes,

---

1. Cf. *supra*, pp. LXXVI et LXXVII.
2. Cf. *supra*, p. LXXXII. Désignation des *mss.* : Vienne 349, = A. Paris N[le], lat. 15415, = B. Reims, 744, = C. Mazarine 1308, = G. Bâle, C, V, 35. = H. Paris N[le], lat. 4108 = J. Königsberg, 79 = O. Chartres, 299 = T.
3. *Extrav. com.*, (3. 6), 1.
4. Cf. *supra*, p. LXXVII.

5. *Extrav. com.* (3, 6), 1, *Detestandae feritatis*, etc.... 1299 et (5,10), 1, *Excommunicamus*, etc..., 1295.
6. Cf. *supra*, p. LXXXII.
7. Göller, *Die Päpstliche Pönitentiarie*, Bd. I, Th. I), pp. 71-73. Cf. *supra*, p. LXXVIII.
8. Désignation des *mss.* : Vat. lat. 3994 = A. Angers, 403 = B.

relatifs chacun à un texte différent, les cas d'excommunication, d'interdit, de suspense et d'inhabilité contenus dans la collection nouvelle. Nous trouvons cette œuvre dans le manuscrit 190 de Berlin [1] (que nous suivons au texte), dans le Vatic. lat. 3994 (dont nous donnons les variantes en note [2]), et dans les formulaires de la pénitencerie apostolique apparentés à ce *manuscrit* et déjà signalés [3].

4° *Casus constitutionum domini Clementis*, Clermont 100, ff^os 185^a-186^b [4].

5° *Casus septimi libri*, Orléans 219, pp. 377-380 (29 cas) [5].

6° *Casus extracti de novis constitucionibus*, Arsenal 458 (579, T. L.) ff^os 351^b·352^b [6], en trois parties : *Casus excommunicacionis* (24 cas) ; *Casus suspensionis, irregularitatis et privacionis* (12 cas), *Casus interdicti* (3 cas).

7° *Casus juris novi*. Reims 755 (g. 530), f° 198 [7]. Cette addition contient : 1° *Casus contenti in constitucionibus extravagantibus Bonifacii VIII post VI^um librum* ; 2° *Casus in quibus excommunicacio fertur ipso facto per Constituciones Clementis* ; 3° *Dominus Johannes papa XXII^us fecit plures constituciones post concilium Viennense in quibus continentur excommunicaciones ipso jure late...Expliciunt casus in quibus quis incidit in excommunicacionis sententiam ipso facto de constitucionibus contentis in decretis Decretalium, Sexti, Clementinarum, ac extravagantium multorum pontificum Romanorum* [8].

Remaniements bénédictins. Les Bénédictins ont tiré du *De excommunicacione et interdicto* des extraits comprenant 32 cas. Ceux-ci intéressent surtout le monde monacal. Ils sont abrégés et dépouillés de tout commentaire. Leur auteur leur a donné l'intitulé suivant : *Hic sunt quidam casus juris veteris a domino Berengario... collecti in corpore juris, ab eodem in unum congregati.* « Le libellé du titre... nous fait supposer que cet extrait a été exécuté postérieurement à la confection des Clémentines [9]. » Aussi bien ce travail est-il complété par un relevé analogue de 31 cas exécuté sur les Clémentines ou plus exactement sur les *Casus novarum constitutionum* en 60 articles. Le titre en est : *Hic sunt quidam casus novellarum constitutionum domini Clementis pape...* etc. L'un et l'autre sont traduits en français, car les moines n'étaient pas astreints à la connaissance du latin. L'origine bénédictine de ce remaniement et de cette traduction ne paraît point douteuse. Nous les connaissons par deux *manuscrits* : Reims 291 (C.178), ff^os 167-170 [10], et Angers 403 (390), ff^os 64^b-71 [11]. L'un et l'autre proviennent d'abbayes bénédictines. Le *manuscrit*

---

1. Cf. *supra*, p. LXXX.
2. Désignation des *mss.* : Berlin 190 = A. Vatic. lat. 3994 = B.
3. Cf. *supra*, p. LXXVIII.
4. Cf *supra*, p. LXXIX.
5. Cf. *supra*, p. LXXXI.
6. Cf. *supra*, p. LXXX.
7. Cf. *supra*, p. LXXXII.
8. Malgré l'énoncé de cet *explicit*, cette liste ne va pas plus loin que Jean XXII. Sa date (XIVe siècle) l'empêche de mentionner entre autres la célèbre décrétale de Paul II, *Extrav. com.*, (5, 9), 3, 1468.
9. Viollet, *Bérenger Frédol*, Hist. lit. de la Fr , t. XXXIV, p. 150.
10. *Cat. gén. des mss. des dép.*, T. 38, Reims, I, p. 270.
11. Cf. *supra*, p. LXXXII et p. LXXIII.

de Reims, plus complet [1], sort du couvent de St-Nicaise [2] ; celui d'Angers est issu selon toute vraisemblance du couvent des Saints Serge et Bacchus [3].

Appendices. Il nous a paru nécessaire de donner en appendices quelques textes destinés à répondre à certaines questions que pourrait se poser le lecteur.

Tout d'abord, il convenait d'éclaircir une assertion émise par Schulte [4]. Cet historien attribue à Bérenger Frédol deux traités en corrélation avec le *De excommunicacione et interdicto*, savoir : les *Casus spectantes ad curiam Romanam* et le *De forma degradandi in reis et morti addicendis sacerdotibus*. M. Viollet a montré qu'il y avait là deux erreurs [5].

1° *Casus reservati.* Les *Casus spectantes ad curiam romanam* ne constituent pas une œuvre propre de notre cardinal. Ce qui explique la confusion commise par Schulte et les auteurs dont il s'inspire, c'est la présence à la suite du *De excommunicacione et interdicto* de listes anonymes de cas réservés. M. Viollet cite comme exemple le *manuscrit* de Cambridge, Corpus Christi, 333 (anciens 289 et 290), et c'est bien l'origine probable de l'erreur commise [6]. Plus étroitement liés au *De excommunicacione et interdicto* se trouvent l'abrégé du British Museum, Old Royal, A XI [7] et sutout Breslau, II, Fol. 116 [8]. C'est la liste des cas réservés fournis par ce dernier manuscrit que nous donnons plus bas sous le titre de *Casus reservati* [9].

2° *Forma degradandi.* Aussi certaine est l'erreur par laquelle a été attribué à Bérenger Frédol un traité *De forma degradationis, etc.* Elle provient d'une confusion sur une décrétale du Sexte adressée à l'évêque de Béziers, notre canoniste, et traitant de la forme de la dégradation [10].

---

1. C'est lui que nous prenons par conséquent pour base de notre édition. Désignation des *mss.* : Reims 291 = A. Angers 403 = B.

2. *Cat. gén. des mss. des dép.*, T. 38, Reims, I, p. 270. Viollet, *op. cit.*, p. 149.

3. Le *ms.* 403 d'Angers est probablement en effet le *ms.* signalé par Montfaucon, *B B M*, II, p. 1219, A, dans le *Catalogus librorum mss. Bibliothecae SS. Sergii et Bacchi.* Cf. *Cat. gén. des mss. des dép.*, T. 31, p. 189 et 311-312 et Ulysse Chevalier, *Topo-bibliographie*, V° St-Serge

4. Schulte, *Geschichte der Quellen*, II, p. 181, n. 5.

5. Viollet, *op. cit.*, p. 144.

6. Voici en effet les mentions du *Cat. lib. mss. Angliae et Hiberniae*, 1697, pp. 141-142, *Biblith. collegii St Benedicti* : 289. *Summa domini Berengarii Cardinalis, magni penitentiarii Domini Papae de omnibus casibus juris in quibus quis est excommunicatus.* 290. *Casus spectantes ad curiam Romanam, auctore Berengario,* précédé de *Quaedam*

ordinaciones et observaciones Domini Papae : Cum justo lex non sit posita et suivi du *Tractatus fratris Bonagratia.*

Ces deux *mss.* 289 et 290 ont été réunis pour former le *ms.* 333. Nasmyth, *Cat. lib. mss. collegii Corpus Christi*, 1777, pp. 351-352, connaît déjà ce *ms.* sous sa forme actuelle et l'analyse de façon plus correcte. 1° *Summa domini Berengarii, etc.* 2° *Tractatus fratris de Bonagratia de eadem re cui annectuntur casus episcopis reservati et penitentiae in confessione injungendae...* 6° *Tractatus alius de casibus excommunicacionis.* Cf. Montague Rhodes James. *A descrip. catal. of the mss. of Corpus Christy College*, 1909-1911, II, p. 160-161.

7. Cf. *supra*, p. LXXXII, 5°.

8. Cf. *supra*, p. LXXXI.

9. La liste est d'ailleurs incomplète et ne rapporte pas, par exemple, tous les cas relevés par Hostiensis, *Summa*, 11, p. 366.

10. VI (5, 9), 2. Cf. Viollet, *op. cit.*, p. 144.

3° *Casus episcopales*. Le *manuscrit* 755 (g. 530) de Reims f° 198ᵇ [1], après nous avoir exposé les divers cas d'excommunication nés postérieurement au Sexte, ajoute une liste des cas d'absolution (en dehors même de l'excommunication) réservés à l'évêque. Le texte, du xivᵉ siècle, concerne vraisemblablement le diocèse de Reims. Nous avons pensé qu'il serait intéressant de conserver ce texte dans nos appendices pour rappeler l'existence des cas épiscopaux à côté des cas papaux et donner ainsi un tableau plus vivant du régime pénitentiel où se situait l'œuvre éditée.

4° *Regulae de casibus canonis Si quis suadente*. Deux manuscrits du *De excommunicacione et interdicto*, le Clermont 100, et le Paris Nⁱᵉ, Nᵉˡˡᵉˢ Acq. lat. 770 [2] intercalent dans le texte de Bérenger Frédol, à la fin de la deuxième partie, une liste complète des exceptions au canon *Si quis suadente*. Nous reproduisons ce relevé d'après le manuscrit 100 de Clermont, ffᵒˢ 153-154 [3].

5° *De excepcionibus duarum regularum*. Le Vatic. lat. 3994 [3], ff° 64ᵇ-67ᵃ nous offre une addition analogue sans d'ailleurs l'incorporer au texte original. Il se contente de reproduire en complément à notre traité un extrait de la Somme d'Hostiensis. Le lecteur trouvera ce fragment comme cinquième appendice.

6° *Casus excommunicacionis secundum statutum concilii Viennensis*. Enfin nous donnons en dernier lieu une liste des cas d'excommunication des Clémentines d'après deux *manuscrits*, Troyes 1718, 4° [4] et Archives de l'Aube, G. 2334, ffᵒˢ 32-33 [5]. Ce morceau selon toute vraisemblance a été écrit pour compléter notre traité. Il peut être intéressant de connaitre ce texte susceptible d'apparaître à la suite d'un *manuscrit* jusqu'ici ignoré du *De excommunicacione et interdicto*.

1. Cf. *supra*, pp. LXXXII et LXXXIV.

2. Cf. *supra*, p. LXXIX.

3. Cf. *supra*, pp. LXXVIII et LXXXIII.

4. *Catal. gén. des mss. des dép.*, in-4°, II, p. 726.

5. *Catal. des mss. des dépôts d'archives départ.*, p. 21. — Désignation des *mss.* : Troyes, 1718 = A. Arch. Aube, G. 2334 = B.

Filiation des manuscrits.

I. — De absolucione ad cautelam.

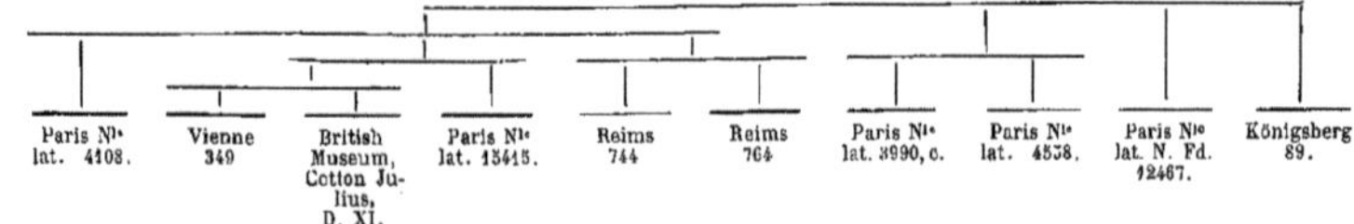

II. — De excommunicacione et interdicto.

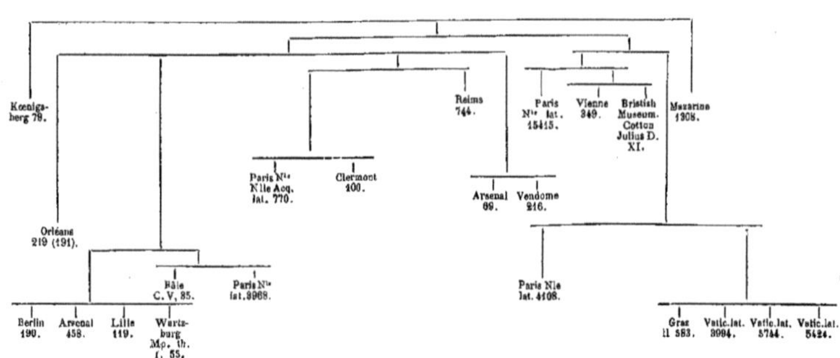

LIBER DE EXCOMMUNICACIONE

I

DE ABSOLUCIONE AD CAUTELAM

Ad evidenciam hujus [1] materie [2], videndum est [3] primo, quid [4] sit dictum [5] absolu-cio ad cautelam [6] ; secundo, quando [7] locum habeat absolucio [8] ad cautelam [9] ; tercio, a quo hec absolucio [10] possit prestari [11] ; quarto, que sit forma hujus [12] absolucionis ; quinto, an hec absolucio sit de necessitate vel de [13] gracia seu [14] voluntate ; sexto, quibus modis peticio absolucionis [15] ad cautelam impugnetur [16] vel impediatur. **5**

Quid [17] sit dictum [18] absolucio ad cautellam ? Circa hoc notandum est [19] [quod] [20] absolucio ad cautellam [21] ad sex [b] prestatur fines vel effectus [22]. Primo prestatur [23] ad cautellam ejus qui dicitur excommunicatus, ut puta quando dubitat an sentencia in eum lata teneat, firmius tamen [24] et [25] probabilius credit quod non teneat quam quod teneat [26]. Nec enim [27] est [28] huic [29] dicendum : « *Dimitte* [30] *jus tuum et facias te absolvi* » ; argumentum, **10** ff., *de petitione hereditatis, l. illud* [a], ibi [31], *nec enim debet possessor* (bone fidei origina-liter) [32] *aut mortalitatem prestare, aut propter metum hujus* [*periculi*], scilicet mortalita-tis [33], *indefensum jus suum relinquere* [34]. Immo [35] dummodo per sentenciam vel confes-

1. *deest*, F. — 2. absolutionis ad cautelam, D. E. — 3. est videndum, D. — 4. quare E ; quod, D. — 5. dicta, E. — 6. et ad quid detur, G, H. — 7. et in quibus casibus, F. — 8. hec, H. — 9. absolucio ad cautelam, *deest*, G. — 10. hec absolutio *deest*. G. — 11. inpetrari, C, D. — 12. *deest*, E. — 13. *deest*, E. — 14. de, B, C, E. — 15. absolutionis peticio, G. — 16. impugnatur, G.— 17. Ad primum quid, G, H. — 18. dicta, E. — 19. *deest*, B, E. — 20. *deest*, A ; quod dicta, G, H. — 21. *deest*, G, H. — 22. ad sex fines vel effectus prestatur, F ; prestatur ad sex etc., G, H. — 23. *deest*, G. — 24. *deest*, C. — 25. *deest*, F. — 26. *deest*, F ; et in dubiis viam debemus eligere tutiorem, *de sponsalibus, juvenis* [X, (4, 1), 3], G, H. — 27. *deest*, G. — 28. *deest*, G. — 29. *deest*, F. — 30. Dimittas, D. — 31. Innocentius, F. — 32. *deest*, A. — 33. ac. B, D ; acur, G, H : (*glose d'Accurse*). — 34. nec enim... relinquere, *deest*, F ; *locum turbatum*, E. — 35. *deest*, E, F.

a. Dig. (5, 3), 40.
b. Le second cas est indiqué par la formule :

Inmo dummodo, infra, l. 13. Mais Bérenger Frédol l'a oublié peu après, *infra*, p. 2, l. 16.

sionem vel rei evidenciam non constet quod [1] pro [2] manifesta offensa excommunicatus [3] sit, sine alia satisfaccione absolvendus est ad cautellam et postea suam justiciam prosequetur [4], *de sentencia excommunicacionis, sacro* [5] in §§ I [et] II [a][6]. Quandoque vero [7] fit hec absolucio [8] ad cautellam aliorum ut scilicet ei communicetur [9] in sacramentis [10]
5 et aliis quod aliter fieri non posset ut [11] *de hiis que vi metusve causa fiunt, sacris* [b] et *de clerico excommunicato ministrante, capitulo finali* [12][c]. Quandoque etiam [13] prestatur ad cautelam oppinionis ejus [14] ne scilicet ledatur propter infamiam excommunicacionis prelat[e] [15], argumentum, *de sentencia excommunicacionis, cum deside[res]* [16], § *secunde questioni* [d]. Et quandoque [17] fit ad cautellam futurorum ne lege [18] ejus facta in posterum
10 irritentur [19] ut *de excepcionibus, apostolice* [e][20]. Quandoque etiam fit ad cautelam vel subventionem [21] veritatis probande ut [*de accusacionibus* [22]], *olim* [f] et de *testibus, veniens* [g], in fine, [23]. Vult ergo dicere [24] absolucio ad cautelam quod in primo casu de predictis sex, ille [25] absolvatur [26] ut suam justiciam prosequi possit et ne forsan in excommunicacione decedat ne[c] [27] tamen ei [28] prejudicet vel noceat [29] si ante absolucionem istam [30] immiscue-
15 rat se [31] divinis et ita in utroque casu [32] cavetur seu providetur isti. De hoc tamen [33] prejudicio plenius dicetur in [34] ea glosa, § finali [35]. In secundo casu [36] cavetur seu providetur [37] volentibus communicare illi qui erat excommunicatus. In [38] tercio [39] providetur seu cavetur [40] opinioni excommunicati et sic de aliis et hoc vult dicere absolucio ad cautelam. Major [41] pars eorum [42] que notantur in isto [43] § I, tanguntur per Innocencium et Hos-

---

1. *deest*, B, C. — 2. per. C. — 3. excommunicatio, E. — 4. prosequitur, C ; prosequatur, G ; *deest*, D. — 5. *deest*, D, E, F. — 6. libro VI°, D, F ; *de officio delegati, prudenciam*, § *Sexta* [X (1,29) ; 21]... Item ne forte in excommunicatione decedat *de appellationibus, qua fronte* [X (2, 28), 23] ; G. H. — 7. *deest*, F ; tamen, G. — 8. fit si quis absolvitur, E. — 9. excommunicato communicent alii, F ; ei qui communicetur, D. — 10. sacris, B, C, G, H. — 11. extra, G. — 12. et in eo capitulo *solet* [VI (5, 11), 2], G. — 13. *deest*, F ; tamen, G. — 14. alicujus, E ; excommunicati, F. — 15. prelati A, B. C, D, F, G, H. — 16. desidens, A. — 17. quandoque etiam G, H ; quandoque, C. — 18. scilicet, B, C, D, E, F, G. H. — 19. irritantur, A ; ut..... non irritentur, G ; irritentur vel habeant retardari, D. E, F. — 20. *deest*, D, F. — 21. ad subventionem, E ; substentationem, D ; sub relevationem, G, H. — 22. dicto capitulo, A, B, C, D, E ; de dolo, F. — 23. *veniens*, II, in fine. F ; cap. II, in fine, E. — 24. absolutio dicere, C,D ; ad cautelam dicere, F. — 25. excommunicatus, F. — 26. adsolvatur, C ; solvatur, F. — 27. ne, A. — 28. eidem, E. — 29. prejudicat vel nocet. — 30. *deest*, F. — 31. *deest*, D ; immisceat se, E ; se immiscuerit in, F ; immiscuerit vel immiscuerat, H. — 32. *deest* G. — 33. *deest*, C. — 34. infra in, G, H. — 35. *deest*, F, D ; § I°, B, C. — 36. autem *au lieu de* casu B ; et tertio E. — 37. Providet seu cavet, F ; providetur seu cavetur, E. — 38. *deest*, F. — 39. casu, F, G, H. — 40. volentibus... cavetur *deest*, E ; cavet seu providet, F ; seu cavetur, *deest*, G. — 41. Sed major, G, H. — 42. Quatuor eorum, E. — 43. in *deest*, hoc, F.

a. X (5, 39), 48 ; (c. 47 conc. Later. IV), 1215.
b X (1, 40), 5 ; Innocent III, 1200.
c. X 5, 27), 10 ; Grégoire IX, 1227-1234.
d. X (5, 39), 15 ; Clément III, 1187-1191.

e. X (2, 25), 9 ; Grégoire IX, 1227.
f. X (5, 1), 26 ; Grégoire IX, 1227-1234.
g. X (2, 20), 38 ; Innocent III, 1204.

tiensem [a] [1] dicto capitulo, *de excepcionibus, apostolice* [b]. An autem [2] per talem absolucionem fiat prejudicium absoluto ut per hoc [3] videatur se fateri excommunicatum vel irregularem si ante absolucionem istam forsitam [4] celebravit ? Et [5] est dicendum quod non
ut expresse notat P[etrus de Sampsone] [6] [c] in capitulo *ad presenciam, de appellationibus* [d]. Ideo [7] enim [8] hec absolucio dicitur ad cautelam quia per eam [9] cavetur [10] 5
excommunicato [11] ne incidat in periculum cum excommunicacionem dicat [12] esse nullam
ut [13] supra. Item providetur [14] adversario per prestacionem caucionis [15]. Item providetur
aliis ut [16] secure sibi [17] participent [18] ut in [19] capitulo *solet* [20] [e]. Consulunt tamen Innocencius et Hostiensis in capitulo *per tuas* [21] [f], *de protestacione* [22] per capitula *de constitucionibus, cum M.* [g] *et de electione, Cumana* [h]. Tamen protestacio non juvaret [23] si invenire- 10
tur [24] justa excommunicacio nec noce[ret omissio] [25] si inveniretur [26] nulla excommunicacio ; argumentum, *VIII distinctione, veritate* [27] [i]. Quamdiu [28] autem de nullitate sentencie
excommunicacionis excipi vel replicari possit notant [29] Innocencius et Hostiensis in capitulo *per tuas* [30].

1. in, G. H. — 2. an ante talem absolucionem fiet in dicta absolucione ut per hoc videtur se fateri
excommunicatum ut irregularem si forte ante istam absolucionem celebravit ? Dic quod non ut notatur
de Abbate (?) j, *de appellacionibus, ad presenciam* et per dominum Joannem Andree et Abbatem, *de eleccionibus venerabilem*. Königsberg, 89. — 3. per hoc, *deest*, F. — 4. *deest*, F. — 5. *deest*, C. D. — 6. p.
ou P, A, B, C, D, F, G, H ; P. de Samp, E. — 7. Secundo, E. — 8. *deest*, E, F. — 9. per omnia, F.
10. cavet. — 11. excommunicatus, E. — 12. dicit, E. — 13. ut est supra dictum § I, G ; ut supra eo
§ est dictum, H. — 14. providet, F. — 15. item... caucionis, *deest* E. — 16. qui, F. — 17. excommunicato, F. — 18. participant, F ; provideant vel participent, G ; provideant alias participent, H. —
19. hoc, G ; dicto, H. — 20. *de sentencia excommunicationis, solet* libro VI°, F. — 21. de sentencia excommunicationis, F. — 22. *de probat(ionibus), ne* (?) [X (2, 19) 10], H ; scilicet ex hoc quod petit absolvi
non intendit confiteri se esse excommunicatum et per consequens irregularem. — 23. juvat, F. —
24. invenitur, C ; inveniatur, F. — 25. nocet, F ; nocent commissio, A. — 26. inveniatur, F. —
27. de veritate, F. — 28. Quando, C, D ; Item quamdiu, G, H. — 29. notatur per, G, H. — 30. *Addition des
mss.* G, H : Dicitur autem cautela quasi cautionem tenens vel telum cause. — Summa hec est. Datur
absolutio ad cautelam [quod] per eam providetur seu cavetur excommunicato ut liberius suam
justiciam prosequatur (*sic* G, prosequetur H) ut in capitulo *sacro*, §§ I et II *de sentencia excommunicationis*] (*sic* H ; *deest* G) et capitulo *prudenciam, § Sexta* et capitulo *cum contingat* [de officio dele-
gati] *sic*. H ; *deest*, G) et ne forsan in excommunicatione decedat si ante istam absolutionem immiscuit
se divinis quia per hoc non probatur irregularis ; notatur de hoc in capitulo *apostolice, de excepcionibus*

a. INNOCENT IV († 1254), *Apparatus* ; cf. SCHULTE,
Quellen, II, p. 92. HOSTIENSIS († 1271), *Commenta-
rios ad quinque libros decretalium* et *Lectura in decretales Innocentii* IV ; cf. SCHULTE, *Quellen*, II,
p. 127.

b. X (2,25), 9 ; Grégoire IX, 1227.

c. PETRUS DE SAMPSONE (vers 1230-1260), *Summa
decretalium*. Cf. SCHULTE, *Quellen*, II, p. 108 et
sq.

d. X (2, 28), 16 ; Alexandre III, 1173-1181.

e. VI (5, 11), 2 ; Innocent IV, 1245.

f. X (5, 39), 40 ; Innocent III, 1203.

g. X (1, 2), 9 ; Innocent III, 1198.

h. X (1, 6), 50 ; Grégoire IX, 1228.

i. D. 8, c. 4 ; St Augustin.

j. ABBAS ANTIQUUS (vers 1261-1275, élève de
Pierre de Sampsone), *Apparatus ad decretales
Gregorii IX* ; cf. SCHULTE, *Quellen*, II, p. 130.

QUANDO ET IN [1] QUIBUS [CASIBUS] [2] HABEAT LOCUM ABSOLUCIO AD CAUTELAM ? Dicendum [2] primo secundum Bernardum [a][4] quod talis absolucio[5] locum habeat quando[6] quis se asserit post appellacionem legitimam excommunicatum ; alias [7] secundum eum nullus [8] absolvetur [9] ad cautelam [10] ut notat *de testibus, veniens* [11][b][12] ; item secundum eumdem [13] Ber-
5 nardum [14]. si dicatur [sentencia] [15] errorem intollerabilem continere ut notat [16] *de sentencia excommunicacionis, solet* [c][17] ; item [18] ubi aliter excommunicacio de jure non tenet [19] ut notat [20] Bernardus, *de [appellationibus]* [21], *ad presentiam* [d]. Hodie autem [22] videtur [23] cuilibet petenti debere [24] dari absolucio ad cautelam ut idem [25] Bernardus notat in [26] capitulo *solet*. [Innocencius] [27] vero [28] notat in capitulo *per tuas* [e] hanc absolucionem ad
10 cautelam [29] debere fieri non solum quando dicitur lata [30] excommunicacionis sentencia [31] post appellationem legitimam vel errorem intollerabilem continere, sed etiam [quando] contra aliquem qui agit opponitur excommunicacio [32] ut repellatur ab agendo [33].[Nam] [34] et [35] in hoc casu si petat absolvi ad cautellam, etiam premissa protestacione de qua *infra,* § finali, vel [36] sine protestacione secundum Hostiensem, non debet sibi denegari dum-
15 modo ab ipso a quo petitur absolucio vel ejus [auctoritate vel ejus] [37] [subdito] [38] dicatur

et ejus opinioni seu vulgari infamie providetur, capitulo *cum desideres,* § *secunde questioni* [*de sententia excommunicationis*] (*sic,* H ; *deest,* G) et ne ejus facta in posterum irritentur ut predicto capitulo *apostolice.* Providetur etiam adversario [seu cavetur] (*sic,* G ; *deest,* H) propter [istam] (*sic,* H ; *deest,* G) cautionem quam iste excommunicatus prestat, capitulo *solet, de sententia excommunicationis.* Providetur et aliis ut secum participare possint in sacramentis et aliis, *quod metus causa* (sic), capitulo *sacris.* Providetur insuper negociis ut melius et liberius veritas reperiatur, capitulis *prudenciam,* § *Sexta* [allegatis] (*sic,* H, *deest,* G) ; *de testibus, veniens* ; *de accusatione, olim.*

1. Secundo videndum est in, G, H. — 2. *deest,* A. — 3. Videndum primo, D, E ; et primo, F ; juxta quod, G, H. — 4. Beren., E ; B.: A, B, C, D, F, G, H. — 5. quod talis absolucio, *deest,* D ; talis absolutio, *deest,* E. — 6. ubi, B, C, D, E, F, G, H. — 7. et, F. — 8. talis, F. — 9. absolvatur, F ; absolveritur, H. — 10. *deest,* E, F. — 11. *Veniens* II, E. F. — 12. An etiam locum habeat in suspenso a beneficio, videtur quod sic, *de exceptionibus, apostolice,* in fine ubi suspensio a beneficio relaxatur ad cautelam, E (en marge). — 13. *deest,* F. — 14. Beren., E ; *deest,* G, H. — 15. sententiam, A, F, G. — 16. notatur in dicto capitulo, G. — 17. libro sexto, F. — 18. idem, G, H. — 19. teneret, H. — 20. notatur per, G. H. — 21. *de testibus,* A, B, C, D, E. — 22. vero, E. — 23. *deest,* G, H. — 24. debet, G, H. — 25. *deest,* F, E. — 26. dicto, F, H ; eo, G. — 27. Inmo, A. — 28. *deest,* E ; bene, F. — 29. *deest,* E, H. — 30. data, C. — 31. excommunicatio sive, E ; *deest,* F. — 32. excommunicato, B, C. — 33. Ad hos duos casus videtur tamen refferri decretalis *venerabilibus de sententia excommunicacionis* circa finem libro VI[o], G (en marge). — 34. Navi, A. — 35. *deest,* D, E, F, G, H. — 36. de... protestatione, *deest,* E. — 37. *deest,* A. — 38. subdicto, A ; subdelegato, E.

a. BERNARDUS COMPOSTELLANUS (vers 1245-1260), *Apparatus ad constitutiones Innocentii,* IV ; cf. SCHULTE, *Quellen,* II, pp. 118-119 ; et BERNARDUS PARMENSIS († 1263), *Apparatus ad decretales Gregorii IX* ; cf. SCHULTE, *Quellen,* II, p. 115. Bérenger Fredol identifie d'ailleurs les deux personnages par une confusion certaine et qui ressort de l'incohérence même de la doctrine rapportée. Bernard de Parme n'a pas commenté le chapitre *solet* et Bernard de Compostelle ne semble pas avoir commenté les décrétales de Grégoire IX.

b. X (2, 20), 38 ; Innocent III, 1204.
c. VI (5, 11), 2 ; Innocent IV, 1245.
d. X (2, 28), 16 ; Alexandre III, 1173-1181.
e. X (5, 39), 40 ; Innocent III, 1203.

excommunicacio lata, argumentum *de clerico excommunicato* [*ministrante*] [1], *apostolice* [2] [3];
de sentencia excommunicacionis [3], *venerabili* [4] [b]. Idem [5] si hoc petatur a delegato pape secundum Hostiensem, argumentum *de officio delegati, prudenciam* [c], §§ penultimo [et] [6] ultimo [7] cum [similibus] suis [8]. Sed pone quod [9] judex vel adversarius petant [10] quod [11] hic [12] confiteatur sentenciam tenere antequam absolvatur ; certe [13] dicit Innocentius in capitulo **per tuas** quod [14] hoc [15] non debet fieri : ex confessione [16] enim istius modi [17] non debet adversario [18] aliquid accrescere vel decrescere [19], argumentum ff, *si servitus vendicetur*, [*lex sicut. § sed*] [20] *queritur* [d], et hoc sive protestetur petens absolucionem sive non, Innocencius [21]. Hostiensis vero notat in capitulo *cum* [*desideres*] [22] quod ubicumque an aliquis excommunicatus sit probabiliter dubitatur, potest habere locum absolucio ad cautelam [23]. Innocencius [24] et [25] Hostiensis [26] notant in capitulo *solet* quod [27] absolucio ad cautelam habet locum ubicumque dicitur excommunicacionis sentenciam [28] esse nullam [29] vel propter appellacionem precedentem vel propter [intollerabilem] [30] erroris expressionem [31] vel propter jurisdiccionis defectum vel alium [32] modum [33] ; argumentum de verbo [34] in decretali *solet* posito [35] ubi [36] dicit « nullam », quod [37] cum generaliter ponatur [38], generaliter [est] [39] intelligendum [40] ; argumentum *XIX distinccione, si Romanorum* [e] cum similibus. Licet autem Innocencius in [41] capitulo *solet* [42] videatur illam oppinionem fovere [43] quod non absolvatur ad cautelam nisi confiteatur excommunicatorem suum judicem esse [44], [tamen in dicto capitulo *apostolice, de excepcionibus*] [45] [g] contrarium [46] tenet et

---

1. *deest*, A, C, D ; *de excepcionibus* [X (2, 25), 9]. G, H. — 2. *deest*, E. — 3. *deest*, D. — 4. *venerabilibus*, libro VI° [VI (5, 11), 7], F. — 5. Item, E. — 6. in, A. — 7. et § finali, E, G, H. — 8. *deest*, G, H ; suis suis, A. — 9. quid si, F. — 10. petat, F, G, H. — 11. ex hoc ut, E. — 12. banc, F. — 13. *deest*, G, H. — 14. *deest*, F. — 15. *deest*, G. — 16. expressione, E ; expressioni, F. — 17. *deest*, F, G, H ; nullo modo, E. — 18. *deest*, F. — 19. *deest*, F. — 20. *deest*, A, B, C, D. — 21. Secundum Innocentium, G, H ; notat Innocentius, E ; (*en marge*) Quando (?) habet locum absolutio ad cautelam, vide jura per Joannem Andree[f] in capitulo *presenti*, (*extra*), *de sentenlia excommunicationis*, *libro VI°* [VI (5, 11), 10], G. — 22. desideret, B ; desidens, A ; *deest*, E. — 23. quod... cautelam, *deest*, F. — 24. autem, B ; etiam, D, G. — 25. *deest*, F. — 26. vero, F. — 27. hec, G, H. — 28. sentencia, E. — 29. nulla, E. — 30. extollerabilem, A ; intollerabilis, C, E. — 31. errorem expressam, F. — 32. alias, F. — 33. expressionem... modum *deest*, C. — 34. *de verborum significatione, ex parte* 1 et, E ; *de verborum significatione*, D. — 35. *deest*, E. — 36. argumentum dicti capituli *solet* ibi cum dicet, G, H. — 37. *deest*, F, G, H. — 38. illud dicitur, H ; illud dicatur, G. — 39. *deest*, A. — 40. generaliter est intelligendum, *deest*, D. — 41. dicto, G, H. — 42. Innocentius... *solet*, *deest*, F. — 43. movere, B ; fovere in capitulo *solet*, F. — 44. nisi confiteatur excommunicationem suam vel diceret se esse excommunicatum; (*en marge*) notat an petens se absolvi ad cautelam teneatur confiteri excommunicacionem suam, E. — 45. *de excepcionibus*, in capitulo *apostolice*, A ; dicto, *deest*, A, B, C, D, E, F ; Inno *au lieu de* in, C , cum *apostolice*, E ; tamen *apostolice*, D. — 46. totum contrarium, G, H.

a. X (5, 27), 9 ; Grégoire IX, 1227.
b. X (5, 39), 52 ; Honorius III, 1216-1227.
c. X (1, 29), 21 ; Célestin III, 1193.
d. Dig. (8, 5), 8, § 3.
e. D. 19, c 1 ; (ex conc. Rom.), 865.
f. JOANNES ANDREAE, *Glossa in Sextum* (1304-1305),

Novella in Sextum et *Additiones ad Apparatus Sexti* (1334-1342) ; cf. SCHULTE, *Quellen*, II, pp. 218 219. Adde pour les textes antérieurs, *Novella in decretales Gregorii IX* (après 1321) ; SCHULTE, *Quellen*, II, pp. 219-221.

g. X (2, 25), 9 ; Grégoire IX, 1227.

glosam [1] decretalis [2] *solet* videtur quantum ad hoc corrigere. Ubi autem [3] certum [4] est excommunicacionem nullam esse,non habet locum absolucio ad cautelam, sed quod talis denuncietur non ligatus [5] et si certum [6] est [7] excommunicacionem tenere, absolucio [est] [8] necessaria ; sed [9] in dubio [10] locum habet absolucio ad cautellam. Hec probantur [11] de *officio delegati, cum contingat* [12]; *de sentencia excommunicacionis, per tuas* [13] et capitulo *solet* [c][14] ut ibi [15] notant Innocencius et [16] Hostiensis. Habet [eciam] [17] locum hec [18] absolucio ad cautelam a superiore prestanda in eo qui [19] se dicit exemptum et excommunicatur [20] ab ordinario ; cum enim et [21] in hoc casu esset sentencia nulla [22], bene potest talis absolucio [23] locum habere ut notatur [24] supra [25] et [26] hoc secundum Innocentium et Hostiensem [27] quamvis Innocencio magis placeat quod in hoc casu locum non [habeat] [28] sed quod exemptus [prosequatur] [29] jus suum ut notatur per eos in [30] capitulo *solet*. Quibus autem [31] modis dicatur excommunicacionis sentencia esse [32] nulla notatur in [33] capitulo *cum contingat* et per Hostiensem in capitulo [34] *solet* super verbo « nullam » [35]. Sed numquid eo ipso quod quis dicet se excommunicatum post appellationem [36] vel alias excommunicacionem [37] in se latam asserit [38] fore [39] nullam et petit ad cautelam absolvi [40] statim est sibi [41] credendum ? [Dic quod non] [42] secundum Innocencium sed Hostiensis [43] in capitulo *per tuas* dicit quod judex a quo hec absolucio petitur premittere debet summariam inquisitionem [44] de nullitate sentencie presente adversario vel contumaciter absente, argumentum *ut lite non contestata, quoniam frequenter*,§§ *in aliis* [d] et sequentibus. Et si ex confessione adversarii vel alio modo appellacionem probabilem invenerit [45] precessisse, quamquam adversarius asserat appellacionem [46] frustratoriam vel injustam,prestabitur absolucio [47] ad cautelam nisi [eum] [48] excommunicatum [49] pro [50] manifesta dicat

1. glosa, G, H. — 2. capituli, F, G, H. — 3. ad, C. — 4. certus, H. —5. legatus, B. — 6. sed, E. — 7. esset, E. — 8. *deest*, A ; esset, E. — 9. et, F. — 10. dubium, F. — 11. ut probatur, G, H ; hoc probatur, F. — 12. et, G. — 13. *solet* et *per tuas*. —14. libro VI°, F. — 15. ibidem, B, C, D, F, G, H ; ubi idem notant, E. — 16. *deest*, H. — 17. *deest*, A. — 18. *deest*, G, H ; ista, C, D. — 19. quod. H. — 20. ut ubi excommunicatus. — 21. *deest*, E, H, G. — 22. lata. — 23. *deest*, B, C, D, E.— 24. ut supra dictum est. H, G. — 25. in, C. D. — 26. Habet... Hostiensem, *deest*, F. — 27. habet, A, B, C, D, G, H. — 28. prosequeretur, A, B, C, D, E, F, G ; prosequetur, H. — 29. dicto, H, G. — 30. *deest*, F — 31. *deest*, F — 32 *deest*, F ; dicto, F, H;.— 33.cum.. capitulo, *deest*, B, C — 34. et per Cardinalem,*de sentencia excommunicacionis, presenti*, libro VI° [V] (5, 11) 10] ubi vide Joannem in notula, F ; et Joannem Andree in capitulo *venerabilibus* [VI (5, 11), 7], G (*en marge*). Quot modis ergo sentencia dicatur nulla excommunicacionis, notat Joannes Andree *de sentencia excommunicacionis, presenti, libro VI°* ; tibi assignantur XII modi..... *etc.*, Königsberg, 82. — 35. legitimam, F. - 36. excommunicacionis sentenciam, G, H. — 37. dicit, F. — 38. esse, C, D, E, G, H. — 39. *deest*, D ; et se petit ad cautelam ab excommunicacione absolvi, E. — 40. ei, E. — 41. Dic quod, *deest* A, B, C, D, E, F. — 42. sed secundum Hostiensem, B. — 43. firmariam cognicionem, F. — 44. inveniet, F. — 45. *deest*, E ; appellacionem esse, G. — 46. prestabit judex absolucionem, F. — 47. cum, A — 48. esse, B. — 49. per, B.

a. X (1, 29), 36 ; Innocent III, 1210.
b. X (3, 39), 40 ; Innocent III, 1203.
c. VI (5, 11), 2 ; Innocent IV, 1245.

d. X. (2, 6), 5 ; Innocent III, 1209.
e. Johannes Monachus, *Apparatus in Sextum* (entre 1304 et 1313) ; cf. Schulte, *Quellen*, II, p. 192.

offensa ut in capitulo *solet* et ibidem [1] notatur per Innocencium et Hostiensem que offensa dicantur [2] manifesta ; [idem] [3] si per summariam indaginem [4] alias sibi [5] constiterit [6] de sentencie nullitate et testes [7] ad hanc summariam examinacionem inductos producere poterit etiam [8] in alia principali examinacione, argumentum *de testibus, veniens* [8] [9], cum similibus, Hostiensis. Item habet etiam [10] locum hec [11] absolucio ad caute- 5 lam [12] non solum in judicio, ut supra dictum est, sed [etiam] [13] extra judicium ut [14] in [15] capitulo [*veniens*][16] b et [ut][17] notant Innocencius et Hostiensis in [18] capitulo *solet* Ego autem Berengarius, consideratis omnibus que circa materiam istam notantur, talem breviter trado doctrinam quod ubicumque probabiliter dubitatur an aliquis sit excommunicatus vel non [19] ut quia dicitur sentencia nulla [20] et de hoc [21] alique presumpciones apparent, 10 non tamen [22] constat, vel quia fama est quod aliquis est [23] excommunicatus, non tamen aliter [24] constat [25] et talis [27] vult anime sue vel fame consulere vel actum [28] aliquem exercere a quo repelleretur [29] excommunicatus, talis [30] potest et debet ad cautelam absolvi [31] et hoc [probant] [32] decretales *veniens* [33]. *apostolice* [33], *ad presenciam* [34], *solet* cum similibus [35]. Non autem habet locum absolucio ad cautelam [36] quoad interdicti sentencias in civitates, cas- 15 tra vel quelibet alia loca [generaliter] [37] promulgatas, ut in [38] decreto concilii Lugdunensis [39], eo titulo, *presenti* [40] c.

1. ubi etiam, F, et ibi. E. — 2. dicuntur, B ; videntur, G. — 3. § ibidem, A ; item, B, E. — 4. cognicionem vel indagatorem, F. — 5. *deest*, F. — 6. judici, F. — 7. et *deest*, E ; et testes etiam, F. — 8. *deest*, F. — 9. *Veniens* II, F. — 10. *deest*, F. — 11. *deest*, D. — 12. *deest*, F. — 13. in, A ; et, D. — 14. *deest*, D. — 15. dicto, H. — 16. *venerabilis*, A, B, C, D, E ; *venerabilibus*, F. — 17. et ut, H, G ; ut, B, C, D, F ; et, F. — 18. dicto, H. — 19. *deest*, E. — 20. dicit sentenciam nullam, H. — 21. hiis, F. — 22. aliter, G, H. — 23. *deest*, D. — 24. alicui B. — 25 vel... constat, *deest*, G, H. — 27. talem, F. — 28. attamen. F. — 29. repelletur, H. — 30. tamen, D ; tunc, H. — 31. statim absolvi, E ; [alias sive dubitatur, scilicet] (*sic*, G ; *deest*, H) in judicio vel extra ut in capitulo *solet* et capitulo *ven.* ; an aliquis, scilicet (*sic*, G, sit excommunicatus, H) exemptus vel non exemptus secundum Innocentium et Hostiensem in capitulo *solet*, sit excommunicatus vel non ut quia dicit (dicat, H) sententiam nullam et de hoc alique presumpciones apparent, non tamen constat ut in [dictis, H] capitulis *cum contingat, per tuas* et *solet* vel quia tantum fama est quod aliquis est excommunicatus, non tamen aliter constat et talis vult anime sue vel fame consulere ut in [dicto, H] capitulo *cum desideres* [sepe allegato, H] si opponatur vel non quia vult sibi consulere ut in capitulo *veniens*, [*de sponsalibus*, H] vel actum aliquem exercere a quo repelletur excommunicatus, vel propter necessitatem, vel [propter, H] deffectum probationis vel necessariam provisionem ecclesie faciendam ut in capitulo *veniens* [*de testibus*, H] et capitulo *apostolice*, [*de excepcionibus*, H] talis potest et debet ad cautelam absolvi et hoc probant decretales *veniens, apostolice, ad presenciam, ven.*[*sic*, G ; *veniens*, etc., H], *solet, cum desideres*, § secunde questioni [cum similibus, H], G (*au bas de la page*), H (*dans le texte*). — 32. probat, A. — 33. *deest*, E. — 34 *venerabilis*, A, B, C, D ; *venerabilibus*, F, F. — 35. aliis, F. — 36. *deest*, F. — 37. quamlibet, A. — 38. *deest*, C. — 39. decreto conc. Lugdunensis, *deest*, E, F, G, H. — 40. *de sentencia excommunicationis*, libro VI°, E, F, G, H ; et idem in suspensione, Königsberg, 89.

a. X (2, 20), 38 ; Innocent III, 1204.
b. X (2, 20), 38, in fine ; Innocent III, 1204.

c. VI (5, 11), 10 ; Grégoire X, 1274.

A [1] QUO HÆC ABSOLUCIO POSSIT PRÆSTARI ? Et certe [2] secundum [Bernardum] [3] a quolibet judice, ut notat [4] dicto capitulo *solet*. Secundum [5] Innorentium vero et Hostiensem potest peti ab ejusdem superiore qui sentenciam tulit. Ille [6] enim solus qui est [proximus] [7] et immediatus superior [excommunicatoris] [8], sive sit episcopus sive [9] archiepis-
5 copus sive primas sive patriarcha, potest absolvere ad cautellam. Delegatus vero a superiore sive [10] sit [11] delegatus [12] a papa sive [ab] [13] alio cui commissum est negocium [principale] [14] vel appellacio [15] et [16] etiam [17] sub illa forma : « si inveneris [18] sentenciam latam post appellacionem legittimam, denuncies eam [19] nullam [20] » ; non potest absolvere [21] ad cautelam et ad hoc duplex potest ratio assignari. Primo quoniam [22] rescripta stricti
10 [juris] [23] sunt nec est eorum forma transgredienda [24], *de* [25] *rescriptis, cum dilecta* et capitulo *nonnulli* [b] et [26] *de officio delegati. prudenciam* b, responso [27] I. Secundo [28] nam [29] absolucio ad cautelam secundum predictos doctores [30] non [31] est de jure sed de gracia et est preter jus vel [32] supra [33] jus. De jure enim primo [34] [deberet] [35] constare de veritate cause appellacionis quam [36] absolucio fieret, ut *de officio delegati, cum contingat* [c]
15 et contra rationem [37] hujus [38] juris, absolucio ad cautelam de gracia est inducta per capitulum *solet. de sentencia excommunicacionis* [39] et [40] capitulum *per tuas* et ideo non est talis gratia extendenda [41], ff, *de legibus, quod non ratione* [42] [d], nisi ab illo qui potest [43] dispensare talis [44] execucio [45] fiat ; argumentum eorum que leguntur [46] et [47] notantur *de penis, licet* [e]. Cum igitur delegati [48] dispensare [49] non possint [50] sive sint delegati [51]

1. Tercio, F ; Tercio videndum est, H, G. — 2. dic, G, H. — 3. *deest*, A ; Bernardum, quod, H. — 4. *deest*, F ; notat B. in, G, H. — 5. Sed secundum, H. G. — 6. ipse, G,H. — 7. est *deest*, C ; primus, A ; proprius, H. — 8 excommunicato, A ; excommunicatore, H ; excommunicatus, D ; executoris, F. — 9. vel, E. — 10. *deest*, D. — 11. *deest*, G. — 12 *deest*, E. — 13. *deest*, A. — 14. principaliter, A. — 15. *deest*, D ; appellacionis, B, F ; ar., C. — 16. (*En marge*) E ; Sed in eo capitulo *solet* in glosa in libro Sexto, tenet indistincte quod delegatus a papa absolucionem hujusmodi impendere potest et idem videtur sentire Joannes Andree licet Johannes Monachus ibi contra et Speculator in secunda parte tituli *de sentencia, c. nunc autem*, versu *quid si scribatur* et in quarta parte tituli *de sentencia excommunicacionis, c.* 1, versu *ex quibus autem causis* et horum opinio servatur in palacio etiam de mandato pape. — 17. vel etiam, D ; *deest*, E. — 18. invenerit, E. — 19. esse, F. G ; sentenciam latam esse, H. — 20. Ut *de eo qui mittitur in possessionem, cum venisse(n)t* [X, (2, 15), 3], G. — 21. absolvi, D. — 22. quia, F. — 23. juxta, A. — 24. restringenda, G. — 25. *deest*, C ; ut de, E. — 26. *deest*, F, G, H. — 27. *ou* responsione *ou encore* rubrica. — 28. *deest*, C, D, F. — 29. quia, H, G. — 30. modernos doctores, G. H. — 31. et non, B. — 32. seu, H. — 33. contra, G. — 34. *deest*, F. — 35. debet, A, E. — 36. antequam, F. — 37. ratione, C. — 38. hujusmodi, G, H. — 39. *solet... excom.*, *deest*, E. — 40. per, G. — 41. ex gratia exercenda, F. — 42. quod contra vero rationem, G. — 43. non potest, D. — 44. vel, H. — 45. absolucio, F. — 46. *deest*, F ; sequuntur, B. — 47. *deest*, F ; vel, G. — 48. cum ergo legati, D ; dicti delegati, F. — 49. Talis... dispensare, *deest*, C. — 50. possunt, C. — 51. sit delegatus, E.

a. X, (1, 3), 22 et 28 ; Innocent III, 1209 et 1215.
b. X, (1, 29), 21 ; Célestin III, 1193.
c. X, (1, 29). 36 ; Innocent III, 1210.

d. Dig. (1, 3), 39.
e. X, (5, 37), 3 ; Alexandre III, 1174-1181.

pape sive alterius, nec [1] possunt [2] etiam [3] absolvere ad cautelam nisi [4] eis [5] specialiter commissum fuerit [6] et expresse ; si [7] obiciatur a parte adversa [8] de glosa Bernardi [9] supra dictam decretalem [10] *solet* quod [11] absolucio ad cautelam a quocumque judice datur, respondeatur [12] ut oppinioni opinio concordet [13], argumentum ejus quod legitur [14] *de rescriptis,* [15] *super litteris* [a] et [16] *de restitutione spoliati,* [17] *litteras* [18] [b], quod loquitur dicta glosa 5 Bernardi [19] secundum determinacionem [20] dictorum doctorum Innocencii et Hostiensis in papa [21] vel in [22] alio [judice] [23] ordinario et [immediato] [24] qui possit [25] gratiam facere ac [26] in talibus dispensare [27]. Preterea [28] dicta glosa Bernardi dicit quod [29] per constitucionem [30] *solet* statuitur ut cuilibet absolucionem [31] petenti coram quocumque [32] judice ad cautelam absolucio detur [33] et tamen, salva [34] glosatoris [35] reverencia, illa constitu- 10 cio [36] id [37] non dicit et sic predicta [38] glosa Bernardi [39] est intelligenda secundum oppinionem Innocencii et Hostiensis. Archiepiscopi etiam non possunt absolvere ad cautelam subdictos suffragancorum suorum nisi [40] ad eos fuerit appellatum cum [41] [alias] [42] in eos [43] jurisdictionem non [44] habeant [45], argumentum ad hoc [46] *de officio ordinarii, pastoralis* [c] et [47] *de sentencia excommunicacionis, per tuas* [d] et hoc notant Innocencius et Hostien- 15 sis [48] dicto [49] capitulo *solet* [50], circa principium [51]. Quod autem dictum est quod delegati [52] pape [53] vel aliorum [54] non [55] possunt [56] absolvere ad cautelam fallit in casibus. Primo [57] nam [58] quilibet judex potest absolvere ad cautelam in sentenciis a se vel ejus auctoritate vel subdicto suo prolatis ut notat Innocentius in decretali [59] *apostolice* [60]. Item ubi est [61] talis absolucio necessaria [62] [incidenter in] [63] negocio delegato commisso ut in [64] casibus 20

1. nec ergo, G, H, non F. — 2. poterunt, G, H ; potest, E. — 3. *deest*, E, F, G, H. — 4. non, D ; nisi hoc, G, H. — 5. ei, E. — 6. fuit, F. — 7. et si, F ; si autem, G, H. — 8. ab adversario, G, H. — 9. *deest*, E. — 10. super dicta decretali, D, E, F ; super dicto capitulo, G. H. — 11. que dicit quod, F. — 12. respondeat, G. — 13. ut concordentur opiniones, G, H. — 14. arg... legitur, *deest*, F ; eorum que leguntur, H. — 15. capitulo, E ; in capitulo, H. — 16. *deest*, E, F. — 17. capitulo, G. — 18. *de electione, cum expediat,* libro VI, H. — 19. quod hodie dicta glosa Bernardi intelligenda est secundum..., F. — 20. opinionem, E. — 21. *deest*, E. — 22. *deest*, H. — 23. juste, A. — 24. immediate, A. — 25. posset, G, H. — 26. et, F, G, H. — 27. tamen vide omnia que notat Joannes Andree in dicta decretali *per tuas* et de hoc vide *de accusacione, olim,* Königsberg, 89. — 28. item, G, H. — 29. *deest*, G. — 30. capitulum, G, H. — 31. absolvi, E. — 32. quolibet, F. — 33. datur, F. — 34. *deest*, E ; sed salva, F. — 35. ejus, G, H. — 36. illud capitulum, G, H. — 37. illud, F ; hoc, G, H. — 38. dicta, G, H. — 39. notata per Bernardum, E. — 40. nisi cum, F. — 41. *deest*, F ; vel, E. — 42. alis, A. — 43. eosdem, D. — 44. *deest*, E. — 45. habent, F, G, H. — 46. argumentum, *deest*, G ; de hoc, C ; arg. ad hoc, *deest*, F. — 47. *deest*, F, G. — 48. ad hoc quod notant, E ; de hoc, C ; ut notatur, G ; nec non in, H. — 49. in, F. — 50. *deest*, E. — 51. *deest*, G ; per Innocentium et Hostiensem, H, G. — 52. delegatus, E, H ; de delegatis, F. — 53. a papa, H, G. — 54. alicujusvis, F ; alius ordinarius, G, H. — 55. quod non, F. — 56. potest, E. — 57. *deest*, F. — 58. quia, H, G. — 59. notatur in dicto capitulo, H ; notatur in hoc capitulo, G. — 60. per Innocentium, H, G. — 61. petitur, E. — 62. *deest*, E. — 63. inciderit, A ; evidenter in, C. — 64. *deest*, C.

a. X (1, 3), 20; Innocent III, 1208.
b. X (2, 13), 13 ; Innocent III, 1201.

c. X (1, 31), 11 ; Innocent III, 1204.
d. X (5, 39), 40 ; Innocent III, 1203.

decretalium [1] *de officio delegati, prudenciam,* [2] ; *de testibus, veniens* [b] et [3] *de accusacionibus, olim* [c] cum similibus [4]. [Tunc] [5] enim quilibet judex potest absolvere ad cautelam ut notant [6] Innocencius et Hostiensis in decretali [7] *olim.* Circa casum tamen decretalis [8] *veniens* [9] et alios casus similes notantur tria : primo quod illud locum habet
5 cum alie probaciones deficiunt, argumentum IIII, q. III, *Item,* § [*servi*] [10] *responso* [d] cum similibus [11] ; secundo quod [12] tales non [13] remittuntur absolvendi [ad] [14] excommunicatorem quando dicitur sentencia nulla, secus [autem] [15] quando non negatur [16] sentencia excommunicacionis [17] tenere [18], argumentum dictarum [19] decretalium [20] *prudenciam* et [21] *per tuas* et tamen in casu decretalis [22] *veniens* potest judex, si vult, ad excom-
10 municatorem remittere absolvendum [23] vel [24] absolvere si voluerit ; tercio, notabis [25] non esse [26] generale quod quilibet [27] excommunicatus vocatus ad testimonium absolvatur sed de illis [28] qui sunt excommunicati post appellacionem [29] vel quando sentencie [30] in eos late videntur nulle. [In illa autem] decretali [31] *veniens* sic fuit factum quia illi erant excommunicati post appellacionem ut continetur in regestro secundum Innocencium et
15 Hostiensem [32] in capitulo *veniens* [32]. Hostiensis [34] tamen notat ibidem quod de levi et indifferenter de [35] consuetudine romane curie [36] tales absolvuntur et si dicantur excommunicati pro manifesta offensa absolvuntur [37] ad tempus quo usque testimonium dixerint,

1. *deest,* H, G. — 2. et, H, G. — 3. *deest,* F. — 4. *deest,* H, G. — 5. cum, A ; non, D. — 6. ut notatur per, H, G. — 7. in dicto capitulo, F, G, H. — 8. capituli, G, H. — 9. et capituli *olim,* G, H. — 10. secundum, A, B, C, D, E ; *locum turbatum,* A, B, C, D, E, F, G, H. — 11. Archidiaconus [e] videtur tenere in capitulo *solet* quod delegatus potest dare absolucionem ad cautelam per decretalem *ad presenciam.* Sed posset responderi (*sic*) ut in [infra, G] decretali *ad presenciam* [*de appellacionibus,* G ; *deest,* H] non dicit quod absolucio facta fuerit ad cautelam sed de facto quia post appellacionem legitimam [et primo constitit eis quod non erat excommunicatus, G ; *deest,* H] quia textus dicit quod non erat excommunicatus de jure et sic superflua fuit absolucio [et, G ; *deest,* H] ideo dicit quod [*deest,* G] de facto et preterea [et petens, G ; *deest,* H] eam petiit [petat, H] ad cautelam sui non aliorum, notat Guillelmus Durandi [f], *de sentencia excommunicacionis presenti,* libro VI[a] et ad hoc allegat eam. Non tamen loquitur de delegato [et propter reverenciam cardinalium papa noluit aliquid immutare,ut videtur,in antiqua, G ; *deest,* H] vel potest refferri ad casum decretalis *prudenciam,*§ *Sexta, de officio delegati,* quod videtur sentire Hostiensis quia dicit quod opponebatur ab adversario excommunicacio [in eum lata, H ; *deest,* G], G, H. — 12. cum, F. — 13. *deest,* F. — 14. ab, A. — 15. aut, A ; *deest,* F. — 16. denegatur, E. — 17. sentencia ejus, E. — 18. non tenere, F, H. — 19. predictarum, C. — 20. dicti capituli, G, H. — 21. et capituli, H, G. — 22. capituli, G, H. — 23. ad absolvendum, A. — 24. si vult vel, F. — 25. nota, G ; *deest,* H ; nobis, F. — 26. est, F. — 27. quibus, C. — 28. tantum, G, H. — 29. legitimam, F. — 30. post appellacionem vel ante sed in eos sentencie, E. — 31. In illa quod, A ; In illo autem capitulo, G, H. — 32. alios, B. — 33. in dicto capitulo *veniens,* F. — 34. in... Hostiensis, *deest,* E. — 35. in, B ; secundum, H, G. — 36. ecclesie, F. — 37. et si... absolvuntur, *deest,* H.

a. X (1, 29), 21 ; Célestin III, 1193.
b. X (2, 20), 38 ; Innocent III, 1204.
c. X (5, 1), 26 ; Grégoire IX, 1227-1234.
d. C. IV, q. III,c. 2 [3], § 9 ; *Dictum Gratiani.*
e. ARCHIDIACONUS (Guido de Baysio), *Apparatus ad Sextum* (1299-1312) ; cf. SCHULTE, *Quellen,* II, p. 188.
f. GUILLELMUS DURANDI, *Commentarium ad decretales Gregorii X* (après 1274) ; cf. SCHULTE, *Quellen,* II, p. 154.

ita quod [1],testimonio lato,sciant se reductos [2] in eandem sentenciam ipso facto et servatur [3] simile in ambaxatoribus ad curiam venientibus. Talis autem [4] absolucio verbalis
est pocius quam realis et ad hominem pocius quam ad [5] deum, ex quo tamen constat
[quod] [6] tales [excommunicati] [7] canonice [8] non absolvuntur [9] ad cautelam sed simpliciter ; unde quod dicit [10] circa hoc [11] Innocencius magis congruit juri [12]. Et [13] in decre-   5
tali [14] *olim*, quia non dicebantur sentencie nulle, locum habet remissio et recte forme
absolucionis observacio de qua [loquitur] [15] dicta decretalis [16] *prudenciam* versus finem [17]
ut notant [18] Innocencius et Hostiensis [in] dicta decretali [19] *olim* [20].

QUE [21] [SIT] [22] FORMA HUJUS ABSOLUCIONIS ? Et certe secundum Innocencium et Hostiensem
in [23] capitulo [24] *per tuas* et capitulo *solet* [25], citabitur adversarius vel judex qui sentenciam 10
tulit, argumentum *de appellacionibus, cum speciali* [a] et premittet [26] summariam cognicionem, de qua [dixi] [27] *supra* [28] § II [b]. Et posito quod locum [habeat] [29] absolucio ad cautelam,jurabit excommunicatus de stando mandatis ecclesie sicut in alia [absolucione] [30]
secundum Bernardum vel prestabit ydoneam caucionem de satisfaciendo si [31] inventus
fuerit juste excommunicatus secundum Innocencium et Hostiensem ut [32] notant de biis 15
dictis capitulis [33] [*veniens*] [34],*per tuas* [35], [*solet*] [36] et,hoc facto,absolvitur [37]. Sed notandum [38]
quod judex a quo talis [39] absolucio petitur, etiam si sit talis [40] qui [41] eam possit prestare
de jure,ut dictum est *supra* in [42] § III [c],non debet ad eam prestandam nimium [43] festinare
sed,negocio prius [summatim] [44] examinato,argumentum eorum que leguntur et notan-

1. et ita, E ; itaque, F. — 2. redituros, F. — 3. servatur alias servabatur, H. — 4. *deest*, E. —
5. Quo ad, F. — 6. *deest*, A, B, C, D, E, G, H. — 7. talis excommunicatio, E ; tales excommunicatos,
A. — 8. *deest*, E. — 9. non absolvi, E. — 10. dixit, F. — 11. contra hoc, D ; supra, F. — 12. *deest*, B.
— 13. sed, D. — 14. capitulo, E, G, H. — 15. *deest*, A, B, C, D, E, F. — 16. Dictum capitulum, H, G ;
in decretali, F. —17. versus finem *deest* ; § *Sexta*, F. — 18. notant hoc, E. — 19. dicta decretali, A,
B, C, D ; dicto capitulo, F ; in dicto capitulo, G, H. — 20. (*En marge*) Notatur quis judex potest absolvere ad cautelam,H. (*Dans le texte*) Summa hec est ; absolvere potest ad cautelam immediatus superior
[ejus, G] qui, excommunicavit, sive sit episcopus, archiepiscopus, primas vel [*deest*, G] patriarcha, ita
quod archiepiscopus potest tunc demum subditos sui suffraganei absolvere cum appellatur ad eum. Item
potest absolvere ad cautelam idem qui excommunicavit.Delegatus tamen quicumque [*deest*, G] etiam pape cui sit commissum negocium vel causa appellacionis non potest absolvere ad cautelam nisi incidenter
ut in casibus decretalis *de officio delegati, prudenciam*,§ *Sexta*;*de testibus veniens*;*de accusacionibus,olim.* Si
tamen ipse excommunicavit vel subdelegatus suus, bene potest [tunc, G] absolvere. — 21. Quarto que,
D, E, F ; que autem, G, H. — 22. fuit, A. — 23. et, D. — 24. dicta decretali, E. — 25. allegatis, H.
26. judex, F. — 27. *deest*, A, B, C, D, E, F.— 28. supra in, H ; *deest*, E. — 29. hac, A.— 30. obser-
vatione, B, C.— 31. cum, F. — 32. prout, F.— 33. in dictis capitulis, *etc*., F ; de hoc dictis capitulis,
D ; in predicto capitulo, G ; in dicto capitulo, H. - 34. *venerabilis*, A, B, C, D ; *venerabilibus*, F. —
35. et capitulo *per tuas*, H, G. — 36. *soles*, A ; et capitulo *solet*, cum similibus, H, G. — 37. absolve.
tur, C ; et... absolvitur ; *deest*, F. — 38. est, F. — 39. *Deest*, E. — 40. absolucio... talis ; *deest*, C.
— 41. quod, F, H. — 42. *deest*, F. — 43. nimis, H. — 44. summatu, A.

a. X (2, 28), 61 ; Innocent III, 1215.   c. Cf. *supra*, pp. 8 et 9.
b. Cf. *supra*, p. 6, l. 17.

tur *ut lite non contestata*[1], *quoniam*[2][a] in fine[3], debet autem appellacionem diligenter videre et cum diligencia examinare an talis sit appellacio in qua causa appellacionis[4] probabilis[5] exprimatur, ut[6] *de appellacionibus, cordi*[7][b]. Item debet attendere[8] judex an talis sit appellacio cui per lapsum temporis non[9] sit renunciatum ut *de appellacionibus*[10] 5 *cum sit*[11] *Romana*[c], cum suis[12] similibus Item debet attendere uinversa que appellacionem illam[13] redderent invalidam manifeste ut *de appellacionibus*[14], *Romana*[d], § *cum autem* et sequenti[15], argumentum ad hoc XXX, q. V, *judicantem*[e], et si[16] invenerit[17] in appellacione causam[18] racionalem non[19] expressam, vel appellacioni renunciatum, vel aliud simile, non debet tunc judex absolucionem ad cautelam prestare secundum Innocencium et Hostiensem. Si autem causam racionabilem in appellacione expressam[20] ju- 10 dex[21] invenerit[22] nec [aliquid][23] appareat quod appellacionem ipsam viciet manifeste, adhuc debet judex diligenter attendere causam[24] peticionis hujus, scilicet[25] an petatur maliciose ut[26] ea obtenta adversarius quodam modo[27] frustretur[28] intencione sua super negocio[29] principali vel[30] ut[31] negocium principale diucius prorogetur[32] vel[33] petatur 15 non maliciose. Item[34] judex debet attendere an ex tali absolucione si [fieret][35] multum prejudicaretur adversario vel excommunicatori[36] an[37] non et sic omnibus circumstanciis consideratis et conjecturis diligenter pensatis[38] potest judex conveniens[39] ad absolucionem hujus[40] prestandam vel denegandam [suum animum inclinare][41] secundum dominum Hostiensem[42] argumentum ad[43] hoc[44] *de renunciacione, in presencia*[f] ; *de tes-* 20 *tibus, preterea*[g], cum suis similibus[45].

1. eorum... contestata, *deest*, G, H. — 2. in lite contestata, qui, D ; quoniam frequenter, F. — 3. cum ibi notatis, G, H. — 4. *deest*, G, H. — 5. approbabilis, B ; probabiliter, F. — 6. *deest*, H, G. — 7. libro VI°, F. — 8. *deest*, C. — 9. ei non, E. — 10. *deest*, D. — 11. cum sit appellacio cui per lapsum temporis non sit renunciatum, ut *de appellacionibus, cum sit*, C. — 12. *deest*, G, H.— 13. ipsam, C ; *deest*, E. — 14. ut dicto capitulo *Romana*, G. II.— 15. libro VI°, F.— 16. Et si non, F. — 17. invenit, D.— 18. causam appellacionis, D, E.— 19. vel non, F.— 20. *deest*, D, E. — 21. *deest*, G, H. — 22. invenit, B, C. — 23. aliquis, A ; aliud, F. — 24. causam appellacionis, D. — 25. *deest*, G, H. — 26. cum, C, F. — 27. quoquo modo, H ; quodem modo, C. — 28. frustraretur,F. — 29. *deest*, F. — 30. *deest*, E. — 31. *deest*, F. — 32. prorogaretur, F. — 33. vel an, F. — 34. non, D. — 35. fiet, A. — 36. excommunicato, F. — 37. vel, G, H ; a, D. — 38. inspectis alias pensatis, G. H. — 39. convenienter, G, H. — 40. bujusmodi, B, C, E. — 41. sentenciam inclinate, A. — 42. sed Hostiensis, E. — 43. de, D. — 44. *deest*, G ; capituli, G. — 45. Summa hec est : forma abso- lucionis ad cautelam est ut judex qui potest absolvere citabit adversarium vel judicem qui excommu- nicavit et facta summaria examinacione, non festinando sed inspecta appellacione quod sit causa pro- babilis ibidem apposita, quod non sit renunciatum appellacioni per lapsum temporis et [*deest*, G] quod infra tempus legitimum fuerit appellatum et non renunciatum appellacioni [et, G] considerato quod non maliciose petitur nec multum dampnifficatur adversarius, prestito juramento de stando mandatis eccle- sie vel prestita [caucione alias, *sic*, H, *deest*, G] satisdacione de satisfaciendo, si inveniatur juste fuisse excommunicatus, absolvet eum ad cautelam et [*deest*, G] bene facit ad hoc [*deest*, G] decretalis *venera- bilibus, [de sentencia excommunicacionis, sic*, H ; *deest*, G] libro Sexto, [ad linem, G], G, H.

a. X (2, 6), 5 ; Innocent III, 1209.
b. VI (2, 15), 1 ; Innocent IV, 1245.
c. X (2, 28), 5 ; Alexandre III, 1179.
d. VI (2, 15), 3 ; Innocent IV, 1245.

e. C. XXX, q. V, c. 11.
f. X (1, 9), 6 ; Innocent III, 1202.
g. X (2, 20), 27 ; Célestin III, 1191-1198.

AN [1] HEC ABSOLUCIO SIT DE NECESSITATE VEL [2] DE GRACIA SEU [3] DE [4] VOLUNTATE? Et [5] est dicendum secundum Innocencium et Hostiensem quod est [6] voluntaria, non necessaria vel magis de jure gracioso [7], scilicet quod inductum [8] est contra [9] communem [10] racionem, et ideo non est extendenda [11], ff, [*de legibus, quod vero* [a] et ff, *de legibus, quod non racione* [12] [b]]. De jure nempe communi esset ut primo constaret de veritate cause quam abso- 5 lucio fieret ut supra [13], *de officio delegati,* [cum] [14] *contingat* [c]. Unde judex, inspectis cause circumstanciis ut supradictum est, potest [15] eam concedere vel si voluerit dene- gare. Non enim tenetur judex facere omnia [16] que posset, ff, *de judiciis, non quidquid* [d] et supra [17] *de officio delegati* [18], *consuluit* [19] [e]. Caveat tamen sibi [20] judex de consciencia. Nam [21] si odio vel amore carnali vel eciam [22] prece seu precio ipsam [23] deneget vel con- 10 cedat [24] procul dubio [peccat] [25]. Intencio [26] enim injustam [27] [facit] [28] sentenciam. Hec [29] probantur [30] XI, q. III [31], *quatuor* [32] et supra [33], *de re judicata, cum eterni* [34] [f], cum si- milibus. Non [35] obstat premissis quod dicitur in decretali [36] *solet* ubi dicit : *sine contra- diccionis* [37] *obstaculo,* etc. et [38] ubi dicit : *hujus* [39] *absolucio non negetur.* [Potest] [40] enim responderi [41] secundum Innocencium et Hostiensem quod ibi loquitur de contradic- 15 cione partis ut ibi patet expresse ubi dicit : *quamvis in hoc excommunicator vel adver- sarius se opponat* [42] ; ad idem [43], *de* [appellacionibus] [44] supra, capitulo [45] *qua fronte* [g]. Po- test eciam [46] dici [47]: *hujusmodi absolucio non negetur,* scilicet [48] prece vel [49] precio, odio vel amore [50] ut supradictum est [51].

1. Quinto an, D, F ; item, G, H. — 2. seu, E. — 3. vel, E. — 4. *deest,* E. — 5. *deest,* C, D. — 6. *deest,* E. — 7. grosso, F ; de jure vel magis graciosa, E. — 8. inducta, E. — 9. *deest,* F. — 10. *deest,* H ; quamvis juris,E.— 11. extendendum, F ; extendatur, E. — 12. *de consu.,* l.*qui vero,* et ff, *de legibus,* l. *quod non racione,* A, B, C, D, E, F ; *de legibus, quod vero contra racionem,* G. H. — 13. *deest,* F, G, H.— 14. *deest,* A. — 15. pone, B.— 16. ea omnia, G, H. — 17. *deest,* F, G, H. — 18. in capitulo, H ; extra, G. — 19. consulunt, B. — 20. *deest,* D. — 21. quia, G, H. — 22. *deest,* G, H. — 23. eam G. — 24. si... concedat, *deest,* F. — 25. petat, A. — 26. *deest,* C. — 27. justam, H. — 28.fecit facit, A.— 29. *deest,* F ; Sed, D ; Hec quatuor, G.— 30. probatur, F.— 31. IIII, E.— 32. *quatuor et § si ergo,* A, (?) ; *quatuor, deest,* G. H ; canone *si igitur alias quatuor vel ergo,* H ; *si ergo,* G ; *qua- tuor et § ergo,* F. — 33. *deest,* C, D ; simile, F. — 34. libro, VI°, F. — 35. nec, C, D. — 36. capitulo, G. H. — 37. contradiccione, F. — 38. et, F ; et etiam circa et, E ; et ibi etiam, H, G. — 39. hujus- modi, B, C, E ; *deest,* G, H — 40. Post, A. — 41. (*Sic*) ; respondere, C.— 42. se opponit, H. — 43. ad idem est supra, E. — 44. de ab., A. — 45. supra cap., *deest,* G, H. — 46. *deest,* G. — 47. et exponi, G, H.— 48. sive, F ; si, H.— 49. *deest,* F. — 50. favore.— 51. Summa hec est : [est, G] hec absolucio [ad cautelam, G] de voluntate non de necessitate est [*deest,* G] quia judex, inspectis circumstanciis pre- dictis, potest eam concedere, vel negare. Peccat tamen si contra conscienciam, prece vel precio, amore carnali vel odio eam denegat vel concedit, G, H.

a. Dig. (1, 3), 4.
b. Dig. (1, 3), 39.
c. X (1, 29), 36 ; Innocent, III, 1210.
d. Dig. (5, 1), 40.

e. X (1, 29), 24 ; Innocent III, 1201.
f. VI (2, 14), 1 ; Innocent IV, 1245.
g. X (2,28),25 ; Alexandre III, 1174-1181.

[1] Quibus [2] modis impugnetur [3] vel [4] impediatur absolucionis peticio [5] ad cautelam? Et certe [6] sex modis. Primo racione persone [petentis] [7] ut si petatur per procuratorem cum [8] secundum oppinionem Hostiensis notatam [9] in decretali [10] *cum desideres, de sentencia excommunicacionis* [a] [11], absolucio [12] per procuratorem peti non possit et hanc oppi-
5 nionem dicit usque ad sanguinem deffendendam [12]. Si [14] obiciatur de glosa [15] Innocencii super eadem [16] decretali [17] [que dicit absolucionem per procuratorem peti posse vel de decretali] [18], *de eleccione, venerabilem* [b], versus finem [19], que videtur velle [quod] [20] per procuratorem vel nuncium absolucio [21] peti possit, obiciatur contra procuratorem quod non habet speciale mandatum [ad hoc [23] petendum. In [22] talibus enim [24] mandatum] [25]
10 exigitur speciale et hoc probatur sic. [Qui enim] [26] absolvitur ad cautelam habet prestare [27] juratoriam vel aliam caucionem sicut ille qui simpliciter absolvitur ut habetur expresse [28], *de sentencia excommunicacionis, venerabili* [29] [c] et capitulo *solet* [30]. Cum ergo [31] in prestacione seu delacione [32] juramenti exigatur [33] speciale mandatum, ergo et [34] in hoc casu, argumentum [35] ad hoc [26] ff, *de jurejurando*, lege *jusjurandum* [37], § *procurator* [d].
15 Preterea per absolucionem [38] in integrum quis restituitur. argumentum eorum que leguntur et notantur [39] XV, q.III, *sanctorum* [40] et canone [41] *juratos* [e] et [42] *de eleccione, quia diligencia* [f]. Cum ergo [43] [in] [44] in integrum restitucione petenda exigatur [45] speciale mandatum ut ff, *de minoribus, illud* [46], § *si talis* [g], ergo [et] [47] in hoc casu. Preterea [48] et in acceptilacione que [49] est quedam civilis et ymaginaria solucio vel absolucio [50], mandatum
20 exigitur speciale ut [51] ff, *de acceptilacione*, lege, III [52] [h] : ergo multo forcius debet [exigi] [53]

1. Notat de impedimentum absolucionis bujusmodi petende et etiam prestande, E (en marge). — 2. Sexto quibus, D, F. — 3. impugnatur, G. — 4. impugnetur vel, *deest*, E. — 5. absolucio, F. — 6. certo dico quod, F ; certo, E ; certe quinque aut, H ; certe quinque vel, G. — 7. potentis, A. — 8. tamen, D. — 9. positam, G, H. — 10. capitulo, F, G, H. — 11. tu dic et ibi per Joannem Andree qui dicit quod licet non posset obtinere in personam procuratoris, tamen potest per eum impetrari (*ins*, imputari) argumentum eorum que notantur *de eleccione, venerabilem* [X (1, 6), 34] tum scilicet maxime si haberet ad hoc speciale mandatum, Königsberg, 89. — 12. quod absolucio, E. — 13. effundendam, H. — 14. et si, F. — 15. oppinione, H, G. — 16. dicta, F. — 17. *cum desideres*, F. — 18. *deest*, A ; *exstat*, B, C, D, E, F ; ibidem posita que habet contrarium, G, H. — 19. libro VI°, H. — 20. *deest*, A. — 21. *deest*, G, H. — 22. *deest*, H, G. — 23. item, E. — 24. autem, E. — 25. *deest*, A. — 26. *deest*, A ; enim, *deest*, H, G. — 27. prestari, D. — 28. *deest*, G, H ; in capitulo, G ; in dicto capitulo, H. — 29. *venerabilibus* [VI (5, 11), 7]. — 30. libro VI°, F. — 31. enim, F. — 32. dilacione, B. — 33. exigitur, B. — 34. *deest*, E. — 35. *deest*, F. — 36. *deest*, E, F, G, H. — 37. *post jusjurandum*, G, H. — 38. Absolucione, C. — 39. eorum.... notantur, *deest*, G, H. — 40. canone *sanctorum*, H ; cum ibi notatis, H, G. — 41. vel. — 42. *deest*, F. — 43. autem, F. — 44. *deest*, A, B, C, D, E, F. — 45. requiratur, H, G. — 46. l. *illud*, G, H ; id quod, E. — 47. *deest*, A, E. — 48. item, G, H. — 49. *deest*, E. — 50. *deest*, G, H ; in qua acceptilacione solucionis, E. — 51. *deest*, F, G, H. — 52. VIII, E ; II, F. — 53. erigi, A ; exigitur, G. H.

a. X (5, 39), 15 ; Clément III, 1187-1191.
b. X (1, 6), 34 ; Innocent III, 1202.
c. X (5, 39), 52 ; Honorius III, 1216-1227.
d. Dig. (12, 2), 17, § 3.

e. C. XV, q. VI, cc. 4 et 5 ; Grégoire VII, 1078 et Urbain II, 1088-1099.
f. X (1, 6), 5 ; Alexandre III, 1170-1176.
g. Dig. (4, 4), 25, § 1.
h. Dig. (46, 4), 3.

in peticione absolucionis a sentencia excommunicacionis per quam[1] anima spirituali-
ter[2] absolvitur et absolutus per prestacionem[3] caucionis, ut[4] supradictum est, tempo-
raliter obligatur. Ubi enim [majus][5] periculum vertitur est consulcius[6] procedendum[7]
ut XLII di., *quiescamus*[a] et extra[8], *de eleccione, ubi*[9]b. Et quod[10] in tali casu exigatur[11] [speciale][12] mandatum sunt multa argumenta[13], *de rescriptis,nonnulli*[14]c,[versus][15] 5
finem. Preterea[16] cum in dacione[17] absolucionis ad cautelam exigatur speciale mandatum ut *supra* in § III[18]d probatum est[19], ergo et[20] in peticione[21]. Secundo eadem peticio impugnatur racione judicis a quo petitur quod prosequere[22] et *supra* eo[23] § III[24]º.
Tercio impeditur[25] hec peticio[26] racione ineptitudinis sue ut quando petitur in casibus
in quibus talis absolucio[27] prestari non debet quod dic ut notatur[28] *supra* eo § II[f].Quarto 10
impugnatur [hec][29] absolucio[30] racione[31] forme debite non servate quod dic[32] ut notatur
supra eo[33] § IV. Quinto impugnatur[34] racione[35] objectus[36] manifeste[37] offense : nam[38]
impugnatur[39] peticio absolucionis ad cautelam[40] si obicitur[41] quod lata est talis sentencia[42] pro manifesta offensa, unde[43] non debet[44] absolvi excommunicatus[45] nisi satisfaccione premissa, *de verborum significacione, ex parte* g[46] et capitulo *cum olim*[h] ut[47] si 15
jussus noluit[48] maleficium emendare et idem in aliis jussibus qui in faciendo consistunt,
ut cum quis jussus[49] [rem restituere et[50] non paret vel jussus][51] exibere non exibet et[52]
similibus[53] qui in faciendo consistunt. In[54] hiis enim[55] contemptus dicitur[56] offensa ;
que si fuerit[57] manifesta, necessarium[58] est ut ante absolucionem sufficiens prestetur
emenda[59]. Secus in jussibus qui in veniendo consistunt[60] in quibus contemptus dicitur 20

1. quem, C. — 2. specialiter, A, F. — 3. prescripcione, C. — 4. de qua, F. — 5. *deest*, A ; minus,
E ; magis, H. — 6. ibi, F. — 7. majus periculum etc., G. H. — 8. *deest*, F, G, H. — 9. *ubi majus,*
libro VIº, G, H ; *ubi majus*, in principio, libro VIº, F. — 10. et hoc, D. — 11. exigitur, D. — 12. temporale, A. — 13. supra, G. — 14. capitulo nonnulli, H, G. — 15. proisus, A ; circa, F. — 16. item, G, H.
— 17. donacione, C, D. — 18. in *deest*, E ; in § quarto, F. — 19. probande, D. — 20. *deest*, E. —
21. dicte absolucionis, G ; absolucionis predicte, H. — 22. prosequitur, F ; de quo dic, H, G. — 23. eo
titulo, A, B, C, D, E. — 24. II, H. — 25. impugnatur, F. — 26. hec peticio, *deest*, G, H ; hec absolucio, F. — 27. talis absolucio, *deest*, G, H. — 28. quod hic nemo, D. — 29. hic, A. — 30. inpugnatur
hec absolucio, *deest*, G, H. — 31. ineptitudinis..... racione, *deest*, F. — 32. quod dic, *deest*, G, H. —
33. eo titulo, A, B, C, D ; *deest*, F, G, H. — 34. *deest*, F, G, H. — 35. hec absolucio racione, D ; racione
deest, G, H. — 36. objecte, E ; subjectus, D. — 37. *deest*, C. — 38. *deest*, E. — 39. *deest*, C, D. — 40. impugnatur... cautelam *deest*, G, H. — 41. obiciatur, E, F ; dicatur, G, H. — 42. sentencia, *deest*, F ;
talis sentencia, G, H. — 43. *deest*, G, H. — 44. ad cautelam, G, H. — 45. *deest*, G, H. — 46. Ex parte, I, F. — 47. Sexto impugnatur ut, F. — 48. nolit, E, H ; fuit et noluit, F. — 49. jussus est, H, G.
— 50. *deest*, B, C, D, E. — 51. *deest*, A. — 52. *deest*, B, C, D, E, F. — 53. idem in similibus, F ; in
similibus, E. — 54. et in, B. — 55. autem, F. — 56. *deest*, C ; dicitur esse, E ; dicatur, F, G, H. —
57. que fuit,F. — 58. et necessitum, F. — 59. Notantur que dicantur manifesta offensa et non manifesta offensa, H (en marge). — 60. vel non faciendo, H.

a. Dist. XLII, c. 2 ; Célestin I, 429.
b. VI (1, 6), 3 ; Grégoire X, 1274.
c. X (1, 3), 28 ; Honorius III, 1215.
d. Cf. *supra*, p. 9, l. 1 et l. 16.

e. Cf. *supra*, pp. 8 et 9.
f. Cf. *supra*, pp. 6 et 7.
g. X (5, 40), 23 ; Innocent III, 1205.
h. X (5, 40), 24 ; Innocent III, 1207.

contumacia et tunc caucio [1] ad [2] absolucionem sufficit obtinendam. Et [3] idem si dubia sit offensa ut in predictis decretalibus *ex parte* et *solet* [4] ut Innocencius notat in capitulo *solet* [5]. Hostiensis [6] [tamen] [7] ibidem [8] notat [9] illud [10] quod dictum est de contumacia verum [11] tunc [12] quando coutumacia [13] vertitur in dubium vel quando [14] notoria
5 [sed [15] simplex ; nam si esset notoria sive certa] [16] et duplex seu [17] pregnans ut quia pars adversa pro qua lata [18] est sentencia fecit [19] expensas [20] vel ipsius [21] alias interesset, tunc non nisi satisfaccione premissa est absolucio facienda ut probatur *de constitucionibus, ex litteris* [22] [a] ; *de judiciis,*capitulo [I] [23] ; *ut* [b] [24] *lite non contestata,tue* [c] [25] [*et quoniam* [d] [26]],§ *in aliis* : talis [27] enim [28] contumacia manifesta reputatur offensa secundum eundem Hostien-
10 sem et [29] inducit [30] ad hoc [31] extravagantem, eo titulo [32], *celerum* [33], § [34] *similiter* et sequenti [35],sed [36] illa decretalis nunc in VI° libro incipit *venerabilibus* [37] [e] ubi et [38] specialiter in fine [39] habetur [40] de [41] absolucione ad cautelam et de presumpta contumacia et certa et [de] [42] dubia offensa [43] et manifesta. Quid [44] si de satisfacione vel [de] [45] satisdacione sit discordia inter partes cum [46] una pars [dicat] [47] quod nimis est modica satisfacio [vel
15 satisdacio] [48] que prestatur [49] et alia dicit quod nimis est [magna] [50] ? Dic super hoc standum [51] arbitrio judicis [52] ut [53] *de verborum significacione, cum* [54] *olim* [f] et ff, *de pigneralicia accione* [55], *si servos* [g], in fine. Quid [56] si judex de satisfacione vel satisdacione [57] dubitet an sit sufficiens vel non, numquid pendente [hac] [58] dubitacioue [59] absolucio differetur [60] ? Dic [61] quod non, sed facta satisfaccione usque [63] ad quantitatem de qua cer-
20 tum est et recepta competenti caucione de dubio [63], erit [statim] [64] absolucio facienda,

1. et in tali, F. — 2. *deest*, C. — 3. *delest*, F, G, H. — 4. et capitulo *solet*, F, G. — 5. et notatur in eo capitulo *solet*, H ; et capitulo solet, Inno, G. — 6. Et Hostiensis, E. — 7. cum, A. — 8. *deest*, F ; idem, E ; in capitulo solet, G. — 9. Hostiensis... notat ; *deest*, H. — 10. *deest*, D, C. — 11. vera, H ; *deest*, E. — 12. *deest*, F ; tunc non, B. — 13. *deest*, D, E ; contumacia non, F ; verum... contumacia ; *deest*, B. — 14. quia, F. — 15. et, F ; *deest*, E. — 16. *deest*, A. — 17. vel, G, H. — 18. dicta, G, H. — 19. Facit, G ; *deest*, H. — 20. expensa, F. — 21. *deest*, E. — 22. *tuis*, B. — 23. l', A. — 24. et ut, F. — 25. tuo, D. — 26. et capitulo quoniam, F ; quam, A ; quoniam contra, H. — 27. tunc, E.— 28. *deest*, E. — 29. qui, F. — 30. induxit, F.— 31. *deest*, F. — 32. eo, C ; *deest*, F ; capitulo, G, H. — 33. *certum*, H. — 34. *deest*, B. — 35. et § sequenti, F ; *deest*, C, D ; et finali, G. — 36. et, E. — 37. que hodie incipit *venerabilibus* et est in VI°, F ; sed... *venerabilibus, de sentencia excommunicacionis*, H. — 38. in, E ; *deest*, C. — 39. *deest*, G, H. — 40. ibi in fine habetur, F. — 41. § de, C, D. — 42. *deest*, A, F. — 43. *deest*, F. — 44. Quod, B. — 45. *deest*, B ; vel de satisdacione, *deest*, F. — 46.quod, H.— 47. dicas, A. — 48. *deest*, A, F. — 49. equiparantur alias que prestatur, G.— 50. marigna, A. — 51. dic quod superstandum est, C ; dic quod super hoc standum est, D ; dic super hoc prestandum arbitrium, F. — 52. judicantis, B, C, D, E. — 53. et, E ; *deest*, F. — 54. capitulo *cum olim*, G, H. — 55. lege, G, H. — 56. Sed, G, H. — 57. de satisdacione, E ; satisprobacione, D. — 58. ac, A. — 59. pendente deliberacione, G, H. — 60. differtur, F ; differri debet, E. — 61. et dic, G, H. — 62. neque, C. — 63. de alia, G ; in dubio, E. — 64. statuti, A.

a. X (1, 2), 11 ; Innocent III, 1209.

b. X (2,1), 1 (ex concilio Africano apud Dyonis, c. 47).

c. X (2, 6), 3 ; Innocent III, 1206.

d. X (2, 6), 5 ; Innocent III, 1209.

e. VI (5, 11), 7 ; Innocent IV, 1254.

f. X (5, 40), 24 ; Innocent III, 1207.

g. Dig. (13, 7), 25.

argumentum eo titulo [1], *sacro* [a] et *de eo qui mittitur in possessionem rei causa* [2] *servande*, capitulis II et III [b] secundum Innocencium et Hostiensem in capitulo *solet*. Sed notandum [3] secundum Hostiensem [4] quod non sufficit obicienti [5] probare injuriam vel [6] offensam propter quam lata est excommunicacio veram esse nisi [probet] quod notoria erat juris vel facti. Probabit ergo excommunicator vel [8] adversarius excommu- 5 nicati excommunicatum esse [9] propter aliquod [10] factum manifestum quod in [11] sui natura sit injuriosum, dummodo tale sit quod sufficeret ad ferendam excommunicacionem [12] si adversarius nichil [13] probaret [14] et hoc sufficit excommunicatori [15] vel adversario excommunicati probare infra octo dies. Nam si probacione hac facta vel eciam ea [16] pendente excommunicatus petat prolixiorem terminum ut probat quod non injuriose faciebat 10 illud [17] pro quo excommunicatus est [18] sed utens jure suo, [tunc] [19] non absolvetur [20] excommunicatus eadem [21] causa, id est [22] quia infra octo dies non probavit manifestam injuriam quia non fuit in culpa. Immo adversarius prestitit causam [23] huic dilacioni et eciam majori [24] que eciam [25] michi [26] prodesse debet in tantum quod [27] eciam [28] excommunicator [29] petere potest majores dilaciones ut probet [30] justiciam suam super excommunica- 15 cione, C. *de temporibus* [*in integrum restitucionis, petende* [31] [c]]. Nec sufficit excommunicatori probare injuriam factam nisi probet eam manifestam quia [32], sicut dicit decretalis, hoc probare debet [qui] [33] dicit absolucionem fieri non debere, Hoc [notari solet] [34] in excepcione exspoliacionis [35] et in aliis locis ubi certus terminus prefigitur ad aliquid probandum. Per premissa dixerunt quidam quod si [aliquis] [36] excommunicatus [37] quia [38] 20 ordinarium non [admisit] [39] ad visitacionem petat absolucionem [40] ad cautelam dicens : « Domine, ego sum liber a visitacione per privilegium vel [41] prescripcionem » [43] statim [42] danda est sibi [44] absolucio ad cautelam. Sed [nobis] [45] videtur contra, quod sic probo : constat quod manifesta est de jure offensa pro qua iste [46] est excommunicatus, scilicet,

---

1. capitulo, G, H ; ut eo titulo, D ; *de sentencia excommunicacionis*, F. — 2. rei, pe. causa, A. — 3. notabis, C ; notandum est, F. — 4. Innocencium vel Hostiensem H, ; Innocencium alias Hostiensem, G. — 5. *deest*, F. — 6. sive, C, D, G, H ; esse sive, E ; sibi, B. — 7. pro hoc, A. — 8. ut, D. — 9. excommunicati excommunicatum excommunicatum esse, B, C ; excommunicatum.... propter, *deest*, G, H. — 10. aliquid, C. — 11. de, E. — 12. ferendum excommunicatori, C. — 13. non, F. — 14. probat, E. — 15. si... excommunicatori, *deest*, C. — 16. *deest*, E. — 17. id, E. — 18. *deest*, G, H. — 19. càt, A. — 20. absolvitur, G, H. — 21. ea de, G, F. — 22. scilicet, E, F, G. — 23. culpam alias causam, H. — 24. in majori, G. — 25. *deest*, G, H. — 26. ibi (?), C ; sibi, E ; *deest*, D, F. — 27. quia tunc, G, H. — 28. *deest*, F. — 29. excommunicati adversarius, E. — 30. probaret, H. — 31. C., *de temporibus in jure repetende*, A ; *deest*, E. — 32. qui, D. — 33. quia, A ; quid, C. — 34. *sic*, G, H ; notare debet, A ; notare valet, B, C, D, F ; hec eciam locum habent, E. — 35. spoliacionis, G. H. — 36. aliquid, A. — 37. excommunicatus est, E. — 38. quod, B. — 39. amisit, A. — 40. absolvi, E. — 41. vel per, B, E, F. — 42. Die feriato petitur, C (en marge). — 43. quia statim, A, C, D ; quod, B, F, G, H. — 44. *deest*, E, F. — 45. non, A. — 46. ille, F.

a. X (5, 39), 48 ; Innocent III, 1215. Innocent III, 1200.
b. X (2, 15), 2 et 3 ; Clément III, 1187-1191 et c. Cod. (2, 53), 6.

3

contumacia recipiendi [1] ordinarium ad visitacionem [2] *de prescripcionibus, cum ex officii* [3] ; ergo non debet absolvi nisi precedat emenda, *infra* [4]. *de verborum significacione* [5], *ex parte* [b], nec obstat si dicitur [6] non manifesta offensa quia dicit [7] se privilegiatum vel prescripsisse contra jus commune quia stabo juri communi nec eum absolvam [8] quous-
5 que [probet] [9] se munitum contra illud [10] et [11] hoc satis bene sonat littera decretalis [12]. Et idem videtur dicendum quando petit absolucionem ad cautelam ab excommunicacione [13] quam dicit latam post appellacionem. Non enim statim absolvetur nisi probaverit se appellasse ex legittimis causis [14], *supra* [15], *de appellacionibus* [16], *Romana* [17], §§ I et II [18c]. Sexto [19] videtur impediri racione temporis [20] ut si petatur die feriato, argumentum [21] *de*
10 *feriis, extra* [22], capitulo finali [d] et ff., eo titulo [23], lege 1 [c], quod non credo ; cessant enim [24] hujusmodi ferie ubicumque vertitur [25] periculum animarum que sunt omnibus [26] [prepondende] [27], XII, q. I. *precipimus* [f] et [28] C., *de sacrosanctis ecclesiis, sancimus* [g] et [29] facit ad hoc XV, q. IIII, *placita* [h] et hoc [30] notant Innocencius et Hostiensis in capitulo [31] *conquestus* [32] [i]? Hoc facit ad questionem que posset fieri circa [33] [id] [34] quod dictum est de
15 manifesta offensa, an scilicet illud [35] tempus octo dierum quod datur ad ipsam probandam sit utile vel continuum. Sed [36] circa hoc sufficiant que [37] notantur per doctores [38] in dicta decretali [39] *solet* [40].

Berengarius.

1. non recipiendi, H. — 2. visitandum alias visitacionem, H. — 3. capitulo *cum ex officii*, H ; C. *cum ex officio*, G. — 4. *deest*, F. — 5. capitulo, G, H. — 6. dicatur, F, G, H. — 7. dixit, E. — 8. absolvere, C, D ; absolvi debet, F. — 9. pro hoc, A. — 10. id, E. — 11. *deest*, E. — 12. *deest*, E. — 13. ab excommunicatore a sentencia, F. — 14. ex causa legitima vel causis legitimis, F. — 15. *deest*, F. — 16. capitulo, H, G. — 17. *Romana* libro VI°, F, H. — 18. et II, *deest*, G. — 19. Septimo, F. — 20. absolucio ad cautelam, F. — 21. *deest*, G, H. — 22. *deest*, F, G, H. — 23. eodem, F. — 24. autem, E. — 25. dicitur, C, D ; dicitur imminere, F. — 26. in omnibus, G, H ; omnibus rebus, F. — 27. preponendo, A. — 28. *deest*, F, G, H. — 29. *deest*, F. — 30. *deest*, F. — 31. *deest*, F. — 32. *de feriis*, C, D, E, F. — 33. Hic posset fieri questio circa, C. — 34. ideo, A ; illud, F. — 35. *deest*, F. — 36. *deest*, E. — 37. sufficiat quod, C, D, E, G ; sufficit quod B. — 38. notant doctores, G. H. — 39. dicto capitulo, G, H. — 40. et vide que notantur per Archidiaconum in capitulo, *pia, de exepcionibus* libro VI°, [extra, *de excepcionibus, pia*, libro VI, G] super verbo *diffinit* et *de sentencia excommunicacionis, solet* circa duas columpnas. — Summa hec est [Summa hujus absolucionis G] : hec absolucio debet peti per principalem non per procuratorem, nisi habeat speciale mandatum ; item debet peti coram competenti judice ut dictum est ; item debet peti in casibus supra contentis ; item debet peti secundum formam supra contentam ; item quod non [tunc, H] sit manifesta offensa. Berengarius Fredoli cardinalis, G, H.

a. X (2, 26), 16 ; Innocent III, 1202.
b. X (5, 40), 23 ; Innocent III, 1205.
c. VI (2, 15), 3, § 1 et 2 ; Innocent IV, 1245.
d. X (2, 9), 5 ; Grégoire IX, 1227-1234.
e. Dig. (2, 12), 1.

f. C. XII, q. I, c. 24 ; (*canones Apostolorum*).
g. Cod., (1; 2), 21.
h. C. XV, q. IV, c. 2 ; (conc. ap. Erphesfurt, 932).
i. X (2, 9), 5 ; Grégoire IX, 1227-1234.

[ADDITIO PRIOR :]

[DISTINCTIO RICHARDI DE SENIS [a].]

(Paris N[lo], lat, 4558, f° 44.)

Super absolucionem ad cautelam, cum petitur in illis casibus in quibus excommunicacionis sentencia dicitur esse nulla,ut colligitur *de sentencia excommunicacionis, per
tuas*[b] et hic,in capitulo *solet*[c], dubitatur a multis quid probare debeat is qui hujusmodi
absolucionem petit priusquam eadem absolucio impendatur. Propterea sic est breviter
distinguendum : aut dicitur esse nulla quia post appellacionem legitime interpositam 5
promulgata est, aut quia in ea continetur intollerabilis error patenter expressus vel quia
excommunicans erat tunc temporis majori excommunicacione nodatus, sentencia de
causa ex qua asseritur esse nulla. In primo casu subdistingue quia aut petitur illa absolucio coram illo qui eciam in appellacione judex est et esse potest parcium et in causa
illa, utputa a papa et coram eo seu illo cui ipse hoc delegavit, videlicet, ipsam absolu- 10
cionem,et tunc,licet,inspecto rigore juris,ille qui petit absolvi deberet prius plene probare
se legitime appellasse et si appellavit ante sentenciam,quod ex causa legitima expressa
in scriptis appellavit, quamquam veritas cause appellacionis non habeat prius necesse
probari, ut patebit inferius, tamen de bono et equo dicendum est sufficere saltem probare
semiplene, puta per instrumentum appellacionis vel per unum testem vel alias sic judi- 15
cem inducat ad presumandum et suspicandum appellacionem legitimam processisse
contra quam dicitur illa excommunicacionis sentencia esse lata. Et hoc persuadetur
multiplici via. Primo quando aliquis vult probare quod sua interest et alterius damnum
vel prejudicium ex hoc non paratur, ad illud interesse probandum sufficit semiplena
probacio ut patet exemplum ff, [*ad exhibendum*], lege tertia, § *sciendum* et lege *thesau-* 20
rus [d], quia ibi solum agitur ut exhibeat ad videndum ut eam rem vendicare possit et
designare et sic ex illa exhibicione non fit possessori prejudicium sed in non exhibendo
vult malignari. Idem in proposito casu.cum quis petit absolucionem ad cautelam, [illa
habet] [e] prestare que haberet si tenuisset excommunicacio et ab ea absolveretur nisi de
manifesta offensa exciperetur et probaretur quia tunc debet precedere satisfaccio, ut in 25
hoc capitulo *solet* colligitur et distinguitur *de verborum significacione, ex parte* [f],et appa-

a. Richard de Sienne, vice-chancelier de l'Eglise
romaine, l'un des auteurs du Sexte. Voyez la
Bulle *Sacrosanctae romanae ecclesiae* (FRIEDBERG,
Corpus, II, col. 934 et *infra*, p. 50, l. 19. Cf.
SCHULTE, *Quellen*, II, p. 35.
  b. X (5, 39), 40 ; Innocent III, 1203.

c. VI (5, 11), 2 ; Innocent IV, 1245.
d. Dig. (10, 4), 3, § 9 et 15, pr. Le *ms* porte : *de
exhi*.
e. Le *ms* : illa que habet.
f. X (5, 40), 23 ; Innocent III, 1205.

ret *de senlencia cxcommunicacionis, venerabili* [a], ubi forma juramenti traditur, quia ista absolucio est vera absolucio et pure conceditur, licet in effectu videatur condicionalis, quia tunc demum habet effectum verum cum tenet ; unde si certum esset quod teneret sentencia,non haberet plus prestare quam dicatur in capitulo *ex parte* preallegato. Ergo nec ubi dubitatur an teneat vel sit nulla est amplius prestandum, argumentum ff, *de condictione indebiti, lege sufficit* [b]. Merito postquam judici dat presumpcionem quod appellacio ex causa legitima processit contra quam est lata excommunicacio vel judicem in hanc suspicionem inducit, indulgenda est absolucio de bono et equo ad cautelam,non obstante quod adversarius pleniorem probacionem inducat et rigor juris pro eo faciat postquam sibi non nocet et ad hoc facit legem opinio, ff, *de aquae pluviae arcendae, in summa*, § *item Varus* [c], in fine et malicie contradicentis non est indulgendum ff, *de rei-vindicacione, in fundo* [d]. Nam si moreretur petens absolucionem in tali dilacione inter-posita inspecto rigore,periculosum posset existere et sic posset contingere quod [   ] [dd] juris consultus cum de bono et equo questio est,plerumque sub auctoritate juris sciencie perniciose exparit ut dicit ff, *de verborum obligacione, si servum*, § *sequitur* [e] versu fini-timo *moratus sit* ; argumentum ff, *de liberis et postumis, filio preterito* [f] in fine cum si-milibus. Similis summaria et semiplena probacio sufficit et simili de causa cum petitur possessio nomine ventris et bonorum possessionis causa ut patet ff, *de ventre in posses-sionem mittendo*,lege I, § *si ea* [g] et *de Carboniano edicto*, lege III, § *cause* et lege *si is*, § *an autem* [h].Sic eciam vidimus [in] [i] herede rogato hereditatem restituere qui suspectam dicit hereditatem dum fideicommissarius petit eum compelli ; ipse heres reffert questionem de viribus testamenti ; quia non interest sua, sed hoc dicit ad nocendum et differendum, non est audiendus ut patet ff, *ad senatus consultum Trebellianum*, lege *ille a quo*, § *si de testamento* [j]. Si autem hec absolucio petitur coram illo qui alias non habet juridiccionem nec juridiccionem inter partes super causa illa nisi ex vigore legitime appellacionis, tunc est necesse quod prius constet quod ex legitima causa fuerit appellatum et tunc dabitur absolucio ad cautelam et demum cognoscitur de veritate cause ut appareat de nullitate, sic expresse probatur in predicto capitulo *venerabilibus*, § finali [k], quia alias superior ad quem est appellatum non habet exercicium juridiccionis inter illas partes [sive] [l] in causa in qua ante sentenciam diffinitivam dicitur appellatum nisi de appellacione constiterit et quod in ea causa probabilis seu legitima sit expressa, ut patet in capitulo *Romana, de appellacionibus*, in § *cum autem* [m] ; *de foro competenti, Romana* [n] in principio, libro VI°. Cum autem postea probata fuerit veritas cause appellacionis et quod contra eam fuit lata

a. X (5, 39), 52 ; Honorius III, 1216-1227.
b. Dig. (12, 6), 56.
c. Dig. (39, 3), 2, § 5.
d. Dig. (6, 1), 38.
dd. Un *blanc* ds le *ms*.
e. Dig. (45, 1), 91, § 3.
f. Dig. (28,2), 32 (?).

g. Dig. (37, 9), 1, § 14.
h. Dig. (37, 10), 3, § 4 et 5, § 3.
i. Le *ms* : infra.
j. Dig. (36, 1), 13, § 2.
k. VI (5, 11), 7 ; Innocent IV, 1254.
l. Le *ms* : sui.
m. VI (2, 15), 3 ; Innocent IV, 1245.
n. VI (2, 2), 1 ; *idem*.

excommunicacionis sentencia, tunc pronunciabitur nulla fuisse, sic, supra, *de officio delegati, cum contingat* [a] ; *de sentencia excommunicacionis, per tuas* [b]. Si vero dicatur sentencia nulla quia continet in se intollerabilem errorem patenter expressum vel quia ille qui tulit erat publice excommunicatus ut XXIIII, q. I, *audivimus* [c] et argumentum ad hoc, *de supplenda negligencia prelatorum, Romana* [d] ; *de officio vicarii,Romana* [e] et in his 5 casibus et similibus, dicendum est quod cum a superiore quocumque petitur absolucio ad cautelam, sufficit semiplene probare seu judicem in suspicionem vel presumpcionem deducere quod intollerabilem errorem contineat in se sentencia vel quod proferens fuerit excommunicatus majori excommunicacione et sic de aliis et hoc propter raciones et causas tactas supra in primo membro, in principio. Et hac precipua racione probatur 10 quod si plene illud probaretur, non esset necessaria absolucio nec haberet locum sed deberet pronunciari sentenciam nullam fuisse et eum non ligatum ut in principio capituli *cum continguat*. Merito ergo ad hoc ut istud beneficium absolucionis ad cautelam locum habeat— questio inducta est per dictum capitulum *solet*,— et effectum habeat, sufficit quod semiplene probetur vel quod judex in suspicionem vel presumpcionem hujusmodi 15 inducatur, non admissa aliqua contradictione adversarii et sic debet intelligi preallegatum capitulum *solet* et capitulum *venerabilibus*, § *potest*. Et sic dominus Richardus de Senis, sancti Eustachii diaconus cardinalis declaravit summando Anania et absolucionem impendit, premissam distinccionem subtiliter recitando juxta primum et ultimum membrum distinccionis quia utrumque habuit ibi locum [f], in presencia plurium advo- 20 catorum clarorum.

(Königsberg 89, f° 113.)

QUID SI QUIS EXCOMMUNICATUS EST A JURE : AN POTEST PETERE ABSOLUCIONEM AD CAUTELAM.

Utrum autem possit peti absolucio ad cautelam in excommunicacione a jure lata ? Est dicendum 'quod sic ut notat Joannes Andree in eo capitulo *solet*, libro VI et ibi vide per eum cum quis queritur an debeat esse certus et quando non. Sic distingue quia aut queris de puncto juris aut facti : si juris subdistingue quia aut de jure naturali vel gen- 25 cium et de tali quilibet debet esse certus et debet scire — nam ejus ignorancia neminem excusat, I, qu. IV, canone *notandum* [g] — aut de jure positivo puta canonico vel civili, tunc refert quia aut est punctus in quo sunt dissensiones [h] doctorum et de tali quilibet

---

a. X (1, 29), 36 ; Innocent III, 1210.
b. X (5, 39), 40 ; Innocent III, 1203.
c. C. XXIV, qu.I, c. 4 ; Alexandre II, 1061-1069.
d. VI (1, 8), 1 ; Innocent IV, 1245.
e. VI (1, 13), 1 ; *idem*.

f. Le *ms* : habuit locum ibi locum.
g. C. I, qu. IV, c. 12 (*Dictum Gratiani*, Pars IV, § 1).
h. Le *ms* : dissensaciones.

non presumitur esse certus, *de postulacione prelatorum*, capitulo Iª, libro VIᵉ; nec obstat
si dicatur quod jura canonica et civilia sunt certa de jure, ff [*de juris*] *et facti ignorancia*,
lege *in*[b] unde [est] de juribus in quibus dissensio doctorum non reperitur ut ibidem
notat Joannes Taur. (?)[c] ; aut est punctus in quo non reperitur doctorum dissensio et
5 tunc quilibet presumitur et debet esse certus, *de constitucionibus*, capitulo I[d] ; C. *de le-*
gibus, lege *leges*[e]. Racio fallit in milite, muliere et instito et minore versus *leges* civiles :
« Sed [si] nescit femina, miles et parvus et cultor, gladius non percutit ultor ». Nam [iste][f]
persone ab hac sentencia excusantur, ff, *de juris et facti ignorancia*, [*regula*, principio et
§ I][g] ; ff *de probacionibus*, lege *cum* [*de*] *indebito*[h]. Si vero queritur de puncto facti, aut
10 alieni aut proprii : si alieni probabilis ignorancia excusat, ff *de adulteriis*, lege *quecum-*
que[i] ; ff, *pro socio*, lege I[j] ; *de postulacione prelatorum*, capitulo I[k]. Si proprii subdistingue quia [aut][l] queritur seu interrogatur de jure patrimonii sui vel de aliis que ipse dixit
vel fecit. Si primo, refert aut habeat legitimam causam ignorandi ut quia successit in
loco alterius et tunc igorancia allegari potest et admittitur infra, *de regulis juris, cum*
15 *quis in jus*[m]; aut non successit de novo alicui et tunc subdistingue quia aut est mercator
et talis juste et probabiliter poterit ignorare que habet, *Inst., [qui ex] quibus causis*
manumittere licet, in principio[n], aut non est mercator et tunc presumitur esse certus ;
nam non est[o] verisimile aliquem vices sui patrimonii ignorare, C., *de rescindenda [ven-*
dicione], lege *quisquis*[p]. Aut queritur de hiis que facit vel dixit et tunc subdistinguitur
20 quia vel illud factum vel dictum est antiquum et hoc presumitur ignorare, ff *de acqui-*
renda possessione, lege *peregre*[q] et nota *de probacionibus*, capitulo *tercio [quippe] loco*[r],
aut est recens et sic debet esse certus et sic interpretantur decretalis *ab excommuni-*
cato, de rescriptis[s] ; [ff.,] *de accione empti et venditi*, lex [*quaero ?*], in fine[t]. Si queritur
quale factum dicatur recens vel antiquum dic[u] hoc arbitrio judicis committendum[v].
25 *de officio delegati, de causis*[x] ; ff *de jure deliberandi*, lege I, in fine[y].

Queritur quis judex possit supplere de officio. Tu dic quod ordinarius, delegatus possunt supplere et eciam arbiter quia arbitria redacta sunt ad instar judiciorum, ff, *de*

a. VI (1, 5), 1 ; Boniface VIII, 1294 1298. Le *ms*
porte : *ff. de postu. lege I, capitulo VI sunt.*
   b. Dig. (22, 6), 2.
   c. (?). Le *ms* : Jo. taur'.
   d. X (1, 2), 1 ; (ex conc. Meldensi), 845.
   e. Cod. (1, 14), 3.
   f. Le *ms* : esse.
   g. Dig. (22, 6), 9, pr. et § 1. Le *ms* : *de juris et*
facti ignorancia, unde est de juribus in quibus
dissensio... etc., comme ci-dessus... C. *de legibus*,
lege *leges* II, l. I ; ff *de probacionibus*, lege *cum* [*de*]
indebito.
   h. Dig. (22, 3), 25.
   i. (?). Le *ms* : de adultis.
   j. (?).
   k. VI (1, 5), 1 ; Boniface VIII, 1294-1298.

l. Le *ms* : an.
   m. VI (5, 12), *De reg. juris*, XIV ; Boniface VIII,
1298. Le *ms* : que in jus.
   n. *Institutes*, (1, 6), § 1. Le *ms* : ista, quibus
causis ma. licet.
   o. Le *ms* : non certus est.
   p. Cod. (4, 44), 15.
   q. Dig. (41, 2), 44.
   r. X (2, 9), 5 ; Clément III, 1187-1191.
   s. X (1, 3), 41 ; Grégoire IX, 1227-1234.
   t. Dig. (19,1), 39 (?). [ff.] *deest* dans le *ms*.
   u. Le *ms* : hic.
   v. Le *ms* : committendo.
   x. X (1, 29), 4 ; Alexandre III, 1165.
   y. Dig. (28, 8), 1, § 2.
   z. Le *ms* : arbiter.

judiciis, lege I[a]. Nam de jure potest supplere in principio ; puta si libellus sit ineptus ac inepte formatus, potest ipsum dentibus lacidire, supra *de judiciis, examinata* [b]. Item potest supplere de jure, pendente et judicio, si pars vel advocatus partis male allegat materiam, legem et decretalem. Judex potest eciam allegare [   ][c] ; potest eciam supplere in jure in processu cause, puta examinando electum vel presentatum ; item interrogatio- [5] nibus qua potest interrogare [cc] partes [de eo] quod viditur expedire, *de fide instrumentorum, inter dilectos* [d] ; *de verborum significacione, sepe*, capitulo *et quia*, versus *interrogabat*, in *Clementinis* [e]. Item in sentencia potest supplere quia si allegatur a parte et alia bona racio movet judicem et [   ][f], secundum illam potest sentenciare ut in capitulo, *ex parte Astensis, de concessione prebende* [g] cum glosa que incipit *judex ex officio* ; [10] item, post sentenciam condemnare, ff, *de re judicata, Paulus* [h] et ista omnia habent locum in hiis que sunt juris. Si autem judex habet supplere in hiis que sunt facti, aut illud factum est sibi [notum] tanquam judici et tunc vide in *Speculo, de dispensacionibus et allegacionibus* [i], § ultimo ; ved dic quod aut factum est notum [ut] notorium, tunc potest, sicut *de jurejurando, ad nostram* III [j] ; *de rescriptis, ab excommunicato* [k], aut illud [15] factum non est [notum] ut notorium et tunc aut est illi notum ut judici licet alias non sit notorium et tunc non potest supplere : sic intellige C. *de temporibus*, legem ultimam [l] ; aut est illi notum [m] ut privato et tunc aut vult supplere in casibus sibi permissis a jure ex officio suo et tunc potest, *de confessis, ex parte* [n] ; *de fide instrumentorum*, capitulo *cum Joannes* [o] ; *de excepcionibus*, capitulo *exceptionem* [p], utputa procuratorem [q] [20] non ammittendo, repellendo excommunicatum, libellum ineptum cum dentibus lacerando ; aut alias vult supplere de facto ad rogacionem partis et tunc non potest et ita intelligitur glosa in capitulo *bone* [r], titulo *de postulacione prelatorum* [s] et ibi vide Joannem Andree et per Joannem de Lignano [t] et per alios doctores de hac materia et eciam *de concessione prebende, ex parte Astensis* [u].   25

a. Dig. (5, 1), 1. Le *ms* : C. *de judiciis*, lege I.
b. X (2, 1), 15 ; Innocent III, 1207.
c. Un *blanc* dans le *ms*.
cc. Le *ms* : interrogari.
d. X (2, 22), 6 ; Innocent III, 1199.
e. Clem. (5, 11), 2 ; concile de Vienne, 1311.
f. Le *ms* : fcâ. d (?).
g. X (3, 8), 10 ; Innocent III, 1204.
h. Dig. (42, 1), 42.
i. Guillaume Durand, *Speculum*, 1° c°. Le *ms* : spec. t. all. et dispensacionibus.
j. X (2, 24), 21 ; Innocent III, 1198.
k. X (1, 3), 41 ; Grégoire IX, 1227-1234.

l. Cod. (7, 63), 5.
m. Le *ms* : notorium.
n. X (2, 18), 3 ; Grégoire IX, 1232.
o. X (2, 22), 10 ; Innocent III, 1206-1209. Le *ms* : defendere, capitulo *cum Joannes*.
p. X (2, 25), 12 ; Grégoire IX, 1227-1234.
q. Le *ms* : procuratur.
r. Le *ms* : 9.
s. X (1, 5), 4 ; Innocent III, 1205.
t. Joannes de Lignano, *Commentarius in decretales Gregorii IX* (avant 1375) ; cf. Schulte, *Geschichte der Quellen*, II, p. 260.
u. X (3, 8,) 10 ; Innocent III, 1204.

II

DE EXCOMMUNICACIONE ET INTERDICTO

Berengarius, miseracione divina episcopus Bitterrensis, venerabilibus in Christo
fratribus, abbatibus, prioribus, ecclesiarum rectoribus et cappellanis constitutis in civitate
et [1] dyocesi Bitterrensibus, salutem in domino sempiternam. Quoniam excommunicatos
non vitare tam communicantibus quam excommunicatis [2] periculosum existit, cum
5 talium participacio excommunicacionem ad minus minorem et interdum majorem
inferat, a participacione sacramentorum et hominum quandoque sejungat ac ineligibi-
litatem inducat, ut probatur XI, q. III, *sicut apostoli* [3] et canone *excommunicatos* et [4]
canone *cum excommunicato* et canone *qui communicaverit* [5] ; III, q. IV, *Engeltrudam* [b] ;
de excepcionibus, pia [c] ; *de clerico excommunicato ministrante, si celebrat* [d] et *de sentencia*
10 [*excommunicacionis*], *nuper* [e] et infra eodem [5] titulo in multis locis ; quia etiam multi
quibus est jura licitum ignorare juxta id [6] quod legitur et notatur, ff, *de juris et facti igno-*
rancia, lege *regula* [7] [f] ; I, q. IIII, canone *notandum* [g] et *de consuetudine*, capitulo ultimo [h] ;
de [8] *postulacione prelatorum*, capitulo I [i] ; *de ordinatis ab episcopo qui renunciavit episco-*
patui, capitulo I [9] [j] et *de crimine falsi, ad falsariorum* [k] et *de sentencia excommunicacionis,*
15 *cum illorum*, [l], ab excessibus propter quos excommunicacio major [10] vel interdictum
incurritur, abstinerent, si ex eis interdictum aut [11] excommunicacionem, — qua nulla
major pena in judicio ecclesie reperitur ut XXIIII, q. III [12], *corripiantur* [m], cum et pene
majoris visum sit inter homines conversari et eorum carere suffragiis quam in exilium
mitti nemoris [13] vel deserti ut [14] C. *ne sanctum baptisma iteratur* [15], lege *hii qui* [16] sanc-

---

1. ac, B, C, O. — 2. quam excommunicatis, *deest*, C. — 3. *apostolice*, B. — 4. et, *deest*, G. —
5. eo, A, B, C, O. — 6. illud, O. — 7. I regula, A. — 8. et *de*, B, O. — 9. *de ordinatis…* capitulo I,
deest, C. — 10. majorum, A. — 11. ut, C. — 12. XXIII, q. IV, C. — 13. visum sit..... nemoris, *deest*,
A. — 14. *deest*, B. — 15. C. *de apostatis*, A, B, C ; ff, *de apostatis*, O. — 16. *deest*, A.

a. C. XI, q. III, c. 16, 17, 18 et 19 ; Pseudo-
isidore, Pseudo-isidore, Smaragde et Stat. eccl.
antiq.
b. C. III, q. IIII, c. 12 ; Jean VIII, 878.
c. VI (2, 12), 1 ; Innocent IV, 1245.
d. X (5, 27), 10 ; Grégoire IX, 1227-1234.
e. X (5, 39), 29 ; Innocent III, 1199.
f. Dig. (22, 6), 9.

g. C. I, q. IIII [c. XII], IV *Pars*, § 1, Dictum
Gratiani.
h. X (1, 4), 11 ; Grégoire IX, 1227-1234.
i. X (1, 5), 1 ; Innocent III, 1200.
j. X (1, 13), 1 ; Alexandre III, 1159-1181.
k. X (5, 20), 7 ; Innocent III, 1201.
l. X (5, 39), 32 ; Innocent III, 1201.
m. C. XXIIII, q. III, c. 17 ; St-Augustin.

tam [1] [a], — se noscerent incursuros, cum [2] etsi virtutis amore peccare desinant [3] virtuosi et boni, mali tamen a delictis abstinent ex terrore penarum ut probatur [4] ff, *de justicia et* [5] [*jure* [6]], lege I [7] [b] ; C. [8], *de emendacione propinquorum*, lege una [c] ; XVL distinccione, *qui sincera* [d] ; *de vita et honestate clericorum, ut clericorum* [9] [e] et in [10] novella domini Bonifacii, *de prebendis, eum* [11] [f] ; idcirco, nos Berengarius, minister humilis ecclesie Biter- 5 rensis [12], ad communem [13] omnium tam clericorum quam laicorum, nostrorum precipue subditorum, utilitatem ut [14] excommunicacionis et interdicti laqueos valeant evitare, casus tocius juris quibus excommunicacionis sentencia incurritur ipso facto et eos etiam [15] in quibus [16] universitas vel civitas, castrum, villa seu [17] locus alius ipso jure subicitur ecclesiastico interdicto, presentibus [18] duximus [19] inserendos, volentes quod hu- 10 jusmodi casus excommunicacionis et interdicti, quatenus laicos nostre diocesis tangunt, bis saltem in anno, inchoando a prima dominica que post singulas synnodos nostras occurerit [20], particulariter, prout cujusque presbyteri discrecioni videbitur expedire, per cunctas parochiales nostre dyocesis ecclesias publicentur.

[I. DE EXCOMMUNICACIONE.]

Casus igitur [21] tocius juris in quibus quis est ipso jure excommunicatus sunt isti. 15 Et primo videamus de hiis qui [22] tangunt deum principaliter et fidem catholicam ; secundo de hiis qui tangunt ejus vicarium scilicet [23] papam et Romanam ecclesiam ; tercio de hiis qui tangunt alias ecclesias et ecclesiasticam libertatem ; quarto generaliter de aliis qui tangunt criminum correctionem.

§ 1. Circa primum [24] dicendum quod heretici [25] qui aliter tenent de articulis fidei vel 20 ecclesie sacramentis quam sacrosancta Romana tenet ecclesia et generaliter omnes quos ipsa Romana ecclesia vel singuli episcopi per suas dioceses vel, ecclesiis cathedralibus vacantibus, [earumdem] [26] capitula hereticos [27] judicabunt, sunt excommunicati ipso jure.

1. *sentenciam*, B. — 2. et cum, A. — 3. designant, C. — 4. *deest*, A. — 5. *deest*, A. — 6. *et vir.*, G. — 7. et C., C. — 8. *deest*, B. — 9. *ut clericorum, deest*, A. — 10. *deest*, C. — 11. *cum*, B. — 12. Biteriensis, C. — 13. ad communem, *deest*, O. — 14. et ut, O. — 15. *deest*, B. — 16. excommunicacionis..... quibus, *deest*, C. — 17. vel, C. — 18. qui presentibus, O. — 19. ducimus, C. — 20. occurent, O. — 21. *deest*, A, C. — 22. que, A. B. — 23. vel, A. — 24. circa § primus. primum, A. — 25. heretici sunt, O. — 26. eadem, G. — 27, *deest*, C.

a. En réalité *De apostatis*, I., *hii qui sanctam* Cod. (1, 7), 3. Le titre *Ne sanctum baptisma iteratur* est le titre précédent. L'erreur vient probablement de Bérenger Frédol, car si elle est corrigée plus ou moins nettement dans un grand nombre de *mss.* nous la trouvons cependant dans des textes de familles differentes.

b. Dig. (1, 1), 1, § 1.

c. Cod. (9, 15), 1.

d. D. XLV, c. 3, Grégoire I, 602.

e. X, (3, 1), 13 ; Innocent III, 1215.

f. VI, (3, 4), 18 ; Boniface VIII, 1294-1298.

4

Secundo, credentes [a],

Tercio, receptatores [1],

Quarto, defensores,

Quinto, fautores hereticorum [2] sunt excommunicati similiter ipso jure ut proba-
5 tur, *de hereticis, ad abolendam* [3] et capitulo *excommunicamus* .

Sexto, quicumque hereticos, credentes, receptatores, defensores [4] vel fautores eorum
scienter presumpserint ecclesastice tradere sepulture sunt similiter ipso jure excommunicati et locus ille perpetuo careat sepultura ut in novella domini Alexandri IIII [5],
eo titulo, *quicumque* [c].

10   VII[us] casus est [6] contra universos [7] seculi [potestates] [8] et dominos temporales
ac provinciarum, terrarum, civitatum, aliorumque locorum rectores quibuscumque
dignitatibus vel officiis aut nominibus censeantur et eorumdem [9] bayllivos seu officiales
qui dyocesanis episcopis vel inquisitoribus heretice pravitatis non paruerint in hereticorum, credencium, receptatorum, fautorum et defensorum ipsorum investigacione,
15 capcione ac custodia diligenti, cum ab eis fuerint requisiti.

VIII[us], si prefatas personas pestiferas in potestatem seu carcerem episcoporum
seu inquisitorum vel ad locum de quo ipsi [10] mandaverint vel aliquis [11] ex eisdem, infra
eorumdem dominorum, [potestatum] [12] vel rectorum districtum, non duxerint vel duci
fecerint sine mora postquam fuerint requisiti,

20   IX[us] casus est si de heresi a diocesano episcopo vel inquisitore seu inquisitoribus
condempnatos prefati [potestates] [13], domini temporales sive rectores vel eorum officiales
sibi relictos statim non receperint et indilate animadversione debita [14] non punierint [15].

X[us] casus est contra eosdem [potestates,] [16] dominos et rectores ipsorumque [17] officiales si de crimine heresis [18], cum mere sit ecclesiasticum, cognoverint vel [19] judicaverint.

25   XI[us] [20], si captos pro eodem [21] crimine, absque dictorum episcoporum seu inquisitorum aut saltim alterius eorumdem licencia seu mandato, a [22] carcere liberaverint [23].

XII[us], si execucionem sibi pro hujusmodi [24] crimine a diocesano vel [25] inquisitoribus
seu inquisitore injunctam [26] prompte, prout ad suum officium spectat, non adimpleve-
rint [27].

30   XIII[us], si alias diocesani aut [28] inquisitorum judicium, sentenciam seu processum
directe vel indirecte impedierint.

1. receptores, O. — 2. hereticos, A. — 3. *abolendum*, C. — 4. *deest*, A ; vel defensores, B. —
5. pape IIII, C. — 6. *deest*, B. — 7. universas, C. — 8. potantes, G. — 9. eorum, O. C. —
10. illi, B. — 11. aliis, A. — 12. potantum, G. — 13. potantes, G. — 14. debita condigna. C. —
15. pervenerint, A. — 16. potantes, G. — 17. que, *deest*, C. — 18. heresi, O. — 19. scilicet, A. — 20. X[us]
casus, C. — 21. eadem, C — 22. ac, C. — 23. deliberaverint, C. — 24. hujus. C. — 25. et, O. —
26. junctam, O. — 27. adimpleverunt, C. — 28. ac, A.

a. Sur le sens du mot credentes, voyez Viollet.
op. cit., p. 148, n. 2 et les références indiquées.
b. X, (3, 7), 9 et 13 ; Lucius III, 1184, et Innocent III, 1215.
c. VI, (5, 2), 2 ; Alexandre IV, 1254-1261.

XIIII[us], si prefato fidei negocio dyocesano episcopo vel inquisitoribus incumbenti se oppouere forte presumpserint vel ipsum aliquatenus impedire.

XV[us], contra illos [1] qui scienter ad hoc dederint auxilium, consilium vel favorem. Predicti enim [2] omnes ipso jure sunt excommunicati, ut habetur in novella domini Bonifacii, eo titulo, *ut inquisicionis* [a]. [5]

XVI[us], casus [3] est contra [impios] [4] christianos qui contra Christum [5] et populum christianum Sarracenis arma ferrum et lignamina deferunt galearum.

XVII[us], contra eos qui galeas eis [6] vendunt vel naves.

XVIII[us], contra eos qui in [7] piratticis Sarracenorum navibus [8] contra christianos curam gubernacionis exercent vel machinis aut quibuslibet [9] aliis [modis] aliquod [10] eis impendunt consilium vel auxilium in dispendium terre saucte ut [10] *de Judeis et Sarracenis, ita quorumdam* et capitulo *ad liberandam* [b].

XIX[us] casus est inductus in favorem fidei, ut et sequens, contra religiosas personas exeuntes ad audiendum leges vel phisicam nisi ad claustrum redierint infra duorum mensium spacium. [15]

XX[us] est [11] contra archidiaconos, decanos [12], plebanos [13], prepositos, cantores et alios clericos personatus habentes nec non presbiteros, nisi a legibus [14] vel [15] phisica audiendis infra spacium destiterint supradictum, ut [16] *ne clerici vel monachi, super specula* [c]. Habentes tamen [17] curam simplicem animarum nisi presbiteri fuerint, hac constitutione *super specula* non tenentur ut in novella domini Bonifacii eo titulo *statutum* [d]. [20]

§ II. Predicti autem viginti casus principaliter respiciunt fidem catholicam et deum [18] ; ejus vero vicarium et ecclesiam romanam respiciunt [19] :

Primo[20], si quis dicat Romanam ecclesiam non esse capud et ei tamquam capiti noluerit obedire [21] vel si dicat illam non posse condere canones, talis tamquam hereticus est ipso jure excommunicatus ut probatur et notatur XIX di., *nulli fas* [e]. [25]

Secundo [22], si quis in papam electus a paucioribus quam a duabus partibus [23] cardinalium presumpserit [24] consentire et gerere se pro papa.

Tertio [25], si quis de tercie partis nominacione confisus nomen sibi pape presumpserit usurpare.

IIII°, [26] qui talem in papam receperint ut *de eleccione, licet* [f]. [30]

1. *deest*, C. — 2. *deest*, A ; autem, O. — 3. *deest*, C. — 4. *deest*, G ; impio, C. — 5. ipsum, A. — 6. *deest*, C. — 7. *deest*, A. — 8. manibus, C. — 9. quibuscumque, O. — 10. ut extra, O. — 11. *deest*, C. — 12. *deest*, O. — 13. *deest*, B. — 14. lege, B. — 15. et, O. — 16. ut in extra, O. — 17. *deest*, A. — 18. et deum, *deest*, O. — 19. respiciunt sequentes, O. — 20. cidem, A. — 21. se, C. — 22. Secundus, A. — 23. *deest*, B. — 24. cardinalibus presumpserint, A. — 25. Tercius, A. — 26. IIII[us], A.

a. VI, (5, 2), 18 : Boniface VIII, 1294-1298.
b. X, (5, 6), 6 et 17 ; Alexandre III, 1179 et Innocent III, 1215.
c. X, (3, 50), 10 ; Honorius III, 1219.
d. VI, (3, 24), 1 ; Boniface VIII, 1294-1298.
e. D. XIX, c. 5 ; Grégoire IV, 833.
f. X, (1, 6), 6 ; Alexandre III, 1179.

V[us] casus tangens papam est contra illos qui, papatu vacante, alicui [1] de [2] cardinalibus pro facienda [3] eleccione pape [4] inclusis, ut juris est, scripturam vel nuncium miserint aut cum ipso secrete locuti fuerint.

VI[us] casus est contra dominos [5] aliosque rectores et officiales civitatis illius in qua
5 eleccio Romani pontificis imminet celebranda si ea que de inclusione et artacione [6] cardinalium sunt per dominum papam Gregorium decimum statuta, plene ac inviolabiliter, sine fraude ac dolo non fecerint observari vel si cardinales ultra quam statutum est presumpserint artare vel [7] si fraudem in premissis vel circa premissa commiserint.

VII[us], si super hiis observandis, statim audito summi pontificis obitu, coram clero et
10 populo universo civitatis ipsius [8] ad hoc specialiter convocandis, corporale non prestiterint juramentum. Sunt enim predicti excommunicati et in sexto et septimo casibus, civitas ipsa ecclesiastico subjacet [9] interdicto, ut in decretali ejusdem Gregorii X, *de eleccione, ubi periculum* [10] [a].

VIII[us] casus est de scismatico qui facit [11] scisma contra ecclesiam Romanam [12].
15 IX[us] contra adherentes eisdem [13]. Sunt enim omnes excommunicati ut probatur VII, q. I, *Novacianus* [b]. De hoc notatur secundum Innocencium et Hostiensem *de scismaticis*, capitulo I [c] et facit ad hoc quod [14] legitur in novella domini Bonifacii, eo titulo, *ad [succidendos]* [15] [d].

X[us] casus est contra illos qui utuntur scienter ordinacionibus vel alienacionibus
20 a talibus scismaticis factis, cum per hoc eis adherere [16] ac favere videantur, [17] ut sic intelligatur *de scismaticis*, capitulo I [18] [c].

XI[us] casus est contra illos qui sponte ac scienter [19] participant excommunicatis a papa recipiendo eos in divinis ; de hoc, *de sentencia excommunicacionis, significavit* [e].

XII[us] casus est cum quis per se vel per alium falsat litteras domini pape, cum fau-
25 toribus et defensoribus suis [20].

XIII[us] est [21] cum quis scienter utitur litteris apostolicis etiam ab alio falsatis ut *de falsis, ad falsariorum* [22] [f].

XIIII[us] casus est contra [23] illum qui sancte Romane ecclesie cardinalem hostiliter fuerit [24] insecutus vel percusserit aut ceperit [25] aut fieri mandaverit vel socius fuerit fa-
30 cientis.

1. aliter, O. — 2. *deest*, A. — 3. proficienda, A. — 4. *deest*, C. — 5. dominos temporales, C. — 6. actacione, A. — 7. si... artare vel, *deest*, B. — 8. ipsis. C. — 9. subjaceat, O. — 10. *ubi periculum, Romanam*, C. — 11. facis, A. — 12. Romanam, *deest*, C. — 13. eidem, B, O. — 14. *deest*, C. — 15. *succidendas*, A ; *suclindendas*, G ; *subcindendo*, C. — 16. habere, A. — 17. et, O. — 18. adherere... capitulo I, *deest*, C. — 19. scienter ma, c. I participant, C. — 20. XII[us]... suis, *deest*, C. — 21. XII[us], C ; XIII[us] casus est, O. — 22. XIII[us] est contra defensores et fautores talis, *ad falsariorum*, C. — 23. cum, A — 24. *deest*, A. — 25. cepit, A ; *deest*, B ; receperit, C.

a. VI, (1, 6), 3 ; Grégoire X, 1274.
b. C. VII, q. I, c. 6 ; Nicolas I, 867-868.
c. X, (5, 8), 1 ; Conc. Later., 1179.
d. VI, (5, 3), un. ; Boniface VIII, 1297.
e. X, (5, 39), 18 ; Célestin III, 1193.
f. X, (5, 20), 7 ; Innocent III, 1201.

XV[us] [1], contra illum qui tale factum ratum habuerit [2] aut consilium dederit vel favorem aut postea receptaverit vel defensaverit scienter hujusmodi malefactorem.

XVI[us] casus est si princeps, senator [3], consul, [potestas] [4] vel alius dominus sive rector contra presumptores de quibus supra dictum est et habetur in constitucione domini Bonifacii, *de penis, felicis* [a], ejusdem constitucionis [5] tenorem non fecerit [6] 5 observari. Nam tam ipse quam officiales ipsius infra mensem postquam res ad noticiam eorum [7] pervenerit eo ipso sentenciam excommunicacionis incurrunt. Civitas vero [8] quevis alia preter Urbem que talia facienti vel facientibus seu presumentibus in hiis consilium vel auxilium dederit aut favorem vel infra mensem saltem taliter [9] delinquentes prout tanti facinoris enormitas exegerit et facultas ei affuerit non duxerit [10] 10 puniendos, pontificali [et] [11] supra sit eo ipso dignitate privata et nichilominus remaneat interdicta ut in eadem decretali habetur.

XVII[us] casus est contra illos qui contra [12] constitucionem [13] domini Nicholay pape III, *de eleccione, fundamenta* [b], que pro jure ac [14] libertate ecclesie Romane ac bono statu Urbis noscitur esse facta, in [15] senatorem, capitaneum, patricium aut [16] rectorem vel ad 15 ejusdem [17] Urbis regimen seu officium aliquem nominant, eligunt vel assumunt.

XVIII[us] [18], contra hujusmodi [19] nominatos, electos et assumptos si tali nominacioni electioni [20] seu assumpcioni consenserint aut se de ipsis quomodolibet intromiserint.

XIX[us], contra obedientes et intendentes eisdem [21].

XX[us], contra dantes nominatoribus ipsis, electoribus [22], assumptoribus aut [23] nomi- 20 natis, electis vel [24] assumptis auxilium, consilium vel [25] favorem publice vel occulte ut in eadem [26] decretali *fundamenta*.

§ III. Casus qui tangunt ecclesias et ecclesiasticam libertatem quantum ad ipsarum personas [27] et bona [28] sunt isti :

Primus, si quis in clericum vel [29] personam religiosam manus injecerit violentas vel 25 temerarias, XVII, q. IIII, *si quis suadente* [c] et *de sentencia excommunicacionis, parochianos* et capitulo *contingit* [d] cum multis aliis decretalibus ejusdem tituli.

II[us], cum quis potest defendere clericum a violenta manuum injeccione et non defendit, quod qualiter [intelligatur] [30] legitur et [31] notatur eo titulo, *quante* [e].

1. XV[us] casus est, O. — 2. habuit, A. — 3. senatus, B. — 4. potans, G. — 5. *deest*, A. — 6. fecerint, A, B, C. — 7. *deest*, A. — 8. non, A. — 9. saltam tradidit, C. — 10. dixerint, C. — 11. ut, G. — 12. *deest*, A. — 13. constitucioni, C. — 14. et, C. — 15. qui, B. — 16. ac, O. — 13. ejus, O. — 18. XVIII[us] est, C. — 19. ejus. A. — 20. *deest*, A, B. — 21. eidem, B. — 22. *deest*, C. — 23. *deest*, C. — 24. seu, C. — 25. aut, C. — 26. ea, A. — 27. personarum, A — 28. bona eorum, A. — 29. si quis monachum vel, O. — 30. intelligitur, G. — 31. ut, C.

a. VI, (5, 9), 5 ; Boniface VIII, 1294-1298.
b. VI, (1, 6), 17 ; Nicolas III, 1278.
c. C. XVII, q. IIII, c. 29 ; Innocent II, 1139 (concil. Later. II, c. 15 ; cf. conc. Rem., 1131).

d. X, (5, 39), 9 et 36 ; Alexandre III et Innocent III, 1159-1181 et 1206.
e. X, (5, 39), 47 ; Innocent III, 1198.

III[us] casus est de illo qui manum non inicit[1], nec quod id fiat consentit, ipsum tamen clericum capit vel invitum retinet ponendo ei custodes[2] vel intra domum aliquam includendo, eo titulo, *nuper*[a].

IIII[us] casus est de illo qui per se non percutit[3], capit vel detinet sed hec[4] mandat[5] fieri et[6] per alium fieri facit, eo titulo, *mulieres*[b].

V[us][7] est de illo qui ut clericus verberetur vel detineatur causam prestat, consilium vel juvamen, ut probatur *de homicidio, sicut dignum*[c] et notatur[8] dicto capitulo *mulieres.*

VI[us] est de illo qui[9], etsi non faciat vel mandet injeccionem, tamen nomine suo factam ex post facto ratam habet ut in novella domini Bonifacii, eo titulo, *cum quis*[d]. Predicti[10] omnes enim sunt ipso jure excommunicati.

VII[us] casus inductus est contra prelatos ecclesiasticas[que][11] personas qui tallias seu[12] collectas, decimam, vigesimam, centesimam[13] vel quamvis aliam quantitatem, porcionem vel quotam suorum[14] et ecclesiarum proventuum vel bonorum laïcis solverint[15] vel promiserint vel se soluturos consenserint sub adjutorii vel subvencionis, mutui vel doni nomine, seu quovis alio titulo, modo vel[16] quesito colore, absque sedis apostolice[17] auctoritate.

VIII[us][18], contra imperatores, reges, principes, duces, comites et barones, [potestates][19], capitaneos[20], officiales, consules et rectores civitatum, castrorum[21] [seu][22] quorumcumque locorum, quibuscumque nominibus censeantur, qui ecclesiis vel ecclesiarum prelatis seu personis ecclesiasticis, regularibus vel secularibus imponunt tallias vel collectas vel ab ipsis suorum proventuum vel bonorum dimidiam, decimam seu[23] vigesimam vel quamvis aliam porcionem aut quotam exigunt et extorquent[24] vel recipiunt ab eis, etiam si solvere volunt[25] gratis.

IX[us] est contra predictos si apud edes sacras deposita ecclesiarum vel ecclesiasticarum personnarum ubilibet arrestaverint, sasiverint seu[26] occupare presumpserint vel arrestari, sasiri, seu occupari mandaverint aut occupata sasita vel arrestata receperint.

X[us][27], contra illos qui scienter in predictis dederint auxilium, consilium vel[28] favorem publice vel occulte. Predicti enim omnes excommunicationis, universitates vero que in hiis[29] culpabiles fuerint, interdicti sententias eo ipso incurrunt. Isti casus habentur *de*

---

1. qui non injecit, A. — 2. custodem, B. — 3. vel non perturit, A. — 4. sed quod, C; hoc, O. — 5. mandit, O. — 6. *deest*, C. — 7. V[us] casus est, B, C. — 8. nos, A. — 9. *deest*, C. — 10. Predictum, A. — 11. que, *deest*, G. — 12. vel, C. — 13. seu centesimam, A, B, C, O. — 14. suarum, O. — 15. bonorum absolverint, C. — 16. *deest*. O. — 17. a publice, A. — 18. VIII[us] casus est, B ; VIII[us] casus, C. — 19. potantes, A, G. — 20. et capitaneos, O. — 21. et castrorum, O. — 22. *deest*, G. — 23. *deest*, C. — 24. torquent, A, C. — 25. voluerunt, O. — 26. vel, O. — 27. X[us] casus, C. — 28, *deest*, C. — 29. eis, C.

a. X, (5, 39), 29 ; Innocent III, 1199.   c. X, (5, 12), 6 ; Alexandre III, 1171-1173.
b. X, (5, 39), 6 ; Alexandre III, 1159-1181.   d. VI, (5, 11), 23 ; Boniface VIII, 1294-1298.

inmunitate ecclesiarum [1], *non minus* et capitulo *adversus* [2] et in novella domini Bonifacii,
eo titulo, [*clericis*] [3] [b].

XI[us] casus est contra successores [potestatum [3]], consulum et rectorum ac officialium
predictorum qui predictas tallias et exactiones imposuerunt et extorserunt nisi infra mensem errorem seu excessum predecessorum suorum purgaverint, predecessoribus ipsis 5
nichilominus remanentibus excommunicatis ut in [4] dicto capitulo [5] *adversus*.

XII[us] est contra illos qui litterarum apostolicarum impetratores aut alios [6] ad forum
ecclesiasticum recurrentes super causis [7] que ad idem forum de jure vel de antiqua [8] consuetudine pertinent, per se vel per alium ad desistendum vel in foro seculari de questionibus hujusmodi litigandum per judicum [9] ecclesiasticorum vel ipsorum [10] impetrancium 10
seu litigancium aut volencium litigare aut propinquorum ipsorum seu rerum illorum
aut ecclesiarum suarum [11] etiam capcionem modisve aliis quibuscumque compulerint
vel compelli fecerint seu procuraverint vel per se aut [12] per alios impedierint quominus
coram judicibus ecclesiasticis delegatis seu ordinariis querelantes de causis predictis
possint libere justiciam obtinere.   15

XIII[us] est contra illos qui [13] ad predicta facienda dederint auxilium, consilium vel favorem ut in novella domini Bonifacii, eo titulo, *quoniam ut intelleximus* [c] et in [14] concilio
Bituricensi [15], titulo *de immunitate ecclesiarum*, capitulo [16] *cum nonnulli* [d]. Juxta hoc
sciendum est quod per dictum [17] Bituricense [18] concilium, justiciarii et alii solam tempo-
ralem jurisdiccionem habentes qui in accionibus mere personalibus ecclesiasticas coram 20
se personas, allegato fori privilegio [19], litigare compellunt contra canonicas saucciones,
sunt ipso jure excommunicati ut in eodem [20] concilio, titulo *de foro competenti, cum fal-
sem* [21] [e]; item quod in eodem [22] concilio statuitur quod si quis, cujuscumque dignitatis aut
condicionis existat, nuncios vel exequtores ecclesiasticorum judicum [23] aut alios eorum
litteras actave judiciaria [24] deferentes hac occasione capere, verberare, retinere, occultare 25
aut carceri [25] mancipare, mutilare [26] vel quod gravius est occidere, aut eis predictas litteras vel etiam acta [27] auferre aut ea rumpere, cancellare vel destruere vel [28] ablata celare
presumpserit [29], vel ut ista fiant procuraverit vel facientibus consilium seu opem dede-

---

rit [1], excommunicacionis sententie subjaceat [2] ipso facto ut in eo concilio, capitulo finali [a].

XIIII[us] [3] est contra illos qui suis subditis ne [4] prelatis aut clericis seu personis ecclesiasticis quidquam vendant aut emant aliquid ab eisdem, vel ne ipsis bladum molant, panem coquant aut alia obsequia exhibeant interdicunt, ut in novella domini Bonifacii [5], eo titulo, *eos* [b].

XV[us] est contra illos qui statuta edita contra ecclesiasticam libertatem de cartulariis vel libris suis infra [6] duos menses non deleverint.

XVI [us] [7], si ipsa servari fecerint quamvis deleverint [8].

XVII [us] [9], contra illos qui consuetudines contra libertatem ecclesie introductas fecerint observari.

XVIII[us] [10], contra illos qui de cetero talia fecerint statuta.

XIX[us], contra illos qui ipsa statuta scripserint.

XX[us] [11], contra [potestates] [12], consules, rectores et consiliarios locorum ubi hujusmodi statuta et consuetudines de cetero edite fuerint vel servate, qui cum scirent talia fieri [et] [13] possent [14] prohibere, non prohibuerint [15] quamvis etiam ipsi non statuerint [16] vel fecerint observari.

XXI[us], contra illos qui secundum ea presumpserint judicare.

XXII[us], contra illos qui scribere presumpserint [17] judicata. Omnes predicti sunt excommunicati ut *de sentencia excommunicacionis, noverit* [c]. Et quoniam iu fraudem hujus decretalis, quidam non statuta, ut asserunt sed banna faciunt proclamari preceptaque [ac] [18] prohibiciones indicunt [19] contra ecclesiasticam libertatem, idcirco dominus Simon, tunc tituli Sancte Cecilie presbiter cardinalis, in regno Francie apostolice [20] sedis legatus, postmodum Martinus papa IIII[us], in predicto [concilio] [21] Bituricensi, tam auctoritate legacionis quam apostolica [22] sibi super hiis specialiter delegata [23], volens fraudibus que fiebant [24] circa hujusmodi obviare, statuit ut qui contra ipsius ecclesie libertatem banna, prohibiciones sive precepta scienter fecerint aut fieri procuraverint seu facientibus auxilium vel consilium [25] duxerint adhibendum [26], ipsa postquam per locorum ordinarios super hoc fuerint requisiti, absque cujuslibet difficultatis obstaculo, indilate revocent seu faciant revocari, ad consimilia nunquam de cetero processuri ; alioquin eadem sint sentencia excommunicacionis astricti. Qui vero contra ecclesiasticas consuetudines antiquas, racionabiles, approbatas et hactenus pacifice observatas, statuta, banna et prohibiciones

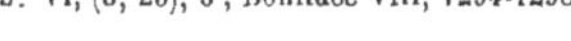

1. dederint, A. — 2. subjaceant, A. — 3. XIIII[us] casus, B, C. — 4. ut, C. — 5. *deest*, A. — 6. in, A. — 7. XVI[us] casus est, B ; XVI[us] qui ipsa, C. — 8. delegaverint, A. — 9. XVII[us] est contra. B. — 10. XVIII[us] casus est, B. — 11. XX[us] est, B. — 12. polantes, G. — 13. vel, G ; ut C. — 14. possint, A. — 15. et non prohibuerunt, O. — 16. statuerunt, B. — 17. judicare... presumpserint, *deest*, C. — 18. ad, G. — 19. inducunt, B. C. — 20 a publice, A. — 21. cecil, G. — 22. aperu...ta, A. — 23. delegatis, O. — 24. sciebant, C. — 25. consilium vel opem, A, B, C, O. — 26. ad habenda, B ; adhibenda, C.

a. Ch. XVI, ibidem, col. 177.   c. X, (5, 39), 49 ; Honorius III, 1221.

b. VI, (3, 23), 5 ; Boniface VIII, 1294-1298.

aut precepta scienter fecerint aut [1] fieri procuraverint [sive] [2] jam facta servaverint aut servari fecerint seu facientibus vel [3] servantibus in hoc consilium vel opem prestiterint, si, moniti per dyocesanos locorum, infra mensem a monicionis tempore computandum hujusmodi statuta banna et prohibiciones atque precepta non revocaverint, excommunicacionis incurrant sentenciam ipso facto ut in dicto concilio Bituricensi *de inmunitate* [5] *ecclesiarum,* capitulo [4] *cum* [5] *jure* [6] *canonico* [a]. Juxta premissa etiam in eodem concilio habetur [7] alius casus contra illos qui testamenta [8] seu alias ultimas voluntates quocumque nomine censeantur, licet alias rite sint factas secundum canonicas sancciones, tanquam legittima non admittunt [9] sed ea reprobant pro eo quod scabini [10] vel judex etiam secularis presentes [11] non fuerint vel auctoritatem non prestiterint hujusmodi testamentis vel [10] aliis voluntatibus ultimis quibuscumque [12] : tales igitur, nisi infra octo dies postquam fuerint super hoc [13] moniti competenter ab inpeticione hujusmodi duxerint [14] desistendum, excommunicati sunt ipso facto ut eo concilio, titulo *de testamentis,* capitulo unico [b].

XXIII[us] casus est contra incendiarios ecclesiarum ut eo titulo, *de sentencia excommunicacionis, tua* [c].

XXIIII[us] [15], contra effratores ecclesiarum ut eo titulo [16], *conquesti* [d].

XXV[us] casus est contra laycos qui prelatos seu alias personas ecclesiasticas compulerint ad submittendas [17] sibi ecclesias seu jura vel bona ipsarum immobilia absque juris forma [18] si post competentem monicionem, remissa submissione quam per vim vel metum exegerant, ecclesias et bona ecclesiastica taliter eis submissa in sua non [20] dimiserint libertate [19].

XXVI[us] [20] est contra laicos qui ultra id quod promittitur [21] ex natura contractuum super premissis juris forma servata inhitorum [22], aliquid presumpserint ipsorum contractuum usurpare [23] obtentu, nisi [24] legitime moniti ab hujusmodi usurpacione destiterint restituendo etiam [25] que taliter [usurparunt] [26] ut in novella domini Gregorii X, *de* [25] *rebus ecclesiasticis non alienandis* [27], *hoc consultissimo* [e].

XXVII[us] [28] est contra religiosos ordinum mendicancium [29] adinventorum post concilium generale Innocentii III quorum religiones etiam fuerant [30] per sedem apostoli-

---

1. seu, A, C. — 2. sci, A. — 3. aut, C. — 4, *deest,* C. — 5. *deest,* B. — 6, inter, A. — 7. habere videtur (?), A. — 8. testimonium, O. — 9. admittant, C. — 10. scabicii, A. — 11. presentes presentes, A. — 12. quibus cilibet, A. — 13. hic, A. — 14. *deest,* B. — 15. XXIIII[us] casus, C. — 16. *deest,* C. — 17. mobilia, C, O. — 18. formari, A. — 19. suam... libertatem, C. — 20. XXVI[us] casus est, B, C. — 21. permittitur, B, C, O. — 22. inhibitorum, O — 23. usurpate, A. — 24 *deest,* A. — 25. nisi etiam, C. — 26. usurpant, G ; usurpaverit, A. — 27. *alienum,* C. — 28. XXVII[us] casus est, B, C. — 29. mendicancium, *deest,* C. — 30. fuerint, A, O.

a. Ch. XI. Titre du chapitre : *Contra illos qui banna faciunt proclamare contra ecclesiarum libertates et antiquas consuetudines, Mansi,* t. XXIV, col. 174.

b. Ibidem, col. 173.
c. X, (5, 39), 19 ; Clément III, 1187-1191.
d. X, (5, 39), 22 ; Célestin III, 1191-1198.
e. VI, (3, 9), 2 ; Grégoire X, 1274.

cam [1] confirmato, qui post concilium [2] Lugdunense domini Gregorii X [i] aliquem ad eorum professionem admiserint vel de novo domum aut [3] aliquem locum acquisierint vel
domos seu loca que habent alienaverint absque sedis apostolice licencia speciali ut in
novella domini Gregorii X [i][4], *de religiosis domibus, religionum* [5].

5   XXVIII[us][5] statutus est contra illos qui ab ecclesiis et ecclesiasticis personis pro
rebus suis propriis quas non causa negociandi deferunt [6] vel deferri faciunt, pedagia,
guidagia seu hujusmodi talia exigunt et extorquent per se vel per alium, suo nomine
vel etiam alieno, aut eos ad hujusmodi persolvenda [7] compellunt : qui enim talia fecerint, si persone fuerint singulares, excommunicacionis ; si autem [8] collegium vel uni-
10 versitas civitatis castri seu loci alterius cujuscumque, ipsa civitas castrum vel locus
interdicti sentencias ipso facto incurrant [9] ut in novella domini Bonifacii *de censibus*,
quamquam [b] et in concilio Bituricensi *de inmunitate ecclesiarum*, capitulo *sanguiffuge* [c].

     XXIX[us] casus est contra illos qui [represallias] [10] seu pignoraciones in quibus
unus [11] pro alio [pignoratur] [12] contra personas ecclesiasticas concesserint.

15   XXX[us] casus est contra illos qui [13] [represallias] [14] a consuetudine, quin pocius
abusu [15], concessas ad [16] illas prorogaverint, nisi presumpcionem [hujusmodi] [17] revocaverint infra mensem a concessionis seu extensionis tempore computendum. Tales
enim si persone fuerint singulares, sentenciam excommunicacionis incurrant ; si vero
universitas, ecclesiastico subjaceat interdicto ut in novella domini Gregorii X, *de inju-*
20 *riis* [18], *esti* [19] *pignoraciones* [d].

     XXXI[us] casus est contra illos inductus qui [20] pro eo quod in [21] reges, principes, ba-
rones, [22] nobiles, ballivos [23] vel quoscumque ministros eorum aliosve quoscumque
excommunicacionis, suspencionis [24] seu interdicti sentencia fuerit promulgata licenciam
alicui dederint occidendi, capiendi, seu alias in personis seu bonis suis vel suorum gra-
25 vandi eos qui tales sentencias protulerunt [25] sive quorum sunt occasione prolate, seu easdem [26] sentencias [27] observantes, sive taliter excommunicatis communicare nolentes [28],
nisi licenciam ipsam [29] re integra revocaverint vel ipsa bona infra octo dies restituerint
vel satisfaccionem impenderint pro eisdem si ad bonorum capcionem occasione ipsius li-
cencie sit processum.

30   XXXII[us][30] est contra illos qui ausi fuerint predicta licencia data ubi vel aliquid pre-

---

1. sede apostolica, O.— 2. concilium generale, O.— 3. vel, C, O.— 4. X[i], *deest*, C. — 5. XXVIII[us]
est, O ; XXVIII[us] casus, B.— 6. deferant, A. — 7. persolvendum, O. — 8. aut, A. — 9 incurrunt, C.
— 10. represillas, G.— 11. *deest*, A.— 12. pignorantur, G. — 13. hujusmodi, A, B, C.— 14. represillas,
G. — 15. vel abusu, C. — 16. *deest*, C. — 17. *deest*, A. — 18. *de injuriis, deest*, C. — 19. capitulo *etsi*,
B, C. — 20. que, A. — 21. *deest*, O. — 22. comites, barones, B.— 23. et baillivos, A. — 24. expensio-
uis, C. — 25. protulerint, A, B. — 26. eadem, A. — 27. protulerint..... sentencias, *deest*, C. — 28. volentes, A. — 29. ipsarum, A. — 30. XXXII[us] casus, B.

a. VI, (3, 17), un. ; Grégoire X, 1274.   c. Ch. X, *Mansi*, t. XXIV, col. 173.
b. VI, (3, 20), 4 ; Boniface VIII, 1294-1298.   d. VI, (5, 8), un ; Grégoire X, 1274.

missorum committere suo motu ut in [1] novella domini Gregorii X[i], *de sentencia excommunicacionis, quicumque* [a].

XXXIII[us], secundum dominum [2] Guilielmum bone memorie episcopum Mimatensem, est contra illos qui ad ecclesiam confugientem extrahunt [3] de ipsa ecclesia violenter ; argumentum XVII, q. IIII, *frater* et canone *si quis* [4] b. Quod verum credo, ego [5] episcopus [Bitterensis] [5], si cum effraccione hujusmodi extraccio facta fuerit [6], per decretalem *de sentencia excommunicacionis, conquesti* [c] [7]. Immo et si [8] sine effraccione sit factum [9] in regno Francie ubi contra illos qui fugientes ad ecclesiarum tutelam, contra juris statuta et ecclesiasticam libertatem, ibidem [vulnerant] [10], mutilant interficiunt vel incendunt aut inde extrahunt violenter et extractos [11] vulnerare seu mutilare [10] aut ultimum ipsis [12] supplicium inferre presumunt seu ista fieri precipiunt vel procurant aut consilium sive opem adhibent in hujusmodi excessibus perpetrandis, statutum est quod sint ipso facto excommunicati et quod [13] eorum ordinarii per ecclesias sibi subjectas eosdem malefactores usque ad condignam satisfaccionem faciant excommunicatos sollempniter nunciari quodque [prefatorum] [14] scelerum patratores ipso facto perdant [15] feuda et beneficia si que tenent [15] ab ecclesia taliter violata et eadem [16] ad eamdem libere revertantur et quod etiam [17] talium filii [18] non solum nichil obtineant de predictis, immo etiam ad beneficia ecclesiastica de cetero assequenda eo ipso reddantur prorsus inhabiles [19] et indigni ut habetur in dicto concilio Bituricensi, titulo *de immunitate [ecclesiarum]*, capitulo *quorumdam* [d]. [20]

XXXIIII[us] est [20] contra religiosos qui in scolis vel alibi [temere] [21] sue habitum religionis dimittunt [et ex hoc] [22] patet apostatantes a religione fore excommunicatos.

XXXV[us] est [23] contra religiosos qui accedunt ad quevis studia litterarum nisi a suo prelato cum consilio [24] sui conventus vel majoris partis ejusdem sibi eundi [25] ad studium [26] licentia primitus sit concessa. [25]

XXXVI[us] [27], contra doctores [28] sive magistros qui religiosos habitu suo dimisso leges vel phisicam audientes scienter docere aut in scolis suis presumpserint retinere ut in novella domini Bonifacii, *ne clerici vel monarchi, ut periculosa* [29] e.

1. *deest*,C. — 2. *deest*,B. — 3. extrahit, A. — 4. *si quis* et canone *diffinivit* et canone se (sese B) A, B. — 5. Bitterensis, G. — 6. fuit, B, C, O. — 7.*conquesti* ; alias enim non sunt excommunicati sed excommunicandi secundum Hugotium in canone *frater* et canone *id constituimus* et idem notat Bernardus *de sentencia excommunicacionis, cum pro tam*, A, B. — 8. *deest*, A. — 9. facta excommunicati sunt, A, B. — 10. vulneravit, A ; imbilant, G. — 11. extractis, C. — 12. eis, C. — 13.*deest*, A, B, C. — 14. prefactorum, G. — 15. si qua teneant, C. — 16. ea C — 17. in, B. — 18. alii, A. — 19. petus in humiles, A. — 20.XXXIIII[us] casus est, B, C. — 21. tenere,G. — 22.§ et hoc, G.— 23 *deest*, B, C, O. — 24. câ silio, A. — 25. eunti, C. — 26. studia,B. — 27. XXXVI[us] casus, C ; XXXVI[us] casus est, B. — 28. dictatores, B. — 29. periculos, A.

a. VI, (5, 11), 11 ; Grégoire X, 1274.
b. C. XVII, q. IV, c. 10 et 29 ; Gelase, 492-496 et Innocent II, 1131 et 1139. Les *mss* A et B ajoutent les canons 35 et 36 (XIIe concile de Tolède, 681 et 1er concile d'Orléans, 511). — Cf. GUILLAUME

DURAND, *Repertorium*, p. 75, 2e col. (14e cas).
c. X, (5, 39), 22 ; Célestin III, 1191-1198.
d. Ch. XII, *Mansi*, t. XXIV, col. 175.
e. VI, (3, 24), 2 ; Boniface VIII, 1294-1298.

XXXVII[us], contra illos qui clericos vel quaslibet [1] alias personas ecclesiasticas ad quos in aliquibus ecclesiis, monasteriis seu aliis piis locis spectat eleccio vel consanguineos eorumdem [2] aut ipsorum ecclesias, monasteria sive loca bonis suis per se vel per alios spoliando seu alias injuste persequendo gravare presumpserint pro eo quod illi
5 rogati [3] seu alias inducti eum pro quo rogabantur vel inducebantur eligere noluerint [4] ut in novella domini Gregorii X[j], *de eleccione, sciant cuncti* [a]. Juxta hoc nota quod quicumque per sediciosam conspiracionem vel convencionem [5] habitam simul cum aliis, quacumque firmitate vallatam [6], impedimentum latens vel patens prestiterit [7] quominus ecclesiis vel dignitatibus seu administracionibus quibuscumque per illos ad quos
10 eorumdem [8] per viam eleccionis vel postulacionis spectat provisio [9] libere valeat provideri; illi etiam qui populum aut turbam potentesve [10] quoslibet [11] concitaverint [12] ut in tanto facinore opem ferant quorumve data [13] opera, suggestione vel consilio [14] populus [15] turbave cum armis vel sine [16] ad hoc convenerit [17]; et qui in loco ubi est eleccio vel postulacio facienda [tumultum] [18] fecerit in [19] ipsos electores vel eorum ali-
15 quos irruendo seu eidem loco fracturam [20] seu violentiam inferendo vel personis electorum notabilem [21] injuriam irrogaverit [22]; et qui ad impedimentum predictum prestandum opem vel consilium dederit, ipso facto excommunicatus est et ejus familia interdicta, preter alias penas in eodem [23] concilio constitutas de quibus ibidem, titulo [24] *de eleccione*, capitulo, *in tocius* [25] [b].
20 XXXVIII[us] [26] est contra illos qui regalia [27], custodiam seu gardiam, advocacionis seu deffensionis titulum in ecclesiis, monasteriis seu aliis piis locis, de novo usurpare conantes, bona [eorumdem] [28] ecclesiarum, monasteriorum seu piorum locorum vacancium occupare presumunt.

XXXIX[us], contra clericos ecclesiarum, monachos monasteriorum et personas ceteras
25 eorumdem locorum que fieri hec [29] procurant ut eo titulo, *generali* [c].

XL[us] casus est inductus contra illos quos ad dirigendas moniales in suis eleccionibus contigerit evocari nisi ab hiis abstineant per que inter eas [super faciendis] [30] ipsis eleccionibus oriri possit discordia vel exorta [31] nutriri ut in decretali domini Bonifacii, eo titulo, *indempnitatibus* [d].

---

1. quascumque, A. — 2. eorum, O. — 3. gravati, A. — 4. voluerunt, A ; noluerunt, B, C,O. — 5. conveccionem, A ; vel convencionem, *deest*, C. — 6. vallatem, A. — 7. prestiterint, A. — 8. eorumdem, B, O. — 9. electio provisio, O. — 10. petentesve, B.— 11. quolibet, A — 12. excitaverint (concitaverint), G. — 13. quorum redata,A. — 14. suggestionem vel consilium, B. — 15. populo, A. — 16. sine armis, O. — 17. convenit, A. — 18. cum multum, G. — 19. fecit. O. — 20. fractuum, A. — 21. notabilium, O. — 22. irrogaverint, A, B, C. — 23. eosdem, C. — 24. capitulo *de*, C. — 25. *de eleccione, cum in cunctis*, B ; *cum in tocius*, C.— 26. XXXVIII[us] casus est, B.— 27. in regalia, A ; regaliam, B, O. — 28. eorumdem, A. — 29. hoc, A, B. — 30. superficiendis, A. — 31. orta, B.

a. VI, (1, 6), 12 ; Grégoire X, 1274.
b. Ch. I, *Mansi*, t. XXIV, col. 167.

c. VI, (1, 6), 13 ; Grégoire X, 1274.
d. VI, (1, 6), 43, Boniface VIII, 1294-1298.

§ IIII. Casus alii tangentes correccionem criminum quibus quis est ipso jure excommunicatus sunt isti [1].

Primo [2], magister vel scolaris Bononiensis ante tempus finite locacionis conducens domum quam alius inhabitat [3] vel hospitem alloquens super hoc, inquilino irrequisito, ut *de locato et conducto* [4], capitulo I[a]. Sed [5] hic [6] casus est localis.   5

Secundus casus est cum quis participat in crimine criminoso propter suum crimen excommunicato, ut *de sentencia excommunicacionis,nuper* et capitulo *si concubine* [b]. Illa tamen sentencia videtur non canonis sed hominis secundum Bernardum in capitulo *nuper*. Alii tamen dicunt quod est sentencia juris ut patet per ea que notantur infra : in [7] § [8] *Circa secundum principale*, versu *In illis autem* [c].   10

Tercius [9] est contra illos qui quempiam [10] Christianorum per anchichinos interfici fecerint [11].

Quartus est [12] contra illos qui hoc [13] fieri mandaverint [14] etiam si mors non sequatur [15] exinde.

Quintus [16] contra illos qui anchichinos receptant, defendunt vel occultant ut in de- 15 cretali domini Innocentii IIII [i], *de homicidio, pro humani* [d].

VI[us], contra illos qui Christianos pro negociacione vel aliis honestis causis navigantes capere aut rebus suis spoliare presumunt.

VII[us] [18], contra illos qui Christianos naufragium pacientes [19] spoliant rebus suis ut [20] *de [raptoribus]* [21], *excommunicacioni* [e].   20

VIII[us] [22], cum quis incidit in factum dampnatum per statutum hominis factum sub illa forma : « ut qui contra fecerit sit excommunicatus » ut *de sentencia excommunicacionis, a nobis* [f].

IX[us] [23], contra illum qui in civitate vel dyocesi alterius, [vicarie] [24] sive [25] presulatus officio excequendo [26], se ingerit contra formam decretalis *de officio ordinarii, quoniam* 25 *in* [27] *plerisque* [g] ut ibidem.

X[us] est [28] contra partem que procuraverit ut conservator suus se intromiserit de aliis quam de manifestis injuriis et [29] violenciis vel ad ea que judicialem indaginem exigunt suam extenderit [30] potestatem ut in novella domini Bonifacii, *de officio delegati, hac constitucione* [h].   30

1. qui secuntur, A. — 2. Primus, A. — 3. inhabitans, A. — 4. *et conducto, deest,* A. — 5. c. I, § Sed, G. — 6. *deest,* A. — 7. tercio, A. — 8. in capitulo, B. — 7. Tercius autem, A. — 10. quipiam, A. — 11. fecerunt, A, C. — 12. *deest,* O. — 13. deest, C. — 14. mandaverunt, A. — 15. sequitur, A, O. — 16. V[us] est, A. — 17. VI[us] est, A. — 18. VII[us] est, A. — 19. facientes, O. — 20. ut extra, A, — 21. *de cap.,* A. — 22. VIII[us] est, A. — 23. IX[us] est, A. — 24. vicarius, A. — 25. vel, A. — 26. exercendo, C. — 27. *deest,* A. — 28. *deest,* O. — 29. vel, A. — 30. extendit, A.

a. X, (3, 18), 1 ; Clément III, 1188-1191.
b. X, (5, 39), 29 et 55 ; Innocent III et Grégoire IX, 1199 et 1233.
c. infra, p. 47, l. 17 et sq.
d. VI, (5, 4), 1 ; Innocent IIII, 1245.

e. X, (5, 17), 3 ; Conc. Later. III, 1179.
f. X, (5, 39), 21 ; Célestin III, 1193.
g. X, (1, 31), 14 ; Innocent III, 1215.
h. VI, (1, 14), 15 ; Boniface VIII, 1295.

XI[us] [1], contra illos qui absolucionem ab [2] excommunicacionis sentencia [3] vel quamcumque revocacionem [4] ipsius aut suspencionis seu etiam interdicti [extorserint] [5] vi vel metu ut in VI° libro, *de hiis que* [6] *vi melusve causa fiunt, absolucionis* [a] et in concilio Bituricensi [7], eo titulo, capitulo [8] *cum parum* [9] [b].

5   XII[us] casus est contra illos qui fictionem vel [10] fraudem faciunt ad causam inveniendam quod judex personaliter vadat ad aliquam mulierem pro recipiendo testimonio suo ut in novella domini Bonifacii *de judiciis, mulieres* [c]. Juxta hoc notatur [11] ex concilio Bituricensi quod judices vel conservatores sub illa forma : « citetis omnes quos vobis lator presencium [12] nominabit » vel alia consimili citare non debent ; item quod [commissionis] [13] sibi facte litteras ipsi judices vel [conservatores] [14] ad personas in ipsis [15] litteris 10 non expressas pretextu testimonii [perhibendi] [16] ubi vel quando status cause vocacionem testium [17] non requirit sed ut ipsi vel actor citatos fatigent laboribus [et] [18] expensis aut [19] aliquid extorqueant [20] ab eisdem, extendere vel prorogare non debent et [21] si secus actum fuerit [22], in neutro casuum predictorum citacio tenet vel sentencia seu processus 15 talis citacionis occasione habitus sive factus et [23] ipse judex vel conservator nichilominus preter alias penas [24] ibidem statutas incurrit excommunicacionis sentenciam ipso facto. Nullus etiam judex, executor vel [25] conservator pro absolucionis vel [26] relaxacionis beneficio inpendendo ab [27] hiis quos [excommunicaverant], suspenderant vel interdixerant [28] emendas pecuniarias seu res alias pro emendis presumant exigere aut oblatas [29] 20 recipere etiam ex post facto. Qui vero contra fecerit ipso facto excommunicacionem incurrit ut [30] in eo [31] concilio [32], titulo *de officio delegati*, capitulis *cum juris remedia* et sequentibus[d]. Illa tamen capitula loquuntur de judicibus, executoribus et [33] conservatoribus datis a legato [34] ut patet in eis.

XIII[us] est contra personas ecclesiasticas episcopis inferiores que [35] alienigenas et 25 alios non oriundos de terris [ipsorum] [36] publice pecuniam fenebrem [37] exercentes vel exercere volentes ad hoc domos in terris suis conducere vel conductas habere aut alias [38] habitare [39] permittunt [40].

---

1. XI[ns] est, A.— 2. ad, A.— 3. *deest*, C. — 4. quacumque revocacione, B. — 5. seu extorserint, C ; extorserit, G ; extorserunt, O. — 6. qui, A. — 7. Bittericensi, O. — 8. *deest*, O.— 9. per vim, B.— 10. seu, A.— 11. nota, A,E.— 12. presens, O.— 13. promissionis, A.— 14. observatores, A.— 15. illis, A. — 16 prohibendi, A, C, G. — 17. convocacionem vel testimonium, A ; vacacionem testium, C. — 18. non, G.— 19. ut, O. — 20. extorquant, A.— 21. etiam, B.— 22. est, A.— 23. est, A.— 24. pena, O. — 25. vel executor seu, O. — 26. seu, A. — 27. *deest*, O. — 28. excommunicaverat, suspenderat vel interdixerat, A ; excommunicaverint, G ; suspenderant, *deest*, C. — 29. oblatus, A. — 30. sit excommunicatus in, O. — 31. eodem, O, B. — 32. *deest*, C. — 33. *deest*, O. — 34. allegato, C. — 35. qui, A, O. — 36. *deest*, A. — 47. tenebrem, A. — 38. *deest*, C.— 39. inhabitare, B, C. — 40. permittant, A.

a. VI, (1, 20), un. ; Grégoire X, 1274.
b. Ch. VI, *Mansi*, t. XXIV, col. 172.

c. VI, (2, 1), 2 ; Boniface VIII, 1295.
d. Ch. II, *Mansi*, t. XXIV, col. 170.

XIIII[us] [1], contra illos qui [2] usurarios manifestos de terris suis non expellunt.

XV[us] [3] contra illos [4] qui ad fenus exercendum domos illis locant vel sub alio titulo quocumque concedunt. Prefate etenim [5] singulares [persone] [6], excommunicacionis ; si autem collegium vel universitas in hiis [delinquerint] [7], interdicti sentencias ipso facto incurrant ; quam si per mensem animo sustinuerint indurato terre [8] ipsorum, 5 quamdiu in eis iidem usurarii commorantur [9], ex tunc ecclesiastico [10] subjaceant interdicto, ut in VI° [11] libro, *de usuris, usurarum* [a]. Ex textu autem illius decretalis colligitur evidenter quod aliud est interdictum universitatis seu collegii et aliud interdictum [12] civitatis et alterius [13] loci. In primo casu si universitas alicujus loci sit interdicta, nichilominus clerici possunt alta voce, pulsatis campanis et apertis januis, celebrare, excommu- 10 nicatis tamen et interdictis aliquatenus non admissis. In secundo casu, scilicet cum civitas vel locus alius subjacent [14] interdicto, non potest celebrari ibidem nisi prout [15] habetur infra [16], *de sentencia excommunicacionis*, [alma] [17] [b] et probantur predicta eo titulo, *de sentencia excommunicacionis, si* [18] *sentencia* [c] et sic [19] dominum nostrum papam vidimus [20] et audivimus sencientem. 15

XVI[us] [21], contra illos qui propter mortis periculum aut [22] aliud impedimentum legitimum ab alio quam ab eo a quo absolvendi de jure fuerant absoluti, cessante postea periculo [23] vel impedimento hujusmodi, se illi [24] a quo hiis [25] cessantibus absolvi debebant [26], quam cito commode [27] poterunt [28], contempserint presentare, mandatum ipsius super illis [29] pro quibus excommunicati fuerant recepturi et [30] sastisfacturi [31] prout jus- 20 ticia suadebit.

XVII[us] [32], contra illos, quibus, cum [33] a sede apostolica vel legatis ipsius absolucionis beneficium a quibuscumque sentenciis consecuntur, injungitur ut ordinariorum suorum vel aliorum quorumlibet [34] suscepturi penitenciam ab eisdem se conspectui representent et passis injuriam seu hiis quibus propter hoc [35] obligati existunt satisfaccionem 25 exhibeant competentem, si hoc cum [36] primum commode [37] poterunt non [38] curaverint adimplere ; tam isti enim [39] quam illi in pristinam excommunicacionis ipso jure sentenciam relabuntur [40] ut [41] in decretali [42] domini Bonifacii, *de sentencia excommunica-*

---

1. XIIII[us] est, A. — 2. illas que, B. — 3. XV[us] est, A. — 4. illos, A, B, C. — 5. enim, A. — 6. *deest*, A. — 7. delinquerit, G, B, C. — 8. tempore, A. — 9. commorentur, C. — 10. ecclesiasticos, A. — 11. in III, A. — 12. universitatis.... interdictum, *deest*, A. — 13. vel alterius, A, B, C. — 14. subjaceat, A, B ; subjacet, O. — 15. pro me, B. — 16. ut infra, C. — 17. *almi*, G, B. — 18. *de*, C. — 19. et sic, *deest*, O. — 20. sencientire, O. — 21. XVI[us] est, A. — 22. ad, C. — 23. impedimento periculo hujusmodi, A. — 24. illis, A — 25. *deest*, A. — 26. debeant, A. — 27. Commodo, A. — 28. potuerunt, B ; potuerint, C. — 29. hiis, A. — 30. vel, C. — 31. pro quibus.... satisfacturi, *deest*, A. — 32. XVII[us] est, A. — 33. quibus a, C ; qui cum, A. — 34. *deest*, C. — 35. qui, A. — 36. quam, C. — 37. *deest*, A. — 38. nisi, B. — 39. *deest*, A. — 40. telabuntur, A. — 41. *deest*, O. — 42. novella, A.

a. VI, (5, 5), 1 ; Grégoire X, 1274.   c. VI, (5, 11), 16 ; Boniface VIII, 1294-1298.
b. VI, (5, 11), 24 ; Boniface VIII, 1298.

cionis, eos [1] [a], in cujus principio patet quod propter mortis periculum vel aliud impedimentum quodcumque ab alio quam ab eo ad quem de jure absolucio pertinet excommunicatus absolvi non [2] debet [3] si haberi ad illum [4] potest [5] recursus vel ipsius copia potest haberi.

5   XVIII[us] [6] casus est contra illos qui constitucionem domini Nicholay III [7] *de verborum significacione, exiit* [b] factam de intellectu et exposicione regule beati Fransisci ac de ipsius [8] regule ordinisque fratrum minorum approbacione [9] aliter quam grammaticaliter exponendo glosare presumpserint.

XIX[us] [10], contra doctores sive lectores qui docuerint in publico, ex certa sciencia et 10 deliberate [11] intellectum depravantes constitucionis ipsius [12].

XX[us] [13] contra facientes commentum [14], scripturas seu [15] libellos ac ex [16] certa sciencia et deliberate [17] determinantes in scolis seu predicantes contra ea que in constitucione continentur [18] predicta. Omnes enim predicti sunt excommunicati ut eadem decretali [19], circa finem.

15   XXI[us] casus est [20] secundum prefatum [21] dominum Mimatensem [22] in *Repertorio* [c] suo contra judices vel principes nolentes [23] clericis vel miserabilibus [24] personis justiciam facere ut XXIII [25], q. V, *administratores* [d], et facit pro ejusdem domini episcopi [26] dicto glosa Johannis ibidem posita que [27] dicit : *videtur ergo quod ipso jure sit excommunicatus princeps qui non facit justiciam clerico* ; et facit ad hoc textus ejusdem canonis. 20 Dicit enim quod administratores secularium dignitatum qui ad ecclesiarum tuicionem, pupillorum ac viduarum [proteccionem] [28] rapaciumque refrenacionem sunt [29] procul dubio constituti, querimonias [30] ecclesiarum attencius debent audire ac studio [31] corrigere diligenti ; quod si, Dei timorem pre occulis non habentes, negligere [32] post secundam et terciam monicionem inventi fuerint, omni se noverint communione usque ad 25 dignam [33] satisfaccionem privatos. Si [34] omui sunt [35] communione [36] privati, ergo sunt excommunicati cum excommunicacio nichil aliud sit quam a [37] communione sacramentorum et hominum separacio ut probatur XI, q. III *nemo* [e] et in VI libro, *de excep-*

---

1. *eos qui*, A. — 2. *deest*, B. — 3. potest, C. — 4. eum, C. — 5. *deest*, C. — 6. *deest*, A. — 7. *deest*, C. — 8. beati... ipsius, *deest*, C. — 9. applicatione, O. — 10. XIX[us] est, A. — 11. deliberacione, C. — 12. istius, A. — 13. XX[us] casus est, A ; XX[us] casus, C. — 14. conventum, A, C. — 15. vel, C. — 16. *deest*, A. — 17. deliberacione, C. — 18. continetur, A. — 19. ut ea, B, C, O ; ut in eadem, A. — 20. *deest*, A. — 21. *deest*, A. — 22. Minatensem, A. — 23. volentes, A. — 24. miserabilibusque, A. — 25. XXIIII, A ; XXXIII, O. — 26. *deest*, A. — 27. qua, A. — 28. protestacionem, G. — 29. *deest*, C. — 30. queriomonias, A. — 31. stratinio, A. — 32. et negligentes, A. — 33. condignam, A. — 34. Si enim, A. — 35. sint, A. — 36. usque... communione, *deest*, C. — 37. *deest*, O.

a. VI, (5, 11), 22 ; Boniface VIII, 1294-1298.
b. VI, (5, 12), 3 ; Nicolas III, 1279.
c. GUILLAUME DURAND, *Repertorium*, p. 75, 2[e] col. (28[e] cas).

d. C. XXIII, q. V, c. 26 ; c. 13, conc. Ravennat. 877.
e. C. XI, q. III, c. 41 ; conc. Epaunen., 517.

cionibus, pia [a] cum similibus et facit ad hoc quod notatur in *Copiosa*, § *qualiter profera-tur*, versu *non obstat* [b] ubi expresse habetur quod per illa verba : « a communione ecclesie excludo » major excommunicacio intelligitur fieri [1] per decretalem *de sententia excommunicacionis, si quem* [2] [c] . Sed contra hoc est quod [3] judex ex certa sciencia et [4] ex malicia [5] male judicans, per graciam vel per [sortes][6], non tantum punitur ut probatur in VI° libro, *de sentencia et re judicata, cum eterni* [d] cum [7] concordanciis ibi signatis [8] . Excommunicacio enim major pena est quam ecclesia imponit ut probatur [9] XXXIIII, q. III [10] *corripiantur* [e]. Cum ergo malicia [11] gravius quam negligencia puniatur ut in decretali [12] *de crimine falsi, ad falsariorum* [f] et *Institucionibus, de obligacionibus que ex quasi delicto nascuntur*, in principio [g] et C., *de pena judicis [qui]* [13] *male judicavit* [14], lege finali [h], si judex qui adhibet maliciam in judicando non tantum punitur, ergo judex negligens non tantum [15] debet puniri ; unde dominus Hostiensis qui visus est colligere in *Copiosa*, titulo [16] *de sentencia excommunicacionis*, § *[quis]* [17] *possit excommunicare* [i], omnes casus in quibus quis [18] est ipso jure excommunicatus, istum casum non posuit inter [19] illos [20]. Sed illo etiam non posito [21], habet per premissa centum casus scriptos in jure quibus quis [22] est ipso jure excommunicatus preter alios [23] casus qui ex Bituri-censi [24] concilio colliguntur.

Cum autem queritur quis in predictis [25] casibus ab hujusmodi excommunicacionibus absolvere possit, inspiciendus est canon de cujus excommunicacione vel casu agitur et si papa conditor illius canonis sibi [26] reservaverit [27] absolucionem, erit sibi preterquam in mortis articulo vel aliis casibus in jure expressis absolucio reservanda et isti casus in quibus lator canonis papa sibi absolucionem reservavit [28] notantur per Hostiensem in *Summa*, eo titulo *de sentencia excommunicacionis*, § [29] VIII, versu *et hoc est verum* [j]. Si autem absolucionem non retinuit, videtur eam diocesanis episcopis concessisse ut pro-batur eo [titulo] [30], *nuper* [k], Minores [31] autem episcopo a sentencia majoris excommunica-cionis a canone late [32], nisi in casibus eis a jure concessis [33] absolvere nequeunt ut pro-

— 1. ferri, B, C, O.— 2. quam, A. — 3. *deest*, A.— 4. *deest*, A.— 5. negligencia, A.— 6. sordes, G. — 7. *deest*, A. — 8. fugatis, A. — 9. *deest*, A, C. — 10. XXIIII, q. III, O ; q. IIII, A. — 11. ma-leficia, C. — 12. titulo, A ; ut decretali, C. — 13. quod, G. — 14. *deest*. O. — 15. tam, B. —16. *deest*, A. — 17. quid, G. — 18. qui, A. — 19. in, A. — 20. alios, B. — 21. in illo interposito, A. — 22. *deest*, O. — 23. alias, A. — 24. ex Bitericensi, O. — 25. ex predictis, C. — 26. igitur, A. — 27. reservavit, B.— 28. reservaverit, A, C. — 29. capitulo eo, C. — 30. capitulo, G. — 31. Mictotes, A. — 32. late sentencie, A. — 33. premissis, A.

a. VI, (2, 12), 1 ; Innocent IV, 1245.
b. Hostiensis, *Summa*, De sent. exc., 8, p. 363 recto, 1ra col. La Somme d'Hostiensis est en effet appelée couramment *Summa Aurea* ou *Somma Copiosa*.
c. X, (5, 39), 59 ; Grégoire IX, 1227-1234.
d. VI, (2, 14), 1 ; Innocent IIII, 1245.
e. C. XXIIII, q. III, c. 17 ; St Augustin.

f. X, (5, 20), 7 ; Innocent III, 1201.
g. Inst. IV, 5, pr.
h. Cod. (7, 39), 2.
i. Hostiensis, *Summa*, 3, pp. 359 verso et 360 recto.
j. ibidem, 8 [11], p. 366 recto.
k. X, (5, 39), 29 ; Innocent III, 1199.

batur infra, eo titulo, § *Circa secundum principale, videlicet de interdictis*, versibus *pari racione* et precedenti [2].

Sane circa principium tercii §, supra [1], notande sunt due regule a quibus XL casus excipiuntur. Prima regula est [2] [que] [3] habetur in primo versu ejusdem § et quibusdam 5 sequentibus ; a qua regula excipiuntur [4] XXIII casus in quibus percuciens vel capiens seu detinens [5] clericum non est excommunicatus, de quibus XX notantur in *Copiosa*, eo titulo *de sentencia excommunicacionis*, § III, versu [6] *super illo autem canone* [b]. XXI[us] potest addi de bigamis per decretalem domini Gregori X[i], *de bigamis, allercacionis* [c]. XXII[us], de goliardis et joculatoribus per novellam domini Bonifacii, *de vita et honestate* 10 *clericorum, clerici* [7][d]. XXIII[us] de clericis etiam cum unicis et virginibus conjugatis si tonsuram et vestes clericales non portent ut in alia novella ejusdem domini Bonifacii, *de clericis conjugatis, clerici* [e].

Secunda regula est quod excommunicati pro violenta manuum injeccione in clericos [8] vel religiosas personas sunt pro absolucione habenda ad apostolicam sedem mittendi 15 ut in dicto canone *si quis suadente.* Hec autem regula fallit [9] in XVII [10] casibus [11] vel circa in quibus casibus possunt hujusmodi excommunicati a suis prelatis absolvi ut [12] bene notatur per Hostiensem in *Summa*, eo titulo, § III, versibus *secunda regula* et sequentibus [f]. Nota [13] [tamen] [14] quod jure [15] novissimo episcopus potest absolvere regularem [16] qui clericum secularem [17] percussit eo casu quo posset absolvere secularem qui [18] clericum percussisset [19] ut in novissima [20], eo titulo, *religioso* [21][g].

[II. De interdictis.]

Circa secundum principale, videlicet de interdictis, dicendum [22] quod interdicta, violata [23] seu polluta sunt [24] ipso jure civitates, castra vel [25] alia loca, ecclesie, etiam altaria et cimiterium [26] propter multa crimina vel excessus.

Primo, interdicitur cimiterium [27] ipso jure [in casu] [28] qui habetur supra, titulo *de* 25 *excommunicacione* [29], § 1, versu VI[o] [h].

<hr>

1. similiter, A. — 2. *deest*, A.— 3. quod G.— 4. excipiunt, B.— 5. seu detinens, *deest*, C.— 6. *deest*, A.— 7. *deest*, A ; *clerici, clericorum*, B.— 8. clericum, B. — 9. *deest*, B. — 10. XVIII, A.— 11. *deest*, A, B, C, O. — 12. et, O. — 13. Notatur, A. — 14. cum, G. — 15. de jure, C. — 16. secularem, A. — 17. *deest*, A. — 18. regularem qui, O.— 19. percussit.... clericum, *deest*,A ; eo casu.... percussisset, *deest*, B.— 20. novissimo, B, O.— 21. religionis, C.— 22. dicendum est, A, O.— 23. violenta, A. — 24. possunt, B. — 25. et, A, B. C. O. — 26. cimiteria, A. — 27. *deest*, C. — 28. in casu, *deest*, G. — 29. de excommunicante, C.

a. infra, p. 49, l. 1.
b. Hostiensis, *Summa*, 3 [4], p. 360 verso.
c. VI, (1, 12), 1 ; Grégoire X, 1274.
d. VI, (3, 1), 1 ; Boniface VIII, 1294-1298.
e. VI, (3, 2), 1 ; Boniface VIII, 1294-1298.

f. Hostiensis, *Summa*, 3 [4], p. 360 verso et 361 recto.
g. VI, (5, 11), 21 ; Boniface VIII, 1294-1298.
h. supra, p. 26, l. 8.

Secundo, civitas ipso jure subjacet interdicto in casu qui habetur supra,*de excommunicacione*, § II, versibus VI° et sequenti [a].

Tercio, in casu qui habetur dicto [1] § II, versibus XIIII° et duobus sequentibus [b].

Quarto, in casu qui habetur supra, eo [2] titulo *de excommunicacione*, § III, versu [XXVIII]° [3] [c].   5

Quinto, in casu qui est [4] eo § III [5], versibus [VIII°] [6] et duobus [7] sequentibus [d].

Sexto, in casu qui habetur eo §, versibus XXIX° et sequenti [e].

VII[us], in casu qui habetur supra, eo titulo *de excommunicacione*, § IIII, versibus XIII° et duobus sequentibus [f].

VIII[us] casus [8] est si ecclesia [9] vel cimiterium effusione [10] sanguinis,   10

IX[us], si emissione humani [seminis] [11] polluantur,unde ante reconciliacionem in eis celebrari non debet [12] vel aliquis sepeliri ut *de consecracione*,di. I, *si motum ecclesiis* [13] [g]; *de* [14] *consecracione ecclesie vel altaris,proposuisti* [h] et in novella, eo titulo [15], *si ecclesiam* [i].

X[us] casus est si in ecclesia vel in cimiterio [16] infidelium vel excommunicatorum corpora sepeliri contingat; intelliguntur esse polluta, unde ante reconciliacionem in eis 15 celebrari aut aliquis sepeliri non debet ut *de consecracione*, di. I, *ecclesiam* [j] et eo titulo *de consecracione ecclesie*, capitulo [17] *consuluisti* [k].

XI[us] casus est si ecclesia vel altare aut cimiterium ab episcopo excommunicato publice consecrentur vel benedicantur [18]. Per hoc enim polluta videntur, unde ante reconciliacionem non celebretur [19] nec aliquis sepeliatur ibidem, argumentum jurium 20 allegatorum supra, eo versu proximo, et notat hunc casum Hostiensis *de consecracione ecclesie* [20], *consuluisti* [l]. Quid [21] ergo si [22] excommunicatus publice [23] celebret [24]? Numquid ecclesia et altare in quibus celebravit [25] indigent reconciliacione? Hostiensis notat quod non, *de baptismo*, capitulo finali [m] quia non tantum offenditur ecclesie honestas sicut in casibus precedentibus.   25

---

1. supradicto, B, C.— 2. *deest*,C.— 3. XVIII,A,G.— 4. est supra,A.— 5. *deest*,C.— 6. octavus,G.— 7. de duobus, C.— 8. *deest*, O.— 9. si in ecclesia, B.— 10. cimiterium facta fuerit effusio, B ; effusione sanguinis violetur vel polluatur, O. — 11. sanguinis, G. — 12. deberet, O. — 13. *de condi., si metum ecclesiis*, A. — 14. et *de*, A, B, C. — 15. eo titulo, capitulo, A. — 16. vel cimiterio, B. C, O. — 17. titulo, A. — 18. benedicam vir, A.— 19. celebraretur, A. — 20. *de condi. et. (ou ec.)*, A. — 21. Qui, O. — 22. *deest*, C. — 23. *deest*, C. — 24. celebraret, B. — 25. celebrant, B ; celebrarint, C.

a. supra, p. 28.

b. supra, pp. 28 et 29.

c. supra, p. 34.

d. supra, p. 30.

e. supra, p. 34. *Adde* un cas omis par l'auteur dans sa récapitulation, p. 36, l. 17.

f. supra, p. 38 et 39.

g. D. I, c. 19 et 20, *de consec.* ; capita incerta.

h. X, (3, 40), 4 ; Innocent III, 1207.

i. VI, (3, 21), un. ; Boniface VIII, 1294-1298.

j. D. I, c. 28, *de consec.* ; ex paenit. Theodori.

k. X, (3, 40), 7 ; Innocent III,1213.

l. Hostiensis, *Commentaria in quinque libros decretalium*, III, p. 159 verso, n° 3.

m. Hostiensis, ibidem, III, p. 171 recto, n° 8 [X, (3, 42), 6].

XII[us] casus [1] quo [2] ecclesia et cimiterium sunt interdicta [3], cum aliqui [4] religiosi vel clerici seculares aliquos inducunt ad vovendum jurandum vel fide interposita seu alias promittendum ut apud eorum ecclesias sepulturam eligant vel jam electam ulterius non immutent. Si enim tales [5] in suis ecclesiis vel cimiteriis presumpserint sepelire, ad resti-
5 tucionem tam sepultorum corporum, si petantur, quam omnium que occasione sepulture illorum pervenerint ad eosdem, infra decendium faciendam [6] tenentur; quam nisi fecerint, ecclesie ipse apud quas sepulti [fuerint] [7] nec non et cimiteria earumdem [8] ex tunc eo ipso sint et [tamdiu maneant] [9] ecclesiastico supposita interdicto donec ab eis facta fuerit plenaria [10] restitucio omnium predictorum ut in novella domini Bonifacii, *de sepul-*
10 *turis, animarum* [a].

XIII[us] [11], si ecclesiam pollui sanguinis [12] aut seminis effusione contingat, ipsius cimi- terium, si contiguum sit eidem, censetur esse pollutum, unde ante reconciliacionem non debet in eo aliquis sepeliri ; secus si remotum fuerit ab eadem. Non sic quoque [in] [13] casu converso ut videlicet, polluto cimiterio quamvis contiguo, debeat ecclesia
15 respiciari [14] polluta et, polluto uno [15] cimiterio, alterum quod per parietem tantum dividi- tur ab eodem, non censetur esse pollutum ut in novella domini Bonifacii *de consecra- cione ecclesie vel altaris, si ecclesiam* [16] [b].

XIIII[us], si locus aliquis est interdictus, non solum homines illius loci sed etiam aliunde venientes interdicti censentur ; unde, licet aliquibus sit concessum per privile-
20 gium vel a jure, tempore interdicti, januis clausis et [17] interdictis exclusis, voce submissa divina valeant celebrare, ad ea tamen aliquos, etiam si venerint aliunde, nisi super hoc privilegiati existant, nulla [18] debent recipere racione [19]. Juxta hec [20] nota quod cum con- ceditur singulari persone ut modo premisso tempore [21] interdicti celebrare valeat vel audire divina, ejus familiares domestici ad audiendum cum ea et celebrandum sibi
25 divinum officium licite admittuntur. Non sic autem [22] in familiaribus alicujus conventus seu collegii est [23] censendum : illi enim nisi privilegiati fuerint admitti non debent. Hujusmodi quoque [24] concessione gaudere non potest is cujus causa seu culpa, dolo vel fraude fuit sentencia interdicti prolata seu qui ad perpetrandum delictum cujus occasione lata extitit, prebuit consilium, auxilium vel [25] favorem. Hec habentur in novella domini
30 Bonifacii, *de privilegiis, licet* [26].

---

1. XII[us] casus est, A, O ; XII[us] casus, B,C.— 2. quando, O. — 3. interdicti, A. — 4. contingit cum B C, O. — 5. omni tales, A. — 6. faciendum, O. — 7. fuerit, G. — 8. cimiteriis eorumdem, O. — 9. tandiu moneant, G ; tamdiu et maneant, A. — 10. plenarie, A, O. — 11. XIII[us] causus est, C. — 12. sanguine, O. — 13 non, G. — 14. reputari, B, C, A, O. — 15. *deest*, O. — 16. capitulo *si eccle- siam*, C. — 17. etiam, A. — 18. nullam, B. — 19. racionem, B. — 20. hoc, A, B, C, O. — 21. ipse, A. — 22. aut, A. — 23. collegii § censendum, A. — 24. quodque, A. — 25. et, O. — 26. sed, A ; *licet nobis*, B.

a. VI, (3, 12), 1 ; Boniface VIII, 1294-1298.   c. VI, (5, 7), 11 ; Boniface VIII, 1294-1298.
b. VI, (3, 21) un. ; Boniface VIII, 1294-1298.

XV[us], cum propter [1] delictum domini vel rectoris [2] est civitas interdicta,cives ejusdem, etiam si culpabiles non existant, in eodem loco interdicti censentur ; extra civitatem tamen ipsam, dummodo et ipsi propter dominum vel rectorem puniendum in eis non fuerint interdicti, possunt licite interesse divinis.

XVI[us] [3],cum alicujus [4] terre populus interdicto nodatur [5], singulares ex eo [6]persone 5 interdicte censentur, unde,casibus expressis [7] in jure dumtaxat exceptis,non debent alicubi audire divina vel ecclesiastica recipere sacramenta. Sane si sentencia interdicti proferatur in clerum, non intelligitur, nisi aliud [8] sit expressum in ea, interdictus populus nec etiam e converso ; unde,uno interdicto,ipsorum [9] alius [10] licite admittitur ad divina. Hec habentur in novella domini Bonifacii, *de sentencia excommunicacionis, si sen-* 10 *tencia* [a].

XVII[us], si civitas, castrum vel [11] villa subjiciantur ecclesiastico interdicto, illorum suburbia et continencia edificia eo ipso intelliguntur etiam interdicta.

XVIII[us], si [sit] [12] ecclesia interdicto subjecta, nec in capella nec in cimiterio ipsi [13] ecclesie contiguo celebrari poteri vel etiam sepeliri ; secus si ei contigua non existant 15 ut eo titulo, *si civitas* [14][b].

XIX[us],is cui est ecclesie interdictus [15] ingressus,cum sibi per consequens censeatur [16] in ipsa divinorum celebracio interdicta [17], irregularis efficitur si contra interdictum hujusmodi divinis in ea se ingerat [18] in suo agens officio sicut prius.

XX[us] [19], si talis, hoc interdicto durante decedat, non debet in ecclesia vel [20] cimi- 20 terio ecclesiastico, nisi [penituerit] [21] sepeliri, ut eo titulo, *is cui* [22][c]. Et sunt quatuor casus in quibus ingressus [22] ecclesie est ipso jure alicui [24] interdictus in penam in quibus intelligo loqui hanc decretalem *is cui* vel etiam si a judice interdicatur in [25] penam. Primus casus est [26] *de censibus, exigit* [d] ; secundus *de privilegiis* [27], *episcoporum* [e] ; tercius *de sentencia excommunicacionis, sacro* [f] ; quartus, eo titulo, *cum medicinalis* [g]. Se- 25 cus si de [28] concilio interdictus sit ingressus ut XXXIII, q. IIII, *vir* [29] *cum propria* [h] ubi alique [30] notantur de interdicto ab ingressu ecclesie et *de penitencia*, di. I, *qui* [sanctus] [31] *sacerdos* [i].

1. per, O. — 2. rectorum, A. — 3. XVI[us] casus, C. — 4. aliquis, O. — 5. notatur, O. — 6. ex ea, O. — 7. *deest*, A.— 8. *deest*, A. — 9. eorum, A. — 10. aliud, A. — 11. aut, A, B, C, O. — 12.sint,G.— 13. ipsius, A. — 14. capitulo *si civitas*, A.— 15. interdictas, A. — 16. *deest*,A.— 17. sit, interdicta, A.— 18. ingat, A.— 19. XX[us] casus, C.— 20. *deest*, A. — 21. non potuerit, A ; peniteant, G ; nisi penituerit, *deest*, C. - 22. e. t. capitulo *is cui*, A. — 23. ingresso, A.— 24. aliter, A. — 25.ad A. — 26. *deest*, O. — 27. *de privisiis*, A. — 28. *deest*, A. — 29. *deest*,G ; VII, C. — 30.aliqua, A.— 31. sancte, G.

a. VI, (5, 11), 16 ; Boniface VIII, 1294-1298.
b. VI, (5, 11), 17 ; Boniface VIII, 1294-1298.
c. VI, (5, 11), 20 ; Boniface VIII, 1294-1298.
d. VI, (3, 20), 2 ; Grégoire X, 1274.
e. VI, (5, 7), 8 ; Boniface VIII, 1294-1298.

f. X, (5, 39), 48 ; Innocent III, 1215.
g. VI, (5, 11), 1 ; Innocent IIII, 1245.
h. Glose sur C. XXXIII, q. IIII, c. 7.
i. Glose sur D. I, c. 66, *de paenitentia*.

Sane [1] casus in quibus ecclesia vel altare reconsecracione [2] indigent quia nec id propter ipsorum pollucionem vel interdicti subposicionem [3] contingit, hic ponere non curavi [4]. De hiis tamen et quando ecclesie [5] vel altaria reconsecracione vel [6] reconcilia-cione indigent bene notatur [7], *de consecracione*, di. I, canone *ecclesie* [8] *vel altaria* et ca-
5 none *si motum* [9] et *de consecracione ecclesie vel altaris* [9], *proposuisti* [b] et in *Copiosa*, eo titulo, § *et an sit iteranda* [c].

Si autem queratur a quo in supradictis [10] XX casibus relaxandum sit interdictum, super hoc est dicendum quod non in omnibus casibus precedentibus proprie dicuntur ecclesia vel [cimiterium] [11] interdicta. ut si sint [12] sanguinis [13] effusione vel alio modo
10 polluta, quia secundum quod notant aliqui doctores et bene in decretali *de excessibus prelatorum, tanta* [d], tunc pocius dicuntur suspensa organa quam ecclesia interdicta ; ar-gumentum ad hoc *de officio ordinarii*, capitulo *irrefragabili*, § *ceterum* [e] et capitulo *si [canonici]* [14] [f] et in novella domini Bonifacii, eo titulo *quamvis* [g] ; unde celebrans in eccle-sia sic polluta vel [15] taliter violata, quamquam [16] male faciat et de hoc sit graviter pu-
15 niendus, non tamen incurrit [17] irregularitatem. Secus de illo qui scienter celebrat in loco interdicto ab homine vel a jure. Talis enim irregularitatem incurrit a qua non po-test nisi per sedem apostolicam liberari ut in novella domini Bonifacii, *de sentencia ex-communicacionis, is quis* [h]. Ubi ergo [18] ecclesia vel cimiterium non sunt [19] proprie inter-dicta sed semine vel alio modo polluta, eorum reconciliacio est per episcopum facienda
20 ut probatur *de consecracione ecclesie vel altaris*, capitulo *consuluisti* et capitulo *aqua* [i] et licet sustineri [20] possit Bernardi opinio notata eo titulo, capitulo [21] finali, scilicet quod ecclesia non consecrata si sit [22] seminis vel sanguinis effusione polluta possit etiam per alium quam per episcopum reconciliari, et idem de cimiterio per episcopum cum so-lempnitate debita non benedicto posset [23] sustineri simili racione, in ecclesia tamen vel .
25 cimiterio [24] sollempniter consecratis vel [25] benedictis dicendum est [26] quod per solos episcopos sit reconciliacio facienda ut probant jura predicta. Ceterum ecclesia polluta

---

1. Sana, C.— 2. reconciliatione,O.— 3. suspensionem,A.— 4. causam,A.— 5. ecclesia,A. - 6. re-consecracione vel, *deest*, O.— 7. notant, A.— 8. *deest*, A.— 9. et canone si motum ... altaris, *deest*, C. — 10. suprascriptis, C ; in supradictis, *deest*, A. — 11. cimiteria, G.— 12. sit, C.— 13. ut super ut sanguinis, A. — 14. cononici, G. — 15. *deest*, C. — 16. licet, A. — 17. oncurrit, A. — 18. vero, B. — 19. *deest*, A. — 20. *un mot illisible pour* sustineri, A. — 21. et capitulo, A. — 22. si sic fuerit, O. — 23. possit, O. — 24. per episcopum.... cimiterio, *deest*, C. — 25. et, O. — 26. *deest*, C.

a. D.I, cc. 18 et 19, *de consec.* ; ex capit. Reg. Franc. et caput incertum.
b. X, (3, 40), 4 ; Innocent III, 1207.
c. HOSTIENSIS, *Summa*, 5, p. 224 verso.
d. X, (5, 31), 18 ; Grégoire IX, 1227-1234.
e. X, (1, 31), 13 ; Innocent III, 1215.

f. VI, (1, 16), 2 ; Grégoire X, 1274.
g. VI, (1, 16), 8 ; Boniface VIII, 1296.
h. VI, (5, 11), 18 ; Boniface VIII, 1294-1298.
i. X, (3, 40), 7 et 9 ; Innocent III, 1213 et Grégoire IX, 1233.

vel interdicta, cimiterium ei contiguum interdictum intelligitur vel pollutum, secus in
non contiguo ; cimiterio vero polluto vel interdicto, non propter hoc ecclesia interdicta
vel polluta censetur ut in novella domini Bonifacii. *de consecracione ecclesie vel altaris,
si ecclesiam* [a]. Polluto igitur vel violato cimiterio non per se sed per accidens ut quia [1]
ecclesia cui contiguum erat cimiterium fuit polluta, si [2] ecclesia reconcilietur, ipsum 5
cimiterium intelligitur reconciliatum nec reconciliacione indiget speciali. Nam, sicut [3]
hoc casu cimiterium ab ecclesia cui contiguum erat contraxit pollucionem, sic ab eadem
contrahere ipsam [4] convenit emundacionem, cum omnis res per quascumque causas
nascitur, per easdem mereatur dissolvi juxta regulam juris [5] canonici ac [6] civilis ut
de regulis juris, capitulo I [b] et ff. eo titulo, *nichil tam naturale* [c].   10
    Ubi vero ecclesia vel cimiterium [7] sunt proprie interdicta, aut illud interdictum [8]
provenit ab homine aut [9] a jure. Si ab homine ut in casibus qui [10] habentur supra eo titulo, versibus XVII° et sequenti, per eum qui posuit interdictum erit etiam [11] relaxandum, cum [12] regulariter sit verum quod ad eum qui condempnavit absolucio pertinere
noscatur ut XXI di., *inferior* [d] et *de majoritate et obediencia,cum inferior* [13] [e] cum simili- 15
bus multis et est [ad] [14] hoc argumentum ff, *de regulis juris* [15], *nemo qui condemnare* [16] [f].
In illis autem casibus intelligo interdictum hominis [17] quoad [18] ea que principaliter interdicuntur ; interdictum vero juris, licet ab homine vel ex hominis facto proveniens, intelligo quantum ad ea que non principaliter vel expresse sed per quamdam [19] consè-
quenciam interdicuntur ut [20] cum interdicitur a judice vel ab homine ecclesia vel civitas, 20
interdictum est hominis quantum ad illas, sed quantum ad suburbia et [21] continencia
edificia que per juris declaracionem vel [22] interpretacionem intelliguntur etiam interdicta,intelligo [23] interdictum juris,licet ab homine proveniens, ut patet per premissa.Ubi
vero interdictum simpliciter est juris ut supra,eo §, versibus I, II et III [g] et multis aliis,
tunc [24] subdistinguitur quoniam aut conditor canonis sibi relaxacionem reservavit hujus- 25
modi interdicti expresse ut in casu qui habetur supra eo §, versu V° [h] et tunc nullus
alius [25] potest [26] tale tollere interdictum aut non reservavit ut in casibus qui habentur
supra,eo §, versibus [27] VI° et VII° [i] et multis [28] aliis et tunc videtur eam dyocesanis episcopis concessisse : argumentum decretalis, eo titulo *de sentencia excommunicacionis,*

1. cui, C. — 2. sed, A. — 3. si, A. — 4. ipsum, B. — 5. inter, A. — 6. et, A. — 7. ff., eo... cimiterium, *deest,* C. — 8. *deest,* B. — 9. vel, C. — 10. si, C. — 11. *deest,* O. — 12. tamen, A. —
13. *de majoritate...inferior, deest,* C.— 14. ab, G. — 15. *deest,* C.— 16. condemnant, C ; condempna-
tur, O. — 17. *deest,* A. — 18. quod, B. — 19. quamdem, C. — 20. vel, C. — 21. *deest,* O. —
22. seu, B, A, O. — 23.et intelligo, O. — 24. non, C. — 25. *deest,* C. — 26. poterit, O. — 27. versibus, *deest,* A.— 28. in multis,O.

a. VI, (3, 21), un. ; Boniface VIII, 1294-1298.
b. X, (5, 41), 1 ; cf. D. (50, 17), 35.
c. Dig. (50, 17), 35.
d. D. XXI, c. 4 ; Nicolas I, 865.
e. X, (1, 33), 16 ; Grégoire IX, 1232.

f. Dig. (50, 17), 37.
g. supra, pp. 42 et 43.
h. supra, p. 43.
i. supra, p. 43.

capitulo [1] *nuper* [a]. Verum si ex eodem delicto, contra singulares personas excommunicacio et contra universitates vel [2] loca interdictum sit [prolatum] [3] a jure ut patet in multis casibus [4] supradictis, tunc si papa expresse sibi reservavit absolucionem ab excommunicacione, de [5] relaxacione interdicti ex eadem causa prolati non faciens [6] mencionem ut in casu qui habetur supra, eo §, versu tercio [b], tunc satis dicendum est [7] quod et relaxacionem [8] interdicti sibi videatur [etiam] [9] reservasse ; nam quociens vicium ex eadem radice nascitur, consequens [10] est ut eadem lege tollatur, C., *de nupciis, si libertam* [c], et ejusdem equitatis racio similia jura [11] suadere videtur, ff, *ad legem* [12] *Aquiliam, illud* [d] ; C., *ad legem Falcidiam*, lege [13] ultima [e] et [14] [in] [15] novella domini Bonifacii, *de regularibus, constitucionem* [f], cum similibus multis. Cum enim [16] excommunicacio et interdictum nomine censure ecclesiastice contineantur, ut *de verborum significacione, querenti* [g], quod de uno dicitur, de alio [17] intelligendum videtur ut *de constitucionibus, translato* [h].

Minores autem episcopis [18] de relaxacione interdictorum etiam pape non reservatorum [19] ut in casibus de quibus supradictum est, versibus VI° et VII° [i] et multis aliis, se non possunt intromittere, quod sic probo. Constat quod forcius [20] [est] [21] et majus impedimentum seu vinculum interdicti prolacio sive inflictio quam seminis pollucio vel [22] sanguinis effusio. Inde est quod magis punitur celebrans in ecclesia a jure vel ab homine interdicta quam celebrans in ecclesia sanguinis vel seminis effusione polluta, unde in primo casu incurritur irregularitas et ineligibilitas, non in secundo [ut] [23] in novella domini Bonifacii, eo titulo *de sentencia excommunicacionis, is qui* [j]. Sed impedimentum seu vinculum prefate pollucionis non potest, saltim in ecclesia consecrata, immo nec in non consecrata [24] secundum opinionem multorum, a minoribus episcopo removeri ut supradictum est ; ergo multo minus interdictum prolatum ab homine vel a jure [25] poterit a minoribus episcopo aboleri. Nam cui [26] negatur minus, quod majus est intelligitur esse negatum ut probatur LXXIIII di, *gesta* [k] ; *de sentencia excommunicacionis, cum illorum* [l] ; ff, *de senatoribus, qui indignus* [m] et ff, *de servis [exportandis]* [27], *cui* [n].

<hr>

1. *deest*, B, C, O. — 2. et, C — 3. probatum, G. — 4. *deest*, A. — 5. et, C. — 6. facias, A. — 7. *deest*, O. — 8. quod relacionem, C. — 9. esse, G. — 10. conveniens, A. — 11. *deest*, A. — 12. I, A. — 13. I, A. — 14. *deest*, O. — 15. *deest*, G. — 16. *deest*, B. — 17. altero, O. — 18. episcopi, A. — 19. non servatorum, O. — 20. versibus... forcius etiam, *deest*, C. — 21. etiam, G. — 22. seu, B. — 23. *deest*, G. — 24. immo.... consecrata, *deest*, A. — 25. vel inflictum a jure, A. — 26. cum, A. — 27. epor., G.

a. X, (5, 39), 29 ; Innocent III, 1199.
b. supra, p. 43.
c. Cod., (5, 4), 28.
d. Dig., (9, 2), 32, pr.
e. Cod., (6, 50), 19.
f. VI, (3, 14), 3 ; Boniface VIII, 1294-1298.
g. X, (5, 40), 20 ; Innocent III, 1198-1205.
h. X, (1, 2), 3 ; Glossa ordin. in Hebr. VII, 12.
i. supra, p. 43.
j. VI, (5, 11), 18 ; Boniface VIII, 1294-1298.
k. D. LXXIIII, c. 2 ; Grégoire I, 591.
l. X, (5, 39), 32 ; Innocent III, 1201.
m. Dig., (1,9), 4.
n. Dig., (18,7), 5.

Pari racione videtur quod minores episcopis ut abbates, archidiaconi, presbyteri parochiales et alii inferiores a sentencia [1] majoris excommunicacionis a canone promulgate, nisi in casibus a jure concessis eisdem ut eo [2] titulo, *de sentencia excommunicacionis monachi, cum illorum* et capitulo [3] *canonica* [a], absolvere non [possunt] [4]. Constat enim quod major pena est excommunicacio qua ligatur anima quam interdictum quo propter hominum delicta loca ligantur ; unde quanto anima rebus et etiam corporibus preciosior, tanto [major] [5] pena est excommunicacio [6] quam interdictum : ad hoc [7] facit lex C., *de sacrosanctis ecclesiis, sancimus* [8] [b] ; XII, q. I, *precipimus* [9] [c] et XXIIII, q. III, *corripiantur* [d] cum similibus. Si ergo minor episcopo non potest tollere interdictum, ergo nec majorem excommunicacionem quia cui negatur [minus et majus] [10] ut supra probatum est, non obstante opinione domini Hostiensis. Preterea quomodo poterit a sentencia canonis absolvere, nisi ubi a canone sibi conceditur, qui canonem condere non potest ? Constat autem quod inferiores episcopis canones condere non possunt sed ipsi sic [11] et eorum superiores ut probatur *de majoritate et obediencia, si quis* [e] et XVIII di, canonibus I et finali [f], cum similibus : ergo ipsi et eorum superiores sentencias [12] canonis possunt solvere [13], non autem inferiores nisi quando [14] sibi a canone permittitur quia est ejus solvere cujus est ligare, ut patet per premissa et facit ad hoc in [15] *Authentica, de nupciis*, capitulum *nupcias*, collacio III [g]. Inde est quod major potestas datur episcopo in ordinacione sua quam presbytero vel aliis inferioribus. Presbytero [16] enim datur potestas benedicendi, consecrandi et conficiendi corpus et sanguinem Christi necnon et peccata retinendi et remittandi. Licet enim [17] sibi detur potestas ligandi atque solvendi, illa tamen potestas inmediate restringitur ad peccata retinenda vel remittenda. Excommunicacio [18] vero vel absolucio non est peccatum, unde ad eas se potestas in hoc ordine [tradita] [19] non extendit cum ei dicitur : « Accipe Spiritum Sanctum ad ligandum et solvendum ut quorum remiseris peccata, remittantur eis et [20] quorum retinueris, retempta sint eis ». Quod vero excommunicacio non sit peccatum sed medicina contra peccatum, probatur eo titulo *de sentencia excommunicacionis, cum medicinalis* [h], cum concordanciis.

— 1. sentenciis, B. — 2. *deest*, A. — 3. et capitulo *cum illorum*, B. — 4. possint, G, O. — 5. minor, G. — 6. qua ligatur anima..... excommunicacio, *deest*, A. — 7. hec, B, C. — 8. lege *sancimus*, B. — 9. *percipimus*, B. — 10. negavit minus et majus, A ; majus et minus, G, C ; quia majus negatur et minus, O. — 11. sed episcopi sic, B ; sed sit sit, C. — 12. sentenciam, A. — 13. absolvere, O. — 14. quantum, A. — 15. ut in, A. — 16. vel aliis... Presbytero, *deest*, C. — 17. *deest*, A. — 18. *deest*, A. — 19. adita, G ; *deest*, A. — 20. et contra. Quod, C.

a. X, (5, 39), 2, 32 et 50 ; Alexandre III, 1159-1181, Innocent III, 1201, et Honorius III, 1216-1227.

b. Cod., (1, 2), 21.

c. C. XII, q. I, c. 24 ; canones Apostolorum.

d. C. XXIIII, q. III, c. 17 ; St Augustin.

e. X, (1, 33), 2 ; Grégoire I, 601.

f. D. XVIII, c. 1 et 7 ; conc. Bracar. I, 561 et conc. Nicaen, II, 787.

g. Nov., 22, 3.

h. VI, (5, 11), 1 ; Innocent IIII, 1245.

Episcopo autem, ultra hoc quod ipse [1] est presbyter et habet presbyteri potestatem [2] ut probatur *de excessibus prelatorum, ex litteris* [a], in sua ordinacione qua in episcopum ordinatur, amplior [3] datur potestas dum [4] dicitur. « Da ei domine claves [5] regni celorum. Quodcumque [6] ligaverit [7] super terram sit ligatum et in celis, et quodcumque solverit [8]
5 super terram sit solutum et in celis. Tribuas [9] ei, domine, cathedram episcopalem ad regendum ecclesiam suam et plebem sibi [10] commissam. Sis ei [11] auctoritas, sis ei potestas, sis ei firmitas ». Specialiter autem circa absolucionem aliqua [12] videtur in ordinacione sibi potestas tribui dum ei dicitur : « Da ei domine in officium ministerium [13] reconsiliacionis » ut predicta omnia patent [14] in libro pontificali [b], ante quam [15] reconsiliacionem
10 excommunicato communicandum non videtur, ut XXIIII, q. III, *notandum* [c]. Nec mirum si episcopi pre ceteris hujusmodi habeant potestatem cum ipsi sint vicarii Jhesu Christi et successores apostolorum, XXXIII, q. V, *mulierem* [d] et LXVIII di., *corepiscopi* et § *quod autem* [e] et ideo ipsi [16] claves regni celorum habere dicuntur quas tradidit apostolis eorumque successoribus Jhesus Christus [17] ut in concilio generali [18], *de summa [trini-*
15 *tate]* [19], capitulo [20] *firmiter credimus,* § *una vero* [f] [21]. Et hanc opinionem, scilicet quod soli episcopi et eorum superiores absolvant a [22] majori excommunicacione a canone promulgata, non autem inferiores, nisi ubi eis concessum a canonibus [23] invenitur, tenebamus dominus archiepiscopus Ebredunensis [g] [24], dominus Vice-cancellarius [h] et nos quando eramus in confectione [25] Sexti libri coram domino nostro papa [26] et [27] ipse hoc idem
20 etiam senciebat. Non obstat premissis quod inferiores episcopis possunt [28] excommunicare quandoque ut *de officio ordinarii, cum ab* [20] [i] et [30] *de simonia, sicut* [j] et II, q. I, *nemo* [k], ergo et absolvere, cum ad eum [31] pertineat absolucio ad quem pertinet excommunicacio ut *de simonia, ad [aures]* [32] [l] cum similibus. Verum est enim quod [33] qui ex-

---

1. *deest*, A. — 2. potestate, C ; potantem, A. — 3. amplio, A. — 4. ut, O. — 5. clave, A. — 6. et paulo post : « Quodcumque », A, C, O. — 7. ligaveris, A, O. — 8. et quodcumque que solveris, A ; solvitur, O. — 9. et post : « Tribuas », A, C, O. — 10. sui, C. — 11. Sis ei, domine, A. — 12. sic, G ; a qua, A. — 13. domine, ministerium et officium, B, C, A ; ministerium, id est officium, O. — 14. termina pateant O. — 15. quam, *deest*, O. — 16. episcopi, O. — 17. Ihesu Christi, C. — 18. generalis, C. — 19. *deest*, G. — 20. *deest*, A, B, C, O. — 21 *sed una vero*, A. — 22. *deest*, O. — 23. canone, A. — 24. Ebuidunensis, A ; Ebrodunensis, B. — 25. fectione, C. — 26. domino, *deest*, C ; domino nostro Bonifacio papa VIII, A, B ; papa Bonifacio VIII, O. — 27. *deest*, C. — 28. possint, O. — 29. *cum ab ecclesiarum*, B, C ; *cum ab ecclesia*, A. — 30. et l., O ; et, *deest*, A. — 31. eumdem, B, C. — 32. *arues*, G. — 33. *deest*, B.

a. X, (5, 31), 10 ; Innocent III, 1208.

b. Cf. *De liturgia gallicana*, Migne, Patrol. t. LXXII, col. 324-325.

c. C. XXIIII, q. III, c. 37 ; caput incertum.

d. C. XXXIII, q. V, c. 17 ; St Augustin.

e. D. LXVIII, c. 5, §§ 1 et 2 ; Pseudo-isidore.

f. X, (1, 1), 1, § 3 ; Innocent III, 1215.

g. Guillaume de Mandagout. Cf. Schulte, *Quel-* len, II, p. 183 ; Paul Viollet, *Histoire lit. de la France*, t. XXXIV, p. 1 et sq.

h. Richard de Sienne. Cf. supra, p. LXXV.

i. X, (1, 31), 3 ; Alexandre III, 1159-1181.

j. X, (5, 3), 6 ; Lucius III, 1181-1185.

k. C. II, q. I, c. 11 ; de libro constitucionum (Juliani Epit.).

l. X, (5, 3), 24 ; Lucius III, 1181-1185.

communicavit, ab eadem excommunicacione absolvere potest; non tamen propter hoc sequitur quod ab aliis excommunicacionibus absolvere[1] possit. Item non obstat quod ubi conditor canonis sibi non retinuit absolucionem videtur aliis eam concessisse ut in[2] dicta decretali *nuper*[3][a], eo titulo : nam ibi[4] quantum ad majorem excommunicacionem, intelligo nomine aliorum episcopos et precedencia[5] probant[6]; quantum[7] ad 5 [minorem][8] excommunicacionem[9], appellacione aliorum intelligo sacerdotes etiam parochiales et hoc satis clare ipsa decretalis *nuper* sonare videtur. Premissis etiam [non][10] obsistit[11] quod minores episcopis[12], utpote canonici ecclesie cathedralis vacantis ab excommunicacione a canone lata possunt[13] absolvere a[14] casibus in quibus episcopus si viveret[15] posset[16] ut in novella domini Bonifacii, *de majoritate et obediencia, [epis-* 10 *copali]*[17][b]. Illud enim faciunt canonici non ex jure[18] proprio sed ut gerentes vices episcopi[19] et ex jurisdiccione ad eos per mortem episcopi devoluta, cum ad capitulum de jure[20], mortuo episcopo, episcopalis jurisdiccio[21] devolvatur ut *de majoritate et obediencia, hiis que* et capitulo *cum olim*[c] et[22] *de hereticis, ad abolendam*[23][d]; unde ipse episcopus facere vel absolvere videtur[24] in casu predicto, argumentum eorum que leguntur et 15 notantur *de rescriptis, eam te*[e]. Qui enim nomine alterius quicquam facit, non ipse faciens, sed ille cujus fit auctoritate vel mandato facere id videtur ut[25] probatur ff, *de administracione tutorum, ita tamen,* § *gessisse*[f]; ff, *ad legem Aquiliam, liber homo in principio*[g]; ff, *de jurisdiccione*[26], *si quis id*[27][h], § ultimo ; C., *de accusacionibus, non ideo*[i]; XVI[28], q. VI, *consuetudo*[j] in fine et *de sentencia excommunicacionis, ut fame*[k]. Et sic 20 per premissa patet quod episcopis intelligitur concessa[29] absolucio a sentencia excommunicacionis a canone promulgate ubicumque ipsis[30] non prohibetur expresse per reservacionem ejus qui canonem promulgavit. [In][31] inferioribus vero episcopo locum habet alia regula, videlicet[32] quod absolucio a sentencia majoris excommunicacionis late a canone, ipsis inferioribus intelligitur interdicta nisi ubi eis invenitur[33] expresse a 25 jure concessa ut in multis juribus superius allegatis.

---

1. potest.... absolvere, *deest*, A. — 2. *deest*, B. — 3. eo titulo, capitulo *nuper*, A. — 4. *deest*, A ; ubi, C. — 5. ut, A, C. — 6. *deest*, A. — 7. quantum vero, O. — 8. majorem, G ; minorem vero, A. — 9. intelligo.... excommunicacionem, *deest*, B. — 10. vero, G. — 11. obstat, A ; obstitit, B. — 12. episcopi, A. — 13. possint, A. — 14. in, A, B, C, O. — 15. viverit, A. — 16. *deest*, C. — 17. *speciali*, G. — 18. faciunt casus ex jure, A. — 19. Illud... episcopi, *deest*, C. — 20. de jure, *deest*, C. — 21. interdiccio, A. — 22. *deest*, A. — 23. *cum abolendam*, A. — 24. non videtur, C. — 25. quod, C. — 26. *de jurisdiccione omnium judicum*, G, A, B, O ; *judicum, deest*, C. — 27. si qui id, O. — 28. XVII, A. — 29. quod concessa, C. — 30. episcopis, B, C. — 31. *deest*, G. — 32. scilicet, A. — 33. inveniatur, A.

a. X, (5, 39), 29 ; Innocent III, 1199.
b. VI, (1, 17), un. ; Boniface VIII, 1294-1298.
c. X, (1, 33), 11 et 14 ; Honorius III, 1218-1227, et Grégoire IX, 1227-1234.
d. X, (5, 7), 9 ; Lucius III, 1184.
e. X, (1, 3), 7 ; Alexandre III, 1167-1181.

f. Dig., (26, 7), 5, § 1.
g. Dig., (9, 2), 13.
h. Dig., (2, 1), 7, § 5.
i. Cod., (9, 2), 5.
j. C. XVI, q. V [VI], c. 1 ; Grégoire I, 595.
k. X, (5, 39), 35 ; Innocent III, 1203.

Ceterum quia[1] circa celebracionem divinorum et exhibicionem sacramentorum ecclesiasticorum tempore interdicti multa sunt per jura novissima innovata[2], et bene notandum est[3] quod in ecclesia vel terra etiam interdicta non sunt regulariter[4] celebranda divina officia vel ministranda ecclesiastica sacramenta. Olim a celebracione 5 divinorum excipiebatur et permittebatur ecclesiarum ministris semel in ebdomada tempore interdicti, non pulsatis campanis, voce submissa, januis clausis, excommunicatis[5] et interdictis exclusis, missarum sollemnia celebrare causa conficiendi corpus domini[6] quod decedentibus[7] in penitencia non negatur ; licebat etiam et licet in[8] terra vel ecclesia interdicta, populo [convocato][9], publice predicare ; licebat etiam et licet clericos dece-10 dentes qui servaverint interdictum in cimiterio[10] ecclesie sine pulsacione campanarum et cum silencio tumulare et licebat etiam clericis[11] ecclesiarum sub certa[12] forma horas in ecclesia dicere, non cantare. Episcopi etiam et religiosi quam plures privilegiati erant circa celebracionem divinorum tempore interdicti. Circa[13] sacramentorum etiam[14] ministracionem[15] tempore interdicti excipiebatur baptisma parvulorum et crismacio froncium 15 seu confirmacio eorumdem. Hec autem duo sacramenta hodie conceduntur nedum parvulis sed etiam[16] adultis. Olim etiam tempore interdicti morientibus penitencia necnon et crucesignatis et quibusdam[17] peregrinis et viaticum etiam decedentibus[18] in penitencia concedebatur ; hodie vero[19] tam juvenibus[20] quam senibus, infirmis etiam atque sanis penitencia conceditur sub certa[21] forma tempore interdicti, excommunicatis 20 [exceptis][22] qui ad eam preterquam in mortis articulo minime admittuntur. Extrema tamen unccio et ecclesiastica sepultura preterquam clericis, ut est dictum, ordinum etiam collacio et matrimoniorum sollempnitas seu benediccio olim denegabantur[23] et nunc etiam denegantur tempore interdicti. Singulis autem[24] diebus in ecclesiis et monasteriis tempore interdicti misse celebrentur[25] et alia dicantur divina officia sicut prius, 25 submissa tamen voce, januis clausis, excommunicatis et interdictis exclusis et campanis etiam non pulsatis. In festivitatibus[26] vero[27] Natalis[28] Domini, Pasche ac Penthecostes et Assumpcionis[29] Virginis gloriose, campane pulsantur[30] et januis apertis, alta[31] voce, divina officia sollempniter celebrentur, excommunicatis[32] prorsus exclusis[33] sed interdictis admissis sic tamen quod illi propter quorum excessum prolatum fuerit interdictum 30 altari nullatenus[34] appropinquent. De predictis legitur et notatur ad plenum *de sponsalibus, non est vobis*[35][a] ; *de privilegiis, quod nonnullis*[36] et capitulo *ut privilegia*[b] ; *de*

1. que, A. — 2. injunctata (?), C.— 3. *deest*, A. — 4. *un mot illisible*, A.— 5. et excommunicatis, A. — 6. Christi, A, C. — 7. decendentibus, O. — 8. licebat etiam et licet, O, C ; licebat etiam in, B. — 9. convocata, G. — 10. cimiteriis, A.— 11. clericos, B.— 12. circa, A. — 13. et circa, A. — 14. *deest*, O. — 15. administracionem, A. — 16. in, A. — 17. quidam, A. — 18. descendentibus, A, O. — 19. *deest*, A.— 20. juvenis, A.— 21. circa, A.— 22. excextis, G.— 23. denegabatur, B, A.— 24. *deest*, A. — 25 celebrantur, C. — 26. In festo, B, C. — 27. non, A. — 28. Natalium, O. — 29. Assumpcione, C. — 30. pulsentur, C, O. — 31. *deest*, A. — 32. excommunicatus, A. — 33. exceptis, O. — 34. nullaterius, A. — 35. nobis, A. — 36. nonnulli, A.

a. X, (4, 1), 11 ; Alexandre III, 1173-1174.   b. X, (5, 33), 24 et 25 ; Innocent III, 1215.

penitenciis et remissionibus, quod in te [a] ; *de sentencia excommunicacionis, responso* et capitulo *permittimus* [b] et in novellis [1] domini Bonifacii eo titulo *quoniam in baptismo* et capitulo *alma* [2] *mater* [c]. Item est [3] notandum quod jure novo quilibet [4] seculares vel [5] regulares [6], cujusvis exempcionis [7] seu libertatis sedis apostolice privilegiis communiti, cujuscumque ordinis, religionis [8], status vel condicionis existant,qui certi de facto [cele- 5 brant] [9] vel faciunt celebrari divina, nisi quatenus a jure conceditur, in civitatibus, castris, villis seu aliis locis interdictis ab homine vel a jure, aut qui excommunicatos publice vel interdictos [10] ad divina officia seu ecclesiastica sacramenta vel ad [11] ecclesiasticam sepulturam admittunt, preter alias penas a jure statutas inter quas noscitur esse una, quod irregularis efficitur in loco celebrans interdicto, ab ingressu ecclesie sit 10 suspensus et sic a celebracione per consequens divinorum in ea ; qua suspensione durante, si in ecclesia celebret, sicut prius irregularitatem incurrit et,decedens,in ecclesia vel cimiterio sepeliri non debet ut hec [12] expresse habentur in Sexto libro decretalium, *de privilegiis, episcoporum* [d] ; *de sentencia excommunicacionis, cum medicinalis* et capitulo *is qui* et capitulo *is cui* [12] [e] cum similibus aliis multis.   15

[DENUNCIACIO.]

Denunciacio excommunicacionis vel interdicti per presbyteros tamen [14] sic fiet. Sciendum tamen est [15] quod hic non ponuntur omnes casus excommunicationis vel interdicti sed illi solum qui tangunt laicos potissime et possunt interdum [locum] [16] habere in dyocesi Biterrensi.

Denunciamus vobis [17] excommunicatos a jure omnes hereticos,credentes,receptatores, 20 defensores et fautores eorum ; item omnes illos qui hujusmodi personnas [18] presumpserint in cimiterio ecclesiastico sepelire et locus ille perpetuo careat sepultura ; item omnes provinciarum et [19] terrarum, civitatum [20] et aliorum locorum rectores et dominos temporales et ipsorum ballivos et officiales si dyocesanis episcopis vel inquisitoribus heretice pravitatis,cum ab eis fuerint [21] requisiti,non paruerint investigacione [22], capcione 25 ac custodia diligenti predictorum hereticorum, credencium, receptatorum, defensorum et [23] fautorum ipsorum, vel si [eosdem] [24] in potestatem vel [25] carcerem episcoporum seu

---

1. novella, A. — 2. alius, A. — 3. *deest*, O. — 4. quibus, C. — 5. seu, A, O. — 6. irregulares, A. — 7. exceptionis, O. — 8. *deest*, A. — 9. celebrent, G. — 10. ab homine.... interdictos, *deest*, C.— 11. *deest*, C.— 12. et hoc, A.— 13. et capitulo *is cui*, *deest*, A. — 14. tamen, *deest*, G, H, J. — 15. *deest*, G, H, J. — 16. *deest*, A. — 17. omnes, J. — 18. hujus personnis, J. — 19. *deest*, J. — 20. *deest*, J. — 21. sunt, H. — 22. vestigacione, H. — 23. *deest*, J. — 24. eodem, A. — 25. seu, G,H,J.

a. X, (5, 38), 11 ; Innocent III, 1198-1216.
b. X, (5, 39), 43 et 57 ; Innocent III, 1209 et Grégoire IX, 1227-1234.
c. VI, (5, 11), 19 et 24 ; Boniface VIII, 1294-1298 et 1298.
d. VI, (5, 7), 8 ; Boniface VIII, 1294-1298.
e. VI, (5, 11), 1, 18 et 20. Innocent IIII, 1274 et (18 et 20) Boniface VIII, 1294-1298.

inquisitorum non duxerint sine mora dum tamen ille locus ad quem deduci mandantur
sit [1] infra territorium vel districtum predictorum rectorum vel temporalium dominorum,
vel si condempnatos de heresi a diocesano episcopo vel inquisitoribus sibi relictos statim non receperint et sine dilacione non punierint animadversione condigna vel si de
5 crimine heresis, cum [mere sit] [2] ecclesiasticum, cognoverint vel judicaverint, vel si
captos de [3] crimine heresis a carcere liberaverint sine dictorum episcoporum, vel inquisitorum licencia vel mandato, vel si execucionem sibi [pro hujusmodi] [4] crimine a dio·
cesano [5] vel inquisitoribus injunctam prompte prout ad suum spectat officium non adim-
pleverint, vel si predictis vel [6] aliis modis diocesani [7] episcopi vel inquisitorum judicium
sententiam seu processum directe vel indirecte impedierint [8], vel si negocio inquisitionis
de heresi quod ad dyocesanos episcopos vel inquisitores pertinet se opponere forte pre-
10 sumpserint vel ipsum aliquatenus impedierint et qui scienter ad [9] hoc dederint auxilium, consilium et favorem ; predicti omnes sunt ipso jure excommunicati. Item sunt ipso
jure excommunicati [10] mali christiani qui contra Christum et populum christianum def-
15 ferunt Sarracenis arma vel [11] ferrum vel postes seu ligna de quibus fiant galee vel qui
eis vendunt galeas seu naves, vel [12] qui in navibus Sarracenorum contra christianos curam gubernacionis exercent, vel machinis aut quibuslibet aliis rebus seu modis aliquod
eis [impendunt] [13] consilium vel auxilium in dispendium terre sancte. Predicti omnes
sunt ipso jure [14] excommunicati.

20   Denunciamus vobis excommunicatos a jure [15] omnes illos qui dicunt Romanam ecclesiam non esse [caput] [16] et ei tanquam capiti nolunt [17] obedire ; item qui [18] faciunt
scisma seu divisionem contra Romanam ecclesiam et [adherentes] [19] eisdem ; item qui [20]
per se vel per alium falsant litteras apostolicas et fautores et defensores eorum ; item
eos [21] qui scienter utuntur litteris apostolicis etiam ab alio [falsatis] [22] ; item illos qui
25 sancte Romane ecclesie cardinalem [23] hostiliter fuerint [insecuti] [24], vel percusserint aut ceperint, aut fieri mandaverint, vel socii fuerint facientium, vel tale factum ratum habuerint,
vel ad hoc [25] faciendum dederint auxilium, consilium vel favorem, aut hujusmodi [26] maleficium facientes receptaverint seu [27] defensaverint ; item dominos temporales et terrarum [28], civitatum et aliorum locorum rectores qui circa [29] predictos malefactores [punien-
30 dos] [30] fuerint negligentes : predicti omnes sunt ipso jure excommunicati. Civitates
etiam que ad predictum maleficium [31] perpetrandum dederint consilium [32], auxilium vel
favorem, vel circa puniendos hujusmodi malefactores fuerint negligentes sunt ipso jure
interdicte et pontificali dignitate private.

     1. fuerit, J. — 2. mensis, A ; cum mere sit ecclesiasticum, *deest*, J. — 3. pro, G, H, J.
— 4. per hujus crimen, A ; hujusmodi, *deest*, G. — 5. a diocesano suo, J. — 6. si predictis vel,
deest, J. — 7. diocesanis, H. — 8. impendierint, H. — 9. *deest*, H. — 10. item... excommunicati,
deest, J. — 11. seu, H. — 12. aut, J. — 13. impedunt, A. — 14. *deest*, J. — 15. autem, J. —
16. capud, A, G. — 17. noluerint, G, H. — 18. illos qui, G, H, J. — 19. adhentes, A. — 20. illos
qui, G, H, J. — 21. omnes illos, J. — 22 falsis, A. — 23. cardinales, J. — 24 insecuri, A.
— 25. *deest*. J. — 26 ejusmodi, G. — 27. vel, J. — 28. *deest*, J. — 29. contra, J. — 30. puniendo,
A. — 31. malefactum, J. — 32. consilium vel machinis aut quibuslibet, auxilium, etc., H.

Denunciamus vobis [1] excommunicatos a jure [2] omnes illos qui, non [3] in casibus a
jure permissis [4], per se vel per alium clericos vel personas religiosas verberant vel
percuciunt vel detinent [5] invitos [6] vel hoc fieri mandant vel fieri [7] procurant [8] vel ad
hoc faciendum dant consilium vel juvamen ; item omnes illos [9] dominos temporales et [10]
terrarum, civitatum et aliorum locorum consules vel rectores qui ecclesiis vel personis 5
ecclesiasticis imponunt vel exigunt et extorquent tallias [vel collectas] [11] vel ab eis recipiunt,etiam si solvere velint [12] gratis ; predicti enim et illi clerici [13] qui gratis etiam solverint [14] sine licencia domini pape,item et illi [15] qui res ecclesiarum [16] vel ecclesiasticarum
personarum apud ecclesias depositas occupant vel faciunt occupari vel recipiunt [17] ab
aliis occupatas, et qui scienter in predictis dederint consilium, auxilium vel favorem, 10
publice vel occulte, sunt ipso jure excommunicati ; universitates vero que in premissis
culpabiles fuerint, [sunt] ipso jure [interdicte] [18]. Successores etiam dominorum temporalium, consulum et rectorum qui predictas [19] tallias [20] et exacciones imposuerunt [21] et
extorserunt,nisi infra mensem errorem seu excessum suorum predecessorum emanda-
verint [22], sunt cum ipsis predecessoribus excommunicati. Illi etiam qui impetratores lit- 15
terarum apostolicarum vel alios ad forum ecclesiasticum [recurrentes] [23] super causis
que ad ipsum de jure vel de [24] antiqua consuetudine pertinent [25], per se vel per alios
compellunt vel compelli faciunt seu [26] procurant quibuscumque modis ad desistendum
vel [27] in foro [seculari] de questionibus [28] hujusmodi litigandum, et illi etiam qui per se
vel per alios impediunt quominus querelantes coram judicibus ecclesiasticis delegatis 20
seu [29] ordinariis de causis que ad ipsos pertinent, ut est dictum [30], possint libere justiciam obtinere, et illi qui ad predicta facienda dederint consilium, auxilium vel favorem
ipso jure sunt excommunicati ; illi etiam qui vetant [vel] [31] interdicunt suis subditis [ne] [32]
clericis vel personis ecclesiasticis quidquam vendant,aut [33] emant aliquid ab eisdem,vel
ne ipsis bladum molant [34],panem coquant,aut alia [35] obsequia illis [36] exhibeant sunt ipso 25
jure excommunicati. Omnes illi etiam qui statuta faciunt vel consuetudines introducunt
contra ecclesiasticam libertatem, qui per [37] alios eadem statuta facta vel consuetudines
introductas observant vel faciunt observari, vel eadem [38] scripserint vel secundum ea
presumpserint judicare vel scribere judicata, omnes predicti sunt excommunicati. Domini etiam [39] temporales, consules et [40] rectores et consiliarii locorum ubi hujusmodi [41] 30

1. etiam, J. — 2. *deest*, J. — 3. nisi, T. — 4. concessis, G, H, J, T. — 5. vel capiunt vel detinent, G, H, T. — 6. invitas, T. — 7. *deest*, J. — 8. curant, G. — 9. contra illos, T. — 10. *deest*,
G. — 11. *deest*, A, J. — 12. volunt, T. — 13. *deest*, J. — 14. solverunt, T. — 15. contra illi, T. —
16. *deest*, J. — 17. recipiunt etiam ab..., G, H, J. — 18. sunt, *deest*, A ; interdicto, A. — 19. predictis, G ; dictas, H. — 20. *deest*, T. — 21. imposuerint, G. — 22. emandaverunt, T. — 23. *deest*, A
retinentes, G. — 24. *deest*, G, J. — 25. pertineret, G. — 26. vel, G, H, T. — 27. et, J. — 28. seculari, *deest*, A ; de questioni, T. — 29. vel, G, T. — 30. dictum, impedientes, T. — 31. illis, A ; aut,
T. — 32. vel, A, G. — 33. vel, J. — 34. quidquam... molant, *deest*, T. — 35. *deest*, T. — 36. eis, G.
— 37. quia, G. — 38. ea, J ; eodem, T. — 39. *deest*, T. — 40. consules et, *deest* G. J. — 41. ubi
de cetero hujusmodi, J.

statuta vel consuetudines [edite] [1] fuerint [2] vel servate [3], qui cum scirent talia [4] [fieri] [5] et possent prohibere et [6] non [prohibuerint] [7] vel qui [8] de cartulariis [9] seu [10] libris ea infra duos menses non deleverint vel deleri [11] fecerint si scripta [erant] [12] ibidem [13], sunt ipso jure excommunicati.

5 Denunciamus vobis excommunicatos a jure [14] incendiarios et effratores [15] ecclesiarum ; item laycos qui prelatos vel alias [16] personas ecclesiasticas compellunt [17] ad submittendas [18] sibi ecclesias seu [jura] [19] vel bona ipsarum immobilia absque [juris] [20] forma, vel qui ratione contractuum [21] secundum juris formam super premissis factorum, ultra id quod ex natura eorumdem [22] contractuum permittitur [23], aliquid presumunt de predic-
10 tis bonis vel juribus [24] ecclesiasticis usurpare, predicti sunt ipso jure excommunicati. Item illi [25] qui ab ecclesiis vel personis ecclesiasticis pro rebus suis propriis quas non causa negociandi deferunt [26] vel deferri [27] faciunt, pedagia vel [28] guidagia seu hujusmodi talia exigunt et extorquent, per se vel per alios, suo nomine vel etiam alieno, aut eas ad hujusmodi persolvenda compellunt, [si] persone fuerint singulares, ipso jure sunt ex-
15 communicati [29]; si autem collegium [30] vel universitas [civitatis] [31], castri vel [32] loci alterius in hiis deliquerint [33], civitas, castrum seu locus alius ipso jure ecclesiastico subjaceat [34] interdicto. Item omnes illi qui pignoraciones [35] in quibus unus [36] pro alio pignoratur [37] concedunt contra personas ecclesiasticas vel jam [38] concessas ad illas extendunt sunt ipso jure excommunicati si persone fuerint singulares ; sin autem [39] universitas,
20 ipso jure est interdicta. Item illi qui pro eo quod in aliquos [40], quicumque [sint] [41] illi, excommunicacionis, suspensionis sive [42] interdicti sententia fuerit promulgata, licenciam dant alicui occidendi, capiendi [43] seu alias in personis seu [44] bonis suis vel suorum gravandi eos qui tales sententias [45] protulerunt [46] sive quorum sunt occasione prolate seu easdem sententias observantes, sive taliter excommunicatis communicare [47] nolentes, et
25 qui ausi fuerint predicta licencia data uti vel aliquid committere [48] premissorum, ipso jure sunt excommunicati. Illi etiam qui fugientes ad ecclesias de ipsis ecclesiis extrahunt violenter frangendo portas ecclesiarum vel [49] armariorum seu scriniorum vel quorumcumque locorum in quibus ipsi fugientes erant inclusi : item [50] qui gravare presu-

---

1. dicte, A. — 2. fuerunt, T. — 3. servare, T. — 4. alia, T. — 5. vel, B. — 6. *deest*, H. — 7. prohibuerunt, A. — 8. *deest*, J. — 9. cartulis, T. — 10. vel, G. — 11. deberi, H. — 12. edant, A. — 13. non deleverint vel de hoc faciunt fieri scripta ibidem, J. — 14. *deest*, J ; qui re, G. — 15. et fractores, J ; effractores, H ; fautores, T. — 16. aliter, G. — 17. compulerint, J. — 18. submittendos, T. — 19. jam, A. — 20. inter, A. — 21. vel qui idem tractatuum, G ; contractuum premissorum, J. — 22. earumdem, H. — 23. secundum... permittitur, *deest*, J ; permittatur, T. — 24. *deest*, J. — 25. *deest*, G. — 26. ferrunt, H. — 27. ferri, H. — 28. seu, G, H. — 29. excommunicate, T. — 30. consensum, G. — 31. civitas, A ; *deest*, T. — 32. seu, G, H. — 33. delinquerint, A ; deliquerit, G ; delinquerit, H. — 34. subjaceant, T. — 35. repressalias, J ; pignorantes, T. — 36. uno, T. — 37. pregravatur, T. — 38. *deest*, H. — 39. nam, J. — 40. aliquod, T. — 41. sunt, A. — 42. vel, G, J. — 43. *deest*, T. — 44. aut, J. — 45. *deest*, J. — 46. protulerint, G, H. — 47. excommunicare, J. — 48. convertere, H. — 49. et, G. — 50. itém illi, T.

munt clericos vel quaslibet alias personas ecclesiasticas ad quas in aliquibus [1] ecclesiis, monasteriis seu aliis [2] piis [locis] [3] spectat [4] eleccio, consanguineos eorumdem aut ipsorum [5] ecclesias, monasteria sive loca bonis suis per se vel per alios spoliando seu alias injuste prosequendo pro eo [6] quod illi rogati seu alias inducti eum pro quo rogabantur vel inducebantur eligere noluerunt [7], ipso jure sunt excommunicati. Illi [8] etiam 5 qui regalia, custodiam seu [9] gardiam ecclesiis [10], monasteriis [11] seu aliis piis locis de novo usurpare cognantes, bona eorumdem [12] locorum vacancium occupare presumunt [13] [et] [14] persone que fieri hoc [procurant] [15]; item et illi qui ad dirigendas moniales in suis electionibus evocantur [16] nisi ab eis abstineant per que inter eas super faciendis ipsis eleccionibus [17] oriri [18] possit discordia vel extorta nutriri, sunt ipso jure excom- 10 municati.

Denunciamus vobis excommunicatos a jure omnes [19] qui [participant] [20] in crimine criminoso propter suum crimen excommunicato; item illos qui aliquem christianum [21] per anchichinos [22] interfici fecerint vel hoc fieri mandaverint vel ipsos anchichinos receptaverint, defenderint vel [23] occultaverint; item illos qui christianos pro mercaturis seu 15 [negociacionibus] seu aliis [24] honestis [causis] navigantes capere vel [25] ipsos aut naufragium facientes [26] spoliare presumpserint [27] rebus suis; predicti enim [28] omnes [29] sunt excommunicati ipso jure. Cum etiam episcopi aliquod statutum faciunt [30] vel aliquid [31] mandant seu [32] precipiunt, adicientes ut qui [33] contra fecerit sit excommunicatus, omnes contrarium facientes sunt [34] excommunicati. Item quicumque [35] absolucionem vel 20 quamcumque [36]revocacionem excommunicacionis, suspensionis et [37]interdicti extorserint vi vel metu; illi etiam qui [38] ficcionem vel [39] fraudem faciunt ad causam inveniendam [40] quod judex personaliter [41] vadat ad aliquam mulierem pro recipiendo [42] testimonio suo, predicti omnes sunt ipso jure [43] excommunicati. Illi [44] etiam qui propter mortis periculum aut aliud [45] impedimentum legittimum [46] absolvuntur ab alio quam ab eo a quo 25 fuerant absolvendi, [si cessante postea periculo vel impedimento hujusmodi, se illi a quo ut dictum est fuerant absolvendi [47]] contempserint presentare quam primum commode [48]

---

1. alias... aliquibus, *deest*, T. — 2. *deest*, H, T.— 3. *deest*, H; locos, A — 4. expectat, T — 5. ipsas; G, J, T. — 6. pro eos, H; per, J. — 7. noluerint, H, T. — 8. item, T. — 9. vel custodiam vel, J. — 10. que ecclesiis, T. — 11. seu monasteriis, G.— 12. eorum, T. — 13. presumpserint, J. — 14. et eorumdem locorum, G. H; eorumdem locorum, A, T. — 15. procarant, A. — 16. evocentur nisi ab aliis, T. — 17. super, *deest*, H. — 18. corripi, T.—19. omnes illos, G, H, T. — 20. percipiant, A. — 21. christianorum, J. — 22. assisinos, G, J; antichichinos, H; alias ascisinos, T. — 23. et T. — 24. negacionibus, A; negociacionibus vel aliis, J; aliis, *deest*, G. — 25. aut, H; *deest*, G, J. — 26. navigium facientes, T; patientes, J. — 27. presumpserit, T. — 28. *dest*, G, J. — 29. *deest*, H, J.— 30. *deest*, J. — 31. aliquod, G. — 32. fieri, T. — 33. quod qui, T. — 34. *deest*, T. — 35. quecumque, T. — 36. quemcumque, T. — 37. vel, G H, J, T. — 38. item et qui, T. — 39. *deest*, T. — 40. ad causam inveniendam, *deest*, J, — 41. principaliter, H. — 42. precipiendo, T. — 43. ipso jure, *deest*, T. — 44. item, T. — 45. aliquod, H. — 46. legitime, G. — 47. *deest*, A. — 48. *deest*, G.

poterunt [1], mandatum ipsius super illis negociis seu rebus [2] pro quibus excommunicati fuerant recepturi et satisfacturi prout justicia suadebit, ipso jure recidunt [3] in pristinam sentenciam excommunicacionis et hoc idem est dicendum de [4] illis quibus, cum a sede apostolica vel legatis etiam ejus [5] absolucionis beneficium consecuntur [6], injungitur [7] ut ordinariorum suorum vel quorumlibet aliorum se conspectui representent [8], suscepturi penitenciam ab eisdem et passis [9] injuriam vel illis [10] quibus obligati existunt satisfaciant competenter. Isti [11] enim si hec, quam primum commode poterunt, non curaverint adimplere, ipso jure in pristinam excommunicacionis sentenciam relabuntur.

1. potuerunt, H. — 2. rebus aliis, T. — 3. incidunt, H. — 4. *deest*, G. — 5. legatis ipsius, G, H, J, T. — 6. conceditur, J. — 7. *deest*, T. — 8. presentent, G. — 9. *deest*, T. — 10. aliis, J. — 11. Justi, T.

III

COMPLÉMENTS POSTÉRIEURS

I

[Casus extravagantium decretalium Bonifacii VIII].

Postquam predictos casus collegit quondam dominus [Biterrensis][a], inveniuntur aliqui in diversis constitutionibus editis postquam Sextus liber decretalium extitit compilatus, qui casus et unde sumantur inferius annotantur.

Unus casus est quod nullius mortui alicubi sepeliendi corpus [exenteretur] vel coquatur vel alias laceretur vel inhumaniter concidatur, etiam si pontificali prefulgeat [5] dignitate, et si secus fuerit attemptatum, excommunicationis incurrunt sententiam facientes et qui fecerint sic tractari, a qua non nisi per apostolicam sedem possint absolutionis beneficium obtinere et nihilominus ille cujus corpus fuerit sic inhumane tractatum, ecclesiastica careat sepultura ut habetur in novella domini Bonifacii *detestande feritatis*[c]. [10]

Item, alius casus est quod omnes clerici, religiosi vel layci utriusque sexus, curiales vel alii undecunque, qui aliquod pactum fecerint seu aliquod parvum vel magnum promiserint vel promissione receperint, sive pactum occulte vel manifeste, generaliter vel expresse, si quidquam dederint parvum vel magnum vel receperint de quacunque re vel utilitate propter hoc consequenda pro aliqua justicia sive gratia pro se aut alio in [15] causis, judiciis seu aliis per litteras apostolicas et quibuscumque modis apud sedem apostolicam obtinenda et hec sententia ad dantes, recipientes et promittentes etiam est extensa et qui sciverit et non revelaverit infra triduum, eadem sententia est ligatus et non potest, nisi in mortis articulo qui ad summum pontificem non potest accessum habere, [20] preterquam de speciali mandato pape, pro predictis vel aliquo predictorum, absolutionis beneficium obtinere, ita quod priusquam ad absolutionis gratiam admittatur, quantum primo dedit vel recepit integraliter pauperibus largiat, etiam gratia vel justicia sic obtenta nullius penitus sit momenti et caret omni robore firmitatis et scienter utentes ipsis simili sententia astringantur et cum premissis ad penas similes obligantur ut habetur in novella quam dominus Bonifacius publicavit, *excommunicamus*, etc.[d]

Finit hec compilatio in vigilia Johannis Baptiste. [25]

a. Bitterricensis.
b. (?).

c. *Extrav. com.* (3, 6), 1 ; Boniface VIII, 1299.
d. *Extrav. com.* (5, 10), 1 ; Boniface VIII, 1295.

II

[Casus novarum constitutionum.]

Incipiunt casus novarum constitutionum editarum in consilio Viennensi [a] sub domino Clemente quinto ac quondam [b] edite a domino Johanne XXII°, in quibus fertur excommunicacionis, interdicti, suspensionis, inhabilitatis et privationis beneficiorum sententia ipso jure et hic in numero sexagenario secundum dictarum constitutionum ordinem 5 collocantur.

Licet casus sentontiarum excommunicationis, suspensionis, interdicti, et inhabilitatis [c] qui in constitutionibus extravagantibus continentur sint infra positi sub numero decem et octo, in summa habentur hic tamen sub numero sexagenario, evidentius explicantur [d], ut a legentibus facilius capiantur et certius cognoscantur.

10   Primus casus est quod impediens sequestrum factum per ordinarium post unam sententiam diffinitivam [datam][e], in curia Romana tantum, contra possessorem super possessorio vel petitorio sicut jura volunt est excommunicatus.

Secundus occupans fructus [f] sequestratos modo quo supra, excommunicatus est nec potest absolvi [g] nisi prius fuerit emendatum [et][h] si quid juris habent impediens et occu-15 pans in dictis beneficiis cadunt a jure suo. Isti duo casus habentur *de sequestratione possessionum et fructuum, ad compescendas* [i], libro II°.

Tertius, quicumque [j] religiosus presidens administrationibus regularibus vel monasteriis jura, redditus vel possessiones concedit alicui ad vitam vel ad aliud certum tempus nisi pro magna necessitate vel utilitate et [hoc] [k] tantum de consensu conventus vel si 20 non habet de consensu prelati, suspensus est ab officio nec jus acquiritur cui conceditur. [Hec habentur] *de rebus ecclesie non alienandis, monasteriorum.* libro III° [l].

Quartus, omnis qui interdicti tempore recepit aliquem ad ecclesiasticam sepulturam excommunicatus est.

Quintus, omnis qui scienter recepit ad ecclesiasticam sepulturam excommunicatum 25 publice, nominatum interdictum, manifestum usurarium, excommunicatus est. Isti [m] duo habentur [n] *de sepulturis, eos qui proprie,* libro III° [o]. Et nota quod isti absolvi non possunt nisi ad arbitrium ordinarii satisfecerint ei cui est injuria irrogata.

Sextus, religiosi quicumque qui novalium aut alias decimas ecclesie ad eos ex aliqua

---

a. 1311-1312. Vienne en Dauphiné (France).
b. cujusdam, B.
c. inhibilitatis, B.
d. extravacantibus continentur, sint infra positi sub numero decem et octo breviter et in summa, hic tamen sub numero sexagenario evidentius explicantur, etc.
e. datum, A.
f. dictos fructus, B.

g. absolvi possunt.
h. ut, A.
i. compescendum, A. *Clem.* (2, 6), un.
j. quiem, B.
k. *deest*, A.
l. *Clem.* (3, 4), 1. Hic habetur *etc.*, A.
m. hec, B.
n. *deest*, B.
o. *Clem.* (3, 7), 1.

causa legitima non [spectantes] [a] appropriare sibi [b] presumpserint aut exquisitis fraudibus sive coloribus usurpare, suspensi sunt ab officiis et beneficiis. Et [c] si administrationem non habeant, excommunicati sunt.

Septimus, religiosi qui de animalibus familiarium aut pastorum suorum vel aliorum etiam animalia [d] eorum gregibus immiscentium decimas nec solvunt nec solvi 5 permittunt, incurrunt dictas sententias.

Octavus, religiosi qui de animalibus que in fraude ecclesiarum in pluribus locis emunt emptaque tradunt venditoribus vel aliis ab ipsis [tenenda] [e] si non solverint [f] decimas, penas incurrunt supradictas [g].

Nonus, religiosi qui de terris quas tradunt aliis excolendas solvi decimas non per- 10 mittunt eisdem sententiis ut prius feriuntur. Hec quatuor habentur *de decimis, religiosi quicumque* libro III° [h]. Nec tales possunt absolvi nisi prius [i], ad eorum requisitionem [j] quorum intererit propter hoc eis [k] factam, a premissis destiterint infra mensem aut si de hiis que usurparunt contra premissa retinere presumpserint, infra duos menses dampnificatis ecclesiis emendam non fecerint competentem.   15

X[us] casus , quicumque niger monachus, abbas vel prior non habens abbatem proprium presumpserit [m] portare sotulares non corrigiatos nec altos, suspensus est [n] a colla tione beneficiorum per annum.

XI[us], predicti si portare presumpserint caputia non fixa [o] simili modo suspensi sunt.   20

XII[us] casus [p], quicumque monachus qui nec abbas nec prior [est,] [q] si simile ut dictum est fecerit, per annum suspensus est ab administratione si quam habet.

XIII[us], quicumque monachus nullam administrationem habens si simile quid ut premittitur facere presumpserit, per annum redditur inhabilis ad administrationem et ecclesiasticum beneficium obtinendum.   25

XIIII[us], si qui monachi predictorum venationi aut aucupationi clamose vel alias vel cum canibus vel avibus ex proposito interfuerint, juxta premissam personarum predictarum [r] distinctionem suspensionis et inhabilitatis penas ipso facto incurrunt.

XV[us], quicumque monachi vel canonici regulares administrationem non habentes absque licentia superioris [s] ad curias regum vel principum accesserint ut suis superio- 30 ribus vel monasteriis noceant, excommunicationem [incurrunt] [t].

<table>
<tr><td>a. expectantes, A.</td><td>k. deest, B.</td></tr>
<tr><td>b. si, B.</td><td>l. casus est, B.</td></tr>
<tr><td>c. si administrationem habeant et..., B.</td><td>m. presumpserint, B.</td></tr>
<tr><td>d. animalia ipsa, B.</td><td>n. deest. B.</td></tr>
<tr><td>e. emenda, B.</td><td>o. fissa, B.</td></tr>
<tr><td>f. solvent, B.</td><td>p. deest, B.</td></tr>
<tr><td>g. sepedictas, B.</td><td>q. deest, A.</td></tr>
<tr><td>h. Clem. (3, 8), 1.</td><td>r. dictarum, B.</td></tr>
<tr><td>i. post, B.</td><td>s. sui superioris, B.</td></tr>
<tr><td>j. requisitione, A.</td><td>t. incurrant, A.</td></tr>
</table>

XVI[us], quicumque monachi vel regulares canonici predicti absque sui abbatis vel majoris licentia infra septa monasterii arma tenent, excommunicati sunt. Hec septem habentur *de statu monachorum, ne in agro dominico*, libro III° [a]. Si que alie pene in eadem constitutione continentur, quos tangit, si indiguerint, ad dictam [constitutionem 5 reccurant [b]].

XVII[us], cum summus pontifex precipiat sub certa forma quod omnes moniales annis singulis visitentur, si qui dictos visitatores presumpserint impedire, non obstante privilegio [c], excommunicationem incurrunt. Et idem est de mulieribus que canonice nuncupantur. Hec habentur *de statu monachorum, attendentes*, libro III° [d].

10 XVIII[us], quia status beginarum suspectus fuit domino pape, ideo omnes mulieres quecumque [e] que dictum statum sectantur, excommunicate sunt.

XIX[us] casus [f], mulieres quecumque dictum [g] statum assumunt de novo, excommunicate sunt.

XX[us], si [h] religiosi aliqui [i] dictum statum fovent vel consulunt assumere similiter 15 excommunicantur. Hec habentur *de religiosis domibus, cum de quibusdam mulieribus*, libro III° [j].

XXI[us], illi qui divino timore postposito contrahunt cum consanguinea vel affine [k] in gradibus constitutione canonica interdictis, excommunicati sunt.

XXII[us], quicumque cum monialibus matrimonium [l] contrahere non verentur, 20 excommunicati sunt.

[XXIII[us]], religiosi et moniales nec non et clerici in sacris ordinibus constituti matrimonia contrahentes, excommunicati sunt. Hec tria habentur *de consanguinitate et affinitate, eos qui*, libro III° [m].

]XXIIII[us]], si episcopus vel superior obtentu odii, gracie, vel amoris lucri vel [n] 25 commodi temporalis contra justiciam et conscienciam suam obmiserit contra quemquam procedere ut fuerit procedendum super heretica pravitate aut obtentu eodem pravitatem ipsam vel impedimentum officii alicui imponendo eum super hoc presumpserit quoquomodo vexare, [preter] [o] alias penas pro qualitate culpe [imponendas] [p] eisdem, suspensus est per triennium [q] ab officio.

30 [XXV[us]], inquisitor vel quicumque alius qui eodem obtentu ut premittitur faceret supradicta, excommunicationem incurrit a qua quidem excommunicatione [r] sine papa absolvi non potest [s]. Hec duo habentur *de hereticis, multorum*, libro V° [t].

a. *Clem.* (3, 10), 1.
b. reccurunt curiam, A.
c. quocumque privilegio, B.
d. *Clem.* (3, 10), 2.
e. que, B.
f. *deest*, B.
g. predictum, B.
h. *deest*, B.
i. qui, B.
j. *Clem.* (3, 11), 1.

k. consanguiniis vel affinibus, B.
l. matrimonialiter, B.
m. *Clem.* (4), un.
n. aut, B.
o. potest, A.
p. imponere, A.
q. triannium, B.
r. excommunicationis sententia, B.
s. posset, B.
t. *Clem.* (5, 3), 1.

[XXVI[us]].quicumque deputati in officio inquisitionis [a] pecunias extorserint, excommunicationem [incurrunt] [b].

[XXVII[us]], predicti si [c] scienter attemptent ecclesiarum [bona] [d] ob clericorum delictum prefati occasione officii etiam fisco ecclesie applicare, excommunicati sunt [et] [e] in istis duobus casibus absolvi non possunt preterquam in morte [f] donec illis a quibus 5 extorserint plene satisfecerint de pecunia sic extorta, nullis [g] privilegiis, pactis aut remissionibus super hoc [h] valituris. Hec habentur *de hereticis, nolentes splendorem* libro V° [i].

[XXVIII[us]], potestates, capitanei, rectores, consules, judices, consiliarii [j] aut alii quivis [k] officiales civitatum aut communitatum qui per statuta sua solvi et exigi usuras 10 scienter [l] concedunt, excommunicati sunt.

[XXIX[us]], predicti et similes qui debitores ad solvendum usuras scienter compellunt, excommunicati sunt.

[XXX[us]], tales etiam et hujusmodi qui repetentes usuras impediunt fraudibus exquisitis ne sortiantur effectum, gravia onera [m] impendendo [n] vel hujusmodi, excom- 15 municati sunt.

[XXXI[us]], illi vero [o] qui secundum dicta statuta judicare vel nova statuta condere presumpserint vel scribere aut dictare vel hactenus [edita] a libris communitatum et [scriniis si] [p] super hoc potestatem habuerint et [q] infra tres menses non deleverint aut si ipsa statuta vel [r] consuetudines effectum eorum habentes quoquomodo presumpserint 20 observare, excommunicati sunt.

[XXXII[us]], omnes qui pertinaciter sentiunt et affirmant quod exercere usuras non est peccatum, tanquam heretici excommunicati sunt. Ista habentur *de usuris*, libro V°, *ex gravi* [s].

[XXXIII[us]], religiosi qui clericis aut [t] laycis sacramentum unctionis extreme [vel] [u] 25 eukaristie ministrare, matrimonia vel sollempnizare presumpserint, non habita super hiis licentia speciali, excommunicati sunt.

[XXXIIII[us]], religiosi qui excommunicatos a canone preterquam in casibus a jure [v]

---

a. in officio inquisitionis ab episcopo vel inquisitore, vel capitulo, sede vacante, pretextu inquisitionis pecunias..., B.

b. incurrant, A.

c. etiam si, B.

d. honera, A.

e. ut, A.

f. mortis articulo, B.

g. nullus eis, B.

h. hec, B.

i. *Clem.* (5, 3), 2.

j. consularii, B.

k. aliis quis, B.

l. *deest*, B.

m. honera, A.

n. imponendo, B.

o. etiam, B.

p. edita, *deest*, A ; scripturis ceteris, A.

q. *deest*, B.

r. sive, B.

s. *Clem.* (5, 5) un.

t. vel, B.

u. *deest*, A.

v. in jure, B.

expressis vel per[a] privilegia sedis apostolice concessis eisdem a[b] sententiis per statuta provincialia vel[c] synodalia [promulgatis][d] absolvunt, excommunicati sunt.

[XXXV[us]], nonnulli temerarii religiosi qui a pena et a culpa de facto absolvunt, [excommunicati sunt, nec predicti absolvi possunt citra sedem apostolicam][e].

5 [XXXVI[us]], cum religiosis omnibus sit prohibitum ne in sermonibus suis detrahant[f] ecclesiarum [prelatos] aut laycos retrahant[g] ab ecclesiarum suarum frequentia vel accessu seu indulgentias pronuncient indiscretas neve, cum [factionibus][h] testamentorum intererunt, [a restitutionibus][i] debitis aut legatis [matricibus][j] ecclesiis faciendis retrahant testatores, nec legata vel debita aut mala ablata incerta sibi aut aliis singularibus
10 sui ordinis fratribus vel conventibus in aliorum prejudicium fieri seu erogari procurent, nec etiam in casibus sedi apostolice aut locorum ordinariis reservatis quemquam absolvere, aut [personas][k] ecclesiasticas, presertim [coram][l] judicibus delegatis suam contra eos justitiam prosequentes vexare indebite ac[m] ad loca plura et presertim multum remota convenire presumant prelati eorum, nisi de hiis que occasione excessuum pre·
15 dictorum[n] ecclesiis aut personis ecclesiasticis dampnificatis vel lesis satisfactionem plenariam exhibuerint infra mensem postquam fuerint requisiti, suspensionis sententiam[o] usque ad satisfactionem debitam eo ipso incurrunt. Hec habentur *de privilegiis et privilegiatorum excessibus*, [*religiosis*], libro V°[p].

[XXXVII[us]], quicumque quemvis[q] pontificem injuriose vel temerarie verberaverit[r]
20 vel hoc fieri mandaverit vel factum ab aliis ratum habuerit vel in hoc faciendo socius fuerit aut in hiis consilium dederit aut favorem, excommunicatus est.

[XXXVIII[us]], quicumque episcopum[s] ut premittitur[t] scienter non defensaverit, excommunicatus est.

[XXXIX[us]], potestas, consiliarii, ballivi, advocati[u], rectores, consules et officiales
25 civitatis quocumque nomine censeantur[v], in premissis culpabiles existentes, excommunicati sunt nec omnes isti absolvi possunt nisi per papam[x].

[XL[us]], terra illius qui [talia in episcopum commiserit, dum tamen ultra unam dyocesim non contineat][y], usque ad dignam satisfactionem ejusdem nec non [locus aut

a. *deest*, B.
b. vel a.
c. aut, B.
d. *deest*, A.
e. citra sedem apostolicam excommunicati sunt, B.
f. detrahent, B.
g. ecclesiarum... retrahant, *deest*, B; prelatis, A.
h. factoribus, A.
i. arestationibus, A.
j in aliis, A.
k. *deest*, A.
l. eorum, A.

m. *deest*. B.
n. premissorum, B.
o. sententia, B.
p. *Clem.*, (5, 7), 1.
q. quamvis, B.
r. banniverit, B.
s. talem bannientem episcopum, B.
t. *deest*, B.
u. baillivi, scabini, advocati, B.
v. conseantur, B.
x. per summum pontificem, B.
y. terra illius qui talem episcopum conjunxerit dum tamen unam dietam contineat, B.

loca alia in quibus captus episcopus][a] detinebitur, quamdiu detentio ipsa [in][b] eisdem duraverit, ecclesiastico subjaceant interdicto.

[XLI[us]], si autem terra ejusdem qui talia[c] commiserit duas dyoceses vel ultra contineat, dyocesis domicilii principalis illius[d] et illa etiam in qua fuerit delictum commissum. [si sua sit, et due alie][e] que sub ipso fuerint[f] eidem loco magis vicine, interdicto subjaceant edicto[g].

[XLII[us]], civitas autem que premissa vel aliquid ipsorum in episcopum suum commiserit, interdicto, donec satisfecerit, subjaceat memorato. Hec habentur *de penis, si quis suadente diabolo*, libro V°[h].

[XLIII[us]], quicumque temporale dominium[i] obtinentes clericos vel[j] personas ecclesiasticas ceperit[k] captosque donec resignent beneficia[l] detinuerit[m] vel hoc fieri procuraverit[n], preter sententiam canonis taliter hic punitur quia si prelatus est per triannium[o] a perceptione fructuum[p] est suspensus, si autem inferior fuerit, eo ipso obtentis beneficiis est privatus.

[XLIIII[us]], predicti etiam qui citatos ad sedem apostolicam ab homine vel a jure, ne[q] ad illam veniant detinere non verentur, secundum dictarum distinctionem personarum, modo quo supra puniuntur.

[XLV[us]], [illi][r] etiam qui [ne citati][s], ut premittitur, ad sedem apostolicam [veniant][t], sed [ut se sub obtentu hujusmodi a veniendo excusent][u] a potestate seculari se capi [procurant][v], predictas penas incurrunt secundum dictarum distinctionem personarum. Hec habentur *de penis, multorum*[x], libro V°.

[XLVI[us]], religiosi mendicantes, venientes contra constitutionem, libro Sexto, [*de excessibus prelatorum*][y], *cum ex eo*[z], prohibentem [mutationes][aa] locorum, excommunicati sunt.

[XLVII[us]], religiosi quicumque proferentes in suis sermonibus vel alibi aliqua[bb] unde retrahant audientes a solutione[cc] decimarum, excommunicati sunt.

[XLVIII[us]], illi etiam religiosi qui scienter obmiserunt[dd] sibi confitentibus conscien-

a. et ipsa loca ubi episcopus captus, B.
b. ab, B.
c. tale delictum, B.
d. ipsius, B.
e. et dicti alie, A.
f. sint, B.
g. supradicto, B.
h *Clem.*, (5, 8), 1.
i. divinum, B.
j. seu, B.
k. ceperit, B.
l. sua beneficia, B.
m. denuerit, B.
n. procuraverit, B.
o. triennium, B.
p. fructuum ecclesiarum suarum, B.
q. nec, B.
r. illum, A.
s. nec citatus, A.
t. venit, A.
u. ad se seu obtentu hujusmodi adveniendo excusent, A.
v. procurent, A.
x. *Clem.*, (5, 8), 2.
y. *de novi operis nuntiatione*, A, B.
z. VI, (5, 6) un.
aa. imitationem, A.
bb. *sic*, A, B.
cc. absolutionem, B.
dd. obmiserit, B.

tiam facere de solvendis decimis, ut tenentur, suspensi sunt ab officio predicationis [donec eorum negligentia sit purgata. Et si, ea non purgata, predicationi se immiscuerint][a], excommunicationem incurrunt.

[XLIX[us]], religiosi et clerici cujuscumque status existant qui venerint[b] contra cons-
5 titutionem *animarum periculis, de sepulturis,*libro Sexto[c], prohibentem aliquem obligari in eorum cimiteriis fide vel juramento vel aliter,excommunicati sunt. Hec habentur *de penis, cupientes,* libro V°[d].

[L[us]], quicumque religiosi non exempti vel exempti non servantes interdictum[e] positum auctoritate sedis apostolice vel a locorum ordinariis ex quo illud servat cathe-
10 dralis vel matrix ecclesia, excommunicati sunt.

[LI[us]], predicti etiam si non servant interdictum tale [positum][f] per provinciale concilium vel statutum sive[g] cessationem ab eis impositam, excommunicati sunt.

[LII[us]], illi iidem[h] religiosi non servantes eciam cessationem generalem[i] civitatum, terrarum et aliorum locorum quas aliquando ex consuetudine vel aliter capitula vel col-
15 legia seu conventus secularium aut regularium [ecclesiarum][j] ponunt seu inducunt[k], excommunicati sunt. Hec habentur *de sentencia excommunicationis, [ex frequentibus]*[l], libro V°[m]

[LIII[us]], nobiles et domini temporales qui in locis[n] [ecclesiastico][o] interdicto suppositis faciunt divina celebrari, excommunicati sunt.

20   [LIIII[us]], predicti eciam si vocent aliquos ad dicta officia[p] vel quod est deterius compellant, excommunicati sunt.

[LV[us]], predicti[q] eciam et eorum consimiles qui non obstante [interdicto][r] per campanam vel vocem preconis vocant populos[s], excommunicati sunt.

[LVI[us]], nonnulli eciam tales qui suis plerumque subjectis excommunicationis vel
25 interdicti sententia nodatis de ecclesiis dum celebrantur divina ne exeant precipere[t] non verentur, excommunicati sunt.

[LVII[us]], quicumque excommunicati et interdicti publice qui in ecclesiis intersunt dum celebrantur divina,si nominatim monentur a celebrantibus ut exeant, nisi obediant, excommunicati sunt nec omnes predicti absolvi possunt nisi per sedem apostolicam.
30 Habentur hec *de sentencia excommunicationis, gravis ad nos,* libro V°[u].

a. predicationis ; si se immiscuerint, A.	l. *et aliis sequentibus,* A.
b. veniunt, B.	m. *Clem.,* (5, 10), 1.
c. VI, (3, 12), 1.	n. terris eorum, B.
d. *Clem.,* (3, 8), 3.	o. ecclesiasticorum, A.
e. generale interdictum, B.	p. ad dicta officia celebranda, B.
f. *deest,* A.	q. profati, B.
g. sine cessatione ab eis imposita, B.	r. *deest,* A.
h. idem, B.	s. populos interdictos, B.
i. cessationes generales a divinis, B.	t. precipue, B.
j. *deest,* A.	u. *Clem.,* (5, 10), 2.
k. indicunt.	

[LVIII^{us}], fratres minores qui illos de tercio ordine in suis ecclesiis tempore interdicti recipiunt ad divina, non obstante quocumque privilegio, excommunicati sunt nec
possunt absolvi nisi per Romanum^a pontificem vel per^b episcopos locorum, satisfactione
prius facta, et tunc auctoritate apostolica absolvantur^c.Hec habentur *de sentencia excom-*
municacionis, cum ex eo, libro V°^d.

[LIX^{us}], quicumque docuerit, predicaverit vel^e [assertive]^f dixerit quod confessi
fratribus habentibus generalem potestatem audiendi confessiones teneatur^g eadem peccata iterum confiteri suo proprio parochiali curato, excommunicatus est tanquam hereticus quia hoc est falsum, erroneum et veritati catholice contrarium et per dominum
Johannem papam XXII^{um} et cardinales in pleno consistorio reprobatum et condampna-
tum, ideo est tanquam hereticum judicandum^h.

[LX^{us}], ille eciam qui assertive diceret vel predicaret quod, stante constitutione
*omnis utriusque sexus*ⁱ, nec deus nec papa possent propter contradictionem implicitam
facere quin confessi predictis fratribus teneantur, suis curatis eadem peccata iterum
confiteri nec possent dare generalem auctoritatem fratribus per quam confessi eisdem
essent excusati a predicta constitutione *omnis*, excommunicatus sicut et precedens. Hec
duo habentur in constitutione extravaganti domini Johannis predicti^k que incipit *Vas*
electionis^l.

III

[CASUS CLEMENTINARUM.]

Casus qui continentur in constitutionibus Clementis pape V, ut caveantur^m, in
quibus excommunicationis aut suspensionis sententia et [interdum]ⁿ pena alia incurritur ipso facto et in nonnullis^o ex eis absolutio sedi apostolice reservatur.

De summa trinitate et fide catholica, fidei catholice^p. Declaratur esse rectus ordo
quem beatus Johannes evangelista tenuit ennarrando quo^q,Christo in cruce jam mortuo,
unus militum lancea latus ejus aperuit. Textus vero beati Mathei apostoli et evanlegiste
qui in aliquibus libris antiquis dicitur inveniri et sub alio ordine hoc narrare,debet intelligi et exponi quod evanlegista Matheus hoc dixerit per anticipationem^r. Item quicumque
asserere, defendere seu tenere pertinaciter presumpserit quod anima rationalis seu in-

5

10

15

20

25

a. romanam, B.
b. *deest,* B.
c. absolvatur, B.
d. *Clem.,* (5, 10), 3.
e. seu, B.
f. certive, A.
g. tenentur, B.
h. vitandum seu judicandum, A. *En marge* : de
proprio sacerdote.
i. X, (5, 38), 12.

j. tenerentur, B.
k. Johannis pape vicesimi secundi, B.
l. *Extrav. com.,* (5, 3), 2 ; 1321.
m. caveatur, B.
n. interdicti, A.
o. et ideo nonnullorum, B.
p. *Clem.,* (1, 1), un.
q. quod, B.
r. Textus.... anticipationem, *deest,* B.

tellectualis non sit forma corporis humani per se et essentialiter tanquam hereticus sit censendus. Item opinio que dicit parvulis baptizatis non tantum culpam remitti sed etiam sibi [a] conferri in baptismo informationem, gratiam et virtutes, tanquam probabilior et dictis sanctorum [et] [b] doctorum modernorum theologie concors et consona, sacro
5 approbante consilio, decernitur eligenda.

De electione et electi potestate, in plerisque ecclesiis [c]. Statutum est ut nullus, de cetero quacumque dignitate prefulgens [d], nisi speciali super hoc auctoritate sedis apostolice fulciatur, de pastore provideat cathedrali ecclesie sibi qualitercumque subjecte que clero careat et subditis christianis nullusque religiosus a suo unquam [e] quod pro-
10 visioni tali consenciat licencietur prelato. Quod si licenciatus etiam [f] hujusmodi provisioni consenserit et in episcopum se fecerit aut permiserit consecrari, in episcopali nullatenus recipiatur honore sed in tante ambitionis pena sub religionis aut monasterii sui prelato semper sic degeat [g] humilis jaceatque prostratus, quod nullus eidem in religione sua vel extra ad gradum honoris vel administrationis cujuslibet sit ascensus. Quic-
15 quid autem contra premissa vel aliquid premissorum contigerit attemptari irritum esse decernitur et inane, contraria quacumque consuetudine non obstante.

De sequestratione possessionum et fructuum, ad compescendas [h]. Si quis sequestra-tionem fructuum faciendam impedire vel fructus sequestratos quoquomodo presumpserit occupare, excommunicationis incurrit sententiam ipso facto a qua, nisi impedi-
20 mento prius amoto et occupatis per eum fructibus restitutis. nullatenus absolvatur.

De testamentis et ultimis voluntatibus, religiosis etiam exemptis [i]. Religiosi etiam exempti non possunt suscipere officium executionis cujuslibet ultime voluntatis nisi a superiori suo petita licencia super hoc et optenta, et tales, etiam si prelationis fungantur officio, tenentur reddere locorum ordinariis debitam rationem et ipsi ordinarii ab eisdem
25 absque dolo, fraude seu negligencia de suscepte executionis officio tenentur exigere rationem et illos quos circa id deliquisse reppererint pena debita punire, quocumque privilegio non obstante.

De sepulturis, eos qui [j]. Quicumque corpora defunctorum in cymiteriis tempore in-terdicti, in casibus non concessis a jure, vel excommunicatos publice aut nominatim
30 interdictos vel usurarios manifestos scienter sepelire presumunt, ipso facto excommu-nicationis sententiam incurrunt a qua nullatenus absolvantur nisi prius ad arbitrium

a. simul, B.
b. *deest*, A.
c. *Clem*., (1, 3), 5.
d. fulgens, B.
e. nunquam, B.
f. et, B.
g. degat, A.
h. *Clem*., (2, 6). un. Casus unus sed duplex in quo incurritur sentencia excommunicationis ipso facto, A, (*en marge*) ; B (*dans le texte*).

i. *Clem*., (3, 6), un. Non est lata sententia excommunicationis, sed poterit inferri in casu, A (*en marge*). Hic non est..... sed ferri potest in casu, B (*dans le texte*).
j. *Clem*., (3, 7), 1. Quatuor casus [sunt, B] in quibus incurritur excommunicationis sententia ipso facto et absolutio nullatenus impendatur donec competenter fuerit satisfactum, A (*en marge*); B (*dans le texte*).

diocesani episcopi eis quibus per premissa fuerit injuria irrogata satisfactionem exhibuerint competentem, nullo eis [contra][a] premissa exemptionis vel quovis alio privilegio aliqualiter suffragante. Item in eodem advertendum est de hiis que continentur in constitutione Bonifacii pape VIII, *super cathedram* [b].

De decimis, religiosi[c]. Religiosi quicumque decimas ad eos ex aliqua causa legitima 5 non spectantes [d] [appropriare][e] sibi presumpserint aut exquisitis fraudibus sive coloribus usurpare, [seu qui][f] de animalibus familiarium et pastorum suorum vel aliorum etiam animalibus ipsa eorum gregibus immiscencium, [seu qui][f] de animalibus quae in fraudem ecclesiarum in pluribus locis emunt, emptaque tradunt venditoribus vel aliis ab ipsis tenenda, seu qui de terris quas tradunt aliis excolendas, decimam solvi ecclesiis 10 non permiserint aut prohibuerint, nisi post requisitionem per eos quorum intererit super hoc eis factam a premissis destiterint infra mensem aut[g] de hiis que usurpare contra premissa vel retinere presumpserint, infra duos menses dampnificatis ecclesiis emendam non fecerint competentem, sint et tamdiu maneant ab officiis, administrationibus et beneficiis suspensi, donec destiterint et satisfecerint ut superius est expressum. Quod si re- 15 ligiosi hujusmodi administrationes vel beneficia non habeant eo casu quo alii supradicti suspensionis, ipsi sententiam excommunicationis incurrant [h], ante satisfactionem condignam nullatenus absolvendi, privilegiis non obstantibus quibuscumque. Premissa non extenduntur ad animalia que per religiosorum ipsorum devotos [i] seu oblatos tenentur dum tamen illi religiosis eisdem cum effectu donaverint aut obtulerint se et sua. 20

De regularibus et transeuntibus ad religionem, ut professores[j]. Religiosi mendicantes qui ad non mendicancium ordinem etiam auctoritate apostolica transibunt in posterum et illi qui hactenus transierunt[k] quamvis nunc prioratus, administrationes vel officia aut curam animarum vel regimen quodcumque obtineant inibi, vocem aut [l] locum in capitulo habere nequeunt, etiam si hoc ab aliis libere concedatur ; ad prioratus quoque 25 administrationes aut quecumque officia inantea assumi non possint [m] etiam tanquam vicarii seu ministri vel loca aliorum tenentes. Item animarum curam et regimen nec pro se possint nec pro aliis exercere ; quicquid autem in contrarium fuerit attemptatum, sit irritum ipso jure, quovis privilegio non obstante.

De statu monachorum et canonicorum regularium, ne in agro[n]. Monachi qui sotu- 30

a. circa, A.

b. *Extrav. com.*, (3, 6), 2.

c. *Clem.*, (3, 8), 1. Casus multi sunt in quibus incurritur pena suspensionis in aliquibus et in aliquibus sententia excommunicationis, B (*dans le texte*).

d. expectantes, B.

e. appropinquare, A.

f. sequi, A.

g. aut si. B.

h. incurrunt, B.

i. donatos, B.

j. *Clem*. (3, 9), 1.

k. transibunt, B.

l. et, B.

m. possunt, B.

n. *Clem.* (3, 10), 1. Hic incurritur pena suspensionis beneficiorum vel inhabilitatis et, circa finem, sententia excommunicationis, B (*dans le texte*) ; pena suspensionis a collatione beneficiorum vel inhabilitatis ; (*et plus bas*), pena suspensionis et inhabilitatis ; (*plus bas encore*), sententia excommunicationis, A (*en marge*).

lares non corrigiatos et altos aut capucia non fissa super humeros et honesta portare presumpserint, si abbas fuerit vel prior non habens abbatem proprium, per annum se noverint a beneficiorum collatione suspensos. Quod si nullam beneficiorum collationem habeant, et eo ipso per annum reddantur inhabiles ad administrationem et ecclesiasti-
5 cum beneficium optinendum. Si qui vero eorum venationi aut aucupationi clamose vel alias cum canibus aut avibus ex proposito interfuerint, juxta premissam personarum distinctionem dictarum, suspensionis et inhabilitatis penas per biennium ipso facto incurrant. Abbate autem vel priore a collatione ut premittitur suspenso, ad priorem claustralem cum consilio et assensu conventus vel majoris partis ipsius eorumdem
10 beneficiorum collatio devolvatur. Item perpetuo prohibetur edicto ne monachi aut regulares canonici administrationem aliquam non habentes ad curias principum absque speciali prelatorum suorum licencia se conferre presumant. Quod si ut suis prelatis aut monasteriis damnum aliquod inferant ad dicendas curias se conferre presumpse-rint, excommunicationis sententiam eos incurrere volumus ipso facto[a].
15   Item, *attendentes*[b], in eodem. Si aliqui visitatores monialium in illis que ad offi-cium visitationis pertinent vel in aliquo ipsorum impedire presumpserint, nisi moniti resipiscant, ipso facto excommunicationis sententiam se noverint incursuros, privilegiis, statutis et consuetudinibus quibuslibet in contrarium minime valituris.

    De religiosis domibus ut episcopo sint subjecte, cum de[c] *quibusdam mulieribus*[d].
20 Status mulierum beguinarum que cum nulli promittant obedientiam nec propriis renuntiant[e] neque profiteantur aliquam regulam approbatam, religiose nequaquam existunt, prohibetur et a dei ecclesia penitus aboletur et eisdem ac aliis mulieribus quibuscumque sub pena excommunicationis quam incurrant ipso facto in contrarium facientes, injungitur ne statum hujusmodi ab ipsis assumptum quoquomodo sectentur
25 ulterius vel ipsum aliquatenus de novo assumant.

    Religiosi vero per quos eedem mulieres in hujusmodi beguinagii[f] statu foveri et ad ipsum suscipiendum induci dicuntur sub simili excommunicationis pena quam eo ipso quo secus egerint incurrant. Districtius inhibetur ne mulieres aliquas predictum statutum prius assumptum sectantes aut ipsum de novo assumentes quocumque modo
30 admittant, ipsis super eo sectando vel assumendo prebentes[g] ullo modo consilium, auxilium vel favorem, nullo contra premissa privilegio valituro. Sane nequaquam prohibetur quin si fuerunt[h] fideles alique mulieres que. promissa continentia vel etiam non[i] promissa, honeste in suis conversantes hospitiis, penitentiam agere voluerunt

---

a. facto, A.

b. *Clem.*,(3, 10), 2. (*En marge*) sententia excom-municationis, A.

c. *deest*, B.

d. *Clem.*, (3, 11), 1. Casus tres [sunt] in quibus incurritur sententia excommunicationis ipso facto [Sed,B] non fit reservatio absolutionis sedi apos-tolice, A (*en marge*), B (*dans le texte*).

e. renuncient, B.

f. in habitus beguinarii, B.

g. quocumque prebentes, B.

h. fuerint, B.

i. *deest*, B.

et virtuti in humilitatis spiritu deservire, hoc eisdem liceat prout ipsis dominus ᵃ inspirabit.

De consanguinitate et affinitate, eos qui divino ᵦ. Qui scienter in gradibus consanguinitatis constitutioue canonica interdictis aut cum monialibus contrahunt matrimonialiter nec non religiosi et moniales ac ᶜ clerici in sacris ordinibus constituti matrimonia 5 contrahentes incurrunt excommunicationis sententiam ipso facto quos prelati ecclesiarum ᵈ postquam eis constiterit, excommunicatos publice nuncient ᵉ vel faciant nunciari.

De hereticis, multorum querela ᶠ. Prohibetur enim ᵍ et in virtute obedientie ʰ precipitur episcopis et inquisitoribus heretice pravitatis et aliis ad executionem officii subs- 10 tituendis ab eis quod maliciose aut fraudulenter labem heretice pravitatis, seu quod ipsos in executione officii inquisitionis impediat, falso alicui non imponant ⁱ ; quod ʲ si odii, gratie, vel amoris lucri aut commodi temporalis optentu contra justiciam et conscientiam suam obmiserint ᵏ contra quemquam suspectum vel difamatum de heretica pravitate procedere ubi fuerit [procedendum] ˡ super hujusmodi pravitate ᵐ, aut optentu 15 eodem pravitatem ipsam vel impedimentum officii sui alicui imponendo eum super hoc presumpserint quoquomodo vexare, episcopus aut superior suspensionis ab officio per triennum, alii vero excommunicationis sententiam eo ipso incurrant ⁿ a qua nisi per Romanum pontificem preter in mortis articulo, et tunc satisfactione premissa, nequeant absolutionis beneficium obtinere, nullo in hac parte privilegio suffragante. 20

Item, in eodem, *nolentes* ᵒ. Injungitur districtius inquisitoribus et quibuscumque commissariis deputatis tam ᵖ ipsorum inquisitorum quam ᑫ episcoporum seu ʳ capitulorum, sede vacante, ne pretextu officii inquisitionis quibusvis ˢ modis illicitis ab aliquibus pecuniam extorqueant nec scienter attemptent ecclesiarum bona ob clericorum delictum occasione predicti officii fisco etiam ecclesiastico applicare; quod si secus in hiis 25 vel aliorum ᵗ altero fecerint, incurrunt excommunicationis sententiam ipso facto ᵘ a qua non possint absolvi preterquam in mortis articulo donec illi a quibus extorserint, plene

a. deus, B.

b. *Clem.*, (4), un. Quinque sunt casus in quibus incurritur excommunicationis sententia ipso facto; [sed, B] non fit reservatio sedi apostolice, A (*en marge*), B (*dans le texte*).

c. aut, B.

d. ecclesie vel ecclesiarum, B.

e. denuncient, B.

f. *Clem.*, (5, 3), 1. Duo sunt casus in quibus incurritur sententia excommunicationis ipso facto et absolutio Romano pontifici reservatur, A (*en marge*), B (*dans le texte*).

g. *deest*, B.

h. sancte obedientie, B.

i. imponat B.

j. Primus, A. (*en marge*).

k. commiserint, B.

l. procedere dum, A.

m. secundus, A (*en marge*).

n. incurrunt, B.

o. *Clem.*, (5, 3), 2. Duo sunt casus in quibus incurritur sententia excommunicationis ipso facto et absolutio non impeditur donec fuerit satisfactum, B (*dans le texte*).

p. in, B.

q. seu, B.

r. aut, B.

s. quibusve, B.

t. eorum, B.

u. *deest*, B.

satisfecerint de pecunia sic extorta, nullis privilegiis pactis aut remissionibus super hoc valituris.

De usuris, ex gravi ad nos [a]. Si quis pertinaciter affirmare presumat exercere usuras non esse peccatum, talis velut hereticus puniatur [b] et ordinarii locorum et inqui-
5 sitores heretice pravitatis contra eos quos de errore hujusmodi diffamatos invenerint aut suspectos, tanquam contra diffamatos [c] vel [d] suspectos de heresi procedant.

De privilegiis et excessibus privilegiatorum, religiosi [e]. Religiosi qui clericis aut laicis sacramentum unctionis extreme vel eucharistice ministrant aut matrimonium solempnizant, non habita super hiis parochialis presbyteri licentia speciali aut qui absolvunt
10 excommunicatos a canone preterquam in casibus a jure expressis vel per privilegia sedis apostolice concessis eisdem ; item qui absolvunt a sententiis promulgatis per statuta provincialia aut synodalia vel qui absolvunt quemquam a pena et a culpa, excommunicationis incurrunt sententiam ipso facto, per sedem dumtaxat apostolicam absolvendi, quos etiam locorum ordinarii postquam de hoc eis [f] constiterit excommunicatos faciant
15 publice nunciari donec de absolutione ipsorum [g] eis fuerit facta fides, nullo religiosis eisdem super hoc exceptionis [h] vel quovis alio privilegio suffragante ; item inhibetur religiosis in virtute sancte obedientie ne in sermonibus suis ecclesiarum [prelatos] [i] detrahant aut laicos retrahant ab ecclesiarum suarum frequencia vel accessu et ne indulgencias pronuncient indiscretas ; item quod non retrahant testatores a restitutio-
20 nibus debitis aut legatis faciendis matricibus ecclesiis ; item quod legata vel debita aut male ablata incerta non procurent fieri seu erogari sibi aut aliis singularibus fratribus vel conventibus sui ordinis in prejudicium aliorum ; item quod [j] non [k] absolvant quemquam in casibus sedi apostolice aut locorum ordinariis reservatis ; item quod non [vexent] [l] indebite personas maxime ecclesiasticas coram judicibus a sede apostolica
25 delegatis nec ad loca plura et multum remota convenire presumant. Quicumque vero aliquid [m] de predictis presumpserint attemptare per duos menses subjaceant penis que secundum statuta sui ordinis pro gravibus culpis consueverint [n] imponi et absque manifesta necessitate cum eis non valeat dispensari. Prelati vero ipsorum, nisi ecclesiis aut personis ecclesiasticiis dampnificatis, lesis [o] occasione premissorum excessuum
30 satisfactionem plenariam exhibuerint infra mensem postquam super hoc fuerint requisiti, suspensionis sententiam usque ad satisfactionem debitam eo ipso incurrant, non obstantibus quibuscumque privilegiis aut statutis. Religiosi vero [p] quibus per privilegium

---

a. *Clem.*,(5, 5), un. *Grandis ad nos*, A ; ex *grandi ad nos*, B.

b. puniturus, B.

c. invenerint... diffamatos, *deest*, B.

d. aut, B.

e. *Clem.*, (5, 7), 1. [Sunt, B] sex casus in quibus incurritur sententia excommunicationis et ejus absolutio sedi apostolice reservatur, A (*en marge*), B (*dans le texte*).

f. *deest*, B.

g. illorum, B.

h. exemptionis, B.

i. prelatis, A, B ; preceptum obedientie, A (*en marge*).

j. fratribus... item quod, *deest*, B.

k. nec, B.

l. vexant A.

m. pena debita gravi culpe, A (*en marge*).

n. consueverunt, B.

o. vel lesis. B.

p. pena suspensionis in casu, A (*en marge*).

seu indulgentiam est ab apostolica sede concessum possunt familiaribus suis domesticis
aut pauperibus in hospitalibus suis degentibus ministrare ecclesiastica sacramenta.

De penis, si quis suadente[a]. Quicumque quemvis pontificem injuriose vel temere
percusserit aut ceperit vel banniverit vel hoc mandaverit fieri aut facta ab aliis rata
habuerit vel socius in hiis fuerit facientis aut consilium in hiis dederit aut favorem seu 5
scienter defensaverit eumdem, videlicet facientem, in illis casibus de predictis in quibus
excommunicationem per jam editos canones[b] non subiret, sit hujus[c] nostre constitutionis auctoritate,non obstante quocumque consuetudine quam reputamus,sacro approbante concilio, potius corruptelam, [anathematis][d] mucrone percussus a quo nequeat
nisi per summum pontificem preterquam in mortis articulo absolvi, preter alias penas 10
multiplices que in eadem constitutione consequenter seriosius exprimuntur. Civitas
autem que premissa vel eorum aliquod in episcopum suum comiserit, interdicto donec
satisfecerit subjaceat memorato. Potestas vero, consiliarii, baylivi, scabini[e], advocati,
rectores,consules et officiales ipsius,quocumque nomine senceantur,in premissis culpabiles existentes similiter excommunicationis sententie a qua nisi ut premittitur non va- 15
leant absolutionis obtinere beneficium sint subjecti, que omnia tanto magis in episcoporum interfectoribus sunt servanda quanto in eos severior quam in prefatos pena debet
consurgere et gravioris indignationis aculeus desevire. Sane si quis in aliquo casuum
predictorum fuerit ab excommunicationis sententia in mortis articulo absolutus, nisi
postquam pristine restitutus fuerit sanitati quam cito comode poterit conspectui Romani 20
pontificis se presentare curaverit, ejus mandatum humiliter recepturus, in eamdem
excommunicationis sententiam [reincidat][f] ipso facto.

Item in eodem, cupientes[g]. Religiosi mendicantes qui domos ad habitandum vel quecumque loca de novo recipiunt, aut recepta mutant seu ea transferunt in alios cujusvis
alienationis titulo contra tenorem constitutionis que hoc eis interdicit ; item religiosi qui 25
in sermonibus suis vel alibi aliqua proferre presumunt[h] ut retrahant audientes a solutione decimarum ecclesiis debitarum, incurrunt excommunicationis sententiam ipso
facto. Item injungitur omnibus religiosis sub obtestatione divini judicii et interminatione
maledictionis eterne ut quociens populo predicabunt in prima dominica,quarta et ultima
Quadragesime et in festis Acensionis dominice, Pentecostes, Nativitatis Beati[i] Joannis 30
Baptiste, Assumptionis et Nativitatis Beate Virginis Matris Dei, audientes expresse
studeant informare si ab ecclesiarum rectoribus, vicariis aut loca tenentibus eorumdem
fuerint requisiti nec non et illis quorum confessiones audient conscientiam facere quod

a. *Clem.*, (5, 8), 1.
b. *deest*, B.
c. hujusmodi, B.
d. mathematis, A.
e. capitanei, B.
f. recidat, A.
g. *Clem*, (5, 8), 3. Casus tres [habentur, B] in

quibus incurritur sentencia excommunicationis.
Item alius casus in quo incurritur sententia excommunicationis. Non reservatur absolutio sedi
apostolice in casibus supradictis, A (*en marge*), B
(*dans le texte*).
h. presumant, B.
i. deest, B.

decimas solvere non obmittant. Quod si forte [a] in predicationibus hoc ipsum supradictis
diebus suadere scienter obmiserint, per superiores eorum graviter arguantur, quibus
etiam superioribus in virtute sancte obedientie districte precipitur ut contra taliter ob-
mittentes statuta penalia faciant secundum que acriter puniantur, constitutione domini
5 Gregorii pape IX [b] circa hec edita in suo nihilominus robore [c] duratura. Qui vero scienter [d] postposuerint confitentibus conscientiam facere de solvendis debitis decimis, ab
officio predicationis [e] tamdiu maneant ipso facto suspensi donec confitentibus ipsis si
hoc ipsum sibi dicendi comodo facilitatem habuerint [f] conscientiam fecerint, excommunicationis [g] incursuri sententiam ipso facto si predicare presumpserint, predicta negligentia
10 ut premittitur non purgata. Item temerarii [h] violatores illius constitutionis [i] que religiosis et clericis secularibus prohibet ne aliquos ad vovendum, jurandum vel fide interposita
seu alias promittendum inducunt [j] ut [k] sepulturam apud eorum ecclesias eligant vel jam
electam ulterius non immutent, similem [l] excommunicationis sententiam incurrunt ipso
facto, a qua ab alio quam a sede apostolica preterquam in mortis articulo nullatenus
15 absolvantur, nullis privilegiis aut statutis super hiis valituris.

De sententia excommunicacionis, suspensionis et interdicti, ex frequentibus [m]. Prohibetur religiosis ne in fraudem generalium interdictorum civitatum, terrarum et aliorum
locorum faciant foramina in januis ecclesiarum suarum aut fenestras seu alios modos
exquirant per quos in dampnum cathedralium et parochialium ecclesiarum generalia
20 interdicta violare presumant. Item districte precipitur et mandatur quatenus religiosi
quicumque tam exempti quam non exempti cum cathedralem vel matricem [n] loci ecclesiam generalia interdicta auctoritate sedis apostolice vel a locorum ordinariis posita
viderint aut sciverint observare, non obstantibus quibuscumque appellationibus antea
etiam interjectis et aliis objectionibus [o] quibuscumque, absque dolo et fraude cum mo-
25 deratione tamen decretalis *alma mater* [p] inviolabiliter ea servent; alioquin non servantes
excommunicationis sententie subjaceant ipso facto. Et hoc idem in interdictis et in
cessationibus a divinis indictis [q] per provincialium consiliorum statuta vel ipsorum
auctoritate observetur [r]. In cessationibus vero generalibus a divinis civitatum, terrarum

a. preceptum obedientie, A (*en marge*).

b. X¹, B. Cf. VI, (3, 13), 1.

c. vigore, B.

d. casus quidem in quo potest incurri sententia excommunicationis, A (*en marge*).

e. predicationis et confessionis, B.

f. si hoc ipsum dicendum facultatem habuerit, B.

g. exinde excommunicationis, B.

h. casus in quo incurritur sententia excommunicationis et ejus absolutio sedi apostolice reservatur, A (*en marge*).

i. VI, (3, 12), 1.

j. inducant, B.

k. et, B.

l. similiter, B.

m. *Clem.*, (5, 10), 1. Casus multiplex in quo
incurritur sententia excommunicationis. [Sed, B]
non reservatur absolutio sedi apostolice [in hoc
casu, A⁻, A (*en marge*), B (*dans le texte*).

n. majorem, B.

o. objectibus, B.

p. VI, (5, 11), 24.

q. in dictis ecclesiis, B.

r. observentur, B.

et aliorum locorum quas aliquando ex consuetudine vel alias capitula, collegia vel conventus secularium aut regularium ecclesiarum sibi vendicant[a] ad repellendas injurias
sibi factas, idem similiter est servandum, non obstantibus privilegiis, conventionibus,
statutis et consuetudinibus quibuscumque.

Item in eodem, *gravis ad nos*[b]. Omnes sive sint nobiles seu domini temporales 5
aut jurisdictionem seu potestatem habentes qui presumpserint in locis suppositis ecclesiastico interdicto quemquam de cetero divina celebrare officia [quomodolibet][c] cogere
aut ad officia eadem audienda aliquos excommunicationis vel interdicti presertim ligatos
sententia vocare seu[d] compellere aut excommunicatos publice aut interdictos ne de
ecclesiis dum in ipsis missarum aguntur solemnia a celebrantibus moniti ut excant 10
prohibere[e] vel etiam impedire nec non excommunicatos publice et interdictos qui in
ipsis ecclesiis nominatim a[f] celebrantibus ut exeant moniti remanere praesumpserint,
excommunicationis sententia a qua non nisi per sedem dumtaxat apostolicam possint
absolvi, sacro approbante concilio, innodamus.

Item in eodem, *cum ex eo*[g]. Fratribus minoribus districtius inhibetur ne aliquem 15
vel aliquos fratres aut sorores de ordine tertio quem Beatus Franciscus instituit qui
continentes seu de penitencia nuncupantur, etiam si super hoc hii vel illi[h] privilegiis
quibuscumque muniti extiterint, ad divina in suis ecclesiis tempore interdicti quoquomodo admittant. Quod si fecerint, eo ipso excommunicationis sententiam incurrunt a
qua per alium quam per Romanum pontificem vel satisfactione praemissa per locorum 20
episcopos — qui auctoritate apostolica fungantur in hac parte — absolutionis beneficium [nequeant][i] obtinere.

IV

[CASUS CONSTITUTIONUM DOMINI CLEMENTIS.]

Casus constitutionum domini Clementis in quibus quis incurrit sentenciam excom- 25
municationis.

Unus casus est : quis impedit sequestrationem debitam fieri vel fructus sequestratos
quoquomodo presumpserit occupare, excommunicationis incurrat sententiam ipso
facto a qua non potest absolvi nisi prius amoto impedimento et occupatis per eum

a. vendicent, B.

b. *Clem.*, (5, 10), 2. Casus quatuor sunt in quibus incurritur sententia excommunicationis et ejus absolutio sedi apostolice reservatur, A (*en marge*), B (*dans le texte*).

c. como dalibet, A.

d. qui, B.

e. prohibentur, B.

f. *deest*, B.

g. *Clem.*, (5, 10), 3. Casus specialis in quo fratres minores incurcunt sententiam excommunicationis et [ejus absolutio, A] Romano pontifici vel satisfactione premissa episcopo reservatur, A (*en marge*), B (*dans le texte*).

h. hiis vel aliis, B.

i. negant, A.

fructibus restitutis et si de litigantibus fuerit, a jure si quod in hujusmodi beneficio competebat, se noverit cecidisse ut titulo *de sequestratione*, capitulo *ad compescendas* [a].

Alius casus est : cum quis tempore interdicti corpora defunctorum in cimiterio in casibus non concessis a jure vel excommunicatum publice vel nominatim interdictum
5 vel manifestum usurarium scienter presumpserit sepelire, excommunicationis sententie subjacet ipso facto a qua non absolvatur nisi prius ad arbitrium diocesani eis quibus inrogata fuit injuria [facta fuerit] satisfactio, ut titulo *de sepulturis*, *eos* [b].

Alius casus est : cum religiosi quicumque novalia aut decimas que non spectant ad eos apropriant sibi vel qui dari prohibent decimas de animalibus familiarium vel
10 pastorum suorum quia sunt cum animalibus dictorum religiosorum, vel ementes in fraudem animalia, tradentes postea venditoribus nutrienda vel de terris aliis ad colendum [traditis] non permittunt dari decimas, habentes administrationem, sunt suspensi, non habentes administrationem, sunt ipso facto excommunicati, nisi requisiti desistant infra mensem vel nisi restituant infra duos menses, non obstante quolibet privilegio, nec
15 possunt absolvi nisi satisfaciant ; non tamen intelligitur de animalibus que tenentur per donatos eorum ut titulo *de decimis*, capitulo *religiosi* [d].

Monachus non habens administrationem si sine licentia superioris stet in curias principum est excommunicatus ; visitationem impediens est excommunicatus.

Alius casus est : cum moniales exempte et non exempte et canonice seculares visi-
20 tari debeant per ordinarios vel per eos quibus subsunt cum certo numero personarum vel corrigi super [foderaturis] [e], pannis, capuciolis, scacatis et virgatis, crinibus cornutis et prosecutione chorearum festorum secularium et discursu et compelli in suis monasteriis residere, impediens visitationem fieri est excommunicatus ipso facto, ut *de statu monachorum*, capitulo *attendentes* [f].

25 Alius casus est : beguine cum sint penitus abolite ne sint ordo, omnes status eorum sectantes sunt excommunicate. Religiosi etiam foventes eas, dantes concilium, auxilium et favorem vel inducentes ut permaneant vel statum illum assumant, sunt excommunicati, quovis privilegio non obstante. Fidelibus mulieribus non propter hoc interdicitur quin, promissa vel non promissa continentia, possint agere penitentiam et
30 honeste in suis hospiciis commorari ut titulo *de domibus religiosis*, capitulo *cum de quibusdam* [g].

Alius casus est : quicumque contrahens in gradibus affinitatis et consanguinitatis prohibitis a jure vel cum moniali vel monialis vel religiosus exsistens in sacris, ipso facto est excommunicatus et per prelatos debent publice denunciari excommunicati
35 donec sint separati ut extra, titulo *de consanguinitate et affinitate*, capitulo *eos* [h].

Alius casus est : precipitur in virtute spiritus sancti episcopis et inquisitoribus quod

a. *Clem.*, (2, 6), un.
b. *Clem.*, (3, 7), 1.
d. *Clem.*, (3, 8), 1.
e. Le *ms* : forraturis.

f. *Clem.*, (3, 10), 2.
g. *Clem.*, (3, 11), 2.
b. *Clem.*, (4), un

nullum hereticum vel suspectum de heresi dimittant propter amorem aut affectionem, nullum vexent vel capiant propter odium vel amorem lucri temporalis, quod si contrarium fecerint episcopus et superior eo [obtentu] per triennium est suspensus et alii inferiores sunt excommunicati et per papam solum absolvendi ut titulo *de hereticis*, capitulo *multorum* ᵃ.   5

Alius casus est : quicumque inquisitorum extorquens pecuniam ab hiis contra quos inquirit vel bona hereticorum applicans injuste fisco ecclesie excommunicatus est, absolvendus per papam, nullis pactionibus contra hoc aut remissionibus valituris, extra, [eo] titulo, capitulo *nolentes* ᵇ.

Rectores facientes vel servantes statuta quod usure solvantur vel habite non pos- 10 sunt repeti vel non destruentes intra tres menses hujusmodi statuta sunt excommunicati.

Quicumque religiosus ministrat clericis vel laicis sacramenta extreme unctionis, eucharistie, matrimonii solemniter sine licentia presbyteri curati ; item qui absolvit excommunicatum a jure nisi in casibus in quibus debet de jure vel ex privilegio con- 15 cessis vel absolvit a sententiis per statuta provincialia aut synodalia promulgatis vel a pena et culpa absolvere presumpserit incurrit excommunicationis sententiam ipso facto, absolvendus per papam solum et debet per ordinarios excommunicatus nunciari postquam de hoc eis constiterit donec de absolucione sua fecerit eis fidem, nullo super hoc eis privilegio suffragante, ut titulo, *de excessibus privilegiatorum*, capitulo *religiosi* ᶜ. 20

Alius casus est quicumque [pontificem percusserit, ceperit, banniverit] ᵈ aut mandaverit fieri ᵉ vel factum [habuerit] ᶠ ratum vel [dederit] ᵍ in hiis consilium vel favorem vel socius fuerit, excommunicatus est ipso facto nec absolvi potest nisi per papam nisi in articulo mortis. Civitas que premissa vel aliquid premissorum fecerit est interdicta et omnis terra. Potestas, consiliarius, ballivus, scabini, advocati, rectores, officiales ejus, 25 quocumque nomine cenceantur, sunt excommunicati qui sunt culpabiles in predictis et si quis absolutus fuerit in articulo mortis, statim reincidit in eamdem sententiam nisi restitutus pristine sanitati quam cito commode poterit summo pontifici se presentet mandatum ejus humiliter recepturus ut titulo *de penis*, capitulo *si quis* ʰ.

Alius casus est : quicumque capit vel compellit personas ecclesiasticas ad resignan- 30 dum beneficium ⁱ vel impedit ut citatus ad papam non vadat, preter excommunicacionem quam incurrit, si prelatus est et talia procurat, suspensus est per triennium a perceptione fructuum ecclesiarum suarum ; si sint inferiores, omnibus que [tenent] ʲ beneficiis sunt privati. Eamdem sententiam incurrit qui facit vel procurat se capi ne

<table>
<tr><td>a. Clem., (5, 3), 1.</td><td>f. Le ms : habet.</td></tr>
<tr><td>b. Clem., (5, 3), 2.</td><td>g. Le ms : dederit.</td></tr>
<tr><td>c. Clem., (5, 7), 1.</td><td>h. Clem., (5, 8), 1.</td></tr>
<tr><td>d. Le ms : percutit, capit, bannit.</td><td>i. Le ms : beneficio.</td></tr>
<tr><td>e. Le ms : furi id est vel.</td><td>j. Le ms : obtinent.</td></tr>
</table>

citatus veniat ad papam. Talis resignatio etiam a prelato acceptata nulla est ipso jure
et tales debent denunciari per ordinarios excommunicati, eo titulo, capitulo *multorum* [a].
Alius casus est : quicumque religiosus mendicans novam domum vel alia loca ad
inhabitandum vel receptam mutat vel alienat quoquomodo, quicumque alique que
5 retrahant audientes a solutione decimarum ecclesiis debitarum, in sermone vel alibi
proferre presumpserit, omnes tales excommunicati sunt ipso facto.

Item, qui scienter obmiserit confitentibus facere conscienciam ne solvere decimas
obmittant, ipso facto sunt suspensi ab officio predicationis, donec illis qui confessi sunt
fecerit conscientiam de solvendis decimis, si facultatem habuerit conscientiam faciendi ;
10 [si predicat], predicta negligentia non purgata, incurrit sententiam excommunicationis
ipso facto. Hoc non extenditur ad religiosos percipientes decimas.

Item, quicumque religiosus vel clericus secularis inducit aliquem ut apud ecclesias
suas eligat sepulturam vel quod electam non mutet et hoc per votum, juramentum vel
fide interposita vel per aliam promissionem, ipso facto est excommunicatus nec potest
15 absolvi nisi per papam nisi in articulo mortis, nullis statutis vel privilegiis contra hoc
valituris, eo titulo *de penis*, capitulo *cupientes* [b].

Alius casus est : cum religiosi tam exempti quam non exempti debeant se confor-
mare cathedrali seu matrici ecclesie de servando interdictum cum moderamine decretalis *alma mater* [c] nec faciant fenestras vel foramina in januis ecclesie, contrarium facientes
20 sunt excommunicati non obstantibus pactionibus, conventionibus, privilegiis quibuscumque, sive illud interdictum fuerit episcopale, provinciale vel a capitulo latum. Hec
omnia, eo titulo *de sententia excommunicationis*, capitulo *ex frequentibus* [d].

Alius casus est : quicumque nobiles tempore interdicti cogunt aliquem celebrare
divina vel vocant ad divina excommunicatos, item qui interdicti vel excommunicati
25 moniti a celebrantibus nolunt ecclesia exire dum celebrantur divina, omnes tales excommunicati sunt ipso facto nec possunt absolvi nisi per papam, eo titulo, capitulo *gravis* [e].

Alius casus est : fratres minores non debent ad divina recipere tempore interdicti
illos de tercia regula qui continentes vel [fratres] de penitentia nuncupantur, nullo super
hoc eis privilegio suffragante, quod si fecerint sunt excommunicati nec possunt absolvi
30 nisi per papam vel per episcopos locorum, satisfactione premissa, eo titulo, capitulo
[*cum ex eo*] [f].

Item si papa scienter [participat] [g] excommunicato litteris, verbo, osculo vel alio
modo, non est ex hoc absolutus nisi papa [exprimat] [h]. Item si papa litteris, verbo, vocat
aliquem prelatum, non ex hoc ipsum intelligitur approbare aut quidquam ei tribuere
35 novi juris, eo titulo, capitulo *si summus* [i].

a. *Clem.*, (5, 8), 2.
b. *Clem.*, (5, 8), 3.
c. VI, (5, 11), 24.
d. *Clem.*, (5, 10), 1.
e. *Clem.*, (5, 10), 2.

f. *Clem.*, (5, 10), 3. Le *ms* : capitulo *viri*.
g. Le *ms* : percipiat.
h. Le *ms* : exprimeret.
i. *Clem.*, (5, 10), 4.

Alius casus est si quis monachus vel canonicus regularis nullam habens administrationem absque speciali licentia prelatorum suorum ad curias principum se transferre presumpserint aut ut suis prelatis aut monasteriis dampnum aliquod inferant ad dictas curias presumpserint se transferre, incurrunt sententiam excommunicationis ipso facto ut titulo *de statu monachorum et canonicorum regularium*, capitulo *ne in agro dominico, 5 quia vero* [a].

V

[CASUS SEPTIMI LIBRI].

Isti sunt casus libri septimi in quibus incurrit quis excommunicationis ententiam ipso facto.

Primus est : si aliqua ecclesia propter aliquam dissensionem fuerit sequestrata una cum fructibus per prelatum penes aliquem qui curam gerat ipsius ecclesie, qui seques- 10 trationem hujusmodi impedire vel fructibus sequestratos occupare presumpserit excommunicationem incurrit ipso facto, extra, *de sequestratione possessionum, ad compescendas* [b].

II[us] est: si quis in cimiterio defunctorum corpora interdicti tempore in casibus non concessis a jure vel excommunicatos publice vel usurarios manifestos vel interdictos 15 sepelire presumunt, excommunicationem incurrunt ipso facto, extra, *de sepulturis, eos qui proprie* [c].

III[us] : si religiosi quicumque qui novalium aut alias decimas ecclesie debitas ad ipsos ex causa legitima non spectantes adquisitis fraudibus vel fictis coloribus usurpare vel qui de animalibus familiarium et pastorum suorum vel aliorum animalia eorum 20 gregibus immiscentium seu qui de animalibus que in pluribus locis emunt et empta tradunt venditoribus vel aliis tenenda ab ipsis in fraudem ecclesiarum seu qui de terris quas tradunt aliis colendis decimam ecclesiis solvi non permiserint aut prohibuerint, nisi post requisitionem per eos quorum interest eis factam destiterint a premissis infra mensem aut nisi de sic usurpatis vel retentis infra duos menses damnificatis ecclesiis 25 satisfecerint competenter, sint et maneant suspensi ipso facto habentes beneficia vel administrationes ; alii non habentes excommunicati sint ipso facto donec sit satisfactum super premissis, extra, *de decimis, religiosi* [d].

IIII[us] est : si qui monachi aut regulares canonici administrationem non habentes per curias principum sine speciali licentia prelatorum discurrant vel qui ut prelatis vel mo- 30 nasteriis suis dampnum inferant, se extra monasterium transferre presumpserint, incurrunt excommunicationis sententiam ipso facto.

a. *Clem.*, (5, 10), 1, § 5.
b. *Clem.*, (2, 6), un.

c. *Clem.*, (3, 7), 1.
d. *Clem.*, (3, 8), 1.

V^{us} est : si qui monachi infra septa monasterii sui sine speciali sui abbatis licentia arma custodierint vel portaverint, incurrunt excommunicationis sententiam ipso facto. Isti duo casus continentur, extra, *de statu monachorum, ne in agro dominico* [a].

VI^{us} est : si quis visitatores monialium vel canonicarum regularium impedierit in
5 visitatione sua facienda, nisi monitus resipuerit, incurrit excommunicationis sententiam ipso facto, privilegiis non obstantibus quibuscumque, extra, *de statu monachorum, attendentes* [b].

VII^{us} est : si que beguine vel alie mulieres beguinatus [statum] quoquomodo retineant vel de novo assumant necnon et religiosi quicumque ipsas in dicto statu foventes
10 aut eis prebentes ullo modo auxilium, consilium vel favorem. incurrunt excommunicationis sententiam ipso facto, nullo contra hoc privilegio valituro, extra, *de religiosis domibus, cum de quibusdam* [c].

VIII^{us} : si qui pedagia vel guidagia ab ecclesiis vel personis ecclesiasticis pro eorum rebus quas non negociandi causa defferunt vel transmittunt exegerint, ceperint vel
15 arestaverint, incurrunt excommunicationis sententiam ipso facto extra, *de censibus, presenti* [d].

IX^{us} est : qui scienter in gradibus consanguinitatis vel affinitatis constitutione canonica interdictis vel cum monialibus nec non et religiosi et moniales et clerici in sacris ordinibus constitutis matrimonia contrahentes et inter eos scienter eadem celebrantes
20 incurrunt excommunicationis sententiam ipso facto, extra, *de consanguinitate, eos qui* [e].

X^{us} est : si quis episcopus vel inquisitor heretice pravitatis gratia, amore lucri vel commodi temporalis, contra conscientiam suam et justiciam omiserint contra quemquam procedere ubi fuerit procedendum super hujusmodi pravitate aut obtentu eodem pravitatem eamdem vel impedimentum officii sui alicui imponendo eum presumpserint
25 quoquomodo vexare, preter penas pro qualitate [culpe] [f] imponendas eisdem, episcopus aut superior suspensionis ab officio per triennium, alii vero excommunicationis sententiam eo ipso incurrant quorum absolutio pape reservetur, nullo privilegio in contrarium suffragante, *de hereticis, multorum querela* [g].

XI^{us} est : si qui inquisitores heretice pravitatis pretextu officii inquisitionis quibus-
30 vis modis illicitis ab aliquibus extorqueant vel scienter attemptent ecclesiarum bona vel clericorum, predicti occasione officii, fisco etiam ecclesiastico aplicare [volentes], excommunicationis sententie subjaceant ipso facto quorum absolutio pape reservetur, extra, *de hereticis, nolentes* [h].

XII^{us} est : cum quis pertinaciter affirmare presumat exercere usuras non esse pec-
35 catum, talis tanquam hereticus punietur et ordinarii locorum et inquisitores heretice

a. *Clem.*, (3, 10), 1.
b. *Clem.*, (3, 10), 2.
c. *Clem.*, (3, 11), 1.
d. *Clem.*, (3, 13), 3. Le ms : *de censibus presenti, vel de emmunitate ecclesie. presenti*.

e. *Clem.*, (4), un. Le ms : extra, *de spensalibus eos qui, vel de consanguinitate, eos qui*.
f. Le ms : pene.
g. *Clem.*, (5, 3), 1.
h. *Clem.*, (5, 3), 2.

pravitatis contra eos quos de errore hujusmodi diffamatos invenerint aut suspectos, tanquam diffamatos et suspectos de heresi procedant, extra *de usuris, ex gravi ad nos* [a].

XIII[us] est : quecumque civitas vel communitas aut alii qui statuta faciunt, quoquomodo pravitatem usurariam approbantes per statuta sua quandoque juramento firmata, usuras faciunt ad solvendum eas compelli directe vel indirecte et eas repetentibus gravia 5 onera imponunt repeticionemque earum fraudibus impediunt, sententiam excommunicationis incurrunt ipso facto, extra, *de usuris, ex gravi* [b].

XIIII[us] est : quicumque civitatum vel judicum quorumconque quocumque nomine noncupatur qui statuta hujusmodi facere, scribere vel dictare aut quod solvantur usure vel quod solute, cum repetantur, non solvantur plene et libere judicare presump- 10 serint, sententiam excommunicationis incurrunt ipso facto, ipsam sententiam incursuri nisi statuta hujusmodi de libris suis communitates ipse, si possint, deleverint infra duos menses aut si statuta ipsa voluerint observare quoquomodo.

XV[us] est quod religiosi qui clericis aut laicis sacramenta unctionis extreme vel eucharistie ministrare vel matrimonia sollemnizare, non habita super hoc proprii 15 sacerdotis licentia vel parochialis speciali ; item qui excommunicatos a canone preterquam in casibus a jure permissis vel ex privilegio sedis apostolice concessis ; item qui a sententiis per statuta provincialia vel sinodalia promulgatis ; item qui a pena et a culpa [quemquam] [c] absolvere presumpserint, excommunicati sunt ipso facto, per sedem apostolicam dumtaxat absolvendi, quos etiam locorum ordinarii, postquam eis de hoc 20 constiterit, excommunicatos faciant publice nunciari donec de absolutione eorum fuerit facta fides, nullo privilegio in contrarium valituro, extra, *de privilegiis, religiosi* [d].

XVI[us] est quod religiosi mendicantes qui sine licentia sedis apostolice recipiunt nova loca aut mutant accepta seu transferunt in alios.

XVII[us] : religiosi qui sibi confitentibus postposuerint scienter facere conscientiam 25 de solvendis decimis, si post ea predicare presumpserint, negligentia non purgata, ab officio predicationis sunt ipso facto suspensi donec confitentibus conscientiam facere de ipsis solvendis procuraverint si hoc ipsum sibi dicentibus [cum] commode facultatem habuerint, conscienciam non fecerint, exinde excommunicationis sententiam incurrant ipso facto si predicare presumpserint, negligentia, ut predicitur, non purgata. 30

XVIII[us] : religiosi qui alique ut audientes a decimarum ecclesiis debitarum solutione retrahant in sermonibus suis vel alibi proferre presumunt, excommunicationis incurrunt sententiam ipso facto.

XIX[us] : religiosi quicumque qui aliquos ad vovendum, jurandum fideve interposita seu alias promittendum inducunt ut sepulturam apud eorum ecclesias eligant vel jam 35 electam non immutent similem excommunicationis sententiam incurrunt, extra, *de penis cupientes* [e].

a. *Clem.*, (5, 5), un. Le *ms* : ex grandi ad nos.   d. *Clem.*, (5, 7), 1.

b. *Clem.*, (5, 5), un.   e. *Clem.*, (5, 8), 3.

c. Le *ms* : quemquem.

XX[us] est si quis suadente diabolo injuriose episcopum percusserit, ceperit, baniverit vel mandaverit fieri aut ab aliis factum ratum habuerit vel in hiis faciendis socius fuerit aut consilium in hiis dederit vel favorem seu scienter deffensaverit eumdem, in illis casibus de predictis in quibus excommunicationem per jura et editos canones non su-
5 birent,sit auctoritate summi pontificis anathematis mucrone percussus, per sedem apostolicam absolvendus, extra, *de penis, si quis suadente*[a].

XXI[us], si quis in aliquo casuum predictorum consilium vel auxilium dederit necnon consiliarii, ballivi, scabini,rectores et officiales, quocumque nomine censeantur, in premissis culpabiles existentes, similiter sint excommunicationis sententia innodati, per
10 summum pontificem absolvendi, extra, *de penis, si quis suadente*[a].

XXII[us],si quis in mortis articulo in [aliquo][b] casuum predictorum sic erit absolutus, nisi, postquam restitutus fuerit pristine sanitati, quam cito commode poterit conspectui Romani pontificis se presentaverit ejus mandatum recepturus, in eamdem sententiam excommunicationis recidit ipso facto, extra, *de penis, si quis suadente*[a].

15   XXIII[us] est qui personas ecclesiasticas capere captasque detinere procurant ut compellant eas suis beneficiis resignare.

XXIIII[us] est quod citatos ad sedem apostolicam ab homine vel a jure capiunt vel capi faciunt ne ipsi citati ad dictam sedem accedere valeant et hoc fieri procurantes sententiam excommunicationis incurrunt ipso facto preter etiam alias penas in jure
20 statutas. Resignationes sic facte nullius sunt momenti, extra, eo titulo, *de penis, multorum ad nos*[c].

XXV[us] est quod religiosi quicumque tam exempti quam non exempti qui generalia interdicta auctoritate apostolica vel a jure vel a locorum ordinariis in civitatibus vel aliis locis posita violare presumpserint vel qui viderint vel sciverint matricem seu paro-
25 chialem loci ecclesiam observare, si ea non servaverint sine dolo et fraude cum moderamine tamen illius decretalis *alma mater*[d], sententiam excommunicationis incurrunt ipso facto et idem de interdictis et cessationibus a divinis per provincialium conciliorum statuta vel ipsorum auctoritate est dicendum. In generalibus vero cessationibus a divinis civitatum,terrarum et aliorum locorum quas aliquando de consuetudine vel alias
30 capitula vel collegia vel conventus secularium vel regularium ecclesiarum sibi vendicant ad repellendas injurias sibi facta [s], idem similiter est censendum, non obstantibus appellationibus, privilegiis, [conventionibus][e] et statutis et consuetudinibus quibuscumque, extra, *de sentencia excommunicationis, ex frequentibus prelatorum*[f].

XXVI[us] est quicumque,terris eorum interdicto suppositis, qui non solum in eorum
35 capellis sed in aliis ecclesiis locorum insignium vel collegiatis missas et alia officia divina faciunt celebrari, ad officia celebranda nunc hos nunc illos vocantes et aliquando compellentes et hiis non contenti, non solum per campanarum pulsationem sed etiam

a. *Clem.*, (5, 8), 1.
b. Le *ms* : aliquem.
c. *Clem* , (5, 8), 2.

d. VI, (5, 11), 24.
e. Le *ms* : obventionibus.
f. *Clem.*, (5, 10), 1.

voce preconum plures interdictos, non obstante sententia interdicti, ad audiendum missas faciunt evocari.

XXVII[us] est qui suis subjectis vel aliis ne, licet sint excommunicationis sententia
innodati,de [a] ecclesiis dum in ipsis divina celebrantur exeant, instantibus celebrantibus
ut exeant, precipere non verentur ex quibus sepe contingit quod divina officia rema- 5
nent in[comp]leta ; presumptores prefati sententiam excommunicationis incurrunt ipso
facto dum sic excommunicati vel interdicti sint moniti ut exeant, ut est dictum, et
idem in prohibentibus vel impedientibus ne tales exeant dum divina celebrantur
ibidem.

XXVIII[us] est quod excommunicati vel interdicti qui a celebrantibus in ipsis eccle- 10
siis moniti sunt ut exeant remanere presumunt, excommunicationis sententia sunt
ligati, per sedem apostolicam solummodo absolvendi. Tres isti casus continentur in titulo *de excommunicatione*, capitulo *gravis* [b].

XXIX[us] est quod fratres minores si tempore interdicti fratres et sorores de tercio
ordine beati Francisci, aliquem vel aliquos predictorum vel alios etiam si super hoc hii 15
vel alii privilegiis quibuscumque sint muniti que ipsis nullo modo quoad hoc vult papa
suffragari, ad divina in suis ecclesiis admittunt quoquomodo, [excommunicationis]
sententiam incurrunt, per diocesanum loci auctoritate apostolica absolvendi, extra, *de
sententia excommunicationis, cum ex eo* [c].

Quicumque assertive defendere seu tenere pertinaciter presumpserit quod anima 20
rationalis seu intellectualis non sit forma corporis humani per se et essencialiter tanquam
hereticus est censendus, extra, *de sancta trinitate, fidei catholice* [d].

VI

[CASUS EXTRACTI DE NOVIS CONSTITUTIONIBUS.]

Incipiunt casus excommunicationis extracti de novis constitutionibus.

Primus est si [quis exierit] [e] conclave, [executores] [f] constitutionis *ubi periculum* [g]
debent eos quam cito poterint compellere reintrare, quod nisi fecerint incurrunt penas 25
in dicta constitutione contentas, scilicet quod sint excommunicati et infames et privati
omnibus feudis et bonis que tenent ab ecclesia Romana vel ab aliis quibuscumque et
civitas culpabilis et episcopali sede privata, *de electione, ne Romani* [h].

Secundus est quod statuitur quod,[una] [i] diffinitiva sentencia in curia Romana contra possessorem beneficii promulgata, beneficium nisi possessum fuerit triennio paci- 30

---

a. Le *ms* : ne de.
b. *Clem.*, (5, 10), 2.
c. *Clem.*, (5, 10), 3.
d. *Clem.*, (1, 1), un.
e. Le *ms* : omnes exierint.

f. Le *ms* : extutores.
g. VI, (1, 6), 3.
h. *Clem.*, (1, 2), 3.
i. Le *ms.* : bona.

fice, debet per ordinarium sequestrari apud personam ydoneam que ipsius curam gerat in omnibus et quicquid, supportatis debitis omnibus,residuum fuerit restituat illi qui finaliter in causa victoriam obtinebit. Si quis autem sequestrationem hujusmodi impedire vel fructus [sequestratos] a occupare presumpserit, excommunicatus est ipso
5 facto nec potest absolvi nisi prius impedimento amoto et fructibus restitutis, *de seques-tracione* [*possessionum*] b, constitutione unica *ad compescendas* c.

Tercius, contra illos qui tempore interdicti in casibus non concessis a jure corpora defunctorum aut excommunicatos publice vel nominatim interdictos seu usurarios manifestos scienter sepeliunt nec possunt absolvi nisi prius satisfecerint passis injuriam
10 ad arbitrium [dyocesani] d, *de sepulturis*, capitulo I, *eos qui* e.

Quartus, contra religiosos qui decimas novalium ad eos ex aliqua causa non spec tantes sibi appropriant seu qui de animalibus familiarium suorum et pastorum aut de hiis que emunt et solvi non permittunt nisi desistant infra duos menses f, emendam fecerint competentem, sunt suspensi ab officiis et beneficiis si habeant donec satisfece-
15 rint, et si non habent sunt excommunicati nec possunt absolvi ante satisfactionem condignam. Hoc tamen non extenditur ad animalia donatorum, *de decimis*, *capitulo I*, *religiosi* g.

Quintus : monachi et canonici regulares nullam administracionem habentes qui vadunt ad curias principum ut suis prelatis vel monasteriis noceant, excommunicati sunt
20 ipso facto, *de statu monachorum et canonicorum regularium*, capitulo I, *ne in agro* h.

Sextus : monachi infra septa monasterii sine licencia [abbatum] i suorum tenentes arma, excommunicati sunt, ibidem.

VII^as : quicumque impedire presumpserit visitatores monialium a suo officio, nisi [moniti] j recipiscant, excommunicati sunt, non obstantibus privilegiis statutis vel con-
25 suetudinibus quibuscumque, *de statu monachorum*, capitulo *attendentes* k.

VIII^us : mulieres tenentes vel assumentes statum beguinarum que predicant de trinitate et articulis fidei, excommunicate sunt *de religiosis domibus, cum de quibusdam* l.

IX^us : religiosi foventes eas in hoc vel inducentes eas ad hoc aut dantes auxilium, consilium vel favorem, excommunicati sunt, ibidem.
30 Decimus, contra eos qui scienter contrahunt matrimonium in gradibus consanguinitatis vel affinitatis prohibitis vel cum monialibus et contra religiosos et moniales ac clericos in sacris ordinibus constitutos contrahentes et celebrantes eadem matrimo-

---

a. Le *ms* : sequestrata.
b. Le *ms* : locorum.
c. *Clem.*, (2, 6), un.
d. Le *ms* : dyacoⁿⁱ.
e. *Clem.*, (3, 7), 1.
f. *locum turbatum.*

g. *Clem.*, (3, 8), 1.
h. *Clem.*, (3, 10), 1.
i. Le *ms* : alicui non.
j. Le *ms* : monito (?).
k. *Clem.*, (3, 10), 2.
l. *Clem.*, (3, 11), 1.

nia scienter ; excommunicati sunt omnes, nec debent absolvi donec fuerint separati, *de consanguinitate et affinitate*, capitulo unico, *eos qui*[a].

Undecimus, contra inquisitores heretice pravitatis si odii, gracie vel amoris lucri aut commodi temporalis obtentu contra justiciam et [conscienciam][b] suam omiserint procedere contra quemcumque ubi fuerit procedendum, aut obtentu eodem pravitatem 5 ipsam vel impedimentum officii sui inponendo super hoc vexaverint quoquomodo ; episcopus et superior suspensus ab officio per triennium, alii sunt excommunicati, nec possunt absolvi preterquam in mortis articulo nisi a papa, *de hereticis*, capitulo I, *multorum*[c] in fine.

XII[us] : inquisitores et commissarii ipsorum et episcoporum seu capitulorum, sede 10 vacante, si pretextu officii inquisicionis [quibusvis][d] modis illicitis ab aliquo pecuniam extorserint aut scienter bona ecclesiarum ob clericorum delictum fisco etiam ecclesie attemptaverint applicare, excommunicati sunt nec possunt absolvi nisi in mortis articulo nisi a papa ubi satisfecerint de pecunia sic extorta que etiam non potest eis remitti, hoc titulo, *nolentes*[e].   15

XIII[us] : rectores communitatum, consules, judices, consiliarii et alii officiales quicumque facientes statuta per que concedunt usuras exigi et solvi et ad solvendum compelli [et] non permittunt quod solute ulterius repetantur, omnes hujusmodi statuta facientes, dictantes, scribentes et secundum ipsa judicantes excommunicati sunt. Item eandem sentenciam incurrunt nisi statuta predicta de libris communitatum si possunt 20 infra duos menses deleverint aut si ea seu consuetudines effectum ipsorum habentes presumpserint observare, *de usuris*, capitulo unico *ex gravi*[f].

XIIII[us], contra religiosos ministrantes extraneis sacramentum unctionis extreme vel eucharistie seu sollempnizantes matrimonia non habita liciencia speciali parochialis presbyteri ac absolventes excommunicatos a canone nisi in casibus a jure seu [per] 25 privilegia sedis apostolice concessis eisdem vel a sententiis per statuta provincialia vel synodalia promulgatis, seu etiam a pena et culpa ; omnes [hii][g] sunt excommunicati nec possunt absolvi nisi per sedem apostolicam, *de privilegiis*, capitulo I, *religiosi*[h].

XV[us], quicumque percusserit vel ceperit episcopum seu banniverit vel hoc fieri mandaverit aut facta ab aliis rata habuerit vel socius in hiis fuerit [facientis][i] vel consi- 30 lium aut favorem dederit seu scienter defensaverit facientem in illis casibus in quibus per antiqua jura excommunicacionem non incurreret, per jus novum est anathematis mucrone percussus a quo non potest nisi in mortis articulo nisi per papam absolvi et isti cadunt ab omnibus bonis [que] ; tenent ab ecclesia cui preest episcopus sic offensus. Filii etiam ipsorum usque ad sextam generacionem sunt inhabiles in dyocesi et civitate 35

a. *Clem.*, (4), un.
b. Le *ms* : scienciam.
c. *Clem.*, (5, 3), 1.
d. Le *ms* : quibus suis.
e. *Clem.*, (5, 3), 2.

f. *Clem.*, (5, 5), un.
g. Le *ms* : hujusmodi.
h. *Clem.*, (5, 7), 1.
i. Le *ms* : faciendis.
j. Le *ms* : qui.

ipsius episcopi ad beneficia ecclesiastica optinenda, *de penis*, capitulo I, *si quis sua-dente* [a].

XVI [us] contra potestates, scabinos, consiliarios, advocatos, consules, rectores et offi-ciales quoscumque civitatis contra proprium episcopum talia [facientes] [b] in hoc culpabiles
5 quia sunt excommunicati et civitas interdicta nec, nisi ut premittitur, potest absolvi, ibidem.

XVII [us], si quis a predictis casibus in mortis articulo fuerit absolutus et postquam curatus fuerit, quam cito commode poterit non presentaverit se conspectui pape, in eandem sentenciam reincidit ipso facto, ibidem.

10 XVIII [us], contra religiosos mendicantes transgressores constitutionis *religiosi* [c] que hujusmodi religiosis interdicit domos ad habitandum vel loca de novo recipere vel usque nunc recepta mutare vel ea transferre in alios quoquomodo sine licencia pape et contra religiosos qui alique ut audientes retrahant a solucione decimarum ecclesiis debitarum in sermonibus suis vel alibi proferint, *de penis*, capitulo *cupientes* [d].

15 XIX [us], contra religiosos qui scienter non faciunt conscienciam confitentibus de decimis solvendis quia eo ipso sunt suspensi ab officio predicacionis quousque, si com-mode potuerint, eis de hoc conscienciam fecerint et si predicent, predicta negligencia ut predicitur non purgata, excommunicati sunt. Hoc tamen non intelligitur de religiosis decimas habentibus, ibidem.

20 XX [us], contra violatores constitutionis *animarum* [e] que religiosis et clericis secula-ribus prohibet ne ad vovendum, jurandum vel fide interposita seu alias promittendum inducant ut sepulturam apud eorum ecclesias eligant vel electam ulterius non immu-tent, ultra penam in dicta constitucione contenta, omnes excommunicati sunt nec pos-sunt absolvi nisi a papa preterquam in mortis articulo, ibidem.

25 XXI [us], contra religiosos eosdem non servantes interdictum positum a papa vel diocesano cum cathedralem vel matricem seu parochialem loci ecclesiam illud viderint aut sciverint observare, non obstantibus privilegiis aut appellacionibus etiam antea interjectis, cum moderacione tamen *alma mater* [f] ; excommunicati sunt ; item est eciam de non servantibus interdictum seu cessaciones a divinorum positas per statuta provin-
30 cialia vel auctoritate ipsorum, *de sentencia excommunicacionis*, capitulo *ex frequenti-bus* [g]. Idem est de cessacionibus generalibus a divinis positis a capitulis, collegiis seu conventibus ex consuetudine vel alias.

XXII [us], quicumque nobiles vel habentes dominium temporale fecerint celebrari divina aut compulerint in loco interdicto aut ad hec audienda in loco interdicto excom-
35 municatos vel interdictos vocaverint per preconem aut prohibuerint ne excommunicati publice vel interdicti moniti a celebrantibus exeant aut si tales sic moniti remaneant,

a. *Clem.*, (5, 8), 1.   e. VI, (3, 12), 1.
b. Le *ms* : facientis.   f. VI, (5, 11), 24.
c. *Clem.*, (3, 8), 1.   g. *Clem.*, (5, 10), 1.
d. *Clem*, (5, 8), 3.

excommunicati sunt nec possunt absolvi nisi per sedem apostolicam, *de sentencia excommunicacionis, gravis* [a].

XXIII[us], si fratres minores receperint [ad] [b] divina tempore interdicti aliquem de tercio ordine, excommunicati sunt nec possunt absolvi nisi per papam vel dyocesanos locorum, satisfactione premissa [c], et in hoc casu episcopi habent pape auctoritatem, nullo istis et illis suffragante privilegio *de sentencia excommunicacionis, cum ex eo* [d]. 5

XXIIII[us] est si [persona] [e] singularis ecclesiastica vel mundana inferior [episcopo] [f], habens de consuetudine vel privilegio, vel statuto fructus primi anni vel alterius beneficiorum, percipiat aliquid preter formam tituli, — tangitur in novella Johannis XXII *suscepti* [g] —, et non restituat infra mensem, excommunicatus est nec potest absolvi preterquam in mortis articulo, nisi restitucione premissa. 10

Expliciunt casus in quibus est sentencia excommunicacionis. Sequuntur casus suspensionis, irregularitatis et privacionis.

Primus est : beneficiatus clericus, virgata vel partita veste utens publice nisi ex causa racionali, suspensus est a percepcione beneficiorum per VI menses ; non beneficiatus vero et in sacris ordinibus constitutus, citra tamen sacerdocium, per idem tempus est inhabilis ad beneficium ecclesiasticum optinendum. Idem est de aliis clericis vestem talem simul et tonsuram publice deferentibus ; habentes vero dignitatem vel beneficium curatum talem vestem portantes et sacerdotes et religiosi [quilibet] [h] similiter et eciam portantes cucufam, beneficiati vero suspensi sunt per [annum] [i] a percepcione beneficiorum, sacerdotes et religiosi sunt per idem tempus inhabiles ad beneficium. Item clerici seculares et religiosi utentes epitogio [seu tabardo foderato] [j] usque ad oram [k], clerici seculares et religiosi administracionem habentes tenentur illud dare pauperibus infra mensem et religiosi non habentes administracionem tenentur infra mensem illud suis superioribus assignare ; alioquin beneficiati suspensionis, ceteri vero inhabilitatis penas per idem tempus incurrunt, *de vita et honestate clericorum, quoniam qui abjectis* [l]. 15 20 25

II[us] est religiosus presidens monasterio, prioratui, ecclesie administracioni si concedat alicui ad vitam vel ad certum tempus jura vel redditus seu possessiones nisi necessitas aut evidens utilitas hoc exposcat et de consensu conventus sui vel prelati si conventum non habeat, suspensus est ab officio, *de rebus ecclesie non alienandis, monasteriorum* [m]. 30

a. *Clem.*, (5, 10), 2.
b. Le *ms* : a.
c. Le *ms* : premissa sunt.
d. *Clem.*, (5, 10), 3.
e. Le *ms* : persone.
f. Le *ms* : episcopi.
g. Extrav. Johannis XXII, 1, 2.

h. Le *ms* : quibus.
i. Le *ms* : dnn.
j. Le *ms* : bili folrato.
k. Le *ms* : horam.
l. *Clem.*, (3, 1), 2.
m. *Clem.*, (3, 4), 1.

III^{us} est religiosi quicumque qui decimas novalium aut alias ex aliqua causa legitima non spectantes sibi apropriant vel usurpant, etc., ut supra, in casibus excommunicacionis.

Quartus, monachi [sotulares] *a* non corrigiatos et altos aut capucia non fissa portantes, abbas et prior non habens abbatem suspensi sunt per idem tempus ab administracione si habent et si non habent, inhabiles sunt per annum ad administracionem et ad beneficium. Item quicumque venacioni vel aucupacioni clamose ex [proposito *b*] interfuerint, easdem penas incurrunt per biennium juxta predictam distinctionem personarum. Item ibidem dicitur quod priores quibus prioratus conventuales, infra annum a tempore possessionis habite, et illi quibus non conventuales committuntur, infra XXV etatis sue. se faciant *bb* ad sacerdocium promoveri, quod nisi fecerint, cessante [causa] *c* racionabili, prioratibus sunt privati nec possunt iterato illa vice conferri. Item, suspenso abbate vel priore a collacione beneficiorum, ad priorem claustralem cum consensu capituli vel majoris partis pertinet, *de statu monachorum, ne in agro* *d*.

Quintus est si quis, etiam episcopus, dederit licenciam in legibus vel decretis, juramento de moderacione expensarum primitus non recepto, scilicet usque ad tria millia grossorum Turonensium] *e* argenteorum vel infra, suspensus est per annum a collacione licenciarum, *de magistris*, capitulo, *cum sit* *f*.

Sextus est si episcopus vel superior odio, gracia, vel favore contra quemquam suspectum de heresi omiserit procedere vel heresim aut impedimentum sui officii falso alicui imponendo eum super hoc vexaverit suspensus est ab officio per triennium, *de hereticis*, capitulo *multorum* *g*.

VII^{us} est prelati religiosi qui testatores retrahunt a restitutionibus debitis vel incerta] sibi aut singularibus personis vel conventibus sui ordinis in prejudicium aliorum procuraverint erogari aut personas ecclesiasticas coram judicibus delegatis indebite vexaverint nisi de hiis que ad eos inde pervenerint, ecclesiis aut personis dampnificatis satisfecerint infra mensem postquam super hoc fuerint requisiti, usque ad satisfactionem debitam sunt suspensi, non obstantibus privilegiis quibuscumque, *de privilegiis*, capitulo I, *religiosi* *i*.

VIII^{us} est quicumque episcopum percusserint, ceperint vel banniaverint etc. Filii ejus sunt inhabiles etc., ut supra, in casibus excommunicacionis.

IX^{us} est capientes [personas] *j* ecclesiasticas et detinentes donec resignent suis beneficiis aut ne citati ad sedem apostolicam vadant, si tales sunt persone ecclesiastice, ultra sentenciam canonis, si sunt prelati, suspensi sunt triennio a percepcione fructuum beneficiorum seu ecclesiarum suarum, si autem sunt *k* inferiores, eo ipso privati sunt

a. Le *ms* : seculares.
b. Le *ms* : posito.
bb. Le *ms*. : facient.
c. Le *ms* : cura.
d. *Clem.*, (3, 10), 1.
e. Le *ms* : Turoenensium.

f. *Clem.*, (5, 1), 2.
g. *Clem.*, (5, 3), 1.
h. Le *ms* : terra.
i. *Clem.*, (5, 7), 1.
j. Le *ms* : juras.
k. Le *ms* : sint.

beneficiis ; similiter easdem penas incurrunt qui procurant se capi ne citati ad apostolicam sedem vadant, *de penis*, capitulo *multorum*[a].

X[us] est religiosi omittentes scienter facere conscienciam confitentibus de decimis
solvendis ; suspensi sunt ab officio predicacionis donec fecerint si commode possunt et
si predicent, predicta, ut premittitur, negligencia non purgata, excommunicati sunt, 5
de penis, capitulo *cupientes*[b].

XI[us], est si quis habens plura beneficia curata non dimiserit ea infra tempus statutum, privatus est omnibus et est inhabilis ad similia beneficia optinenda. Si quis autem
beneficia hujusmodi sine dispensacione habuerit, privatus est omnibus nisi ultimo canonice habito et nisi ea dimiserit privatus est omnibus eciam illo ultimo et est inhabilis et 10
ad similia beneficia optinenda. Item si quis habens [c] beneficium curatum aliud simile
acceptaverit, primum vacat et nisi illud dimittat, habita pacifica possessione secundi,
privatus est etiam secundo et est inhabilis ad sacros ordines et ad quodcumque beneficium ecclesiasticum optinendum. Hec omnia in novella domini Johannis XXII[i] *execra-
bilis*[d]. 15

XII[us] est si episcopus et superior participat etc. Sic habetur de universitate etc.,
infra, in tercio casu de interdicto, quia suspensus est a pontificalibus et ingressu ecclesie, etc.

Sequuntur casus interdicti extracti de novis constitutionibus.

Primus est ut supra in casibus excommunicacionis, primus, quia si executores
constitutionis *ubi periculum*[e] non fecerint officium suum et ut tenentur, penas illius 20
constitutionis incurrunt et civitas non solum est interdicta, sed etiam episcopali sede
privata ut habetur in novella *ne Romani, de electione*[f].

Secundus est ibidem [   ], quia si rectores civitatis proprium episcopum percusserint, ceperint seu banniverint etc., civitas est interdicta ut habetur in novella, *si quis
suadente, de penis*[g]. 25

Tercius est si universitas, collegium, aut capitulum habens de consuetudine vel
privilegio seu statuto fructus primi anni vel alterius beneficiorum, percipiat aliquid
preter formam tituli, — tangitur in novella pape Johannis XXII[i] *suscepti* que habetur
de prebendis et dignitatibus[h], — et non restituat infra mensem, interdictum incurrit
usque ad satisfaccionem seu restitutionem condignam. 30

Expliciunt casus [Septimi][i] in quibus incurritur sententia excommunicationis vel
interdicti.

<table>
<tr><td>a. Clem., (5, 8), 2.</td><td>e. VI, (1, 6), 3.</td></tr>
<tr><td>b. Clem., (5, 8), 3. Le ms : et ei predicent pre-
dicta et ut premittitur, etc.</td><td>f. Clem., (1, 2), 3.</td></tr>
<tr><td>c. Le ms : habet habeus.</td><td>g. Clem., (5,8), 1.</td></tr>
<tr><td>d. Extrav. Johannis XXII, (3), un.</td><td>h. Extrav. Joh. XXII, (1), 2.</td></tr>
<tr><td></td><td>i. Le ms : VII[um].</td></tr>
</table>

VII

[Casus juris novi].

Casus contenti in constitutionibus extravagantibus Bonifacii VIII post VI librum.
Primus si aliquis executor, familiaris vel etiam aliquis alius, etiam si pontificali
prefulgeat dignitate, cadaver sive corpus humanum dilaceraverit, in frustra exhumave-
rit, conciderit vel igne seu aliquo disterperit calore ut ossa alibi facilius ponantur ex-
5 communicatus est in capitulo *detestande feritatis*[a].

Item omnes illi clerici, religiosi, laici utriusque sexus sive sint familiares curie
vel alii quicumque et undecunque qui aliquod pactum fecerint vel aliquam rem parvam
vel magnam promisserint aut promissionem receperint pro aliqua gratia sive justicia
facienda seu prosequenda qualitercumque, manifeste seu occulte, pro se aut pro alio, in
10 causis seu judiciis vel alias per litteras apostolicas quibuscumque modis apud sedem
apostolicam obtinenda ; item, omnes utentes, dantes et accipientes et acceptantes,
item omnes qui in premissis aliquem culpabilem sciverint si infra trium dierum spatium
domino pape aut alii per quem hoc utiliter sciri possit non retulerint ; item omnes utentes
gratia vel justitia sic obtenta sint excommunicati ipso facto et absolutio soli pape reser-
15 vata [est] in capitulo *excommunicamus et anathematizamus*[b] Habentur hic IIII casus.

Casus in quibus excommunicatio fertur ipso facto per constitutiones Clementis.

Primus si aliquis sequestrationem fructuum beneficii litigiosi per judicem competentem factam faciendam impedit vel fructus sequestratos occupaverit, extra, *de sequestratione possessionum et fructuum*, capitulo *ad compescendas*[c].

Item qui scienter tempore interdicti corpus defuncti in cimiteriis in casibus a jure
non permissis sepelierit ; item quicumque nominatim publice interdictos sepelierit ;
20 item quicumque usurarios manifestos in cimiterio sepelierit, excommunicatus est, extra,
de sepulturis, eos qui[d], in Clementinis.

Item, religiosi novalia aut decimas ad ecclesias parochiales spectantes approprian-
tes si infra duos menses sequentes dampmnatis ecclesiis emendam non fecerint competentem, si tales habent administrationes, ab ipsis et aliis beneficiis suspensi sunt donec
25 satisfecerint competenter ; si administrationem non habent, excommunicati sunt ipso
facto post tempora predicta, extra, *de decimis*, in Clementinis, *religiosi*[e]. Attende, ibi
ponuntur plures casus in quibus datur spacium unius mensis : ibi vide.

a. *Extrav. com.*, (3, 6), 1 ; Boniface VIII, 1299. c. *Clem.*, (2, 6). un.
b. *Extravag. com.*, (5, 10), 1 ; Boniface VIII, d. *Clem.*, (3, 7), 1.
1295. e. *Clem.*, (3, 8), 1.

Item, monachi aut canonici regulares, administrationem non habentes, qui ad curiam principum absque licentia suorum prelatorum se transferunt,excommunicati sunt,
extra, *de statu monachorum*, in Clementinis, *ne in agro* a.

Item, qui visitatores monialium a jure deputatos in officio visitationis impediunt,
excommunicati sunt, extra, *de statu monachorum*, in Clementinis, *Attendentes* b .Innuit 5
textus monitionem premittendam.

Item, si [que] c mulier statum sive sectam beguinarum que nulli promittunt obedientiam neque propriis renunciant nec profitentur regulam approbatam assumpserit,
[excommunicata] d est, extra, *de religiosis domibus*, in Clementinis, *cum de quibusdam* e.

Item, religiosi per quos dicte mulieres introducte fuerint ad premissa excommuni- 10
cati sunt ut in dicta Clementina, *cum de quibusdam*.

Item, si quis vel si [que] f matrimonium jure canonico interdictum scienter contraxerit excommunicati sunt ; item si quis scienter cum moniali contraxerit matrimonium ; item si quis religiosus vel monialis matrimonium contraxerit cum aliqua vel
aliquo ; item si clericus in sacris constitutus matrimonium contraxerit, omnes predicti 15
excommunicati sunt, extra, *de consanguinitate et affinitate* capitulo I g, in Clementinis.

Item si quis inquisitor vel prelatus gratia, odio aut timore vel lucri aut commodi
temporalis obtentu procedere obmiserit contra diffamatum de heresi contra justiciam et
propriam conscientiam ; item et qui pro causis predictis alicui imposuerit crimen predictum, si sit episcopus aut superior, ab officio per triennium suspensus est ; alii autem 20
sunt excommunicati ipso facto, extra, *de hereticis*, in Clementinis *multorum* h.

Item, inquistor i vel episcopus, pretextu officii, illicite pecunias extorquentes aut
scienter ob clericorum delictum bona ecclesiarum fisco vel ecclesie applicantes excommunicati sunt ipso facto, in Clementinis, *nolentes, de hereticis* j. Attende casus in quo
non defertur episcopo. 25

Item, si reliogiosus sine licentia parochiani presbyteri ministraverit alicui unctionem
extremam et qui etiam ministraverit eucharistiam alicui excommunicati sunt ipso facto ;
et qui etiam [matrimonia] k solemnizaverit sine licentia ut supra ; item, si quis absolverit excommunicatum preterquam in casibus a jure permissis vel privilegio sedis apostolice ; item, si quis religiosus absolverit quemquam a sententiis per statuta synodalia vel 30
provincialia promulgatis ; item, si religiosus absolverit quemquam a pena et culpa
absque licentia sedis apostolice, excommunicati sunt ipso facto. Et isti III casus colliguntur ex Clementina *religiosi, de privilegiis* l.

a. *Clem.*, (3, 10) 1.
b. *Clem.*, (3,10), 2.
c. Le *ms* : qua.
d. Le *ms* : excommunicatus.
e. *Clem.*, (3, 11), 1.
f. Le *ms* : qua.

g. *Clem.*, 4, un.
h. *Clem.*, (5, 3), 1.
i. Le *ms* : si quis inquisitor.
j. *Clem.*, (5, 3), 2.
k. Le *ms* : missam.
l. *Clem.*, (5,7), 1.

Item, si quis quemcumque pontificem injuria vel temere ceperit vel banniverit vel capi aut banniri mandaverit aut percusserit seu alique premissorum fieri mandaverit vel ejus nomine factum ratum habuerit aut consilium vel favorem dederit aut facientem deffenderit, excommunicatus est; item, civitas in hoc culpabilis interdicta est; item 5 potestates seu jurisdictionem habentes, rectores, consules, advocati et officiales in hoc culpabiles, excommunicati sunt. Et isti casus habentur extra, *de penis,* in Clementinis, *si quis suadente* [a].

Item, si qui religiosi mendicantes habitaciones vel domos receperint, de novo mutaverint seu in alios [b] quovis alienationis titulo transtulerint sine licentia pape excom- 10 municati sunt; item, si quis religiosus in sermonibus vel alibi alique protulerit ut audientes retrahant a solutione decimarum; item si qui religiosi in confessionibus et sermonibus et in diebus et temporibus cum a rectoribus ecclesiarum requisiti fuerint decimarum solucionem predicare contempserint et populum super hoc instruere, ex- communicati sunt. Isti casus habentur extra, *de penis,* capitulo *cupientes* [c].

15 Item, si aliquis religiosus vel secularis clericus aliquem induxerit ad vovendum vel jurandum sub fide prestita vel alias promittendum ut sepulturam apud eorum ecclesias eligat vel jam electam non mutet, excommunicatus est ut in Clementina supra allegata, *cupientes.*

Item, religiosi etiam exempti violantes interdictum positum per sedem apostolicam 20 vel ordinarium loci vel cessationem divinorum factam per provinciale concilium, vel eum qui hoc possit, servatam per cathedralem vel matricem ecclesiam loci, excommu- nicati [d] sunt ipso facto, extra, *de sentencia excommunicacionis,* in Clementinis, *ex fre- quentibus.*

Item, domini temporales qui cogunt aliquos in loco interdicto celebrare divina; 25 item qui per preconem faciunt tunc ad illa audienda populum evocari; item qui pro- hibent ne publice excommunicati vel interdicti, super hoc per illos qui missas celebrant moniti, [ex ecclesiis] [e] exeant; item interdicti nominatim moniti qui non exeunt, ex- communicati sunt ipso facto, *de sentencia excommunicationis,* in Clementis, *gravis* [f].

Item fratres minores si tempore interdicti recipiunt in suis ecclesiis ad divina fra- 30 tres vel sorores tercii ordinis, excommunicati sunt, extra, *de sententia excommuni- cationis,* in Clementinis, *cum ex eo* [g].

Dominus Johannes papa XXII[us] [h] fecit plures constitutiones post concilium Vien- nense in quibus continentur excommunicationes ipso jure late.

Primus, si ad terram Egipti sive ad Sarracenos ibi exeuntes sive ad terram Granate [i]

a. *Clem.,* (5, 8), 1.
b. Le *ms* : seu in alios seu in alios.
c. *Clem.,* (5, 8), 3.
d. *Clem.,* (5, 10), 1.
e. Le *ms* : ecclesias.
f. *Clem.,* (5, 10), 2,
g. *Clem.,* (5, 10), 3.
h. 1316-1334.
i. Grenade.

portant arma, ferrum, ligamina seu victualia, excommunicati sunt in extravaganti
copiosus [a].

Item, si quis, vacante imperio, pretextu cujusvis commissionis vel quolibet alio
colore, propria auctoritate bona imperii seu jurisdictionem [exercuerit] [b] vel officium
vicariatus assumpserit nisi de licentia pape speciali et omnes sibi obedientes prestatique   5
consilium, auxilium vel favorem sunt excommunicati et terra ipsorum, loca civitatis et
universitatis ecclesie supposita interdicto in capitulo *si fratrum* [c].

Item, si quis de fructibus beneficii ex quo debentur primi anni vel alterius fructus
fabrice vel ecclesie alicui vel persone, ultra porcionem per papam taxatam perceperit
et illi ad quem pertinent non restituerit infra mensem cum effectu si episcopus sit vel 10
superior ab ingressu ecclesiae et pontificalibus est suspensus, collegium vel universitas
interdicta, singularis eccleciastica persona vel mundana excommunicationis sententiam
incurit ipso facto, in capitulo *suscepti regiminis* [d].

Item, omnes Beguireni qui in aliquibus locis [Fratricelli] [e] seu fratres de paupere
vita aut Bigoti appellantur, habitum novo religionis assumentes et se esse de tercio 15
ordine beati Francisci asserentes, sub velamine talis nominis satagunt talem habitum
non approbate religionis paliare et ipsum assumunt, congregationes et conventicula
faciunt, loca nova instituunt, publice mendicant quasi secta eorum esset una de religionibus approbatis, — statum talem, non obstantibus privilegiis a Celestino papa V [f] [vel]
quibuscumque episcopis vel prelatis eis concessis penitus revocat Bonifacius VIII — et 20
omnes eum portantes et ritum hujusmodi sectantes excommunicati sunt [g].

Item omnes episcopi et superiores et quicumque alii prelati qui predictis viris vel
aliis ritum vivendi vel habitum supradictos absque licentia sedis apostolice speciali
deinceps concesserint, excommunicati sunt ipso facto. Hii casus habentur in constitutione *Sancta Romana ecclesia* [g].   25

Item, si quis — attende, textus habet etiam [locum] si fuerit episcopus et superior
— in provincia marchie Anconitane subjecta Romane ecclesie rectorem vel amminis-
tratorem sive officialem a sede apostolica ibi deputatum occiderit, invaserit vel male-
tractaverit, excommunicatus est — similis est constitutio *felicis, de penis* libro VI° [h] ; —
universitas et civitas interdicta, in constitutione *dierum crescente malicia* [i].   30

Item, omnes qui falsificant monetam regis Francie vel aliam falsam monetam in
eo regno portant, excommunicati sunt in constitutione *prodiens* [j].

Item si quis episcopus aut superior ad Romanam curiam venerit et clam recesserit
sine licentia pape, excommunicatus est ; item, qui talem prelatum in curia receptave-

a. *Extrav. Joh.* XXII, 8, un. Le *ms* : excommunicatus est etc.

  b. Le *ms* : exercuit.

  c. *Extrav. Joh.* XXII, 5, un.

  d. *Extrav. Joh.* XXII, 1, 1.

  e. Le *ms* ; fruicelli.

f. Le *ms* : papa V.

g. *Extrav. Joh.* XXII, 7, un.

h. VI, (5, 9), 5.

i. *Extrav. Joh.* XXII, 12, un.

j. *Extrav. Joh.* XXII, 10, un.

rit, excommunicatus est in constitutione *cum ad sacrosancte* [a] et constitutione *et si deceal* [b].

Item si quis demones invocaverit vel eorum auxilium postulaverit aut fedus seu pacta cum eis fecerit aut eis immolaverit aut eos adoraverit aut eorum nomine ymagines, annulos aut rem aliam magice ad ipsos demones alligandos construxerit aut auxilia ab ipsis demonibus pecierit, excommunicatus est in constitutione *super [illius] spe[cu]la* [c].

Item, si quis litteras vel sigilla cardinalis falsaverit vel ab alio falsatis usus fuerit scienter excommunicatus est in constitutione *impellit nos summus* [d].

Expliciunt casus in quibus quis incidit in excommunicationis sententiam ipso facto de constitutionibus contentis in decretis Decretalium, Sexti, Clementinarum ac Extravagantium multorum pontificum Romanorum.

a. *Extrav. Joh.* XXII, 13, un... Le *ms* : *cum privilegiorum*.

b. *Extrav. com.*, (1, 8), 3 ; Jean XXII.

c. Cocquelines, Bullarum... amplissima collectio, Rome 1741, T, III, P. II, p. 194 ; Joh. XXII, bulle XLI.

d. ou : *repellit nos summus*, (?).

IV

REMANIEMENTS BÉNÉDICTINS

I

Hɪc sunt quidam casus juris veteris a domino Berengario, quondam byterrensi [a] episcopo ac [b] postmodum cardinali domino Tusculano, collecti in corpore juris, ab eodem in unum congregati.

Primo, quicumque religiosi exeunt ad audiendum leges vel physicam nisi infra duorum mensium spacium redierunt ad claustrum [c].   5

Item, contra clericos qui sponte ac scienter participant excommunicatis a papa, recipiendo eos in divinis et omnes alios qui cum excommunicatis supradictis et aliis undecunque participant in crimine.

Item, cum quis per se vel per alium falsat litteras domini pape cum fautoribus et defensoribus suis.   10

Item, cum quis utitur litteris apostolicis, etiam ab alio falsatis.

Item, si quis in clericum vel personam religiosam manus injecerit temere violentas.

Item, cum quis habens juridicionem potest defendere clericum a violenta manuum injectione et non defendit.

Item, ille qui clericum capit vel retinet invitum.   15

Item, de illo qui non facit aliquod predictorum, mandat tamen fieri.

Item [d], de illo qui ut clericus verberetur vel detineatur causam prestat, consilium vel juvamen.

Item, de illo qui injectionem non facit, factam tamen nomine suo ratam habet.

Item, contra prelatos ecclesiasticasque personas qui taillias seu collectas, decimam 20 seu portionem quamcumque proventuum vel bonorum laicis solverint vel promiserint vel se soluturos consenserint sub adjutorii, subventionis, mutui vel doni seu quovis alio titulo modo vel quesito colore absque sedis apostolice auctoritate [e].

Item, contra imperatores, reges et justiciarios seu rectores quoscumque, quibuscumque nominibus censeantur, qui ecclesiis seu personis ecclesiasticis regularibus vel 25

a. Bituricensi, B.
b. et, B.
c. sunt excommunicati, B.

d. *deest*, B.
e. Item... auctoritate, *deest*, B.

secularibus imponunt taillias vel ab ipsis suorum bonorum portionem aliquam exigunt et extorquent vel recipiunt ab eis, etiam si solvere volunt gratis.

Item, contra illos qui litterarum apostolicarum impetratores aut alios ad forum ecclesiasticum reccurentes super causis que ad idem forum de jure vel de antiqua con-
5 suetudine pertinent per se vel per alium ad desistendum vel in foro seculari de questionibus hujusmodi litigandis per judicium ecclesiasticorum, vel ipsorum impetrantium seu litigantium aut volentium litigare aut propinquorum ipsorum seu rerum illorum aut ecclesiarum suarum etiam captione, modis vel aliis quibuscumque, compulerint vel compelli fecerint seu procuraverint vel per se vel per alios impedierint quominus coram
10 judicibus ecclesiasticis delegatis seu ordinariis querelantes de causis predictis possint libere justiciam obtinere.

Item, contra illos qui statuta edita contra ecclesiasticam libertatem de libris suis infra duos menses non deleverint.

Item, contra incendiarios ecclesiarum.
15 Item, contra effractores ecclesiarum.

Item, contra laycos qui personas ecclesiasticas compulerint ad submittendas sibi ecclesias seu jura vel bona ipsarum immobilia absque juris forma si post competentem monitionem bona predicta in sua non dimiserint libertate.

Item, contra illos qui ab ecclesiis et personis ecclesiasticis pro rebus suis propriis
20 quas non causa negociandi deferunt vel deferri faciunt, pedagia, guindagia seu hujusmodi talia exigunt et extorquent per se vel per alium, suo nomine vel etiam alieno.

Item, contra illos qui represallias seu pignorationes in quibus unus pro alio pignoratur contra personas ecclesiasticas concesserint.

Item, contra illos qui represallias seu pignorationes quas dicunt consuetas exten-
25 derint ad personas ecclesiasticas.

Item, contra illos qui confugientem ad ecclesiam extrahunt de ipsa ecclesia violenter.

Item, contra religiosos qui in scolis vel alibi temere sue habitum religionis dimittunt.

Item, contra [a] religiosos qui ad quevis studia litterarum accedunt nisi a suo prelato
30 cum consilio sui conventus vel majoris partis ejusdem sibi eundi ad studium licentia primitus sit concessa.

Item, contra illos qui electores ecclesiasticos vel eorum consanguineos pro eo [b] quod noluerint [c] nominare aliquem quem petebant graveverint [d] vel dampnificaverint in rebus vel etiam in personis.

35 Item, contra illos qui regaliam, custodiam seu gardiam advocationis seu defensionis titulum in ecclesiis monasteriis seu aliis locis de novo usurpare cognantes bona earumdem ecclesiarum, monasteriorum seu piorum locorum vacantium usurpare presumunt.

a. *deest*. B.
b. eos. B.

c. noluerunt, B.
d. gravaverint, B.

Item, contra clericos et monachos qui fieri hoc procurant.

Item, contra illos quos ad dirigendas [a] moniales in suis electionibus contigerit evocari nisi ab hiis abstineant per que inter eas super faciendis ipsis electionibus oriri possit discordia vel exorta nutriri.

Item, contra personas ecclesiasticas episcopis inferiores qui alienigenas et alios non oriundos de terris ipsorum publice pecuniam fenebram excercentes vel exercere volentes ad hoc domos in terris suis conducere vel conductas habere aut alias habitare permittunt. 5

Item, contra illos qui usurarios manifestos [b] de terris suis non expellunt.

Item, contra illos [qui] ad fenus exercendum domos illis locant vel sub alio titulo quocumque concedunt. 10

Item, contra illos qui propter mortis periculum aut aliud legitimum impedimentum ab alio quam ab eo quo absolvendi de jure fuerant absoluti, cessante postea periculo vel impedimento hujusmodi, se illi a quo, hiis cessantibus, absolvi debeant, quam cito commode potuerunt, contempserint presentare, mandatum ipsius super illis pro quibus excommunicati fuerant recepturi et satisfacturi prout justicia suadebit. 15

Item, contra illos quibus, cum a sede apostolica vel legatis ipsius absolucionis beneficium a quibuscumque sententiis consecuntur, injungitur ut ordinariorum suorum vel aliorum quorumlibet, suscepturi penitenciam ab eisdem, se conspectui representent et passis injuriam seu hiis [quibus] propter hoc obligati existunt, satisfactionem exhibeant competentem. Si hoc cum primum commode poterunt, non curaverint 20 adimplere, tam isti enim quam illi in pristinam excommunicacionis ipso jure sententiam [relabuntur].

II

Hic sunt quidam [c] casus novellarum constitutionum domini Clementis pape in consilio Viennensi [d] editarum ac postmodum per dominum Johannem papam XXII in corpore juris redactarum in quibus fertur excommunicacionis, interdicti, suspensionis, inhabilitatis et privationis beneficiorum sententia ipso jure. 25

Primus casus est: quod impediens sequestrum factum per ordinarium post unam sentenciam diffinitivam datam, in curia tantum Romana, contra possessorem super possessorio vel petitorio sicut jura volunt: excommunicatus est.

Item, occupans dictos fructus sequestratos modo quo supra, excommunicatus est nec absolvi possunt nisi prius fuerit emendatum. Et si quid juris habent impediens et 30 occupans in dictis beneficiis cadunt a jure suo. Isti duo casus habentur *de sequestratione possessionum et fructuum*, libro II°, [ad compescendas] [e].

Item, quicumque religiosus presidens administrationibus regularibus vel monas-

a. Les *mss*: diligendas, A; qui ad diligendas, B.
b. *deest*, B.
c. quidem, A.
d. concile de Vienne en Dauphiné, 1312.
e. *ad hoc unxit. Clem.* (2, 6), un.

13

teriis jura, redditus vel possessiones concedit alicui ad vitam vel ad aliud certum tempus nisi pro magna necessitate vel utilitate, et hoc tantum de consensu conventus, vel si non habet, de consensu prelati, suspensus est ab officio nec jus acquiritur illi cui conceditur. Hec habentur *de rebus ecclesie non alienandis, monasteriorum*, libro III° [a].

5   Item, omnis qui interdicti tempore recipit aliquem ad ecclesiasticam sepulturam, excommunicatus est.

Item, omnis qui scienter recipit ad ecclesiasticam sepulturam excommunicatum publice, nominatum interdictum, manifestum usurarium excommunicatus est. Hec duo *de sepulturis, eos qui proprie*, libro III° [b]. Et nota quod isti absolvi non possunt nisi
10 ad arbitrium ordinarii satisfecerint ei cui est injuria irrogata.

Item, religiosi quicumque qui novalium aut alias decimas ecclesie ad eos ex aliqua causa legitima non spectantes apropriare sibi presumpserint aut exquisitis fraudibus sive coloribus usurpare, suspensi sunt ab officiis et beneficiis si administrationem [c] habeant; [si non], excommunicati sunt.

15   Item, religiosi qui de animalibus familiarium aut pastorum suorum vel aliorum, etiam animalia ipsa eorum gregibus immiscentium, decimas nec solvunt nec solvi permittunt incurrunt dictas sententias.

Item, religiosi qui de animalibus que in fraude ecclesiarum in pluribus locis emunt, emptaque tradunt venditoribus vel aliis ab ipsis tenenda, si non solvent decimas, penas
20 incurrunt supradictas [d].

Item, religiosi qui de terris quas tradunt aliis excolendas solvi decimas non permittunt, eisdem sententiis ut prius feriuntur. Hec III habentur *de decimis, religiosi quicumque*, libro III° [e], nec tales absolvi possunt nisi, post [requisitionem] eorum quorum intererit propter hoc [f] eis factam, a premissis destiterint infra mensem, aut si de hiis
25 que usurparunt contra premissa retinere presumpserint, infra duos menses dampnificatis ecclesiis emendam non fecerint competentem.

Item, quicumque niger monachus, abbas vel prior non habens abbatem proprium presumpserit portare sotulares non corrigiatos nec altos, suspensus est a collatione beneficiorum per annum.

30   Item, predicti si presumpserint portare capucia non fissa, simili modo suspensi sunt.

Item, quicumque monachus qui nec abbas nec prior est, si simile ut dictum est fecerit, per annum suspensus est ab administratione si quam habet.

Item, quicumque monachus nullam administrationem habens si simile quid ut
35 premittitur facere presumpserit, per annum redditur inhabilis ad administrationem et ecclesiasticum beneficium obtinendum.

Item, si qui monachi predictorum venationi et aucupationi clamose vel alias cum

a. *Clem.*, (3, 4), 1.   d. sepe dictas, A, B.
b. *Clem.*, (3, 7), 1.   e. *Clem.*, (3, 8), 1.
c. administratione, B.   f. hec, A.

-canibus aut avibus ex proposito interfuerint, juxta premissam personarum dictarum distinctionem, suspensionis et inhabilitatis penas ipso facto incurrunt.

Item, quicumque monachi vel regulares canonici administrationem non habentes absque licencia sui superioris ad curias regum vel principum accesserint ut suis superioribus vel monasteriis noceant, excommunationem incurrunt.   5

Item,quicumque monachi vel regulares canonici predicti absque sui abbatis licencia infra cepta monasterii arma tenent, excommunicati sunt. Hec septem habentur, *de stalu monachorum, ne in agro dominico,* libro III° ᵃ. Si que alie pene in eadem constitutione continentur, quos tangit, si indiguerint, ad dictam constitutionem recurrant ᵇ.

Item, illi qui, divino timore postposito,contrahunt cum consanguineis vel affinibus 10 in gradibus constitutione canonica interdictis excommunicati sunt.

Item quicumque cum monialibus matrimonialiter contrahere non verentur, excommunicati sunt ᶜ.

Item, religiosi et moniales necnon et clerici in sacris ordinibus constituti matrimonia contrahentes, excommunicati sunt. Hec tria habentur *de consanguinitate et affinitate,* 15 *eos qui,* libro III° ᵈ.

Item omnes qui pertinaciter sentiunt et affirmant quod exercere usuras non est peccatum : tanquam heretici excommunicati sunt. Ista habentur, *de usuris, ex gravi,* libro V° ᵉ.

Item, religiosi qui clericis vel laicis sacramentum unccionis extreme vel eucharistie 20 ministrare, matrimonia vel sollepnizare presumpserint, non habita super hiis licentia speciali, excommunicati sunt.

Item, religiosi qui excommunicatos a canone preterquam in casibus in jure expressis vel privilegiis apostolice sedis concessis eisdem vel a sententiis per statuta provincialia aut synodalia promulgatis absolvunt, excommunicati sunt.   25

Item, nonnulli temerarii religiosi qui a pena et a culpa de facto absolvunt, excommunicati sunt nec predicti absolvi possunt citra sedem apostolicam.

Item,quicumque temporale dominium ᶠ obtinentes clericos seu personas ecclesiasticas ceperit captosque donec sua resignent benelicia detinuerit vel hoc fieri procuraverit, preter sententiam canonis, taliter hic punitur : qui si prelatus est per triannium a per- 30 ceptione fructuum ecclesiarum suarum est suspensus, si autem inferior fuerit eo ipso obtentis beneficiis est privatus.

Item, religiosi quicumque proferentes in suis sermonibus vel alibi aliqua unde retrahant audientes ab solutione decimarum excommunicati sunt.

Item, illi etiam religiosi qui scienter obmiserint sibi confitontibus conscientiam 35 facere de solvendis decimis ut tenentur, suspensi sunt ab officio predicationis donec

---

a. *Clem.*, (3, 10), 1.
b. constitutionem recurrant, *deesl*, B.
c. Item... sunt, *deest*, B.

d. *Clem.*, (4), un.
e. *Clem.*, (5, 5), 1.
f. divinum, A, B. Cf. *Clem.*, (5, 8), 2.

eorum negligentia sit purgata. Et si, ea non purgata, predicationi se immiscuerint, excommunicationem incurrunt.

Item, religiosi et clerici cujuscumque status existant qui veniunt contra constitutionem *animarum periculis, de sepulturis,* libro Sexto[a], prohibentem aliquem obligari in
5 eorum cimiteriis fide vel juramento vel alias, excommunicati sunt. Hec habentur *de penis, cupientes,* libro V[o][b].

Item, quicumque religiosi exempti vel non exempti non servantes generale interdictum positum auctoritate sedis apostolice vel a locorum ordinariis ex quo illud servat cathedralis vel matrix ecclesia, excommunicati sunt.
10 Item, predicti etiam si non servant interdictum tale positum per provinciale consilium vel statutum sive cessationem ab eis impositam[c], excommunicati sunt.

Item, illi idem religiosi non servantes etiam cessationes generales a divinis civitatum, terrarum et aliorum locorum quas aliquando ex consuetudine vel alias capitula seu conventus secularium et regularium ecclesiarum ponunt seu indicunt, excommunicati
15 sunt. Hec habentur *de sentencia excommunicacionis, ex frequentibus,* libro V[o][d].

Item, quicumque excommunicati et interdicti publice qui in ecclesiis intersunt dum celebrantur divina si nominatim monentur a celebrantibus ut exeant, nisi obediant, excommunicati sunt, nec omnes predicti absolvi possunt nisi per sedem apostolicam. Hec habentur *de sentencia excommunicacionis, gravis ad nos,* libro V[o][e].

III

20

Cı SUNT CONTENU AUCUNS DES CAS BERENGIER PRIS ET ASTRAIS
PAR TOUT LE CORS DE CANON.

Premiers, quicunques religieus qui vont hors pour oir lois ou medecine se dedans l'espace de II mois il ne retournent en lor cloistre, il sunt exommenyes.

Item, contre les clers qui de greit et a esciant font participation a ciaus[f] qui sunt
25 excommenyes dou pape en iaus[g] retenant aus offices devins et tous les autres qui avrec les devant dis excommenyes et les autres quelcunques participent ou crime pourquoi[h] il sunt excommenyes.

Item, quant aucuns par lui ou par autre falsefie[i] les lettres nostre pere le pape, a tout leurs fauteurs et leur deffenseurs.
30 Item, quant aucuns use des lettres le pape combien qu'elles soient faussees d'autre que de lui.

a. VI, (3, 12), 1.

b. *Clem.,* (5, 8), 3.

c. sic *Clem.,* (5, 10), 1, et A corrigé d'une autre main, sine cessatione ab eis imposita, B.

d. *Clem.,* (5, 10), 1.

e. *Clem.,* (5, 10), 2.

f. cens, B.

g. eus, B.

h. pourcoi, B.

i. falcefie, B.

Item, se aucuns en [a] clerc ou en personne religieuse geste les mains folement et vileinnement.

Item, quant aucuns qui a juridicion puet deffendre le clerc de violente injection de mains et il ne le defent [b] mie.

Item, qui prant clerc ou retient mal greit lui.

Item, de celui qui riens ne fait des choses devant dites, mais il les commande [c] a faire.

Item, de celui qui donne cause,conseil ou aide que clers soit batus ou detenus.

Item, de celui qui injection ne fait une mais quant elle est faite, il la ratefie comme faite en son non.

Item, contre les prelas et les personnes d'Eglise qui sans l'autorite dou pape, tailles, cuilloites, dimes ou porcion quelcunques de lor revenues ou de lor biens paient a laies personnes ou pourmettent ou consentent a paier sous title, meniere ou couleur quise de aide, de subvention, de pret, de don ou de quest [d].

Item, contre les empereurs, roys et justiciers ou recteurs quelcunques,par quelcunque non il soient apelez [e],qui a eglise ou a personne d'eglise reguleres ou seculeres assennent tailles ou requierent autent [f] ou recoivent diaus aucune porcion de lor biens combien qu'il le vuelent paier de bon greit.

Item contre ciaus [g] qui les empereurs de lettres de Romme [h] ou les autres recourrens au jugement de l'eglise en causes qui de droit ou de ancienne coustume apartiennent a l'eglise contraingnent par eus ou par autre a desister ou a plaider devant juge seculer en faisant prise de tels empetrans ou plaideurs ou volens plaidier, ou de leurs prochains, ou de leur biens ou de leur eglises ou par quelcunques autres manieres contrainderont ou procureront a contraindre ou par eus ou par autres empescheront que li plaideurs des causes devant dites ne puissent avoir droit et justice devant les juges de l'eglise [i] delegues ou d'ordenaires.

Item, contre ceus qui les estatus fais contre la franchise de l'eglise ne osteront et effaceront de leur livres dedans [j] II mois.

Item, contre les incendiaires d'eglise.

Item, contre les briseurs d'eglise.

Item, contre les laies personnes qui personnes d'eglise contraingnent a soumettre a eus [k] eglises, ou les drois ou les biens d'icelles non muebles sans fourme de droit, se apres competent monition les biens devant dis il ne laissent en leur franchise.

Item, contre ceus qui de eglise ou de personnes d'eglise demandent ou prannent

a. ou, B.
b. deffent, B.
c. comande, B.
d. Item... quest, *deest*, B.
e. apeleit, B.
f. autant, B.
g. cens, B.
h. Ronme, B.
i. de l'eglise, *deest*, B.
j. dedens, B.
k. iaus.

par force passages, winages ou autres tels[a] choses par iaus ou par autres, en leur non ou en non d'autrui, pour lor propres choses qu'il portent ou font porter de lieu [b] a autre, non pas pour cause de marchandise.

Item, contre ceux qui donnent ou ottroient [c] repressailles ou pignorations ouque-
5 les [d] uns est wagies pour in autre de son pais qui ne paie mie a jour, quant teilles repressailles sont donnees contre personnes d'église

Item, contre ceus qui repressailles ou pignoracions [e], qu'il dient estre accoutumees [f], estendent à personnes d'eglise.

Item, contre ceus qui traient par violence hors de l'église ceus qui estoient fuis a
10 franchise.

Item, contre les religieus qui vont a quelcunques estudes de lettres se leur prelas dou conseil de [g] couvent ou de la plus grant partie de [g] couvent ne leur a premierement donneit congiet.

Item, contre ceus qui grievent ou dammagent en biens ou en personnes esliseurs
15 ecclesiaus ou leur amit pour ce qu'il n'ont volut nommer celui qu'il demandoient.

Item, contre ceus qui regales, custode ou garde ou title de advocation ou de deffension en eglises ou moustiers ou en autres pics lieus se efforcent usurper de novel et par ce presument et vuelent usurper les biens des dites eglises monastteres et pies lieus qui vaquent.
20 Item, contre les clers et les moinnes [h] qui procurent ce a faire.

Item, contre ceus qui sont [i] apeles [j] pour adrecier les nonnains en lor elections, sil ne se gardent des choses dont puet naistre ou estre nourie [k] descorde entre elles quant à lor elections.

Item, contre les personnes d'église manres des evesques qui a estrange gent [l] et
25 ceus qui ne sont mie nez [m] de lor terres excercens ou volens excercer communement pecune usuraire, louent pour ce faire maisons ou laissent louer ou autrement laissent en lor terre habiter.

Item, contre ceus qui de lor terres ne boutent hors tous useriers [n] manifes.

Item, contre ceus qui pour prester a usure louent ou prestent sus autre title lor
30 maisons.

Item, contre ceus qui pour peril de mort ou autre loial empeschement sont absols d'autre que de celui qui de droit les pooit absorre, cessant après le péril ou l'empeschement, s'il ne se representent plus tot qu'il porront bonnement a celui qui les pooit

<table>
<tr><td>a. telz, B.</td><td>h. moingnes, B.</td></tr>
<tr><td>b. lui, A.</td><td>i. sunt, B.</td></tr>
<tr><td>c. ont octroiet, B.</td><td>j. apelez, B.</td></tr>
<tr><td>d. quelles, B.</td><td>k. norrie, B.</td></tr>
<tr><td>e. pignoratious, B.</td><td>l. estrangeus gens, B.</td></tr>
<tr><td>f. acoustumees, B.</td><td>m. neiz, B.</td></tr>
<tr><td>g. dou, B.</td><td>n. usuriers, B.</td></tr>
</table>

absorre, cessans tels[a] empeschemens, pour recevoir le commendement et acomplir de celui qui absot et faire satisfacion sur ce pourquoi il sont excommenyes[b] ainsis comme justice vorra.

Item, contre ceus qui sont absols dou pape ou des legas auquels[c] on enjoint qu'il revoisent a lor ordenaires pour recevoir leur[d] penitence et pour faire satisfacion a ceus 5 qui ont soufferte[e] injure, se plus tot qu'il puelent en bonne meniere[f] il ne retournent, il rechielent en la premiere sentence de excommeniement[g].

IV

Ci sunt contenu aucuns cas des novelles constitutions le pape Clement faites ou consile de Vienne par lesquels cas aucuns chielent en sentence d'escumeniement ou de suspension ou de entredit ou de inhabilite ou de privation de benefice des leure[h] qu'il 10 ont fait le fait ou le cas.

Li premiers cas si est que[i] cilz qui empesche le juge moineur[j] entre II parties fait par l'ordenaire après une sentence diffinitive donne en la court de Roume tant seulement contre le possesseur sus possessour ou petitour ainsis con li drois vuelent, il est excommenyes.   15

Item, qui occupe les dis fruis sequestres et mis en la main de[k] juge moieneur pour bien de pais en la meniere[l] dessus dite, il est excommenyes ne ne puet estre absols tant qu'il l'aist[m] amandeit et se cis[n] qui les empesche ou occupe avait nul droit en dis fruis, il chiet de son droit. Ces II cas aves[o] vous ou secont livre de decretales, *de sequestracione possessionum et fructuum, ad compescendas*[p].   20

Item, quicunques religieus qui a administration otrie a aucuns drois, rentes ou possessions a vie ou a certain temps se ce n'est pour grant necessiteit ou pour grant profit et dou consentement dou couvent ou dou consentement dou prelat, il est suspendus de son office et n'est nuls drois aquis a celui a cui tels choses estoient otroies. Ce aves[q] vous ou tier livre, *de rebus ecclesie non alienandis, monasteriorum*[r].   25

Item, quicunques ou temps de entredit recoit aucun a sepulture d'église, il est excommenyes.

Item, quicunques excommenyet publiquement et entredit nommeit et usurier ma-

a. telz, B.
b. sunt excommenyet, B.
c. auqueil, B.
d. lor, B.
e. souffert, B.
f. manière, B.
g. descommeniement, B.
h. *deest*, B.
i. *deest*, B.
j. moieneur, B.
k. dou, B.
l. maniere, B.
m. ait, B.
n. cils, B.
o. avez, B.
p. *ad hoc unxit*, A, B. *Clem*, (2, 6), un.
q. avez, B.
r. *Clem*., (3, 4), 1.

nifet a sepulture[a], il est excommenyes. Ces deux cas aves [b] vous ou tier livre, *de sepulluris, eos qui proprie* [c]. Et saches que cis ne puelent estre absols sil ne font satisfacion a l'arbitre de l'ordenaire a celui a cui l'injure est faite.

Item, religieus qui novales ou autres dimes approprient a iaus qui ne lor apar-
5 tiennent mie ou par fraudes ou couleurs quises les vuelent usurper, ils sont suspendus [de lor offices et de lor benefices s'ils ont administration] [d] et s'il nont administration, il sont excommenyes.

Item, religieus quicunques qui des bestes de leur [e] familiers, de leur paistres ou d'autres et des bestes estranges mellees avvec les leurs ne paient ne laissent paier
10 dimes, ils encourent les dites sentences.

Item, religieus qui des bestes qu'il achetent [f] en plusieurs lieus en fraude [g] des eglises et les baillent a vendeurs ou a autres qui diaus les teingnent [h], s'il n'en paient les dimes, il encourent les painnes devant dites.

Item, religieus qui des terres qu'il baillent a autrui pour le cultiver et n'en laissent
15 paier dimes sunt ferus comme devant de ces meismes sentences. Ces IIII cas avez vous ou tiers [livre] [i], *de decimis, religiosi* [j]. Ne tels [k] ne puelent estre absols se il ne se delaissent dedans I [mois] [l] puis qu'il aront esteit ammonnetteit [m] de ciaus a cui il apartient ou se dedans II mois il n'ont amandeit aus eglises ce qu'il ont telz dimes retenues en lor dammage.

20 Item, quicunques noirs [n] moinnes ou abbes ou prieurs qui n'a propre abbet [o] porte bas solers sans courroies, il est souspendus [p] de collation de [q] benefices par l'espace d'un an.

Item, se li devant dit portent chaperons qui ne soient tranchies et fendus, il sunt ensement suspendus.

25 Item, simples moinnes qui n'est ne abbes ne prieurs se il [r] fait ce qui est devant dis, sil a administration, il en est suspendus par un an.

Item, quicunques moinnes qui na point de administration se il [r] fait les devant dites choses deffendues, il est inhabiles par un an a recevoir administration et benefice d'eglise.

30 Item se aucuns des devant dis moinnes sunt present et de propos aviseit a tous chiens et oisiaus a quecunque [s] chasse en criant dissoluement ou autrement, selonc la

a. *deest*, B.
b. avez, B.
c. *Clem.*, (3, 7), 1.
d. *deest*, A.
e. lor, B.
f. achatent, B.
g. fraudes, B.
h. tiennent, B.
i. *deest*, A.
j. *Clem.*, (3, 8), 1.

k. teil, B.
l. II mois, B.
m. ammonneteiz, B.
n. *deest*, B.
o. abbeit, B.
p. suspendus, B.
q. et de, B.
r. s'il, B.
s. quelcunque, B.

devant dite distinction des devant dites personnes, ils encourent les painnes de suspension et de inhabilite.

Item, quicunques moinnes ou regulers chenoinnes qui n'ont administration sans le congiet [a] de lor souverain vont a cour de roy [b] ou de prince [c] pour grever et nuire leur souverains ou lor maisons, il encourent excommenyement.   5

Item, quicunques moingnes [d] ou regulers chenoingnes [e] devant dis tiennent armes dedans les metes de lor abbeie sans le congiet de lor abbe [f], il sunt excommenyes. Cet VII cas avez vous, ou tiers livre ou il traite de l'estat des moignes [g], en ce title, *ne in agro dominico* [h]. Et sil y a nulles autres painnes en ladite constitution, cilz cui il touche, sil en ont mestier [i], il [j] i puelent recourre.   10

Item, qui, la paour de dieu arrier mise, contrahent a lor cousines ou affines ou degrez [k] entredis en la constitution canonique, il sont excommenyes.

Item, quicunques contrahent par mariage avvec nonnains, il sunt excommenyes.

Item, religieus et nonnains et clers qui ont les saintes ordres se il [l] se marient il [m] sunt excommenyes. Ces III cas avez vous ou tiers ou il traite des parages, en ce title, *eos* 15 *qui* [n].

Item, tous cil qui pertinaument sentent et afferment que prester a usure n'est mie pechies, comme herite il sunt excommenyes. Ce avez vous ou V livre ou il traite de usure, en ce title, *ex gravi* [o].

Item, religieus qui sans congiet especial administrent le sacrement de darrienne 20 unction, de l'auteil et de mariage, il sunt excommenyes.

Item, religieus qui absolent les excommenyes de canon fors que ou cas expres en droit ou en privileges qui lor sunt octruet [p] dou pape ou qui absolent des sentences pronuncies par estatus provinciaus ou de senne, il sont excommenyes.

Item, aucuns faus religieus qui absolent de fait de painne et de coulpe : il sunt 25 excommenyes ne li devant dis ne puelent [estre] absols sans [q] court de Roume.

Item, quicunques tenans [r] temporel signerage prant clercs [s] ou personnes d'eglise et quant il les a pris il les tient tant que il [t] aient resigneit lor benefices ou le procure a faire, sans la sentence de canon qu'il encourt, est il ainsis punis que se il [u] est prelas, il

a. congiet, B.
b. rois, B.
c. princes, B.
d. moinnes, B.
e. chenoinnes, B.
f. abbeit, B.
g. moinnes, B.
h. *Clem.*, (3, 10), 1.
i. *deest*, A.
j. *deest*, B.
k. degreis, B.

l. s'il, B.
m. *deest*, B.
n. *Clem.*, (4) un.
o. *Clem.*, (5, 5), 1.
p. otroies, B.
q. sanz, B.
r. teneus, B.
s. clers, B.
t. qu'il, B.
u. s'il, B.

est suspendus de la perception des fruis de ses eglises par trois ans et se il est manres que prelas, il est privez [a] de tous les benefices qu'il avoit.

Item, religieus quicunques [b] qui en lor sermons ou ailleurs dient aucunes paroles qui puelent les auditeurs retraire ou refroidier de paier lor dimes sont excommenyes.

5 Item, religieus qui a esciant laissent a faire faire conscience a ceus que il [c] confessent de paier lor dimes ainsis comme il sunt tenus, il sunt suspendus de l'office de predicacion [jusques] [d] a tant que lor negligence soit purgie ; se il [e] prachent ansois [f], il sunt excommenyes.

Item, religieus et clers de quelcunques estat que il [g] soient qui n'ont contre la 10 constitution *en peril des âmes* [h] faite ou Sisieme, des sepultures, qui deffend que nuls ne se oblige a gesir en [lor] [i] cimetieres par foit ou par sairement, il sunt excommenyes. Ce avez vous ou V livre ou il traite des painnes, en ce title, *cupientes* [j].

Item, quicunques religieus exemps [ou non exemps] [k] ne gardent le general entredit qui est mis dou pape ou des ordenaires des lieus puisque la cathedraus et la mere [l] 15 eglise le garde, il sunt excommenyes.

Item, li devant dis, s'il ne gardent toil entredit mis par le conseil provincial ou estatut ou ce [m] qu'il mettent, sunt excommenyes.

Item, ciz mesmes [n] religieus sil ne gardent les tels generals [cessations de l'office devin] [o] des citez lesquels [cessations] [p] mettent aucunes fois de coustume ou autrement 20 li chapitres, li couvens des eglises seculeres ou reguleres, il sunt excommenyes. Ce avez vous ou V livre ou il traite des excommeniemens, en ce title, *ex frequentibus* [q].

Item, quicunques excommenyes et entredis publiquement qui sunt ens eglises quant on fait l'office devin, se il [r] sunt ammonnetes nommeement de ceus qui chantent que il issent hors, se il [r] ne obeissent, il sunt excommenyes ne il ne puelent estre 25 absols fors par la court de Roume. Ce avez vous ou V livre ou il traite des excommeniemens, ou title, *gravis ad nos* [s].

a. prives, B.
b. quelcunques, B.
c. quil, B.
d. dusques (?), A.
e. s'il, B.
f. anisois, B.
g. qu'il, B.
h. ou peril des armes, B. VI, (3, 12), 1.
i. *deest*, A.
j. *Clem.*, (5, 8), 3.
k. *deest*, A.

l. et la mere, *deest*, B.
m. tels, B.
n. cil meismes, B.
o. *correc.* ; cf. le texte latin. Le *ms* : generals mis des signours (signeurs, B). Le traducteur a lu *dominis* pour *divinis*.
p. *correc.*; les *mss* : les.
q *Clem.*, (5, 10), 1.
r. s'il, B.
s. *Clem.*, (5, 10), 2.

V

APPENDICES

I

[Casus reservati]

(Breslau, Univ. II, F, 116, ff° 47ᵇ-48ª.)

Circa jam dicta in [aliquibus] ᵃ sibi papa reservavit dispensacionem vel absolucionem, in aliis autem ordinariis concessit. Primo solus papa absolvit in violenta manuum injectione in personam ecclesiasticam, XVII, q. IIII, *si quis suadente* ᵇ ; in effractione ecclesie, *de sentencia excommunicacionis, conquesti* ᶜ ; in falsariis litterarum sedis apostolice, *de falsariis, ad falsariorum* ᵈ ; in participacione a papa excommunicato, *de* 5 *sentencia excommunicationis,nuper* ᵉ ; [in] incendiariis publicatis,eo titulo,*tua* ᶠ secundum Innocentium ; item in tribus casibus, *de heresi,* capitulo I, § *verum* [et II] in Clementinis ᵍ et in sex casibus *de privilegiis,* capitulo I in Clementinis ʰ et in IIII casibus, *de penis,* capitulo I ⁱ, versu *potestas* in Clementinis ; item in casu *de penis, cupientes* ⁱ, § finali, in Clementinis et in quatuor casibus, *de sentencia excommunicationis, gravis* ᵏ in 10 Clementinis et eo titulo, capitulo *cum ex eo* ˡ, § *quod si* ; et in casu *de electione, fundamenta* ᵐ, § *quod si secus,* juncto § *contemptores,* libro VI° et in casu *de penis, felicis* ⁿ, § *presenti,* libro VI° et *de sentencia excommunicationis, quicumque* ᵒ, si steterit per duos menses in excommunicatione ut ibi Hostiensis in *Summa, de sentencia excommunicationis,* capitulo *domini,* versu *et hoc est verum* et [sic] ᵖ casus in summa computare potes- 15 C et XIV, quod collige ex glosa que incipit *Est sciendum, de sentencia excommunicationis,* capitulo I, in Clementinis �q. Et hec dicta hic sufficiant de quibus deo omnipotenti laus et gloria detur per infinita secula seculorum. Amen.

Et sic est finis hujus operis boni et utilis. Explicit illud opus.

a. Le *ms* : quibus.
b. C. XVII, q. 4, c. 29 ; Innocent II, 1139 (cf. conc. de Reims, 1131).
c. X, (5, 39), 22 ; Célestin III, 1191-1198.
d. X, (5, 20), 7 ; Innocent III, 1201.
e. X, (5, 39), 29 ; Innocent III, 1199.
f. X, (3, 39), 19 ; Clément III, 1187-1191.
g. *Clem.,* (5, 3), 1 et 2 ; Clément V, 1311.
h. *Clem.,* (5, 7), 1 ; Clément V, 1311.
i. *Clem.,* (5, 8), 1 ; Clément V, 1311.

j. *Clem.,* (5, 8), 3 ; Clément V, 1311.
k. *Clem.,* (5, 10), 2 ; Clément V, 1311.
l. *Clem.,* (5, 10), 3 ; Clément V, 1311.
m. VI, (1, 6), 17 ; Nicolas III, 1278.
n. VI, (5, 9), 5 ; Boniface VIII, 1294-1303.
o. VI, (5, 11), 11 ; Grégoire X (conc. Lugdu.), 1274. Cf. Hostiensis, *Summa,* 11, p. 366 recto.
p. Le *ms* : si sint.
q. « Est sciendum quod per XVIII constitutiones Clementinas comprehensi sunt L casus, quo-

II

FORMA DEGRADANDI

[VI, (5, 9), 2.]

Bonifacius VIII Bilerrensi Episcopo.

Degradatio qualiter fieri debeat, a nobis tua fraternitas requisivit. Super quo tibi taliter respondemus, quod verbalis degradatio seu depositio ab ordinibus vel gradibus ecclesiasticis est a proprio episcopo, sibi assistente in degradatione clericorum in sacris constitutorum ordinibus certo episcoporum numero diffinito canonibus, facienda, quan-
5 quam proprii episcopi sententia sine aliorum episcoporum presentia sufficiat in degradatione eorum, qui minores duntaxat ordines receperunt. Actualis vero sive solennis coelestis militiae militis, id est clerici, degradatio, quum ad eam fuerit procedendum, fiet ut exauctorizatio ejus, qui militiae deservit armatae, cui militaria detrahuntur insignia, sicque a militia remotus castris rejicitur, privatus consortio et privilegio militari.
10 Clericus igitur degradandus, vestibus sacris indutus, in manibus habens librum, vas, vel aliud instrumentum seu ornamentum ad ordinem suum spectans, ac si deberet in officio suo solenniter ministrare, ad episcopi presentiam adducatur, cui episcopus publice singula, sive sint vestes, calix, liber, seu quaevis alia, quae illi juxta morem ordinandorum clericorum in sua ordinatione ab episcopo fuerint tradita seu collata,
15 singulariter auferat, ab illo vestimento seu ornamento, quod datum vel traditum fuerat ultimo, inchoando, et descendendo gradatim degradationem continuet usque ad primam vestem, quae datur in collatione tonsurae. Tuncque radatur caput illius seu tondeatur, ne tonsurae seu clericatus vestigium remaneat in eodem. Poterit autem episcopus in degradatione hujusmodi uti verbis aliquibus ad terrorem, illis oppositis, quae in colla-
20 tione ordinum sunt prolata, dicendo presbytero haec vel similia verba in remotione planetae : « Auferimus tibi vestem sacerdotalem, et te honore sacerdotali privamus. » Sicque in remotione reliquorum insignium similibus verbis utens, in ablatione ultimi, quod in collatione ordinum fuit primum, infra scripto vel alio simili modo pronunciet sive dicat : « Auctoritate Dei omnipotentis Patris et Filii et Spiritus sancti, ac nostra,
25 tibi auferimus habitum clericalem, et deponimus, degradamus, spoliamus et exuimus te omni ordine, beneficio et privilegio clericali. »

<hr>

rum XVI sunt reservati papae quibus quis ipso jure excommunicationem incurrit expresse, et per duas duo tacite. Et est praemittendum quod Hostiensis colligit XXX tales casus juris veteris in *Summa*, eodem titulo, § III, in principio. Ego collegi XXXII, libro VI°, eodem titulo, capitulo eos qui. Nunc exprimam hos novissimos . . . . Duos autem casus tacitos habemus *de summa trinitate*, capitulo unico, § *porro* ; *de usuris, ex gravi*, in fine. » glose sur *Clem.*, (5, 10), 1.

III

Casus episcopales

(Reims 755, f° 198 b.)

Ut nullus confessor absque licentia dyocesani quemquam presumat absolvere in
casibus infra scriptis. Primo statuimus sic ut nullus quicumque religiosus, cujuscumque religionis sive conditionis fuerit, confitentes sibi in cujusquam civitate vel dyocesi
preter specialem vel generalem licentiam dyocesani de facto absolvere quemquam vel
ligare presumat in casibus eidem dyocesano a jure, consuetudine vel statuto provinciali
vel synodali specialiter reservatis. Item in excommunicato a canone, in incendiario 5
nundum etiam publico, in blasphemo, in votis relaxandis vel commutandis ; in hiis que
consueta sunt episcopo in dyocesi reservari utpote in oppressione servorum, in homicidio et sacrilegio ultra X solidos, in violantibus ecclesiarum, in violantibus ecclesiastice libertatis, in immunitatibus ; in incestu cum consanguineis et affinibus, in ascendentibus
et descendentibus in infinitum, in collateribus usque ad secundum gradum ; in cognitione 10
sacrarum monialium ac defloratione virginis violenta, in hiis qui ecclesia luxuriam
commiserunt, in restitutionibus incertis ultra XX solidos in una persona, in clandestine
contrahentibus, in eo qui consuetus est multo tempore pravitatem luxurie exercere, in
falsario litterarum vel instrumentorum vel subtrahente aliena instrumenta seu delente,
in falsario monete, in impediente legatum sedis apostolice, in prodicione domini vel 15
patrie, in heresim sectante, in supponante partum, in abortum sibi vel alii procurante,
in muliere que ab altero viro quam marito suo conceperit infantem quem maritus (exis-
timat) esse suum propter quod legitimi fraudantur hereditate sua paterna ; in toxicatore
vel aliquod mortifer procurante vel ministerium vel opem seu auxilium exhibente, in
coeunte cum Judea vel Sarracena vel bruto vel contra naturam, in hiis qui corpore 20
Christi, oleo sancto vel crismate sacro abutuntur, in depopulantibus agrorum, vinearum
vel arborum, in excommunicatis qui scienter ingerunt se divinis et cum moniti fuerint
nolunt exire ecclesiam, divinum officium perturbantes ; in illis qui scienter recipiunt
excommunicatorum corpora ad ecclesiam et ecclesiasticam sepulturam vel etiam ea
recipiunt et sepeliunt contra parochialis presbyteri voluntatem ; in illis qui scienter celebrant in ecclesia interdicta quibus non est a jure [concessum] [a].

a. Le *ms* : concessis.

IV

(d'après le *ms.* de Clermont 100, f° 153-154 [recto].)

In quibus casibus homo non incurrit sentenciam excommunicacionis.

Primus est percuciens apostatam quem clericum ignorabat, extra, eo titulo, *si vero* [a].

Secundus, percuciens clericum arma militaria ferentem tercio monitum ab episcopo, extra, eo titulo, *in audiencia* [b].

III[us], in clerico qui in tonsura, forma vestium et qualitate negociorum, de clerico nihil ostendit si tercio monitus ab episcopo se non corrigit.

IV[us], in exercente negocia secularia si tercio monitus ab episcopo se non corrigit, extra, *de vita et honestate clericorum*, capitulo finali [c].

V[us], in relinquentibus [tonsuram] et publice contrahentibus in fraudem jurium domini temporalis, extra, *de clericis conjugatis, ex parte tua* et capitulo *Johannes* et capitulo *diversis* [d]; *de privilegiis, ex parte*, III [e].

VI[us], in illis qui habitu clericali contempto, tirannidi se irrevecunde immiscent vel sedicionem vel guerram commovent, extra, eo titulo, *cum non ab homine* [f]; hic requisitur amonicio, etc.

VII[us], in illis qui contra inibicionem episcopi publice factam recipiunt administraciones secularium personarum, extra, *ne clerici vel monachi*, capitulo II [g].

VIII[us], in illis qui non ex odio vel ex invidia vel indignacione sed jocosa levitate percuciunt, extra, eo titulo, capitulo I, *super eo* [h].

IX[us], in magistro qui hoc facit leviter causa correccionis, ibidem.

X[us], in illo qui vim temperate repellit, extra, eodem, *si vero hostiarius*, § *si vero clericum* [i].

XI[us], in illo qui invenit clericum cum matre, uxore, vel sorore vel filia propria turpiter agentem, extra, eo titulo, *si vero hostiarius*, § *nec ille* [j].

XII[us], in illo qui facit de mandato sui [prelati] [k] proprii capiendo et trahendo, non

a. X, (5, 39), 4 ; Alexandre III, 1159-1181.
b. X, (5, 39), 25 ; Célestin III, 1191-1198.
c. X, (3, 1), 16 ; Honorius III, 1218.
d. X, (3, 3), 9, 7 et 5 ; Honorius III, 1218 ; Innocent III, 1198-1216 et 1203.
e. X, (5, 33), 27 ; Honorius III, 1216 1227.
f. X, (5, 39), 14 ; Clément III, 1187-1191.

g. X, (3, 50), 2 ; Eugène III, 1145-1153.
h. X, (5, 39), 1 ; Alexandre III, 1159-1181.
i. X, (5, 39), 3 ; Alexandre III, 1159-1181. Le chapitre commence en réalité par les mots : *Si vero aliquis alicujus.*
j. ibidem.
k. *deest* ds le *ms.*

tamen ultra rebellionem ipsius, extra, eo, *ex tenore* [a] et *ut fame* [b]; aliter incideret uter-
que, extra, eo, *universitatis* [c].

XIII[us], in turbante divina officia quem presbiter vel alius ad quem spectat potest
eum ejicere de ecclesia, extra eo, *veniens* [d] et capitulo *cum voluntate*, § *si quis vero* [e].

XIIII[us], in eo qui ratione officii quem in ecclesia optinet clericum percutit.   5

XV[us], in seniore ecclesie qui causa devocionis [f] hoc facit.

XVI[us], in qui prelatus [est] et leviter corrigit.

XVII[us], in domino familiam corrigente.

XVIII[us], in propinquo sive parente corrigente. Hii quandoque casus probantur
extra, eo, *cum voluntate*, §*finali* [g]. Isti tamen casus nisi de prelato intelliguntur secun- 10
dum Hostiensem, libro I, rubrica XI[a], *de tempore ordinacionis*, capitulo IIII, et etiam,
sub § *decima regula* [h], quando sunt in minoribus ordinibus constituti ; alias enim, si
essent in majoribus predicti,incurrerent ut a contrario sensu probatur in capitulo *cum
voluntate*, § *si qui vero*, rubrica [II] [i] et hoc intellige nisi faciant irato animo secundum
Hostiensem et Bernardum[j] super idem capitulum.   15

XIX[us], in clerico [deposito et] [k] tradito curie [seculari] [l] extra, *de judiciis, cum non
ab homine* [m]. Secus si non sit traditus quamvis sit degradatus : nam talis retinet privilegium clericale in memoriam preteriti officii, LXXXI distinctione, *dictum* [n].

XX[us], secundum Hostiensem, Ray[mundum], Innocentium in glosa super capitulo
non dubium [o], in clerico ad actum totaliter contrarium clericatui transeunte ut quia 20
factus est miles nec defert tonsuram quia ad hoc non est cogendus ut extra, *de clericis
[conjugatis]* [p], *ut [consultacioni]* [q] vel factus bigamus vel simile, LXXXIIII di., *si quis* [r].

XXI[us],potest addi de bigamis ut supradictum est per decretalem domini Gregorii X,
de bigamis, altercacionis [s].

XXII[us], de goliardis et joculatoribus, per novellam domini Bonifacii, *de vita et ho- 25
nestate [clericorum]* [t], *clerici* [u].

XXIII[us] de clericis etiam cum unicis et virginibus conjugatis si tonsuram et vestem clericalem non defferunt, capitulo, *clerici* [v].

a. X, (5, 39), 10 ; Alexandre III, 1159-1181.
b. X, (5, 39), 35 ; Innocent III, 1203.
c. X, (5, 39), 24 ; Célestin III, 1191-1198.
d. X, (5, 39), 16 ; Clément III, 1187-1191.
e. X, (5, 39), 54, § 2 ; Grégoire IX, 1227-1234.
f. Le *ms* : *causa devocionis ob devocionis*.
g. X, (5, 39), 54, § 2 ; Grégoire IX, 1227-1234.
h. Hostiensis, *Summa*, p. 35 verso.
i. X, (5, 39), 54, § 2 ; Grégoire IX, 1227-1234.
j. Hostiensis, *Commentaria super quinque libros decretalium*, T. III, p. 122, et Bernard de Parme *Glossa ordinaria*, 1° c°.
k. Le *ms* : depositis.

l. Le *ms* : secularis.
m. X, (5, 39), 14 ; Clément III, 1187-1191.
n. D. LXXXI, c. 8 ; conc. Cabilon., 813.
o. X, (5, 39), 5 ; Alexandre III, 1159-1181.
p. Le *ms* : *cum vi*.
q. Le *ms* : *consultacionem*, X, (3, 3), 10 ; Honorius III, 1216-1227.
r. D. LXXXIIII, c. 5 ; le canon commence en réalité par le mot : *quisquis*.
s. VI, (1, 12), un. ; Grégoire X, 1274.
t. *deest* dans le *ms*.
u. VI, (3, 1), un. ; Boniface VIII, 1294-1298.
v. VI, (3, 2), un. ; Boniface VIII, 1294-1298.

In sequentibus XVII casibus habet potestatem episcopus absolvendi [de]quibus supradictum est in fine precedentis capituli ut dicit : hec regula fallit in XVII casibus ;
quere ad talem signum in quinta linea, supra, in ultimo colonello (+ :) [a].

Primus est cum quis est excommunicatus et est in mortis articulo, XVII, q. IIII,
5 *si quis suadente* ; extra, eo, *non dubium* et capitulo *ea noscitur* [b].

Secundus est cum quis habet inimicitias capitales vel alias justas excusaciones
quare etc., extra, eodem, *de cetero* [c].

II[us] est in hostiario qui pretextu officii clericum leviter leserit, extra, eo, *si vero
ostiarius*, § I [d].

10   IV[us], in officiali qui arcendo turbam non ex proposito sed a casu qui non potuit
previderi percutit clericum, extra, eo, *si vero hostiarius*, § *officialis* [e] ; argumentum
extra, *de homicidio, Johannes* et capitulo finali [f].

V[us], in mulieribus, extra, *mulieres* [g], nec est vis si est fortis vel debilis.

VI[us], in senibus et valetudenariis.

15   VII[us]. in destitutis membris suis ita quod ad sedem ire non possint. Iii tres casus
probantur extra, eo, *mulieres* [h] et capitulo *ea noscitur* [i] et capitulo *quamvis* [j], etc.

VIII[us], in infirmo non habente spem de convalescencia, extra, eo, *quod de hiis* [k].

IX[us], in paupere qui propter paupertatem non potest ire ad sedem et verecundant
hostiatim mendicare, extra, eo, *quod de hiis* [l].

20   X[us], si regularis verberat regularem, extra eo, *monachi* [m] et capitulo *cum illorum* [n];
secus si verberet secularem. Nota tamen hic quod novissimo jure episcopus potest
absolvere regularem qui clericum secularem percussit eo casu quo posset absolvere
secularem qui clericum percussisset ut in novissima, eo, titulo, *religioso* [o].

XI[us], in hiis qui non sunt sui juris ut filius familias et servus [si] [p] fecerint in frau-
25 dem, extra, eo, *mulieres* [q].

XII[us], in hiis qui sunt nobiles et delicati ita quod laborem non possent sustinere.
Primitus tamen est papa consulendus super hoc et tunc videtur fieri absolucio racione
delegacionis, extra, eo, *mulieres* [r].

a. supra, p. 42, l. 15.

b. X, (5, 39), 5 ; Alexandre III, 1159-1181 et X,
(5, 39), 13 ; Clément III, 1187-1191.

c. X, (5, 39), 11 ; Alexandre III, 1159-1181.

d. X, (5, 39), 3 ; Alexandre III, 1159-1181.

e. ibidem.

f. X, (5, 12), 23 et 25 ; Honorius III, 1216-1227,
et Grégoire IX, 1227-1234.

g. X, (5, 39), 6 ; Alexandre III, 1159-1181.

h. ibidem.

i. X, (5, 39), 5 ; Alexandre III, 1159-1181.

j. X, (5, 39), 58 ; Grégoire IX, 1227-1234.

k. X, (5, 39), 26 ; Célestin III, 1191-1198.

l. ibidem.

m. X, (5, 39), 2 ; Alexandre III, 1159-1181.

n. X, (5, 39), 32 ; Innocent III, 1201.

o. VI, (5, 11), 21 ; Boniface VIII, 1294-1298.

p. Le *ms* : nisi. Cf. infra, p. 117, l. 9.

q. X, (5, 39), 6 ; Alexandre III, 1159-1181.

r. ibidem.

XIII^us, est in pupillo sive impubere, extra, eo, capitulo I [a], et sive ante pubertatem sive post petat absolvi, extra, eo, capitulo finali [b].

XIV^us, in hiis qui communiter vivunt et sub uno tecto dormiunt et in eadem domo vescuntur, etiam si sint seculares, extra, *de vita et honestate clericorum, quoniam ut ait* [c].

XV^us, in monialibus, extra, *de sentencia excommunicacionis, de monialibus* [d].   5

XVI^us, in hospitalariis Sancti Johannis Jeresolinitani, extra, eo, *canonica* [e].

XVII^us in hiis qui clericis non enormem sed modicam et levem irrogant lesionem ; hoc enim episcoporum arbitrio relinquitur, eo titulo, [*pervenit*] [f].

V

DE EXCEPTIONIBUS DUARUM REGULARUM

(d'après le ms. Vatican 3994, ff 64 .verso, 67 recto.)

Super illo canone **XVII, q. IIII,** *si quis suadente,* consueverunt regule due tradi. Prima regula est quod quicumque in clericum vel religiosam personam manus injecerit temere violentas, excommunicatus est ipso jure. Hec autem regula fallit in casibus :

Primo, in apostata percusso si a percussore clericus ignoretur. Et hoc certum 10 est quod percussor [qui] [g] hunc qui comam nutriebat clericum esse ignorabat non ligatur ; quod si dubitetur potest se purgare proprio juramento. Quod si jurare rennuerit quod ipsum esse clericum ignorabat, tanquam excommunicatus vitandus est donec per sedem apostolicam absolvatur, titulo eo, *si vero aliquis* [h].

2°, in clerico militaria arma gerente ex quo tercio admonitus per dyocesanum se 15 noluerit corrigere, [extra] [i] eo, *in audientia* [j].

3°, in clerico qui nec in modo tonsure nec in vestimentorum forma nec in qualitate negociorum de clerico quicquam ostenderit si tercio admonitus per diocesanum se non correxerit, infra, capitulo *contingit* II [k]. Quid ergo de goliardis et quid si publicum et notorium sit nec est spes de correctione ? Non videtur quod hoc privilegio gaudeat, 20 argumentum supra, *de statu monachorum, recolentes* [l], § I ; supra, *de clericis conjugatis, Johannes* [m], quia vilitas vite non permittit tales hujusmodi privilegio dignos esse, C.,

a. X, (5, 39), 1 ; Alexandre III, 1159-1181.

b. X, (5, 39), 60 ; Grégoire IX, 1227-1234.

c. X, (3, 1), 9 ; Grégoire VIII, 1187.

d. X, (5, 39), 33 ; Innocent III, 1202.

e. X, (5, 39), 50 ; Honorius III, 1216-1227.

f. Le *ms* : provenit. X, (5, 39), 17 ; Clément III, 1187-1119.

g. *corr.* Le *ms* donne qui à la ligne précédente

après percusso et avant si par une interversion très probable.

h. X, (5, 39), 4 ; Alexandre III, 1159-1181.

i. Le *ms* : contra.

j. X, (5, 39), 25 ; Clément III, 1187-1191.

k. X, (5, 39), 45 ; Innocent III, 1213.

l. X, (3, 35), 3 ; Alexandre III, 1159-1181.

m. X, (3, 3), 7 ; Innocent III, 1198-1216.

de adulteriis, que adulterium [n] in fine. Et hujusmodi privilegium omne reatus excludit.
C., *ubi senatores vel clarissimi* [b], l.I et C., *de episcopis et clericis, generaliter* [c]. Alioquin si
de novo incipiat taliter et spes sit de correctione, [tum] [d] dyocesani episcopi monitio
requirenda, infra, eo, *in audientia* et capitulo *contingit* II [e]. Et videtur quousque habeat
5 rey evidentiam hoc [f] retinere privilegium quamdiu ab ecclesia tolleratur, supra, *de cohabitatione clericorum et mulierum, vestra* [g].

Quarto, in clerico exercente negotia secularia si tercio admonitus per diocesanum
suum se non corrigat, supra, *de vita et honestate clericorum* [h], in fine.

Quinto, in relinquentibus tonsuram et in publico contrahentibus in fraudem jurium
10 domini secularis, quod intelligas eciam si tonsuram hac intentione sola deferunt, puta
quia non habent spem redeundi ad clericatum, nec episcopus tales retinuit sub suo foro
nec beneficium concessit dispensative ut supra, *de clericis conjugatis, ex parte sua* et capitulo *Johannes* et capitulo *diversis* [i]. Et eodem modo intelligas supra, *de privilegiis, ex
parte* [j] que est pars precedentis *ex parte*. Sed et aliter intelligi potest ut statim sequitur.

15 Sexto qui in illo habitu clericali contempto, tyrannidi et crudelitati se inverecunde
immiserint vel seditionem et guerram movent vel publice atrociter delinquunt, infra,
eo, *cum non ab homine*, § *in articulo* et capitulo *perpendimus* [k]; supra, *de [apostatis]*,
capitulo I [l]. Et sic etiam potest intelligi supra, *de privilegiis, ex parte*.

Septimo in illis qui contra inhibitionem dyocesani publice factam recipiunt admi-
20 nistrationem secularium personarum. Nam si tales propter fraudulentum computum
capiantur, indignum est eis ab ecclesia subveniri per quos constat in dei ecclesia scan-
dalum generari, supra *[ne]* [m] *clerici vel monachi*, § *que sunt [permissa]* [n] *clericis*, versibus
sed nec predia et sequentibus [o]. Quid si abbas vel alius prelatus inferior episcopo super
predictis monuerit clericum sibi immediate subjectum et clericus incorrigibilis est ?
25 numquid amittit hoc privilegium? Dicunt quidam quod non quia hoc non invenitur expresse cautum nisi in episcopo et videtur ipsorum privilegium speciale et non debet
hoc alius usurpare, supra, *de privilegiis, sanc* [p] et argumentum supra, *de eleccione, trans-
missam* [q] ; supra, *de excessibus prelatorum, accedentibus* [r]; argumentum contra, infra, eo,
ex tenore et capitulo *cum illorum*, § *nos tamen* et capitulo *canonica* [s]. Et hoc dico ex-
30 pressum in prelatis in genere, infra, eo, *in audiencia* [t].

a. Cod., (9, 9), 28 [29].
b. Cod., (3, 24), 1.
c. Cod., (1,3), 51 [52].
d. Le *ms* : cum.
e. Cf. *supra*, p. 121, nn. *i* et *k*.
f. Le *ms* : hoc videtur.
g. X, (3, 2), 7 ; Lucius III, 1181-1185.
h. X, (3, 1), 16 ; Honorius III, 1218.
i. X, (3, 3), 9, 7 et 5 ; Honorius III, 1218 ; Innocent III, 1198-1216 et 1203.
j. X, (5, 33), 27 ; Honorius III, 1216-1227.

k. X, (5, 39), 14 et 23 ; Clément III, 1187-1191.
l. X, (5, 9), 1 ; Eugène III, 1145-1153.
m. Le *ms* : de.
n. Le *ms* : premissa.
o. Hostiensis, *Summa*, 3, p. 234, recto.
p. X, (5, 39), 9 ; Alexandre III, 1159-1181.
q. X, (1, 6), 15 ; Célestin III, 1191-1198.
r. X, (5, 31), 12 ; Innocent III, 1215.
s. X, (5, 39), 10, 32 et 50, Alexandre III, 1159-
1181, Innocent III, 1201 et Honorius III, 1216-1227.
t. X, (5, 39), 25 ; Clément III, 1187-1191.

Octavo, in illis qui non ex odio vel invidia vel indignatione sed jocosa levitate per-
cutiunt, infra, capitulo I, [versu] *nec clerici* [a].

Nono, in magistro qui hoc facit leviter, in capitulo *cum voluntate*, § *si* [b], causa correctionis vel intuitu discipline, infra, eo, capitulo I, versu *neque magister* [c].

Decimo, in illo qui vim temperate repellit, infra eo, *si vero*, § *si vero clericum* [d], 5
quod qualiter intelligendum quod vis repellenda sit notatur supra, *de restitucione spolia-*
torum, [si] *quis spoliatus*, § [sub]*intelligendum*, versibus *repellenda* et sequenti [e].

Undecimo, in illo qui invenit clericum cum uxore, matre, sorore vel filia propria
turpiter agente ; has autem personas hoc privilegium non excedit, infra, eo, *si vero ali-*
cujus, § *nec ille compendlelus est* [f].   10

Duodecimo, qui hoc facit de mandato prelati proprii, capitulo *ex tenore* [g] ; quamvis enim non debeant verberari eciam causa correctionis per laycum, alioquin et verbe-
rator in excommunicacione incidit, infra, capitulo *universitatis* [h], attamen de mandato
prelatorum capi possunt clerici et ad judicium trahi eciam violenter, dum tamen non
amplius capientium et laycorum violentia se extendat quam defensio vel rebellio exigat 15
clericorum, infra, capitulo *ut fame tue*, § finali [i].

Tercio decimo, in turbante divina officia quem presbyter vel alius ad quem expectat, potest ejicere de ecclesia, infra, capitulo *cum voluntate*, § *si quis vero* [j].

XIII°, in eo qui racione officii quod in ecclesia pertinet clericum percuttit.

XV°, in seniore ecclesie qui causa de votionis hoc facit.   20

XVI°, in eo qui prelatus est et leviter corrigit.

XVII°, in domino famulum corrigente.

XVIII°, in propinquo sive parente sicut in hiis quandoque casus probatur, infra,
capitulo *cum voluntate*, § *decima regula* [k].

XIX°, in clerico deposito et tradite curie seculari, supra, *de judiciis, cum non ab* 25
homine [l] ; XVII, q. IIII, *si quis deinceps* [m]. Secus si [non] sit traditus quamvis degradatus ; nam talis privilegum detinet, LXXXI di., *dictum* [n], in memoriam preteriti officii,
argumentum C., *de questionibus, servos non solam* [o] ; ff, *de decurionibus*, lege finali [p]. Et
de hoc notatur supra, *de emmunitate ecclesiarum*, § *in quantum*, versu *sed numquid hoc*
privilegium [q] ; *ne clerici vel monachi*, capitulo I, versu *sed numquid clericus* [r].   30

XX°, in clerico ad actum contrarium prorsus clericatui transeunte ut quia factus es

a. X, (5, 39), 1 ; Alexandre III, 1159-1181.

b. X, (5, 39), 54 ; Grégoire IX, 1227-1234.

c. X, (5, 39), 1 ; Alexandre III, 1159-1181.

d. X, (5, 39), 3 ; Alexandre III, 1159-1181.

e. HOSTIENSIS, *Summa*, 1, p. 105, recto.

f. X, (5, 39), 3 ; Alexandre III, 1159-1181.

g. X, (5, 39), 10 ; Alexandre III, 1159-1181.

h. X, (5, 39), 24 ; Célestin III, 1191-1198.

i. X, (5, 39), 35 ; Innocent III, 1203.

j. X, (5, 39), 54 ; Grégoire IX, 1227-1234.

k. X, (5, 39), 54.

l. X, (2, 1), 10 ; Célestin III, 1191-1198.

m. C. XVII, q. IIII, c. 22, Alexandre 1061-
1073.

n. D. LXXXI, c. 8, conc. Cabilon. 813. Le *ms.*
porte : 91 di.

o. Cod., (9, 41), 14.

p. Dig., (50, 2), 14.

q. HOSTIENSIS, 9, p. 232 recto.

r. Ibidem, 5, p. 234 recto (?).

miles nec tonsuram defert quia nec ad hoc est cogendus, supra, *de clericis conjugatis,* capitulo *ut consultationi* [a]. Ergo a contrario si tonsuram velit deferre, potest et retinebit privilegium istud quamvis aliqui contrarium notent. Dicunt eciam quidam quod bigamus non retinet hoc privilegium per canonem, 84 di., *quisquis* [b]. Sed de hoc dic ut
5 notatur supra, *de vita et honestate clericorum,* § *in quibus,* versibus *adeo autem inviti tondentibus* et sequentibus [c].

Secunda regula est quod quicumque in hunc canonem incidit ad sedem apostolicam est mittendus quia citra absolvi non potest. Sed sunt casus in quibus fallit hec regula.

Primus est quando excommunicatus est in articulo mortis constitutus. Hic enim,
10 quecumque fuerit lesio, absolvi potest, XVII, q, IIII, *si quis suadente* [d] et capitulo *ea noscitur* [e], § finali et *quod de hiis* [f] et capitulo *quamvis incidens* [g] ; supra, *de officio ordinarii, pastoralis,* § *preterea* [h]; supra, capitulo [XI] [i], *quod in te,* in fine et capitulo ultimo [j]. Et de hoc notatur supra, titulo I, sub rubrica *de penitentiis,* § *cui sit confitendum,* rubrica I, versibus VII° et sequentibus [k]. Et tamen tali est injungendum ut si evaserit de
15 beat se sedi apostolice presentare, scilicet si enormis fuerit lesio, vel ejus legato si non est enormis vel si super hoc, scilicet enormi, speciale mandatum habeat [l], mandatum super hoc [recepturus] [m] ; sic intelligas, infra, capitulum *ea noscitur* [n], § finali.

Secundus est quando habet inimicias capitales vel alias justas excusationes quia non potest se sedi apostolice presentare, infra, capitulo *de cetero* [o].
20   Tertius, in hostiario qui pretextu officii clericum tamen non graviter lesit, infra, capitulo *si vero alicujus* [p], rubrica I.

Quartus, in generali qui arcendo turbam non ex proposito sed casu fortuitu qui tamen aliquo modo potuit provideri, ita quod in aliqua negligentia deprehendatur, percussit clericum. Si autem in nulla culpa esset non crederem ipsum astrictum ex quo
25 non posset ei aliquatenus imputari. Sic intellige, infra, capitulum *si vero,* § *officiales* [q], argumentum supra, *de homicidio, Johannes* et capitulo finali [r].

Quintus in mulieribus.

Sextus in senibus et valitudinariis.

Septimus in membris suis destitutis, intelligas ita quod accedere non possunt, si
30 cut illi tres casus probantur infra, eo, *mulieres* [s].

a. X, (3, 3), 10 ; Honorius III, 1216-1227.

b. D. LXXXIIII, c. 5, Siricius Episcopus, 385.

c. Hostiensis, *Summa,* 1, p. 163 recto (*adeo autem inviti tendentur*).

d. C. XVII, q. III, c. 17 ; Innocent II, 1139.

e. X, (5, 39), 13 ; Clément III, 1187-1191.

f. X, (5, 39), 26 ; Célestin III, 1191-1198.

g. X, (5, 39), 58 ; Grégoire IX, 1227-1234.

h. X, (1, 31), 11, § 1 ; Innocent III, 1198-1216.

i. Le *ms* : 1.

j. X, (5, 38), 11 et 16 ; Innocent III, 1198-1216, et Grégoire IX, 1227-1234.

k. Hostiensis, *Summa,* 14, p. 337, recto.

l. Le *ms.* : habeat presentare.

m. Le *ms.*: recepimus.

n. X, (5, 39), 13 ; Clément III, 1187-1191.

o. X, (5, 39), 11 ; Alexandre III, 1159-1181.

p. X (5, 39), 3 ; Alexandre III, 1159-1181.

q. ibidem.

r. X, (5, 12), 23 et 25, Honorius III, 1216-1227, et Grégoire IX, 1227-1234.

s. X, (5, 39), 6 ; Alexandre III, 1159-1181.

Octavus, in infirmo secundum quosdam, quod intelligas quando tanta est infirmitas quod non potest haberi spes de convalescencia.

Nonus, de paupere secundum quosdam, quod intelligas quando tanta est paupertas quod non potest ad sedem apostolicam accedere et est ei verecundum hostiatim ire. Sic intelligas supra, eo, *ea noscitur* [a].

Decimus, in monachis et canonicis regularibus, infra, eo, capitulo *monachi* [b] et capitulo *cum illorum* [c].

Undecimus, in eo qui non est sui juris sicut filius familias, mulieres, etc., infra, eo, *mulieres* [d]. Quod tamen intelligendum est [si] [e] filius vel servus hoc fecerit in fraudem servicii patri vel domino prestandi, vel ubi pater vel dominus qui in culpa non est, grave detrimentum pateretur propter filii vel servi sui absentiam. Debet tamen eis in recompensationem laboris itineris alia satisfactio injungi, infra, capitulo *relatum* [f].

Duodecimus, in hiis qui nobiles et magne potentie sunt et ita delicati quod laborem eundi ad sedem apostolicam nequeunt sustinere ; prius tamen super hoc est Romanus pontifex consulendus, [ideo] iste casus non erat nisi ipsum in *Summa Gaufredi* [g] invenissem notatum qui nec ipsum exposuit. Sed hec est veritas quoniam ibi potius jure delegationis quam officii absolvitur ut patet infra, eo, *mulieres*, § *de hiis vero* [h].

XIII[us], in pupillo, infra, eo capitulo, sive ante pubertatem postulet sive post postulet, infra, eo, capitulo finali [i].

XIIII[us], in hiis qui communiter vivunt, sub uno tecto dormiunt et in eadem domo vescuntur, cciam si seculares sint, supra, *de vita et honestate clericorum, quoniam ut ait scriptura*, in fine [j]. Et secundum hoc intellige infra, eo, *ex tenore* [k] in fine, ibi etiam, *in eadem ecclesia [socius]* [l] *esse*. Non enim ideo excipitur casus ille ut liceat socium percuttere irato animo, sed ideo quia sepe accidit. Nam communio parit discordiam, ff, [*de legatis* II, lege *cum pater*], § *dulcissimus* [m]. Ideo non est injungendum id per quod verisimile sit perjurium invenire, supra, *de cohabitatione clericorum et mulierum, clericos* [n] et supra *de presumpcionibus, litteras* [o], et quia, si hoc accidat, [citra] [p] sedem apostolicam talis absolvi potest.

XV[us], in monialibus, infra, eo, *de monialibus* .

XVI[us], in hospitalariis Sancti Johannis Jerosolimitani, infra, capitulo *canonica* [r].

XVII[us], in hiis qui clericis non enormem sed modicam et levem injuriam irrogant.

a. X, (5, 39), 13 ; Clément III, 1187-1191.
b. X, (5, 39), 2 ; Alexandre III, 1159-1181.
c. X, (5, 39), 32 ; Innocent III, 1201.
d. X, (5, 39), 6 ; Alexandre III, 1159-1181.
e. Le *ms.* : nisi.
f. X, (5, 39), 37 ; Innocent III, 1206.
g. GAUFREDUS, *Summa* (exceptions au canon *Si quis suadente*, 2ᵉ règle, 10ᵉ cas).
h. X, (5, 39), 6 ; Alexandre III, 1159-1181.
i. X, (5, 39), 60 ; Grégoire IX, 1227-1234.

j. X, (3, 1), 9 ; Grégoire VII, 1187.
k. X, (5, 39), 10 ; Alexandre III, 1159-1181.
l. Le *ms.* : pocius.
m. Dig. (31), 77, § 20. Le *ms.* donne une référence illisible.
n. X, (3, 2), 3 ; Alexandre III, 1159-1181.
o. X, (2, 23), 14 ; Innocent III, 1206.
p. Le *ms.* : circa.
q. X, (5, 39), 33 ; Innocent III, 1202.
r. X, (5- 39), 50 ; Honorius III, 1216-1227.

Hujusmodi enim, o tu, episcop[e], tue fraternitatis arbitrio duximus relinquendum, infra,
eo, *pervenit* [a], quod dic ut notatur infra, eo, § *quis possit absolvere ab hac sentencia* [b].
De monachis et canonicis regularibus, monialibus et hospitalariis Sancti Johannis
Jerosolimitani, [nota] diversos casus quia et alii sic notant. Sed hodie idem est in
5 omnibus religionibus quod dic ut notatur infra, eo, § *quis possit ab hac sentenlia*, sub §
si quis absolvet, versibus primo et secundo [c].

VI

CASUS EXCOMMUNICACIONIS SECUNDUM STATUTUM CONCILII VIENENSIS

(Troyes, 1718, 4° et Arch. de l'Aube, G. 2334, ff°ˢ 32-33.)

Incipiunt casus in quibus quis incidit [ipso facto] [d] in sententiam excommunicationis secundum statutum concilii [Viennensis] [e].

Primus casus [f] *est* : si in curia Romana una sententia diffinitiva fuerit promulgata
10 super aliquo beneficio et possessor illius beneficii non fuerit in possessione pacifica per
triennium, debet fieri sequestratio fructuum illius beneficii per loci ordinarium apud
aliquam personam ydoneam. Si quis autem sequestrationem hujusmodi impedire vel
fructus sequestratos quoquomodo presumpserit occupare, excommunicationis sententiam incurrit ipso facto a qua absolvi non potest nisi prius amoto impedimento et occu-
15 patis per eum fructibus restitutis, lib. II°, *de sequestratione possessionum et fructuum,
capitulo ad compescendas* [g].

Secundus est : si qui corpora defunctorum tempore interdicti in casibus non concessis
a jure vel excommunicatos publice aut nominatim interdictos vel usurarios manifestos
scienter sepelire presumunt nec possunt absolvi donec ad arbitrium dyocesani satisfac-
20 tionem exhibuerint, lib. III, *de sepulturis, capitulo eos qui proprie* [h].

Tercius est : si religiosi novalium aut decimas alias ecclesiis debitas non spectantes
ad eos ex aliqua causa legitima sibi appropriare presumpserint aut exquisitis fraudibus
vel coloribus usurpare sive qui decimas non solvunt de animalibus familiarium vel [i]
pastorum suorum vel qui aliorum animalia suis gregibus immiscent sive in fraudem
25 ecclesiarum emunt animalia et ipsa tradunt venditoribus vel aliis ab ipsis tenenda seu
qui de terris quas aliis tradunt excolendas decimam solvi non permittunt, si hujusmodi
religiosi habuerint administrationem et requisiti fuerint ab eis quorum intererit et infra
mensem non destiterint et si de premissis infra duos menses non satisfecerint competenter, suspensi sunt a suis administrationibus donec ut premissum est satisfecerint.

a. X, (5, 39), 17 ; Clément III, 1187-1191.　　f. *deest*, B.
b. HOSTIENSIS. *Summa*, 11, p. 366 recto.　　g. *Clem.*, (2, 6), un.
c. HOSTIENSIS, *Summa*, 13, p.366 [367], recto.　　h. *Clem.*, (3, 7), 1.
d. *deest*, B.　　i. nec, B.
e. Viennensi, A.

Si vero administrationem non habuerint et talia commiserint, ipso facto sententiam excommunicationis incurrunt, ante satisfactionem condignam nullatenus absolvendi. lib. III, *de decimis, capitulo religiosi*[a].

Quartus est : si monachi aut regulares canonici administrationem non habentes ad curias principum absque speciali licentia suorum prelatorum se conferre presumant ut 5 suis prelatis aut suis monasteriis dampnum inferant, sententiam excommunicationis incurrunt ipso facto, lib. III°, *de statu monachorum et canonicorum regularium, capitulo ne in agro dominico*[b].

Quintus est : si monachi infra septa monasteriorum sine licentia abbatum suorum arma teneant simili sententia sunt [ligati][c], ibidem. 10

Sextus est : monasteria monialium non exempta per dyocesanos auctoritate sua, exempta immediate sedi apostolice subjecta auctoritate apostolica, alia exempta per illos quibus subsunt debent annis singulis visitari et similiter mulieres[d] que dicuntur canonice regulares eodem modo debent visitari. Isti autem visitatores duobus notariis et duabus personis ecclesie sue quatuorque viris aliis honestis debent esse contentis in 15 hujusmodi visitatione. Si qui vero visitatores ipsos in premissis impedire presumpserint seu aliquo premissorum, nisi moniti resipiscant, ipso facto excommunicacionis sententiam se noverint incursuros, ibidem, *capitulo attendentes*[e].

Septimus est : contra mulieres remanentes in statu beguinarum vel assumentes statum earum, lib. III°, *de religiosis domibus ut*[f] *episcopo sint subjecte, capitulo cum in qui-* 20 *busdam*[g].

Octavus est : contra religiosos per quos beguine in statum beguinagii foveri dicuntur, si eis ullo modo prebeant auxilium, consilium vel favorem ut predictum statum sectentur vel eum de novo assumant, ibidem.

Nonus est : si quis in gradu consanguinitatis vel affinitatis a canone prohibito aut 25 cum moniali scienter contrahit. Item moniales, religiosi et clerici in sacris ordinibus constituti matrimonium contrahentes, eo ipso sentenciam excommunicationis incurrunt, lib. IIII°, *de consanguinitate et affinitate, capitulo eos qui divino*[h].

Decimus est : si episcopus vel inquisitor vel instituti ab eis obtentu odii, gratie vel amoris lucri aut commodi temporalis contra conscientiam suam et justiciam omiserint 30 procedere contra suspectos vel diffamatos super heresi aut si alicui pravitatem hereticam vel impedimentum sui officii imposuerint[i] eum super hoc quoquomodo vexando, episcopus aut superior eo[j] suspensus est ab officio per triennium, alii sententiam excommunicationis incurrunt ipso facto, lib. V°, *de hereticis, capitulo multorum querela*[k].

Undecimus est : quod nullus fiat inquisitor nisi quadragesimum annum attigerit ; item 35

a. *Clem.*, (3, 8), 1.
b. *Clem.*, (3, 10), 1.
c. ligandi, A.
d. mulires, B.
e. *Clem.*, (3, 10), 2.
f. et ut, A.

g. *Clem.*, (3, 11), 1.
h. *Clem.*, (4), un..
i. imposuerunt, B.
j. *sic*, A, B
k. *Clem.*, (5, 3), 1.

[quod][a] nulli commissarii inquisitorum vel episcoporum seu capitulorum, sede vacante, pretextu officii inquisitionis quibusvis[b] modis illicitis ab aliquibus pecuniam extorqueant ; item quod scienter non attemptent bona ecclesiarum ob delictum clericorum
occasione predicti officii fisco etiam ecclesie applicare ; quod si secus in hiis vel eorum
5 altero facerint excommunicationis sentencie subjaceant [c] ipso facto, ibidem, capitulo
nolentes splendorem [d], nec possunt absolvi a predicta sentencia nisi in mortis articulo
donec illis a quibus extorserint plene satisfecerint de pecunia sic extorta.

Duodecimus est : si potestates communitatum, capitanei, rectores, consules, judices,
consiliarii aut alii quicumque officiales — statuta de cetero facere, scribere vel dictare, —
10 quod usure solvantur vel quod solute cum repetentur non restituantur plene ac libere,
scienter judicare presumpserint, sentenciam excommunicacionis incurrunt. Eandem
etiam [e] sentenciam incurrunt nisi statuta hujusmodi hactenus edita de libris ipsarum
communitatum, si super hoc potestatem habuerint, infra tres menses deleverint aut
ipsa statuta vel consuetudines effectum eorum habentes quoquomodo presumpserint
15 observare, lib. V°, *de usuris, capitulo ex gravi* [f].

Tercius decimus est : si religiosis[g], clericis aut laicis sacramentum extreme unctionis
vel eucharistie ministrare matrimoniave solemnizare, non habita super hoc parochialis
presbyteri licentia speciali, aut qui excommunicatos a canone preterquam in casibus a
jure expressis vel per privilegia sedis apostolice concessis vel a sententiis per statuta sy-
20 nodalia vel provincialia promulgatis seu a pena et a culpa quemquam absolvere presumpserint, sentenciam excommunicationis incurrunt ipso facto nec absolvi possunt nisi per
sedem apostolicam, lib. V°, *de privilegiis et excessibus privilegiatorum, capitulo religiosi* [h].

Quartus decimus est : si quis episcopum injuriose vel temere percusserit aut ceperit
aut baniverit vel hoc mandaverit fieri aut facta ab aliis rata habuerit vel socius in hiis
25 fuerit facientis aut consilium in hiis dederit aut favorem seu defensarit scienter eumdem,
ipso facto sentenciam excommunicationis incurrit, lib. V°, *de penis, capitulo si quis suadente* [i]. Si vero civitas talia commiserit contra suum episcopum, ecclesiastico subjacet interdicto. Potestas vero, consiliarii, ballivus, scabini, advocati, rectores, consules, officiales
ipsius, quocumque nomine censeantur, in premissis culpabiles, ipso facto similem sen-
30 tentiam incurrunt, ibidem. Et si in mortis articulo a predicta sententia absolvatur[f],
nisi postquam pristine sanitati restitutus fuerit romani pontificis conspectui quam cito
commode poterit se presentare curaverit, in eamdem sententiam recidit ipso facto.

Quintus decimus est : si religiosi mendicantes loca ad habitandum de novo recipiant
35 vel usque nunc recepta mutent vel transferant in alios quocumque alienationis titulo,
idem si religiosi decimas non percipientes aliqua[k] in sermonibus suis vel alibi ut audien

<table>
<tr><td>a. quo, A.</td><td>g. religiosi, B.</td></tr>
<tr><td>b. quibus, B.</td><td>h. Clem., (5, 7), 1.</td></tr>
<tr><td>c. subjacent, B.</td><td>i. Clem., (5, 8), 1.</td></tr>
<tr><td>d. nolens, B. Clem., (5, 3), 2.</td><td>j. absolvantur, A.</td></tr>
<tr><td>e. deest, B.</td><td>k. sic, A, B.</td></tr>
<tr><td>f. Clem., (5, 5), un.</td><td></td></tr>
</table>

tes retrahant a decimarum ecclesiis debitarum solutione proferre presumpserint, ipso
facto sententiam excommunicationis incurrunt ; item si religiosi hujusmodi scienter
postposuerunt[a] sibi confitentibus conscientiam facere de solvendis hujusmodi decimis,
suspensi sunt ab officio predicationis donec confitentibus ipsis[b] si hoc ipsum sibi dicendi commode facultatem habuerint, exinde excommunicacionis sentenciam incursuri 5
ipso facto si predicare presumpserint, predicta negligentia, ut premittitur, non purgata,
ibidem, *capitulo cupientes*[c].

Sextus decimus est : si religiosi vel clerici seculares aliquos ad vovendum, jurandum
vel alias promittendum inducant ut sepulturam apud ecclesias eorum eligant, vel jam
electam ulterius non immutent, eandem sentenciam excommunicacionis incurrunt, 10
ibidem, in fine.

Decimus septimus est : si religiosi quicumque interdictum positum auctoritate
apostolica vel a locorum ordinariis cum viderint vel sciverint cathedralem vel matricem
loci ecclesiam ipsum interdictum observare et non observaverint, non obstantibus quibuscumque appellationibus ad sedem apostolicam vel ad alium factis, ipso facto sententiam 15
excommunicacionis incurrunt. In interdictis autem et cessationibus indictis per statuta
conciliorum provincialium et in cessationibus civitatum, terrarum et aliorum locorum
quas aliquando ex consuetudine vel alias, capitula, collegia vel conventus secularium
aut regularium ecclesiarum sibi vindicant, idem intelligitur observandum, lib. V°, *de
sententia excommunicationis, capitulo ex frequentibus*[d].   20

Decimus octavus est : quod omnes qui in locis interdicto suppositis quemquam de
cetero divina officia celebrare quomodolibet cogere aut qui ad audienda divina officia
aliquos excommunicationis presertim vel interdicti ligatos sententia evocare, seu qui
ne excommunicati publice vel interdicti de ecclesiis dum in ipsis missarum solennia
aguntur, a celebrantibus moniti exeant, prohibere, nec non excommunicatos publice et 25
interdictos qui in ipsis ecclesiis nominatim a celebrantibus ut exeant moniti remanere
presumpserint, excommunicacionis sententia innodantur, ibidem, *capitulo gravis ad nos*[e].

Decimus nonus est : si fratres minores, fratres vel sorores de tercio ordine qui continentes vel fratres de penitentia nuncupantur receperint ad divina tempore interdicti
vel quoquomodo admiserint, ipso facto sententiam excommunicacionis incurrunt, ibidem, 30
capitulo cum ex eo[f].

Expliciunt casus constitutionum.

<table>
<tr><td>a. postposuerint, B.</td><td>d. Clem., (5, 10), 1.</td></tr>
<tr><td>b. deest, B.</td><td>e. Clem., (5, 10), 2.</td></tr>
<tr><td>c. Clem., (5, 8), 3.</td><td>f. Clem., (5, 10), 3.</td></tr>
</table>

INDEX DES MANUSCRITS

du « *LIBER DE EXCOMMUNICACIONE* »

Désignation des manuscrits.

De absolucione ad cautelam.

A = Vienne, 349.

A' = Brit. Mus., Cot. Julius, D, XI.

B = Paris, Bib. N^{le}, 15415.

C = Reims, 744.

D = Reims, 764.

E = Paris, Bib. N^{le}, 4108,

F = Paris, Bib. N^{le}, 12467.

G = Paris, Bib. N^{le}, 3990 c.

H = Paris, Bib. N^{le}, 4558.

De excommunicacione et interdicto.

A = Vienne, 349.
B = Paris, Bib. Nle, 15415.
C = Reims, 744.
G = Mazarine, 1308.

H = Bâle, C. 535.
J = Paris, Bib. Nle, 4108.
O = Königsberg, 79.
T = Chartres, 299.

Casus novarum constitucionum.

A = Vatican, 3994.

B = Angers, 403.

Casus Clementinarum.

A = Berlin, 190.

B = Vatican, 3994.

Remaniements bénédictins.

A = Reims, 291.

B = Angers, 403.

Casus excommunicacionis secundum statutum concilii Viennensis.

A = Troyes, 1718.

B = Archives Abbe, G. 2334.

INDEX DES OUVRAGES CITÉS

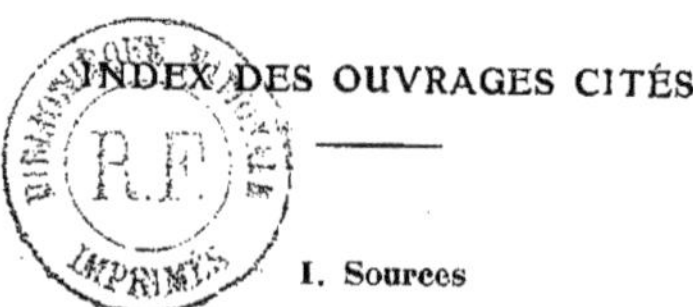

I. Sources

Abbo. — *Apologeticus*, éd. P. Pithou, 1687.
— idem, éd. Migne, Patrol. 139, col. 461 et sq.
Achery (D'). — V. Dachery.
Anonyme. — V. Herman de Minden.
Archidiaconus. — V. Guido de Baysio.
Arnulphus. — *Summa Minorum*, dans L. Wahrmund, *Quellen...*, etc., Bd. I, Hft. II.
Auvray (L.). — *Les registres de Grégoire IX* (en cours de publication).
Benedictus Ananiensis. — *Concordia Regularum*, Migne, *Patrologie*, 103, col 701 et sq.
Bergmann (Fr.).— *Pillii, Tancredi, Gratiae libri de judiciorum ordine*, 1842.
Bernaldus. — *Tractatus de sacramentis excommunicatorum*, dans Migne, Patrologie, 148, col. 1061 et sq.
— *Apologeticus super excommunicationem Gregorii VII*, ibidem, col. 1067 et sq.
— *De vitanda excommunicatorum communione, etc.*, ibid., col. 1181 et sq.
— *De vitandis excommunicatis, etc.*, ibidem, col. 1231 et sq.
Bernardus Papiensis. — *Summa decretalium*, éd. de Laspeyres, 1860.
Bouquet. — *Recueil des historiens des Gaules*, t. X, 1760.
Burchardus Wormatiensis. — *Decretorum libri XX*, dans Migne, Patrologie, 140, col. 537 et sq.
Calderinus Joannes. — *De interdicto ecclesiastico*, Tractatus universis juris, t. XIV, p. 323 et sq.
Cocquelines. — *Bullarium*, 1739-1744, 14 vol.
Corpus juris canonici. — Ed. Friedberg, 2 vol. 1879-1881.
Corpus juris canonici.— Decretum Gratiani, jussu Gregorii papa XIII, cum glossis, Lugduni, 1584.
— Corpus juris canonici in III partes distinctum, cum glossis, I, Decretum Gratiani, Lugduni, 1618.

— Decretales Gregorii Papae IX cum glossis, Lugduni, 1624.
—Liber Sextus Decretalium, Clementis pape constitutiones extravagantes tum vigenti Johannes papae XXII, cum communes, cum glossis, Lugduni, 1624.
Corpus juris civilis. — Ed. Krueger, Mommsen, Schoell, I^ 1902, II^ 1900, III^ 1904.
Curialis. — Dans L. Wahrmund, *Quellen etc.*, Bd I, Hft, III.
Dachery. — *Specilegium*, 3 vol., 1723.
Decretales Pseudo-Isidorianae et capitula Angilramni. — Rec. P. Hinschius, 1863.
Dubarat (V.). — *Les constitutions provinciales de la province ecclésiastique d'Auch* (1290), 1899.
Durand Guillaume. — *Speculum juris et Repertorium aureum*, Francfort, 1612.
— *Instructions et constitutions*, Ed. Berthelé et Valmary, Montpellier, 1900.
Eilbert de Brême. — *Ordo judiciarius*, dans L. Wahrmund, *Quellen*, etc., Bd. I, Hft. V.
Galante. — *Fontes juris canonici selecti*, 1906.
Gofredus de Trano. — *Summa decretalium* (d'après le ms. de la Biblioth. Univ. de Lyon).
Gratia. — V. Bergmann.
Guido de Baysio (Archidiaconus). — *Rosarium*, Venise, 1601.
Guillaume. — V. Durand.
Hardouin. — *Conciliorum collectio regia maxima*, Paris, 1715, 12 vol.
Herman de Minden (?). — *De interdictis* (publié sous le nom de Johannes Andreae), Tract. univ. jur. t. XIV.
Hostiensis (Henricus de Segusio). — *Summa aurea* Lugduni, 1588. (C'est à cette édition que nous renvoyons en l'absence d'indication contraire).
— *idem*, Coloniae, 1672, (meilleure, mais assez rare).

— *Commentaria in libros decretalium*, 4 vol. Venise, 1581. (Ce même ouvrage est parfois traditionnellement désigné sous le nom de *Lectura*.)

INNOCENTIUS IV. — *Apparatus in quinque libros decretalium*, 4 vol., Lugdini, 1525.

IVO CARNOTENSIS. — *Decretum*, dans Migne, Patrol. 161, col. 47 et sq.

— *Panormia, ibidem*, col. 1045 et sq.

JACOBUS DE BELVISO. — *Tractatus de excommunicatione*, dans le Tractatus univ. juris, t. XIV, pp. 387-388.

JAFFÉ. — *Regesta Pontificum Romanorum ab cond. eccle. ad an. 1198*, 2ᵉ éd., 2 vol., 1185-1188.

— *Monumenta Gregoriana*, Berlin, 1865.

JOANNES ANDREAE. — *Sextus liber cum epitomis et... glossa ordinaria*, Lugduni, 1559.

— *Novella in Sextum decretalium*, Lugduni, 1550.

JOANNES DIACONUS. — *Sancti Gregorii Magni vita*, dans Migne, Patrol., 75, col. 59 et sq.

KUNTSMANN. — *Ueber den ältesten ordo judiciarius*, dans *Kritische Ueberschau der deutschen Gesetzgebung und Rechtswissenchaft*, II, 1855, p. 10 et sq.

Liturgia gallicana (*De*). — Dans Migne, Patrologie, 72, col. 100 et sq.

MABILLON. — *Vetera analecta*, Paris, 1723.

MANSI. — *Sacrorum conciliorum nova et amplissima collectio*, 1759-1798.

MARTÈNE. — *De antiquis ecclesiae ritibus*, Antverpiae, 4 vol., 1737.

Ordo excommunicationis, dans Migne, Patrol., 138, col. 1123.

PAUCAPALEA. — *Die Summa des Paucapalea über das Decretum Gratiani*, éd. Schulte, 1890.

PIERRE LOMBARD. — *Sententiarum libri quatuor*, Migne, Patrol., 192, col. 521 et sq.

PILLIUS. — V. BERGMANN.

POTTHAST. — *Regesta Pontificum romanorum ab an. 1198, ad an. 1304*, I et II, 1874-1875.

RAYMOND DE PEÑAFORT. — *Summa* (avec les gloses du Postillator), par le R. P. F.-H.-M. Laget, Lugduni, 1718.

RAYNALD (O.). — *Annales ecclesiastici ab anno 1198*, 14 vol., 1747-1755.

REGINO ABBAS PRUMIENSIS. — *Libri duo de synodalibus causis et disciplinis ecclesiasticis*, éd. Wasserschleben, 1840.

Rhetorica ecclesiastica, dans L. WAHRMUND, *Quellen*, etc., Bd I, Hft IV.

RUFINUS. — *Summa decretorum*, éd. Singer, 1902.

RUFINUS (PSEUDO). — *Summa decretorum*, éd. Schulte, 1892.

SCHMITZ. — *Das poenitentiale Romanum*, 1875.

— *Die Bussbücher und die Bussdisciplin der Kirche*, 1883.

— *Die Bussbücher und das Kanonische Bussverfahren*, 1898.

SCHULTE (FR. VON). — *Der ordo judiciarius des Codex Bambergensis*, Sitzungsberichte der Wiener Akademie, t. LXX, 1872, p. 235 et sq.

STEPHANUS TORNACENSIS. — *Summa sur le décret de Gratien*, éd. Schulte, 1891.

TANCRÈDE. — V. BERGMANN.

TERTULLIEN. — *De puenitentia ; De pudicitia*, éd. 2. Erwin Preuschen, 1910. Sammlung ausgewählter Kirchen-und. Dogmengeschichtliche Quellenschriften, hsg. von Krüger.

THIEL (A.). — *Epistolae Romanorum Pontificum genuinae*, I, 1868.

THOMAS D'AQUIN. — *De forma absolutionis ; Opuscula*, éd. de 1634, op. 22, p. 375.

Tractatus universi juris, t. XIV, Venise, 1584.

WAHRMUND (L.). — *Quellen zur Geschichte des römisch-kanonischen Prozesses im Mittelalter*, Bd. I, 1905-1907.

WALTER. — *Fontes juris ecclesiastici*, 1868.

WASSERSCHLEBEN. — *Die Bussordnungen der abendländischen Kirche*, 1851.

YVES DE CHARTRES. — V. IVO.

ZILETTI. — V. *Tractatus universi juris*.

II. Littérature

ARBOIS (D') DE JUBAINVILLE. — *Les excommunications d'animaux*, Rev. des questions hist., V, p. 275 et sq.

Archiv der Gesellschaft für ältere deutsche Geschichtkunde (Pertz), X, 1851.

BATTIFOL (P.). — *Etudes d'histoire et de théologie positive* (II. Les origines de la pénitence. — III. La hiérarchie primitive), 1907.

— *Bulletin de littérature ecclésiastique*, 1906, pp. 339-348.

Béraud-Bercastel. — *Histoire de l'Eglise*, t. VI, éd. de 1830.

Boudhinon (A.). — *Sur l'histoire de la pénitence à propos d'un livre récent.* — Revue d'histoire et de littérature religieuse, II, pp. 306 et sq. et 496 et sq.

— *Sur l'histoire des indulgences à propos d'un livre récent*, ibidem, III, p. 434 et sq.

— *La missa paenitentium dans l'ancienne Eglise d'Occident*, ibidem, VII, p. 1 et sq.

— Article *Excommunication*, dans *The catholic Encyclopaedia*, éd. par R. Appleton, New York, s. d.

Brissaud (J.). — *Cours d'histoire générale du droit français*, 2 vol., 1904.

Cabrol (Dom). — *Dictionnaire d'archéologie chrétienne et de liturgie* (en cours de publication).

Casley. — *A catalogue of the mss of the Kings library* (British Museum Old Royal), 1734.

Catalogi librorum mss Angliae et Hiberniae (4 parties en 2 vol. parf. reliés en un seul) 1697.

Catalogue alphabétique des livres imprimés mis à la disposition etc., Bibliothèque Nationale, département des mss, 1904.

Catalogue des mss conservés dans les dépôts d'archives départementales, 1886.

Catalogue des mss de la Bibliothèque de l'Arsenal, I et II, 1885-1886.

Catalogue des mss de la Bibliothèque Mazarine, II, 1886.

Catalogue général des mss des Bibliothèques publiques de France. — Départements, 43 vol. in-8, 1886-1904.

Catalogue général des mss des Bibliothèques des départements, in-4°, II, 1855.

Catalogue of the mss in the Cottonian Library déposited in the British Museum (A), 1802.

Catologus codicum manuscriptorum Bibliothecae regiae, Parisiis, III et IV, 1744.

Chevalier (Ulysse). — *Répertoire des sources historiques du moyen âge. Topo-bibliographie*, 2 vol. 1894-1903.

Chouët (P.). — *La sacrée pénitencerie apostolique*, Lyon, 1908 (thèse de droit canon).

Delisle (L.) — *Inventaire des mss latins conservés à la Bibliothèque nationale etc.* (Extraits de la Bibliothèque de l'Ecole des Chartes, 5e série, III et IV ; 6e série, I, III et IV, V et XXXI), 1863-1870.

— *Le cabinet des manuscrits*, 4 vol., 1868-1881.

Denifle (H.). — *Quellen zur Gelehrtengeschichte des Predigerordens.* Arch. für Litter. und Kirchengeschichte (Denifle-Ehrle), II, p. 164-248.

Duchesne (L.) — *Bulletin critique*, 1883, p. 305 et sq.

— *Origines du Culte chrétien.* — Etude sur la liturgie latine avant Charlemagne, 1889.

Dupin (Ellies). — *De antiqua infligendae excommunicationis ratione.* De antiqua ecclesiae disciplina dissertationes historicae, Paris, 1686, pp. 243-303.

— *Traité historique des excommunications*, 2 vol. (s. n. n. l. n. d., 1714-1719).

Eichmann (E.). — *Acht und Bann im Reichsrecht des Mittelalters* (Görresgesellschaft), 1909.

Ermoni (V.). — *La pénitence dans l'histoire à propos d'un ouvrage récent.* Revue des questions historiques, janvier 1900, p. I.

Esmein. — *Débiteurs privés de sépulture*, Mélanges, d'histoire du droit, Droit romain, 1886, p. 245.

Fabricius. — *Bibliotheca latina mediae et infimae latinitatis*, éd. de 1858.

Febvre (L.) — *L'application du Concile de Trente et l'excommunication pour dettes en Franche-Comté.* Revue historique, 1910 CIII, p. 255 et sq.

Fessler. — *Der Kirchenbann und seine Folgen.* Vermischten Schriften, 1869, p. 185.

Fournier (P.). — *Les officialités au moyen âge*, Paris, 1880.

— *Deux controverses sur les origines du Décret de Gratien*, Revue d'hist. et de littér. religieuse, III, p. 97 et 253.

— *Etudes sur les pénitentiels*, ibidem, VI, p. 289 ; VII, p. 59 et 121.

— *De l'influence de la collection irlandaise sur la formation des collections canoniques.* Nouvelle Revue historique de droit, 1899.

— *Compte-rendu de Krehbiel, The interdict*, etc., dans Revue d'histoire ecclésiastique, octobre 1910, pp. 779 et sq.

Frank — *Die Bussdisciplin von den Apostelzeiten bis zum siebenten Jahrhundert*, 1876.

Galante (A.). — *Elementi di diritto ecclesiastico*, 1909.

Gierke (O.). — *Die Staats-und-Korporationslehre des Altertums und des Mittelalters und ihre Auf-*

nahme in Deutschland. Das deutsche Genossenschaftrecht. III, 1881.

Gœtz. — *Studien zur Geschichte des Bussakramentes*, Zeitschrift für Kirchengeschichte, XV, 1895, p. 321 et sq.

Göller (E.). — *Die päpstliche pönitentiarie* etc., *Bibliothek des Kgl. Preussischen historichen Instituts in Rom*, Bd. III, 2 Th., Rome 1907.

Grande encyclopédie, 31 vol. s. d.

Harent. — *La confession, nouvelles attaques, nouvelles défenses*, Etudes publiées par des Pères de la Compagnie de Jésus, 5 septembre 1899, p. 577-607.

Hausmann. — *Geschichte der päpstlichen Reservatfälle*, 1868.

Heber (M). — *Gutachten und Reformvorschläge für das Vienner Generalconcil (1311-1312)* (thèse de doct., Leipzig), 1896.

Heinemann (Franz). — *Bibliographie nationale suisse. Inquisition. Excommunication*, 2ᵉ cah., 1ʳᵉ partie, 1908.

Héricourt (L. de). — *Les lois ecclésiastiques de France dans leur ordre naturel*, éd. de 1771.

Hinschius. — *System des Katolischen Kirchenrechts*, etc., Bd. IV. 1888 et Bd V, 1ᵗᵉ Ab., 1893 (= Kirchenrecht).

Holl (K.). — *Enthusiasmus und Bussgewalt beim Griechieschen Mönchtum*. Eine Studie zu Simeon dem neuen Theologen, 1898.

Huberti. — *Gottesfrieden und Landfrieden*, I, 1892.

Hübler. — *Die Konstanzer Reformation*, 1867.

Huvelin. — *Compte-rendu critique*, dans l'Année sociologique, VIII, 1903-1904, p. 464, X, 1905-1906, p. 452.

Jourdain (C.). — *Les excommunications pour dettes*, Revue des sociétés savantes, 1877, 2ᵉ sem., VI, pp. 75-82.

Kerdaniel. — *Les animaux en justice, procédures en excommunications*, 1908.

Kieffer. — *L'excommunication et les souverains au moyen âge*, Revue catholique d'Alsace, 1860, II, pp. 503 et 537.

— *L'excommunication des souverains d'après l'histoire*, ibidem, 1861, III, pp. 156, 292 et 443.

Kluckhohn (A.). — *Geschichte des Gottesfriedens*, 1857.

Kober (F.). — *Der Kirchenbann nach den Grundsätzen des Kanonischen Rechts*, 1857.

— *Das Interdict*, Archiv für Katolisches Kirchenrecht, 2 ser., XV, 1869, pp. 291-341.

— *Compte rendu de Schilling, Der Kirchenbann*, ibidem, V, 1860, pp. 68-76.

— Art. *Bann*, Kirchenlexicon (Wetzer und Welte).

Koch (H.). — *Die Busserentlassung in der alten abendlandischen Kirche*, Theologische Quartalschrift, 1900, IV, pp. 481 et sq.

Krauss (F. X.). — *Realencyclopedie der christlichen Alterthümer*, 2 vol., 1880-1886.

Krehbiel (E. B.). — *The interdict, its history and its operation with special attent to the time of Pope Innocent III (1198-1216)*, 1909.

Lagarde. — *Le manuel du confesseur au XIᵉ siècle*, Revue d'histoire et de littérature religieuse, 1910, p. 542.

Laurain. — *De l'intervention des laïques, des diacres et des abbesses dans l'administration de la pénitence*, 1897.

Lea (H. C.). — *A history of auricular confession and indulgences in the Latin Church*, I-II. Confession and Absolution, III. Indulgences, 1896.

Le Bret. — *Pragmatische Geschichte der so-berufenen Bulla in Coena Domini*, 1772.

Lichtenberger. — *Encyclopédie des sciences religieuses*, 13 vol., 1877-1882.

Löning. — *Geschichte des deutschen Kirchenrechts* I, Das Kirchenrecht in Gallien von Constantin bis Clodovech ; II, Das Kirchenrecht im Reiche der Merovinger, 1878.

Malnory. — *Quid Luxovienses monachi discipuli S. Columbani ad regulam monasteriorum atque ad communen Ecclesiae profectum contulerint*, 1894.

Mendelssohn. — *De monitione canonica*, 1860.

Migne. — *Index de censuris ecclesiasticis*. Index CXXII de la Patrologie latine, Indices, t. II, col. 1355.

— *Index analyticus universalis*, dans le Theologiae cursus completus, t. XXVIII et dernier.

Molitor. — *Die folgen der excommunicatio major*, Archiv für Katol. Kirchenrecht, IX, p. 1 et sq.

Montague Rhodes James. — *A descriptive catalogue of the mss in the library of Corpus Christi College, Cambrigde*, 1909 (en cours de publication).

MONTFAUCON. — *Bibliotheca bibliothecarum manuscriptorum nova*, 2 vol. 1739.

MORINUS. — *Commentarius historicus de disciplina in administratione sacramenti paenitentiae*, 1682.

MÜNCHEN (N.).— *Das canonische Gerichtsverfahren und Strafrecht*, I et II, 1865-1866.

NASMYTH — *Catalogus librorum mss quos collegio Corporis Christi et B. Mariae Virginae etc.*,Cambridge, 1777.

OMONT (H.). — *Nouvelles acquisitions du Département des mss pendant les années 1900-1902*,Extrait de la Bibliothèque de l'Ecole des Chartes, LXIV, 1903.

PETAU (D.). — *De la pénitence publique et de la préparation à la communion*, 1644, et 3ᵉ éd. augmentée, 1645.

PFISTER. — *Etudes sur le règne de Robert-le-Pieux*. Bibliothèque de l'Ecole des Hautes Etudes, 1885.

PITHOU (P.). — *Les libertez de l'Eglise gallicane*. Preuves des libertés de l'Eglise gallicane, 2 vol. 1731.

POURRAT.— *La théologie sacramentaire*, 2ᵉ éd.,1907.

RENARD.— *L'idée d'annulabilité chez les interprètes du droit romain au moyen-âge*, Nlle Rev. hist. de dr. fr. et étr., 1903, pp. 214-249. et 325-364.

RÉVILLE (J.). — *Les origines de l'épiscopat*. Bibliothèque des Hautes Etudes, 1894.

RITSCHL. — *Entstehung der altkatolichen Kirche*, 2ᵉ éd., 1857.

SABATIER (A.). — *L'Apôtre Paul, esquisse d'une histoire de sa pensée*, 1896.

SCHILLING.— *Der Kirchenbann*, 1859.

SCHULTE. — *Geschichte der Quellen und Litteratur des Kanonisches Rechts von Gratian bis auf die Gegenwart*, 3 vol., 1875-1880.

SIRMOND (J.).— *Historia publicae paenitentiae* dans Opera Varia, 1696, 5 vol., t. IV, p. 476.

SMITH AND WACE. — *A dictionary of christian biography*, 4 vol., 1877-1887.

SOHM (R,). — *Kirchenrecht*, I, Die geschichtlichen Grundlagen, 1892 (Binding, Handbuch, I).

SWOBODA (H.). — *Beiträge zur griechiechen Rechtsgeschichte*,Zeitschrift des Savigny Stiftung,1905,

p. 136 et sq.

Tabulae codicum mss praeter graecos et orientales in bibliotheca Palatina Vindobonensi asservatorum, I, 1864.

TARDIF. — *Histoire des sources du droit canonique*, 1887.

THOMASSIN. — *Ancienne et nouvelle discipline de l'Eglise en matière bénéficiale*, éd. de 1725.

TOREILLE. — *La publication de la bulle » In coena Domini » en Roussillon au xviiiᵉ siècle*,Mélanges Léonce Couture, pp. 289-297, 1902.

USTERI. — *Aechtung und Verbannung im griechischen Rechte*, 1903.

VACANDARD (E.). — *Les origines de la confession sacramentelle. Etudes de critique et d'histoire religieuse*, 2ᵉ série, p. 51 et sq., 1910.

— Article *Confession*, dans le Dictionnaire de théologie catholique (Vacant), 1900 (en cours de publication).

— *La discipline pénitentielle dans l'Eglise primitive*, et *La discipline pénitentielle. Le traitement des peccata leviora dans l'Eglise primitive*. Rev. du clergé français, 15 novembre et 1ᵉʳ décembre 1899, 1ᵉʳ et 15 août 1901, T. XX, XXI et XXVII.

VANBECK (A.). — *La discipline pénitentielle dans les écrits de St-Paul*. Revue d'hist. et de littérature relig., 1910, p. 241 et sq.

— *La pénitence dans les écrits des premières générations chrétiennes*, ibid., p. 436 et sq.

VAN DEN GHEYN. — *Catalogue des mss de la Bibliothèque royale de Belgique*, IV (Jurisprudence et philosophie), 1904.

VIOLLET (P.). — *Les établissements de Saint Louis*, 4 vol., 1881-1886.

— *Histoire des institutions politiques et administratives de la France*, t. I, 1890 ; II, 1898.

— *Histoire du droit civil français accompagnée de notions de droit canonique*, 3ᵉ éd., 1905.

— *Guillaume de Mandagout, canoniste*. Histoire littéraire de la France, t. XXIIII, p. 1.

— *Bérenger Frédol, canoniste, ibid.*, p. 62.

WETZER UND WELTE. — *Kirchenlexicon*, 2ᵉ éd., 13 vol., 1882-1903.

Addenda

P. VI, n. 5, ajouter pour la bibliographie de l'histoire de la pénitence la liste de GALANTE, *Elementi di diritto ecclesiastico*, p. 304, n. 1.

P. VII, n. 6, ajouter MANDL (S.). — *Der Bann*. Ein Beitrag zum mosaïsh-rabbinischen Recht, 1898.

P. XII, n. 5, ajouter CABROL (F.). — *L'Angleterre chrétienne avant les Normands*, 1909, pp. 212-213.

INDEX DES TEXTES CITÉS

du *CORPUS JURIS CIVILIS* et du *CORPUS JURIS CANONICI.*

Les renvois aux pages sont distingués de l'indication du texte par un tiret. Les pages de l'introduction sont numérotées en chiffres romains ; les chiffres arabes qui suivent après une virgule désignent les notes. Les pages du texte sont indiquées en chiffres arabes et les notes en lettres. Les renvois, lorsqu'il s'en trouve plusieurs pour un même texte, sont séparés par un point et virgule. Enfin, lorsqu'un même texte est très fréquemment répété dans un même passage, — comme il arrive dans le De absolucione ad cautelam, — nous n'indiquons pas les citations reproduites à quelques lignes de distance et nous notons seulement le passage typique. Le lecteur devra donc avoir soin, pour le De absolucione ad cautelam, de parcourir le contexte de l'endroit indiqué.

DIGESTE

(1, 1), 1, § 1 — page 25, note b.
(1, 3), 4 — 13, a.
    39 — 8, d ; 13, b.
(1, 9), 4 — 48, m.
(2, 1), 7, § 5 — 51, h.
(2, 12), 1 — 18, e.
(4, 4), 25, § 1 — 14, g.
(5, 1), 1 — 23, a.
    40 — 13 d.
(5, 3), 40 — 1, a.
(6, 1), 38 — 20, d.
(8, 5), 8, § 3 — 5, d.
(9, 2), 13 — 51, g.
    32, pr. — 48, d.
(10, 4), 3, § 9 — 19, d.
    15, pr. — 19, d.
(12, 2), 17, § 3 — 14, d.
(12, 6), 56 — 20, b.
(13, 7), 25 — 16, g.
(18, 7), 5 — 48, n.
(19, 1), 39 — 22, t.
(22, 3), 25 — 22, h.
(22, 6), 2 — 22, b.

(22, 6), 9, pr. et § 1 — 22, g.
    9 — 24, f.
(26, 7), 5, § 1 — 51, f.
(28, 2), 32 — 20, f.
(28, 8), 1, § 2 — 22, y.
(31), 77, § 20 — 117, m.
(36, 1), 13, § 2 — 20, j.
(37, 9), 1, § 14 — 20, g.
(37, 10), 3, § 4 — 20, h.
    5, § 3 — 20, h.
(39, 3), 2, § 5 — 20, c.
(41, 2), 44 — 22, q.
(42, 1), 42 — 23, h.
(45, 1), 91, § 3 — 20, e.
(46, 4), 3 — 14, h.
(48, 17) — XXXV, 2.
(50, 2), 14 — 115, p.
(50, 17), 35 — 47, b et c.
    37 — 47, f.

CODE

(1, 2), 21 — 18, g ; 49, b.
(1, 3), 51 [52] — 114, c.
(1, 7), 3 — 25, a.
(1, 14), 3 — 22, e.

NOVELLES

INSTITUTES

DÉCRET DE GRATIEN

1re partie.

2e partie.

TABLE DES MATIÈRES

I. — L'excommunication dans l'histoire générale de la discipline pénitentielle.

II. — La sentence d'excommunication.

III. — Les excommunications « latae sententiae ».

VI. — Les manuscrits du « Liber de excommunicacione ».

LIBER DE EXCOMMUNICACIONE

ERRATA

P. XI, l. 7, au lieu de : *cathécumènes*, lire : *catéchumènes*.

P. XIV, l. 17, au lieu de : *Unius utriusque*, lire : *Omnis utriusque*.

P. LXX, l. 22, supprimer la virgule après : *caution*.

P. LXXIX, n. 5, au lieu de : *cretum abbreviatium*, lire : *decretum abbreviatum*.

P. LXXX, n. 6, transporter les deux dernières lignes à la fin de la note 6, p. LXXIX.

P. 9, var. 27, au lieu de : *de accusacione*, lire : *de accusacionibus*.

P. 10, note 4, au lieu de : *dist. 2*, lire : *dist. 1*.

P. 12, l. 5, au lieu de : *uinversa*, lire : *univers a*.

P. 31, l. 3, au lieu de : *consultum*, lire *consuhum*.

P. 34, l. 20, au lieu de : *esti*, lire : *etsi*.

P. 35, var. 7, au lieu de : *cum pro tam*, lire : *cum pro causa*.

P. 41, l. 7, au lieu de : XXXIIII, lire : XXIIII.

  — l. 15, au lieu de : *habet*, lire : *habes*.

P. 42, l. 8, au lieu de : *Gregori*, lire : *Gregorii*.

P. 49, l 17, au lieu de : *Authentica*, lire : *Authentico*.

P. 53, l. 10, au lieu de : *eeclesie*, lire : *ecclesie*.

P. 71, l. 1, au lieu de : *dominus*, lire : *Dominus*.

P. 72, l. 8, au lieu de : *eucharistice*, lire : *eucharistic*.

P. 79, l. 7, au lieu de : *ententiam*, lire : *sententiam*.

P. 79, l. 11, au lieu de : *fructibus*, lire : *fructus*.

P. 80, l. 19, au lieu de : *constitutis*, lire : *constituti*.

P. 96, l. 6, au lieu de : *judicium*, lire : *judicum*.

P. 106, l. 9, au lieu de : *qui n'ont*, lire : *qui vont*.

P. 109, l. 9, au lieu de : *libertatis, in inmunitatibus*, lire : *libertatis in inmunitatibus*.

  — l. 11, au lieu de : *collateribus*, lire : [*collateralibus*].

P. 115, l. 10, au lieu de : *compendlelus*, lire : *compellendus*.

  — l. 20, au lieu de : *de votionis*, lire : *devotionis*.

  — l. 27, au lieu de : *privilegum*, lire : *privilegium*.

  — l. 31, au lieu de : *es*, lire : *est*.

P. 118, l. 7, au lieu de : Viensnsis, lire : Viennensis.

P. 119, l. 15, au lieu de : *contentis*, lire : *contenti*

Les chiffres romains renvoient aux pages de l'introduction ; les chiffres arabes à celles du texte. Le chiffre entre parenthèses qui suit l'indication de la page indique la ligne. Les mots en capitales sont les mots du texte vieux français. Nous n'avons pas cru devoir les donner à part lorsqu'ils se rapprochaient beaucoup de mots latins ou français déjà recueillis à l'index. Enfin, nous avons renvoyé à la numérotation exacte des lignes là où un déplacement d es chiffres marginaux s'est produit à la mise en page (pp. 90, 109, 113).

---

abbas. — 24, (2) ; 49, (1) ; 61, (16. 17, 21) ; 62, (1) ; 70, (2, 8) ; 80, (1) ; 84, (21) ; 88, (5, 15) ; 98, (27, 32) ; 99, (6) ; 114, (23) ; 119, (9).

Abbas Antiquus. — 3, (var. 2 et j).

abbayes bénédictines. — LXXXIV.

ABBEIE. — 105, (7).

abbé. — XXIV ; 104, (20, 25) ; 105, (7).

abbesse. — XXIV.

Abbon. — XXXIX.

ablata. — 64, (9) ; 72, (21).

abolere. — 48, (25) ; 70, (22).

abortus. — 109, (17).

absence de titre pour l'excommunicateur. — p. LX.

absens. — 6, (18).

absolution. — LVIII-LXXIII ; sentence d' —, LXVI ; — injuste, XXXVII ; — irrégulière, LXV ; — *nudo verbo,* LXVI ; — au for interne et au for externe, LXV ; — *verbalis, realis, ad hominem, ad Deum,* 11, (2, 3) ; — sacramentelle, LVII ; LXV ; — de l'excommunication et — du péché, LXV ; — de l'anathème, LXVI, nn. 2 et 3 ; — de l'excommunication générale, XLVII ; — de l'interdit, LXXIII ; — de l'excommunication pendant l'interdit, LVII ; LX, n. 5 ; — à Rome, XLIII (v. cas réservés et réserve) ; — *ad reincidentiam,* LXXII ; — *ad tempus,* LXII ; 10, (17) ; — réservée à l'évêque, V. cas épiscopaux ; — aux cardinaux, LXXIX ; LXXX ; — *post mortem,* XXIX ; LXII ; LXXIII ; — conditionnelle, LXXII ; 20, (2) ; — *ad cautelam,* LXIII ; LXX ; 1-23 ; *De absolucione ad cautelam,* date, occasion, objet, XVI ; LXXIV ; *absolucio,* 1-23, (*passim*) ; 38, (1, 17) ; 39, (22) ; 40, (2) ; 41, (20, 21, 22, 24) ; 42, (14) ; 47, (14) ; 48, (3) ; 49, (23) ; 50, (7, 22) ; 51, (3, 21, 24) ; 57, (20) ; 58, (4) ; 59, (7, 20, 21) ; 67, (20) ; 71, (20) ; 72, (15) ; 75, (21) ; 77, (19) ; 80, (27, 32) ; 90, (14) ; 97, (16) ; 107, (2) ; 112, (27).

absolvere, ABSORRE, 1-23, (*passim*) ; 39, (17) ; 41, (19, 26) ; 42, (16, 18, 19) ; 49, (4, 12) ; 50, (16, 22) ; 51, (1, 2, 9, 15) ; 57, (25, 27) ; 61, (12) ; 62, (32) ; 64, (2, 3, 4, 11, 12, 26) ; 66, (29) ; 67, (3) ; 68, (20, 31) ; 69, (18) ; 71, (27) ; 72, (9, 11, 12, 13, 22) ; 73, (10, 19) ; 74, (15) ; 75, 14, 29) ; 76, (6, 15) ; 77, (4, 8, 14, 16, 17, 18, 23, 27) ; 78, (15, 26, 29, 33) ; 81, (19, 20) ; 82, (5, 6, 10, 11) ; 83, (12, 18) ; 84, (5, 9, 15) ; 85, (1, 8, 13, 14, 25, 28, 33) ; 86, (5, 7, 24) ; 87, (1, 4) ; 91, (28, 30, 31) ; 97, (12, 13, 30) ; 98, (9, 23, 25, 26, 27) ; 100, (18) ; 102, (31, 32) ; 103, (1, 4, 17) ; 104, (2, 16) ; 105, (22, 23. 25. 26) ; 106, (25) ; 107, (3) ; 109, (1,4) ; 112, (1, 22) ; 113, (2, 17) ; 116, (8, 10) ; 117,(17) ; 118, (19), 119, (2) ; 120, (6, 20, 21, 30).

abstention des sacrements.—XXXIX.

abstention rituelle. — LIV.

abusus. — 34, (16).

acceptilacio. — 14, (19).

accessus. — 59, (19) ; 64, (6) ; 72, (18).

ACCOUTUME. — 102, (7).

Accurse. — 1, var. 33.

accusation. — XXXI ; — *in causis propriis,* ibid.

acheter. — XXXIV ; 104, (11).

acquirere. — 34, (2) ; 98, (3).

acte, *actus* ou *actum.* — acte authentique, XXV ; — civil, XXXV, n. 4 ; *acta judiciaria.* 31, (25, 27) ; actes juridiques, XXXIV ; *actus legitimi,* XXXIV ; LII, n. 1 ; actes *ex officio publico,* XXXIV ; actes permis en temps d'interdit, LVII ; actes publics et notoires nécessaires pour la réalisation de l'exc. *a jure,* XLVII : *actus contrarius clericatui,* 111, (20) ; 115, (31) ; *actus,* 7, (12).

action. — intentée contre l'excommunié ou par lui, XXXI ; — en denonciation de l'exc. *a jure*, XLVII ; — *injuriarum*, LXII ; — en nullité, LXI ; — populaire *interdicti violati*, LVII ; *accio mere personalis*, 31, (20).

actor. — 38, (12).

Adhémar de Limoges. — XLIX, n. 6.

adherere. — 28, (15, 20) ; 54, (22).

adjutorium. — 30, (15) ; 95, (22).

administracio. — 36, (9) ; 60, (17) ; 61, (2, 22, 23, 24, 29) ; 68, (14) ; 69, (14, 16, 23, 26) ; 70, (4, 5, 11) ; 76, (12, 13, 17) ; 79, (1, 27, 29) ; 84, (18) ; 87, (23, 24, 28) ; 88, (5, 6, 7) ; 90, (26, 27) ; 91, (1) ; 97, (33) ; 98, (13, 33, 34, 35) ; 99, (3) ; 103, (21) ; 104, (6, 26, 27, 28) ; 105, (3) ; 110, (15) ; 114, (19) ; 118, (27, 29) ; 119, (1, 4).

administrator. — 40, (20) ; 93, (27).

admonere. — 113, (18, 21) ; 114, (7).

adorare. — 94, (4).

ADRECIER. — 102, (21).

adversaire, *adversarius, pars adversa*. — XXXII, LXXI ; 3, (7) : 5, (4, 7) ; 6, (18, 20) ; 11, (10) : 12, (13, 16) ; 13, (17) ; 16, (6) ; 17, (5, 8, 13) ; 20, (9).

advocacio. — 36, (20) ; 96, (35) ; 102, (16).

advocatus. — 21, (20) ; 23, (3) ; 64, (24) ; 73, (13, 25) ; 86, (3) ; 92, (5) ; 120, (28).

adultère. — VIII.

adultus. — 52, (16).

affectio. — 77, (1).

affinis. — 62, (17) ; 99, (10) ; 105, (11) ; 109, (10).

affinitas. — 76, (32) : 80, (17) ; 84, (31) ; 119, (25).

ager. — 109, (22).

agere. — 4, (12).

aggravation de l'excommunication. — XXVI.

AIDE. — 101, (8, 14),

Alduinus, évêque de Limoges. — XLIX, n 6.

Alexandre IV. — XXXII.

alienare. — 34, (3) ; 78, (4).

alienacio. — 28, (19) ; 73, (25) : 92, (9) ; 120, (34).

alienigenus. — 38, (24) ; 97, (5).

allegare. — 23, (3).

altare — 42, (18, 23) ; 46, (1, 3) ; 52, (30).

AMANDER. — 103, (18) ; 104, (18).

ambaxator. — 11, (2).

ambitio. — 68, (12).

amendement. — XXII.

AMIT. — 102, (15).

AMMONNETTER — 104, (17) ; 106, (23).

amonicio. — 110, (14).

amor. — *carnalis*, 13, (10, 19) ; 77, (1) ; — *lucri*, 62, (24) ; 71, (13) ; 77, (2) ; 80, (21) ; 85, (3) ; 119, (30).

Anania (Anagni). — 21, (17).

anarchie. — XLIX.

anathème, *anathema*. — XV ; XIX ; XXIII ; XXVI ; XXVIII ; XLI ; 73, (9) ; 82, (5) ; 85, (32) ; — *maranatha*, VIII, n. 2.

anathematizatio. — XX.

anchichinus. — 37, (11, 15) ; 57, (14) ; 93, (27).

Anconitana marchia. — 93, (27).

Andree. — V. *Joannes*.

Aniane. — V Benoit.

anima. — 7, (12) ; 15, (1) ; 27, (19) ; 49, (5, 6) ; 69, (24, 27) ; 83, (20) ; — *rationalis*, 67, (26) ; 83, (21).

animal. — XXVII, n. 9 ; 61, (4, 5, 7) ; 69, (7, 8, 19) ; 76, (9, 10, 11, 15) ; 79, (20, 21) ; 84, (12, 16) ; 98, (15, 16, 18) ; 118, (23, 24, 25).

animus. — LIX ; 111, (14) ; 117, (24).

annulabilité. — LIX, LXI.

annulus. — 94, (5).

anticipatio. — 67, (25).

apostata apostatans. — 35, (22) ; 110, (2) ; 113, (13).

apostolus, apôtre. — VII ; XI ; 50, (12, 13, 14) : 67, (23).

apparatus au Sexte. — LXXIV ; LXXV.

appel, *appellacio*. — LX ; LXI ; LXII ; LXIII ; 4, (3, 11) ; 5, (13) ; 6, (14, 20, 21) ; 8, (7, 8, 14) ; 9, (13) ; 10, (12, 14) ; 12, (1, 2, 3, 4, 6, 8, 10, 11, var. 45) ; 18, (7, 8) ; 19, (5, 9, 12, 13, 15) ; 20, (7, 25, 27, 31, 34) ; 74, (23) ; 82, (32) ; 86, (27) ; 121, (15).

applicare. — 63, (4) ; 71, (25) ; 77, (7) ; 80, (31) ; 85, (13) ; 91, (23) ; 120, (4).

approbacio minorum. — 40, (7).

approbare. — 70, (21) ; 78, (34) ; 91, (8) ; 93, (17, 19).

approbation de l'évêque. — XLIII.

appropriare. — 61, (1) ; 69, (6) ; 76, (9) ; 84, (12) ; 88, (2) ; 90 ; (24) ; 98, (12) ; 104, (4) ; 118, (22).

arbiter. — 22, (27).

ARBITRE. — 104, (3).

arbitrium. — 16, (16) ; 22, (24, 27) ; 60, (27) ; 68, (31) ; 76, (6) ; 84, (10) ; 98, (10) ; 113, (8) ; 118, (19).

arbor. — 109, (23).

arcere. — 112, (10) ; 116, (22).

archevêque, *archiepiscopus*. — XXIII ; LXVIII ; LXXII ; 8, (4) ; 9, (12) ; 50, (18).

archidiacre, *archidiaconus*. — XXIII ; XXIV ; 27, (16) ; 49, (1).

Archidiaconus. — 10, (var. 11 et n. e) ; 18, var (40).

archiprêtre — XXIV.

arct. — V. *art*.

aristotélisme. — LXIV.

arma, armes — 27, (7) ; 36, (13) ; 54, (15) ; 62, (2) ; 80, (2) ; 84, (22) ; 93, (1) ; 99, (7) ; 105, (6) ; 110, (3) ; 113, (18) ; 119, (10).

armaria. — 36, (27).

Armand (maitre) — LXXXII.

arrestare. — 30, (26, 27) ; 80, (15).

artacio. — 28, (5)

artare. — 28, (8).

articulus. — *fidei*, 23, (20) ; 84, (27) ; — *mortis*, 41, (21) ; 52, (20) ; 59, (19) ; 71, (19, 27) ; 73, (13, 19) ; 74, (14) ; 77, (24, 27) ; 78, (15) ; 82, (11) ; 85, (8, 13, 33) ; 86, (7, 24) ; 87, (11) ; 112, (4) ; 116, (9) ; 120, (6, 30).

ascendens. — 109, (10).

Ascensio. — 73, (30).

assassin. — V. *anchichinus*.

Assomption, *Assumptio*. — LII : 52, (27) ; 73, (31).

assumere. — 29, (16, 17, 21).

assumpcio. — 29, (18).

assumptor. — 29, (20).

atimie. — II, n. 1.

aucupacio. — 61, (26) ; 70, (5) ; 88, (7) ; 98, (37).

auctoritas apostolica. — 32, (25) ; 67, (4) ; 69, (22) ; 73, (21) ; 82, (5, 23) ;

V. l'index des textes cités.

notorium, 23, (13, 14, 16, 18) ; *excommunicari, suspendi, interdici privari*, etc., *ipso* —, XLV et *passim* dans le texte.

falsare. — 28, (24, 26) ; 54, (23, 24) ; 94, (8) ; 95, (9, 11).

falsarius. — — *litterarum*, 107, (4) ; 109, (15) ; — *monete*, 109, (16).

FALSEFIER, *falsificare.* — 93, (31) ; 100, (28).

fama. — 7, (11, 12).

familia. — 36, (17) ; 111, (8) ; 112, (24) ; 117, (8).

familiaris. — 44, (24, 25) ; 61, (4) ; 69, (7) ; 73, (1) ; 76, (9) ; 79, (20) ; 84, (12) ; 90, (2, 6) ; 98, (15) ; 104, (8) ; 118, (23).

famille. — XXVII ; XXXI ; XLIX ; LI.

famulus. — 115, (22).

Fausses décrétales. — XIII, n. 2 ; XXXI.

FAUSSER. — 100, (30).

fautor. — XLI ; 26, (4, 6, 14) ; 28, (25) ; 53, (21, 27) ; 95, (9) ; 100, (29).

faux. — XLIV, n. 4.

favor. — 27, (3) ; 29, (2, 9, 21) ; 30, (28) ; 31, (16) ; 44, (29) ; 54, (13, 27, 32) ; 55, (10, 22) ; 64, (21) ; 70, (31) ; 73, (5) ; 76, (27) ; 77, (22) ; 80, (10) ; 82, (3) ; 84, (29) ; 85, (31) ; 88, (19) ; 92, (3) ; 93, (6) ; 119, (23) ; 120, (25).

fedus. — 94, (3).

femme, *femina.* — XXXI ; XXXIII ; 22, (7).

fenebris pecunia. — 38, (25) ; 97, (6).

fenestra. — 74, (18) ; 78, (19).

fenus. — 39, (2) ; 97, (9).

ferie. — 18, (11).

FÉRIR. — 104, (15).

ferrum. — 27, (7) ; 54, (15).

festivitates. — 52, (26).

fêtes. — LII.

feudum. — 35, (15, 16) ; 83, (27).

ficcio. — 38, (5) ; 57, (22).

fides. — — *catholica*, 25, (16) ; 27, (21) ; — *interposita, prestita, facta*, 44, (2) ; 66, (6) ; 72, (15) ; 74, (11) ; 77, (19) ; 78, (14) ; 81, (22, 34) ; 86, (21) ; 92, (16) ; 100, (5).

fideicommissarius. — 20, (20).

fief. — XXXIV, n. 8.

filia. — 110, (22), 115, (8).

Filius. — 108, (24).

filius, fils. — XXXIII ; 35, (17) ; 85, (35) ; 88, (30) ; 112, (24) ; 117, (8, 9, 11).

firmitas. — 36, (8) ; 50, (7) ; 59, (23).

fisc, *fiscus.* — fisc archiépiscopal, XXIII ; *fiscus ecclesie*, 63, (4) ; 71, (25) ; 77, (7) ; 80, (31) ; 85, (12) ; 91, (23) ; 120, (4).

flagellation. — X ; LXXIII.

for. — — externe et — interne, XIII ; XV ; XXIV ; LXV ; — interne, XXIII ; XLVIII ; LIII.

forensis excommunicatio. — XXXI ; XXXII ; XXXIV.

foderatura. — 76, (21).

foderatus. — 87, (22).

foramen. — 74, (18) ; 78, (19).

forma. — — *absolucionis ad cautelam*, 11-12 ; 15, (11) ; — *corporis humani*, 68, (1) ; 83, (21) ; — *citationis*, 38, (8) ; — *degradandi*. 108, (1) ; — *juramenti*, 20, (1) ; — *juris*, 33, (19, 23) ; 56, (7, 8) ; 96, (17) ; 101, (32) ; — *statuti*, 37, (22) ; — *tituli*, 87, (9) ; 89, (28) ; — *vestium*, 110, (5) ; 113, (20) ; *precipere sub certa* —, 62, (6).

forme. — — de l'exclusion et de la réadmission du pécheur, X ; — de l'excommunication, XXIV ; — de l'interdit, LIII ; — du sacrement de pénitence et de l'absolution, LXV ; LXVI.

formulaires de la pénitencerie papale. — LXXVIII ; LXXXI ; LXXXIII.

formule. — — déprécative. — indicative, — impérative, XXV, n. 4 ; LXVI ; LXVII.

FOIT. — 106, (11).

fortis. — 112, (13).

forum. — — *ecclesiasticum*, 31, (7, 8, 21) ; 55, (16, 21) ; 96, (3, 4) ; 114, (11) ; — *seculare*, 31, (9) ; 55, (19) ; 96, (5).

four. — XXVII.

fovere. — 62, (14) ; 76, (26) ; 80, (9) ; 119, (22).

fractura. — 36, (15).

frais. — LXII ; LXX.

France. — XLIX ; L.

FRANCHISE. — 101, (27) ; 101, (33) ; 102, (10).

Francia. — 32, (23) ; 35, (8) ; 93, (31).

Franciscus. — 40, (6) ; 75, (16) ; 83, (15) ; 93, (16).

frangere. — 56, (26).

franque. — Eglise —, XII ; période —. XXXV ; XXXVII ; XXXIX.

fratres. — 40, (7) ; 64, (10) ; 67, (1, 7, 14, 15) ; 72, (21) ; 75, (15, 16) ; 78, (27) ; 83, (14) ; 87, (3) ; 92, (29, 30) ; 121, (27) ; — *de penitentia*, 78, (28) ; 121, (28) ; — *de paupere vita*, 93, (14). V. *Minores, ordo*, Prêcheurs.

Fratricelli. — 93, (14).

fraudare. — 109, (19).

fraude, *fraus.* — XXXV, n. 4 ; 28, (7, 8) ; 32, (20, 23) ; 38, (5) ; 44, (28) ; 57, (22) ; 61, (1, 7) ; 68, (25) ; 69, (6, 9) ; 74, (17, 24) ; 76, (11) ; 79, (19, 22) ; 81, (6) ; 82, (25) ; 98, (12, 18) ; 104, (5, 11) ; 112, (24) ; 114, (9) ; 117, (9) ; 118, (22, 24).

fraudulenter. — 114, (20).

fraudulentum computum. — 114, (20).

frequentia. — 64, (6) ; 72, (18).

frons. — 52, (14).

fruits intérimaires. — XXIX.

fructus. — 58, (18) ; 60, (13) ; 65, (13) ; 68, (18, 20) ; 75, (27) ; 76, (1) ; 77, (33) ; 79, (10, 11) ; 84, (4, 5) ; 87, (8) ; 88, (34) ; 89, (27) ; 90, (17, 18) ; 93, (8) ; 97, (29) ; 99, (31) ; 103, (16) ; 106, (1) ; 118, (11, 13, 15).

frustrari. — 12, (13).

frustratorius. — 6, (21).

fugere. — 56, (26, 28) ; 102, (9).

furnum. — XXVII.

futur. — XLVI.

galea. — 27, (7, 8) ; 54, (15, 16).

Galiacza, Galicza ou *Golsacza.* — LXXV.

gardia. — 36, (20) ; 57, (6) ; 96, (35) ; 102, (16).

Gaufredus, Geofredus ou *Gofredus.* — XLIV ; 117, (15).

generacio. — 85, (35).

GÉSIR. — 106, (11).

GESTER LES MAINS. — 101, (1).

glosa. — 40, (18).

judicare. — 26, (24) ; 32, (18, 19) ; 41, (5, 11) ; 54, (5) ; 55, (29) ; 63, (17) ; 81, (10) ; 85, (19) ; 120, (11).

judicium. — 7, (6) ; 22, (27) ; 26, (30) ; 54, (9) ; 59, (16) ; 90, (10) ; 115, (14) ; — *ecclesie*, 24, (17) ; — *divinum*, 73, (28).

JUGE. — 101, (21, 25) ; — MOIENEUR, 103, (12, 16) ; — ecclésiastique, XXV ; XXXI ; — séculier, XXXII ; 101, (22) ; — incompétent, suspendu, excommunié, LX ; le pape — ordinaire de la chrétienté, XXIII ; le — non prêtre, l'excommunication et l'absolution, LXV.

jugement. — — faillible des ministres de l'Église, XXXVII ; — du prêtre, LXIV ; l'absolution est un —, LXIX ; — divin, XXXVIII ; LXIV ; — DE L'ÉGLISE, 101, (20) ; — injuste, LXII.

Juifs. — excommunication chez les —, VII ; VIII ; excommunication des —, XX. V. *Judea*.

juramentum. — 14, (13) ; 20, (1) ; 28, (10) ; 66, (6) ; 78, (13) ; 81, (4) ; 88, (15) ; 100, (5) ; 113, (15).

jurare. — 10, (13) ; 44, (2) ; 74, (11) ; 81, (34) ; 86, (21) ; 92, (16) ; 113, (15) ; 121, (8).

juridiction. — — du for interne, XXIII ; — de l'archevêque, XXIII ; — générale du pape, XLIII ; — ecclésiastique, XIII ; XXXI ; XXXV ; — séculière, XXIX ; — divine, XXXIX ; — par opposition à ordre, LVII ; défaut de —, LX ; — contentieuse, XXV.

jurisdiccio. — 5, (4) ; 9, (14) ; 20, (24, 25, 29) ; 31, (20) ; 51, (12, 13) ; 75, (6) ; 92, (5) ; 93, (4) ; 95, (13) ; 101, (3).

jus. — 33, (18) ; 56, (7, 10) ; 60, (18) ; 87, (29) ; 96, (17) ; 98, (1, 3) ; 114, (9) ; — *proprium*, 51, (11) ; — *ecclesie romane*, 29, (14) ; *jus positivum, canonicum, civile*, 22, (2) ; 25, (27) ; 47, (9) ; 91, (12) ; — *naturale, gencium*, 21, (25) ; — *commune*, 13, (5) ; 18, (4) ; — *graciosum*, 13, (3) ; *sciencia* —, 20, (14) ; — *novissimum, novum*, 42, (18) ;

53, (3) ; *Corpus* —, 97, (24) ; *sui juris*, 112, (24) ; 117, (8) ; *excom., susp., interd. a* — XLV et *passim* dans le texte.

jussus. — — *in faciendo*, 15, (16, 18) ; *in veniendo*, 15, (20).

justa excommunicatio. — 3, (11).

justice, *justicia*. — — séculière, XXXII ; serment d'obéir à la — ecclésiastique, LXII ; — divine, LXXI ; —, 2, (13) ; 17, (15) ; 31, (15) ; 40, (16) ; 55, (21) ; 58, (2) ; 59, (15, 22) ; 62, (25) ; 64, (13) ; 71, (13) ; 80, (22) ; 85, (4) ; 90, (8, 14) ; 91, (18) ; 96, (11) ; 97, (15) ; 101, (25) ; 103, (3) ; 119, (30).

justiciarii, justiciers. — 31, (19), 95, (24) ; 101, (15).

juvamen. — 30, (7) ; 55, (4) ; 95, (18).

juvenis. — 52, (18).

Kuldeenkirche. — 12, (n. 5).

labes. — 71, (11).

labor. — 38. (12) ; 117, (12).

lacerare. — 23, (2, 21) ; 59, (5).

laïcisation. — II, n. 1.

laicus, laïque. — XXIV ; 25, (6, 11) ; 30, (14) ; 33, (17, 22) ; 53, (18) ; 56, (6) ; 59, (11) ; 63, (25) ; 64, (6) ; 72, (7, 18) ; 77, (13) ; 81, (14) ; 90, (6) ; 95, (21) ; 96, (10) ; 99, (20) ; 115, (12) ; 120, (16).

lancea. — 67, (23).

largire. — 59, (22).

Lateranense (*concilium* IV). — 33, (27) ; 50, (14).

lator canonis. — 41, (22) ; 47, (25).

latus. — 67, (23).

lector. — 40, (9).

ledere. — 64, (15) ; 72, (29) ; 112, (8) ; 116, (20).

legacio. — 32, (25).

LEGAS, *legatus*. — 32, (23) ; 38, (23) ; 39, (22) ; 58, (4) ; 97, (16) ; 103, (4) ; 109, (16) ; 116, (15).

legatum. — 64, (8, 9) ; 72, (20).

législations civiles. — XXXV.

legitimi. — 109, (19).

lesio. — 113, (7) ; 116, (10, 15).

LETTRES. — — LE PAPE, 100, (28, 30) ; — DE ROUME, 101, (19) ; ESTUDES DE —, 102, (11). V. *littere*.

levitas jocosa. — 110, (17) ; 115, (1).

leviter. — 112, (8) ; 115, (3).

lex. — 23, (4) ; *leges*, 27, (14, 17) ; 35, (27) ; 88, (15) ; 95, (4). V. LOIS.

libellus. — XXIV ; 23, (1, 2, 21) ; 40, (11).

liber. — 32, (8) ; 56, (2) ; 63, (18) ; 67, (24) ; 81, (12) ; 85, (20) ; 96, (12) ; 108, (10, 13) ; 120, (12) ; — *pontificalis*, 50, (9) ; — *Sextus*, V. l'index des textes cités et ajouter 50, (19) ; — *Septimus* (Clémentines), 79, (7, 8) ; 89, (31) ; *Liber de excommunicacione*, date, occasion, contenu, XVI, LXXIV. V. LIVRE.

liberare. — 26, (26) ; 54, (6).

libertas. — 33, (21) ; 53, (4) ; 96, (18) ; — *ecclesiastica*, 25, (18) ; 29, (14, 23) ; 32, (7, 10, 22, 25) ; 35, (9) ; 55, (27) ; 96, (12).

licencia. — 63, (27) ; 99, (21) ; — *presbyteri parochialis, curati, proprii sacerdotis*, 72, (9) ; 77, (14) ; 81, (16) ; 85, (24) ; 91, (26, 28) ; 120, (18) ; — *episcopi*, 54, (6, 7) ; 109, (1, 4) ; — *episcopi vel inquisitoris*, 26, (26) ; 54, (7) ; — *eundi ad studium*, 35, (25) ; — *superioris, abbatis, prelati*, 61, (30) ; 62, (2) ; 68, (23) ; 70, (12) ; 76, (17) ; 79, (2, 30) ; 80, (1) ; 84, (21) ; 91, (2) ; 96, (30) ; 99, (4, 6) ; 119, (5, 9) ; — *pape, sedis apostolice*, 34, (3) ; 55, (8) ; 81, (23) ; 86, (12) ; 91, (32) ; 92, (9) ; 93, (5, 23, 34) ; — *occidendi, capiendi, gravandi*. 34, (23, 24, 27, 28, 30) ; 56, (21, 25) ; — *in legibus vel decretis*, 88, (15).

licenciare. — 68, (10).

ligamen. — 93, (1).

ligare. — 6, (3) ; 49, (5, 6, 17, 21, 22, 23, 24) ; 50, (4) ; 59, (18) ; 75, (8) ; 83, (12) ; 109, (5) ; 113, (14) ; 119, (10) ; 121, (23). V. *nodare*.

lignamen. — 27, (7).

lignum. — 54, (15).

limbes. — LXXI.

Limoges. — XLIX, n. 6.

liste. — — d'excommunications majeures *latae sententiae*. XVII ; XLVI, n. 2 ; — d'excommunications mineures *latae sententiae*, XLVI, n. 3 ; — de cas d'interdit *ipso jure*, LII ; — de cas d'interdit personnel *latae*

obsequium. — 32, (5) ; 55, (25).

observare. — 32, (11, 17, 31, 32) ; 56, (24) ; 63, (21) ; 74, (23) ; 86, (27) ; 121, (14).

obtinere. — 70,(5); 96, (11) ; 98, (36).

occidere. — 31, (26) ; 34, (24) ; 56, (22) ; 93, (28).

occultare. — 31, (25) ; 37, (15) ; 57, (15).

occulte (excommunication). — XLI.

occulte. — 29, (21) ; 30, (29) ; 55, (11).

occupare. — 30, (26, 27) ; 33, (22) ; 55, (9, 10) ; 57, (7) ; 60, (13, 14) ; 68, (19, 20) ; 73, (28,29) ; 70, (11) ; 84, (4) ; 90, (18) ; 97, (29, 31) ; 103, (18) ; 118, (13, 14).

OCTRUER. — 105, (23). V. OTTROIER.

odium. — 13, (10, 18) ; 62, (24) ; 71, (13) ; 77, (2) ; 85, (3) ; 88, (19) ; 91, (17) ; 110, (17) ; 115, (1) ; 119, (29).

œuvres. — — de dévotion, X ; — satisfactoires, XI ; LXXI.

offendere. — 43, (24).

offensa manifesta, notoria, dubia. — XXII ; LIII ; LXX ; 2, (1) ; 6, (22) ; 10, (17) ; 15, (12, 14, 18, 19) ; 16, (2, 9, 13) ; 17, (3, 5, 24) ; 18, (3, 15) ; 19, (25).

offerre. — 69, (20). V. *oblatus.*

office. — — du juge. XXXII ; — par opposition à ordre, LVII ; 103, (24) ; 104, (6) ; office divin, L-LII ; 100, (25) ; 106, (18, 23).

official. — LVII.

officialis. — 26, (12, 21, 23) ; 28, (4) ; 29, (6) ; 30, (19) ; 31, (3) ; 53, (24) ; 63, (10) ; 64, (24) ; 73, (14) ; 77, (25) ; 82, (8) ; 85, (16) ; 86, (3) ; 92, (5) ; 93, (28) ; 112, (10) ; 120, (9, 28).

officialités. — XXXI ; LXV.

officier public. — XXXI.

officium. — 26, (12, 28) ; 29, (16) ; 37, (25) ; 43, (19) ; 50, (8) ; 54, (8) ; 60, (20) ; 61, (2) ; 62, (29) ; 68, (24) ; 69, (14, 23, 26) ; 71, (17) ; 80, (26) ; 84, (14) ; 85, (7) ; 87, (31) ; 88, (21) ; 89, (20) ; 91, (20) ; 93, (4) ; 98, (3, 13) ; 103, (24) ; 104, (6) ; 111, (5, 18) ; 112, (8) ; 115, (19, 27) ; 116, (20) ; 117, (17) ; 119, (33) ; — *execulionis ultime voluntatis,* 68, (22, 25) ; — *inquisitionis,* 62, (27) ; 63, (1, 4) ; 71, (10, 12, 16, 23, 25) ; 80, (24, 29, 31) ; 83, (6, 11) ; 88, (20) ; 91, (22) ; 120, (2, 4) ; — *predicationis,* 66, (1) ; 71, (7) ; 78, (8) ; 81, (27) ; 86,(16) ; 89, (4) ; 99, (36) ; 106, (6) ; 121,(4) ;— *visitationis,* 70, (15) ; 84, (23) ; 91, (4) ; — *judicis,* 22, (26) : — *divinum,* 44, (25) ; 52, (4, 24, 28) ; 53, (7) ; 66, (20) ; 75, (7, 8) ; 82, (35) ; 83, (5) ; 109, (24) ; 111, (3) ; 115, (17) ; 121, (22). V. acte.

oisiaus. — 104, (31).

oleum sanctum. — 109, (22).

onction. — V. extrême.

onus. — 63, (15) ; 81, (6).

ops. — 31, (28) ; 33, (2) ; 35, (12) ; 36, (12, 17) ; 109, (20).

opera. — 36, (12).

opinio. — 2, (7, 18) ; 68, (2).

opponere. — 4, (12).

oppressio servorum. — 109, (8).

ora. — 87, (23).

ordinacio. — 28, (19) ; 49, (19) ; 50, (2, 7) ; 108, (14).

ordinaire. — XXIV ; le pape juge — de la chrétienté, XXIII ; renvoi du pénitent à l'ordinaire, LXXII.

ordinarius, ORDENAIRE. — 6, (8) ; 9, (7) ; 17, (21) ; 18, (1) ; 22, (26) ; 31, (14) ; 32, (27) ; 35, (13) ; 39, (23) ; 55, (21) ; 58, (5) ; 60, (10, 27) ; 64, (11) ; 66, (9) ; 68, (24) ; 72, (4, 14, 23) ; 74, (22) ; 76, (20) ; 77, (18) ; 78, (2) ; 80, (35) ; 81, (20) ; 82, (23) ; 84, (1) ; 92, (20) ; 96, (10) ; 97, (17, 26) ; 98, (10) ; 100, (8) ; 101, (26) ; 103, (5, 13) ; 104, (3) ; 106, (14) ; 107, (3) ; 118, (11) ; 121, (13).

ordinare. — 50, (2).

ordo. — 49, (23) ; 67, (21, 24) ; — *sacer,* 62, (21) ; 70, (5) ; 80, (18, 19) ; 84, (32) ; 87, (16) ; 89, (13) ; 91, (15) ; 99, (14) ; 105, (14) ; 108, (2, 4, 11, 26) ; 119, (26) ; — *minores,* 108, (6) ; 111, (12) ; — *majores,* 111, (13) ; — *religiosus,* 53, (5) ; 64, (10) ; 72, (22, 27) ; 76, (25) ; 88, (24) ; — *Sti Benedicti,* LXXXI ; LXXXIV ; — *beati Francisci,* 83, (15) ; — *fratrum minorum,* V. minor ; — *mendicans,* 33, (27) ; — *non mendicancium* 69, (22) ; *tercius* —, 67, (1) ; 75, (16) ; 83, (14) ; 87, (4) ; 92, (30) ; 93, (15) ; 121, (27) ; *ordines judiciarii,* XXVI ; injustice *ex ordine,* LIX.

ordre — saints —, XXIV ; 105, (14) ; ordre opposé à office ou juridiction, LVII ; ordre religieux, LI.

organa .suspensa. — LIV, n. 1 ; 46, (11).

Orient. — moines d' —, XII ; pénitence en —, IX ; XI.

oriundus. — 38, (23) ; 97, (6).

ornamentum. — 108, (11, 15).

osculum. — 78, (32).

ossa. — 90, (4).

OTTROIER. — 102, (4) ; 103, (21, 24). V. OCTRUER.

pacifica possessio. — 89, (12) ; 118, (10).

pacifice. — 32, (32) ; 83, (30).

pactio. — 77, (8) ; 78, (20) ;

pactum. — 59, (12, 13) ; 63, (6) ; 72, (1) ; 90, (7) ; 94, (4).

PAIER. — 101, (13, 18) ; 104, (9, 15) ; 106, (4, 6) ; — A JOUR, 102, (5).

PAIS. — 102, (5) ; 103, (17).

PAISTRE. — 104, (8).

paix. — XLIX.

palacium. — 8, (var. 16).

panis. — 32, (5) ; 55, (25).

pannus. — 76, (21).

PAOUR DE DIEU. — 105, (11) :

papa, pape. — XXIII ; XLIII ; XLIX ; LXVIII ; LXXII ; 5, (2) ; 8, (6, var. 16) ; 9, (1, 16) ; 10, (var. 11) ; 19, (10) ; 25, (17) ; 27, (27, 28, 30) : 28, (1, 2, 22, 24) ; 39, (14) ; 41, (22) ; 48, (3,14) ; 50, (19) ; 55, (8) ; 59, (20) ; 62, (10, 31) ; 64, (26) ; 67, (13) ; 77, (4, 8, 18, 23, 31) ; 78, (1, 15, 26, 30, 32, 33) ; 80, (27, 32) ; 83, (16) ; 85, (8, 14, 33) ; 86, (8, 12, 24, 25) ; 87, (4, 5) ; 90, (13, 14) ; 92, (9) ; 93, (5, 9, 34) ; 95, (6,9) ; 100, (23, 28, 30) ; 101, (11) ; 103, (4) ; 105, (23) ; 106, (14) ; 107, (2, 3, 5).

papatus vacans. — 28, (1).

Pâques. — LII. V. *Pascha.*

PARAGE. — 105, (15).

Vu :
Lyon, le 20 novembre 1911,
Pour le Doyen,
L'Assesseur,
L. JOSSERAND.

Le 4 novembre 1911,
Le Président de la Thèse,
P. HUVELIN

Vu et permis d'imprimer :
Lyon, le 21 novembre 1911,
Le Recteur de l'Académie,
JOUBIN.

Imp. J. Thevenot, Saint-Dizier (Haute-Marne).

www.ingramcontent.com/pod-product-compliance
Ingram Content Group UK Ltd.
Pitfield, Milton Keynes, MK11 3LW, UK
UKHW021054220726
13924UKWH00005B/2100

9 782019 966621